LA SOCIEDAD SECRETA
ABAKUÁ
NARRADA POR VIEJOS ADEPTOS

COLECCIÓN DEL CHICHEREKÚ

EDICIONES UNIVERSAL, Miami, Florida, 2005

LYDIA CABRERA

LA SOCIEDAD SECRETA
ABAKUÁ
NARRADA POR VIEJOS ADEPTOS

Copyright © by Isabel Castellanos

Primera edición, La Habana, 1959 (Talleres de Burgay y Cia.)
Segunda edición, Miami, Ediciones del Chicherekú, 1970
Tercera edición, Miami, Ediciones Universal, 2005

EDICIONES UNIVERSAL
P.O. Box 450353 (Shenandoah Station)
Miami, FL 33245-0353. USA
Tel: (305) 642-3234   Fax: (305) 642-7978
e-mail: ediciones@ediciones.com
http://www.ediciones.com

Library of Congress Catalog Card No.: 70-89355
I.S.B.N.: 0-89729-410-6

Diseño de la cubierta: Luis García Fresquet

Todos los derechos
son reservados. Ninguna parte de
este libro puede ser reproducida o transmitida
en ninguna forma o por ningún medio electrónico o mecánico,
incluyendo fotocopiadoras, grabadoras o sistemas computarizados,
sin el permiso por escrito del autor, excepto en el caso de
breves citas incorporadas en artículos críticos o en
revistas. Para obtener información diríjase a
Ediciones Universal.

A Pierre Verger Fatúmbi en recuerdo de Saibeke, y del patio de San José.

ÍNDICE

Liminar 7

Andrés Petit 26

El Ñañiguismo en el Siglo Pasado 37

Los Carabalís. Geografía a Través del Recuerdo 63

Fokondo Ndibó 79

La Sikanékue –Nasakó– Origen del Culto de la Sociedad Abakuá 89

Bongo Munanga Ekue Asosorí. Tansiro Ñangué 110

Los Espíritus de los Antepasados que Acompañan a Ekue en
  Ekumbe Tan Tan Bokofia 123

Se Organiza la Primera Potencia de los Efor y del Culto de Ekue
  Mbori. –Ekue Ekuerebión Efor Situ Guanabekura Mendó– 124

Ubióbio Ekue Arogobióbió. Tambores, Plumeros, Itones y Sacerdotes
  Iyámba. Mokóngo. Isué. Isunékue. Mpegó. Ekueñón. Abasongo.
  Mosongo. Nkrikamo. Eribangandó. Nkanima. Nkóboro.
  Aberinsún-Aberiñán. Mbóko. Ekueúmbre. Kundiabón.
  Nkandémbo. Ibiándi. Mbéma. Fambaróko. Kofómbre Ekuembre.
  Mbákara. Yuansa. Abasi. Obón Palito. Itón Bána. Koifán.
  Efiméremo Obón Ntui. «El castigador». Obón Ntui. 145

Ireme Anamangui 257

AKUARAMINA *(Foto: Pierre Verger)*

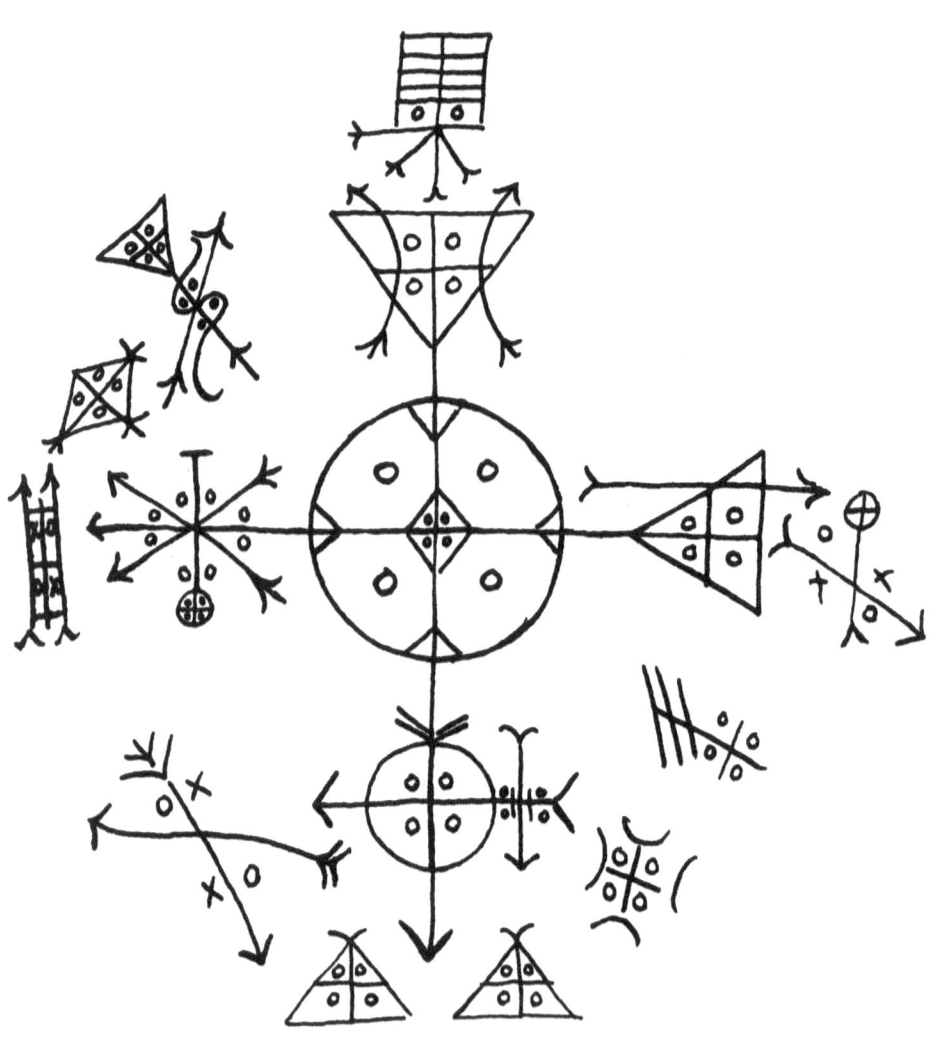

Baroko Ninyao.

LIMINAR

Hace cincuenta y siete años, a propósito de la existencia en Cuba de la Sociedad Abakuá, la de nuestros ñáñigos famosos, comentaba el sociólogo español Don Rafael Salillas:
"el ñañiguismo impresionó a las gentes como una mascarada de los negros que exhibían su ceremonial en las calles, como antes lo habían exhibido más localizadamente. Impresionó también en virtud de algunos episodios criminales. Se enlazó el ñañiguismo como algo puramente festivo y siniestramente peligroso."
"La ciencia cubana en el estudio de las cosas cubanas apenas si alcanzó desenvolvimientos iniciales y de aquí que el negro, considerado en su engranaje con los problemas políticos sociales en aquel país, o considerado en el orden de las simples relaciones y de las simples manifestaciones, no lo fue como ejemplar de estudio, de información antropológica y étnica."

Sin las obras de Fernando Ortiz, el fecundo y solitario pionero de los estudios africanistas en Cuba, hoy, poco más o menos, podría decirse lo mismo.

La Sociedad de los Ñáñigos, delictuosa y peligrosísima por su agresividad, —véase Fernando Ortiz, "Los Negros Brujos", 1906; Israel Castellanos: "La Brujería y el Ñañiguismo en Cuba desde el punto de vista médico social", 1916, el grueso volumen "La policía y sus misterios en Cuba", de Rafael Roche— no ha tentado seriamente en lo que va de siglo la curiosidad de otros estudiosos.

Cierto que entre nosotros un complejo de mestizaje difícil de dominar, o los prejuicios de una mentalidad todavía provinciana y mal informada, lejos de estimular el interés de posibles investigadores, lo desvían como de algo vergonzoso, no ya en particular del extraordinario caso ñáñigo, sino de cualesquier de aquellos aspectos en que se hace más patente la importancia del elemento africano en la composición de este país.

Así en Cuba, sin riesgos, se puede ser indianista. No hay indios. Pero sondear en el viejo, incalculablemente rico fondo cultural africano, que los siglos de la trata acumularon aquí, es tarea que muchos tachan de "antipatriótica" y negativa.

Según el juicio, que nos divierte recordar como muy expresivo, de un excelente prosista y universitario, es "alzaprimar" al negro, estimular la barbarie... Dicho de otro modo, atentar contra la dignidad nacional. Los haitianos de la clase alta, nos cuentan los que han practicado importantes encuestas etnográficas y sociológicas en Haití, como Alfred Metraux, experimentan un gran malestar cuando se les habla de vodú. En algunos de nuestros intelectuales, en muchos de nuestros arios, a veces con abuelas olvidadas por muy tostadas al sol indiscreto del Caribe, se observa que ese malestar acaso es solo comparable al de los ángeles cuando se les mojan las alas; a la del Pavo Real cuando se mira los pies.

Al revés de lo que ha sucedido en un gran país como el Brasil, todavía en Cuba, país también mestizo, la etnografía no ha logrado disipar esas sombras, ni las limitaciones que implican tales complejos. El término cultura suele no ser tomado aquí en su acepción científica. Aún para la mayoría, significa exclusivamente el grado máximo de instrucción y refinamiento que logra alcanzar un pueblo, no el conjunto de tradiciones sociales.

No puede decirse, mucho menos escribirse, que Cuba es heredera de dos legados culturales: el español y el africano. Y este frecuente malentendido, si no entra en juego el aludido complejo de inferioridad, una incomprensión inconcebible a estas alturas, —¡cuando ya son clásicos los nombres de Tylor, Lang y Frazer, universalmente leídos!— amén del curioso concepto de un "patriotismo" enemigo encarnizado de la antropología cultural, como el del atildado escritor a quien nos hemos referido, nos obligaría a volvernos de espaldas a la realidad de las hondas influencias ejercidas por varios grupos étnicos africanos en la sociedad cubana, demasiado evidentes para que puedan ocultarse y demasiado interesantes como sujeto de estudio para ser rechazados.

En sus extremos la negrofobia puede ser, como creía Lord Olivier, síntoma de debilidad cerebral.

Una prueba más de la resistente solidez de los valores de ese legado africano, nos la da la Sociedad Abakuá, localizada en la Habana, en la capital de la provincia de Matanzas y en la ciudad de Cárdenas, con sus miles de adeptos negros, blancos y mestizos, de la que se avergüenzan mucho más, y se explica, que del conocido fenómeno de sincretismo que en el campo religioso ha identificado a las divinidades africanas con los santos de la Iglesia Católica. Bajo el delgado manto de esta sincresis, hoy, el pueblo cubano, sin distinción de razas rinde abiertamente culto a los orishas yorubas. La patrona de Cuba es Oshún —la Virgen del Cobre—, y del puerto habanero, Yemayá, —la Virgen de Regla—.

La abominable confraternidad de los ñáñigos, un transplante de las de la Nigeria del Sur, como Egbó y Ekkpé, ya en la primera mitad del siglo pasado admitió en su seno a los blancos, —españoles: asturianos, catalanes, vizcaínos, gallegos mayormente y desde luego, a los blancos criollos.

Como una muestra de su influencia en el medio popular habanero, de sus dialectos y de su lenguaje secreto, muchas voces de nuestro léxico vernacular, tienen origen Abakuá. Estas se infiltraron inclusive en el hablar de las clases altas. Los niños aprendían a hablar con los esclavos, y se decía que muchos de ellos pertenecían a la belicosa asociación, y eran protegidos por sus amos cuando, por ñáñigos, los perseguía la justicia.

Las sangrientas contiendas de los Efik y los Efor, pretenden muchos negros que lo saben por tradición oral, eran para los dueños de los esclavos iniciados y divididos entre estos dos bandos, lo que hoy los matches de Base-Ball entre Almendaristas y Habanistas! Y es que se convivía muy de cerca con los esclavos. Así, por ejmeplo, toda una marquesa, la de Zuazo, —su nieta me permite nombrarla—, empleaba con la mayor naturalidad, para hacer referencia a un gesto valeroso, a un rasgo gallardo y varonil, la palabra ferenbéke, aplicándola correctamente, pero quizá ignorado su crudeza. Y que a una cubana de viejo abolengo, sin gota de sangre negra, y por lo mismo sin negrofobia, le oyésemos decir hace poco, reseñando una de esas fiestas costosísimas que suelen celebrarse en la Habana, más lujosas que las de antaño, aunque menos distinguidas, que "allí estaba todo el koriofó reunido". (Koriofó, el conjunto de los ñáñigos de mayor jerarquía en una Potencia o agrupación).

¿Quién ignora en Cuba que butuba es comida? Que un ñámpe o ñánkue es un muerto; ñampearse morirse y ñampear matar. Un novio le dirá a su novia que la querrá hasta que ñánkue, hasta la muerte. En una discusión de principios, aunque estos variaran según soplen los vientos, alguien cívicamente declarará sostener los suyos hasta que ñánque... o lo ñampeen.

Corrientemente le oiremos decir al hombre de la calle, lo mismo que al hijo o a la mujer de un millonario, chébere, por bonito, bien, bueno, elegante, gracioso. Se está o se es chébere. Fulano "se puso chébere", iba muy chébere; la casa que vive es chébere, su automóvil o su mujer son chéberes, hizo un negocio chébere.

Tan frecuente es esta voz que hasta los extranjeros la aprenden.

Pero en su primera acepción, la más exacta, chébere es el ñáñigo por autonomasia, el chébere monína, tan "echao pa alante", que todo lo hace en esta vida de porque sí. Guapetón, jactancioso, impulsivo, ególatra, de una vanidad quisquillosa e infinita, de una presunción insultante. Personaje muy típico del patio, no entraremos a describirlo. No es necesario ir a buscarlo al hampa, ni al barrio de Jesús María ni al del Pocito. Este chébere hace años que transita por todas partes; triunfa, mas no se despinta. Podemos reconocerlo, aunque varíe de indumentaria, aunque ha sustituido las chancletas de becerro por los zapatos importados de Norte América, el estilete de hueso de tiburón o el coco macaco, por el revólver que le abulta de modo especial en la cadera que contonea con peculiar arrogancia. Este puro chébere, aunque por confusión amenudo en el lenguaje familiar ocurra que también se llame chébere a cualquiera, algún buen jefe de oficina, aquél que tiene mano izquierda, "simpaticón", que se da a querer de sus subalternos, o un santo como Juan Bosco, es por su mentalidad, ética y estilo, un producto con perfume ñáñigo. El arquetipo es Mokongo, —Mokongo Má chébere, el Jefe de la Potencia. En el cheberismo los antecedentes son abakuá, o lo son por contagio o atavismo.

Nos hemos acercado a los ñáñigos tan mal afamados tradicionalmente, que quizá por lo mismo nos habían inspirado siempre una gran curiosidad, sin miedo ni desprecio. Sin preocuparnos la piel, la forma de las orejas, la anómala implantación de unos ojos de mirada estrábica, la depresión de la articulación naso frontal de un Ekueñón o el exagerado prognatismo de la mandíbula de un Iyamba, nos interesaba del ñañiguismo no el aspecto criminoso sino el religioso, y aún más el material poético que habíamos sospechado en sus tinieblas.

Nuestro paciente empeño en conocerlo por dentro ha sido recompensado. Aunque no era nada fácil para una mujer abordar a los "kuákara", por muchas razones y la más importante porque un ñáñigo que se respete sólo hablará de aquellos aspectos exotéricos de sus Misterios, mis más valiosos informantes, una vez establecidos con ellos los primeros contactos por otros que generosamente nos han ayudado en nuestras pesquisas, no tardaron en creerme y comprender que no los asociábamos al hampa carcelaria; que no veíamos en cada ñáñigo la imagen de un asesino nato.

La falsa acusación que se ha lanzado de continuo contra los ritos importados por los esclavos, cayó de lleno sobre los ñáñigos, como si éstos tuviesen la exclusiva de ciertas prácticas de hechicería que se caracterizan por los sacrificios de niños blancos.

Este error, calumnia la más humillante para el ñáñigo, —lo es para toda la gente de color—, decidió a un anciano, a Saibeké, y a otros iniciados, a romper su silencio y aclararnos sus Misterios con verdadero interés, aunque se sabe en qué consiste el gran secreto de Abakuá.

Objeto de persecuciones policiacas, no siempre pudieron resistir los ñáñigos detenidos, a las amenazas, a los castigos o sobornos, y el 1882, por primera vez, la prensa divulgó algunas generalidades sobre la naturaleza y organización de la agrupación. Pero de Ekue, el Secreto de los Secretos, el Tambor Sacrosanto, aún no se habla. "Hay una corneta o bocina que produce un sonido ronco semejante al bramido de una vaca". Fue entonces, nos cuentan, que Enriquito el bizco, de la Potencia Eforí Gumá, pagado o forzado por la policía, tuvo que cantar e informó al periodista, pero no libró el secreto más caro al Abakuá. Ni tampoco los ñáñigos cubanos que Don Rafael Salillas vió más tarde en la prisión de Ceuta. Aquel secreto incomunicable en que reside el Misterio, —y el prestigio de la Sociedad—, costase lo que costase se callaba, y largo tiempo se mantuvo intacto, pues no lo traicionaron, afirman con orgullo, los "antiguos", aquellos viejos ñáñigos que aterraron la Habana del siglo pasado y comienzos del presente. La forma de Ekue, detalladamente descrito por Fernando Ortiz en sus Instrumentos de la Música-Afro-cubana [1], la manera de producir el extraño sonido que tanto impresiona la emotividad religiosa de nuestro pueblo, no fue conocida por los profanos hasta hace unos treinta años. Por esta razón, no consideran los viejos que teoricamente me han iniciado en sus Misterios, que traicionen al Secreto ni a la dignidad del ñáñiguismo con explicaciones que en su concepto harán más estimable al Abakuá.

"Antes de condenar", dice Saibeké, "hay que saber lo que se condena".

Estas largas explicaciones que van a leerse, sin que hayamos alterado las ideas, ni en la más rigurosa medida de lo posible, la forma de expresarlas, permiten relacionar la confraternidad de los ñáñigos, precisamente por sus ritos misteriosos que deben mantenerse ocultos a la impura curiosidad de los profanos, al tipo inmemorial de agrupaciones esotéricas que a lo largo de los siglos se han propuesto un mismo fin. Sin un lazo que las una en el tiempo y en el espacio, pero como un testimonio de universales correspondencias en las creencias y comportamientos religiosos de los hombres, ya las encontremos actualmente en los pueblos llamados primitivos, o en la antigüedad, en Grecia y Roma, en la Europa Medieval, en la del siglo XVIII, los sistemas de estas agrupaciones, en el fondo, ofrecen rasgos semejantes.

De todo antiguo fenómeno religioso existen paralelos que pueden observarse en la vida de alguna sociedad contemporánea. Por poco que se hurgue en ellas, —como en tantos individuos supercivilizados— aparecen esos mismos elementos arcaicos, que aún habiéndose transformado en formas de religiosidad más elevada, quedan profundamente rezagados en la conciencia: en el caso de nuestra Sociedad Abakuá, esos elementos subsisten casi intactos bajo los préstamos, veremos que muy superficiales, tomados al catolicismo.

[1] Volumen V, págs. 203 y siguientes.

Igual que el iniciado en los Misterios anteriores al Cristianismo, y en nuestros días los adpetos de asociaciones secretas de Inglaterra y Norte América, y de tantas sectas insospechadas que celebran sus ritos en las grandes capitales y ciudades europeas, veremos que nuestros "obonekues", nuestros ñáñigos, haciendo ahora abstracción de sus orígenes africanos, ya que el mismo principio inicial subsiste en las formas más evolucionadas de las sociedades secretas de este tipo, pasan igualmente mediante la acción de ciertos ritos, de una vida de condición inferior, impura y espiritualmente desvalida, —es decir profana— a una vida superior y segura.

Hubiera sido difícil que escuchando a nuestros ñáñigos, no despertase en nosotros amenudo el recuerdo de lo poco que hemos leído sobre los antiguos Misterios.

Nuestras escasas lecturas nos han llevado amenudo sin proponérnoslo, a hacer comparaciones entre las ideas religiosas de los griegos y las de los africanos que nos exponían sus actuales descendientes que constituyen acaso la mitad de la población de Cuba.

Si el curioso que hojee estos apuntes no se escandaliza ingenuamente por lo que acabamos de decir, pues no ignora, —no tendrá que ser un erudito necesariamente, como no lo es quien los ha trazado—, las equivalencias interesantes que le ofrece a la etnología la antigua religión de los griegos con las de actuales pueblos primitivos, de cuya mentalidad hallamos en Cuba continuos e impresionantes ejemplos, las advertirá por sí mismo. Saltan a la vista de cualquier estudiante. Durante largos años me ha sido posible conocer en mi país a individuos que son más contemporáneos de Sumer y Egipto que de la era atómica.

Comenzando por el Secreto que debe guardar el iniciado en Abakuá, por ejemplo, ¿no se asociará a éste, espontaneamente, con el iniciado en los Misterios de Eleusis?

Nuestro abanekue no puede decir, —como no debía decir el iniciado de Eleusis después de comprar el lechoncito de Demeter, como él comprará un gallo para Ekue— qué ocurre dentro del santuario, en Kufón Ndibó; y si ha visto el Secreto, pues un simple obonekue no lo ve en su iniciación, —lo ven "los que pueden ver", los Epoptes = Indiobones o grandes Plazas, y muchos antaño morían sin haberlo contemplado—, en qué consiste, qué es la verdad tan escondida que sólo es revelada por un sonido peculiar, espantosamente adorable. (¡Uyo úyo maúyo tanfonó!) Como el Abanekue, el Secreto era lo primero que debía guardar el iniciado en los Misterios, y en aquellos días no lejanos en que los ñáñigos serían tan discretos como los participantes en los antiguos Misterios, su indiscreción podía costarles mucho más cara que la "suspensión", (la prohibición de acercarse a su Potencia o "tierra" y asistir a sus ritos y fiestas), con que se castiga algunas faltas y graves infracciones a los mandamientos de la Ley Abakuá. La gran obligación, el juramento más solemne que hace y debe hacer cumplir, es el de callar... Subúso.

También la contemplación indebida de Ekue puede causar la muerte del insensato que se arriesgue a mirar. Podría ocurrirle lo que a aquel curioso temerario, en un santuario de Isis, de que habla Pausanias. Cantó su hazaña, dijo lo que vió como en la nebulosidad de un sueño, y murió súbitamente. Así sabemos de cierto cuarterón audaz que burló al Fambaróko, —portero del cuarto sagrado— vio de soslayo a Ekue y quedó ciego y enfermo para siempre, exactamente igual que Aépytos en el templo de Poseidón, (divinidad tan temible como el Olokún de nuestros lucumís: el Oceano). Ekue, por efecto de su santidad y como toda fuerza sagrada, es peligroso; para resistirla, hay que estar preparado, y así el sacrílego, universalmente, ya resida esta fuerza superior en un tambor, en una piedra, en un árbol, en un animal o en una imagen, debe atenerse a las mismas consecuencias fatales. (Ningún "Babá orisha" o santero de filiación lucumí, —yoruba— descubre la sopera que contiene la piedra en que se adora a Ibaibo, ni de pronto clava en ésta la vista).

El ñáñigo, por el ritual complicado que luego nos será explicado en todos sus detalles, como el iniciado en los Misterios de Demeter, de Isis o de Mitra, también obtiene la **salvación**: nos afirman que ser obonekue no es ser un hombre como todos los demás y que por la misma razón "no será un muerto cualquiera", "sin embarcar"; "errante". Una oscura, pobre ánima en pena, hambrienta, olvidada y agresiva, pegada a la tierra —Belamo—, [1] peligrosísima, además, para los vivos.

[1] Sombra mala.

Ser abakuá, —un *Eririokondo*— representa para el Indísime o candidato a la iniciación, le asegura al obonékue, al iniciado, lo mismo que los Misterios a los antiguos, los beneficios supremos de la Consagración, de una alianza —Nyuao— con lo sobrenatural. Esos beneficios serán temporales, físicos; espirituales y eternos: "porque cuando obiyáya monina awerí, [1] el cuerpo se pudre, se vuelve nada. El cuerpo muere y el alma sigue por ahí viviendo".

Nuestro obonekue al salir ya "jurado" [2] del cuarto del Secreto, del fambá, [3] Kufón Ndibó [4] en el que no se le prepara, como en el santuario de Eleusis, "cuando vuelve a ver la luz", (al quitarle la venda que cubría sus ojos) ningún efecto teatral, sino la contemplación, "verdaderamente emocionante" del conjunto de objetos del culto que se llama Potencia, —tambores y cetros, con excepción del Ekue—, viene de sellar un pacto "con los Espíritus"... Ha establecido un nexo, sagrado y de infinitas consecuencias, con el mundo suprasensible. Y este nexo, —"compromiso"—, será permanente e indestructible. "Lo que se ha escrito no se borra", —yuate makateréré— reza una sentencia abakua, refiriéndose al trazo, —la cruz de sangre que estampa el iniciado en el Secreto sagrado, —el tambor, Ekue—, sobre cuyo parche, jura el evangelio de su fe, y a los trazos de indiabakuá que se le dibujan en la cabeza, en el pecho, en los brazos, en las piernas, y en la espalda; signos que lo elevan muy por encima de los demás hombres. Pues sin duda el ñáñigo es un privilegiado en comparación con los nos iniciados, a los que llama "judíos", [5] —amanipáwa, sofakoró, o indisime amanipáwa—, que no han bebido la Mokúba, —la bebida sacramental— ni han experimentado la conmoción inexpresable de escuchar a Uyo [6] en sus oídos, como en el origen del mito. Esto es ¡"Ñanguiriri"! momento culminante de la ceremonia de "entrada": los tres chillidos Sacramentales de

[1] "Dios se lleva a un hermano en la religión".
[2] Jurado por consagrado. Indistintamente nuestros ñáñigos dirán "jurados", o "bautizados". El que ha pasado por los ritos de la iniciación es "el que juró" o el que fué "bautizado".
[3] Cuarto. Casa.
[4] Habitación sagrada, Templo.
[5] Adviértase como reminiscencia bien española y bien añeja, que en el lenguaje, no solamente de los ñáñigos sino de todas las sectas africanas de Cuba, judío equivale a profano; y a impuro, maléfico, diabólico. Toda actitud turbia religiosa, cualquier técnica mágica reprobable, lo que se opone al bien, un hechicero maléfico o un simple descreído, es, necesariamente, judío: enemigo de Dios.
[6] La voz del Misterio, que brama en el tambor sagrado o Ekue.

Ekue, que ahija al neófito y le responde, de la Voz Divina en Akanarán, objeto de la adoración, y centro de las prácticas rituales abakuá. Es para nuestro iniciado, el Kogx de la palabra eléusica Kogx om pax: "objeto de los más férvidos deseos" del ñáñigo.

Por Ekue, donde se unen los dos espíritus, el divino encarnado en el pez, Tánze, y el divinizado de Sikán, por el sacrificio de su vida, pues Sikán fué elegida por Abasí, (Dios) y se le inmola en aras del bien de Efor, de su tribu, predestinada a recibir el gran Secreto y a ser su dueña, —el nuevo obonekue "entra" nace a mejor vida, ("Ekue da la vida"—, la verdadera) y por Ekue "sale", partirá su alma despedida "a las alturas", "o vuelve al Río". Al invertirse los trazos sagrados en la ceremonia fúnebre, Ñánkue, nlloró o "llanto", su alma asciende por las flechas que antes apuntaban hacia la tierra. Cuando se cumple inexorablemente el término de su existencia, "el obonekue muerto se va solo"; pero se va puro, tranquilo, "fresco el espíritu". Y vanidosamente satisfecho, "porque es un muerto que se honra". "Un muerto fortalecido". Nkairán, una especie de Plutón, "el jefe de los Muertos", avisado por Anamanguí, el Espíritu o Ireme que durante todos los ritos fúnebres vela junto al cadáver del obonékue, lo espera a las puertas del cementerio, rodeado de la legión innumerable de espíritus que gobierna, y lo acoge como a un antiguo conocido que no sufrirá ni se extraviará, menesteroso, por las sombras terríficas del más allá. El abakuá, ante el horror de la muerte y el destino de su alma, puede decirse que por el poder del sacramento instituído por Nasakó, Mokóngo, Iyámba e Isunékue, se asegura "reposo y claridad en el otro mundo. (Estos "podrán ser malas personas pero las ceremonias que hacen valen".) Al temido viaje de ultratumba, va el Ñankue [1] como hemos de ver, bien armado y provisto de un seguro salvoconducto.

Los efectos de la iniciación, —"de la entrada", como prefiere decir el viejo Saibeké que con otros "sangabia unsiro" [2] van a esclarecernos los mitos y símbolos abakuá— y luego los efectos de la práctica ritual, —renovación de las purificaciones y sacrificios, la sumisión a ciertos principios y reglas, —son los mismos a que aspiran en lo material y **obtienen**, todos los que participan

[1] Muerto.
[2] Hermanos sacramentales.

en los ritos de los demás cultos africanos vigentes y popularísimos en Cuba: el lucumí, muy importante, con el arará y el congo.

En ese aspecto misterioso pero sólo relativo a la iniciación, en todos cerrados al profano, los ritos de iniciación se presentan en estos como en las sociedades secretas.

El indísime, o —neófito— abakuá, después de una serie de purificaciones con gallos que recogen todas sus máculas, con yerbas profilácticas, con el humo depurativo del incienso, de abluciones y aspersiones de aguardiente, y estampidos de pólvora, —"que destruyen todo lo malo"— bebe la mokúba, que lo consagra abakuá. El omó —Orisha [1] (hijo de santo), elegido por un dios del panteón yoruba o dahomeyano de los cultos, —"Reglas"— lucumí o arará, igualmente purificado —bañado con el Omiero o con el Amasí, equivalente a la Wembán, del rito abakuá, agua que contiene las virtudes mágicas de las yerbas consagradas a los dioses y la energía vital de la sangre del sacrificio, —preparado y perfectamente limpio de toda mancha,—muere simbólicamente para "nacer", o "entrar" en Oro [2], en "Santo", (en la vida religiosa), y muchas veces, no tanto como un medium —"caballo"— del dios que se lo adueña, sino para ser salvado por éste de cualquier peligro, de una grave enfermedad o de la muerte. Son ellos, los "nacidos en Ocha", los Iyawó desposados con un Orisha, los que al día siguiente de su consagración, rigurosamente secreta, como la del obonékue, en una habitación a la que no tienen acceso más que las sacerdotistas y los sacerdotes, cualquiera de nosotros, los aberikulá, hombres o mujeres, no iniciados, podemos saludar instalados en sus tronos, revestidos con el vistoso traje ritual que corresponde a su Babá [3] o Iyá [4] divinos, deificados ese día como el Lucio del Asno de Oro de Apuleyo, rescatado por Isis.

El Inkisi o Ngángulo, en las sectas mágicas de Mayombe, que son muy herméticas, cuando "muere" simbolicamente se va a Kunanfínda, (al cementerio); "está con los muertos", y "cuando

---

[1] Dios del politeísmo yoruba importado a Cuba.
[2] Oro: significa en lucumí, (yoruba) idioma que hablan los sacerdotes de los orishas; religión, ceremonia religiosa. Oro es también un orisha, que deja oír su voz (por una matraca) en las ceremonias fúnebres de los Babalaos.
[3] Padre.
[4] Madre.

nace" viste la ropa que ha sido enterrada siete, catorce o veintiún días en una fosa, ropa impregnada de "virtud de muerte", porque "él ha hecho trato con los muertos", y ya forma parte del "otro mundo" ha penetrado en la esfera de los espíritus...

Y así todos los iniciados en los ritos africanos pervivientes en Cuba, el ñáñigo, por el enlace sacramental que lo unirá para siempre a Ekue, a Tánze —Sikán y a los espíritus, antecesores de la Sociedad Abakuá, el aborissa con los dioses, y el Tata Ngánga o "palero" con los fúmbis, almas de los muertos, "no tienen que temer daño".

Nuestro ñáñigo, que ha pagado sus derechos, que deja su voz, —"el aliento, es decir la vida"— en el tambor sacrosanto, y que posee, en cambio, el secreto de la Voz Divina, y por el conocimiento y potestad de los signos, hace del pasado presente, recrea la loma, el río, la palmera, en los lugares sagrados de Awána Bekúra Mendó donde se desarrollaron los primeros acontecimientos de la Sociedad, y se transporta a Akuaroneña; el ñáñigo que realiza la unión —nyúao— de las fuerzas espirituales y cósmicas, al atraerlas, trasmitirlas, concentrarlas ("meterlas" dice Saibeke) en el Fundamento, (Ekue), y encarna, al cubrirse el rostro con la máscara, a los míticos fundadores de la sociedad, —lo mismo que los que sirven de "caballo" a un Orisha o a un ser del otro mundo, como los "cuerpo nganga", o "ngombes", son "hijos" de padres tan poderosos, que están forzosamente muy bien protegidos...

Por estos contactos continuos con las fuerzas sobrenaturales, contactos familiares, podría decirse sin exageración al observar a los Santeros [1] y Paleros [2] conviviendo con sus Otán-orishas y sus cazuelas mágicas, al obonékue con Ekue, tanto este último como el omó-orissa y el Ndóngo, [3] desarrollarán poderes que no alcanzamos el común de los mortales.

Aunque al ñáñigo no lo elige un dios como al olorissa, es fuerte por la "consagración", se nos explica. La ingestión de la Mokuba, tónico sagrado, como el Omiero con la sangre de los sacrificios para los "hijos de Santos" de las sectas lucumí, y la

[1] Los de Santo: Baba-orishas, del culto lucumí.
[2] Los Padres Ngangas, practicantes de la magia bantu aquí en Cuba. Paleros, porque se valen de las fuerzas que residen en los árboles. "Trabajan con palos", dice el pueblo.
[3] Ndóngo: otro nombre que se da al brujo.

kimbisa o chamba para los ngangüleros, implica un acrecentamiento de la fuerza vital en el ñáñigo, y un resguardo interior, un "detente" en las mismas entrañas, contra todo lo malo. Pues esta isla de Cuba aún está llena de influencias maléficas, de malas sombras, —de Keres—, que continuamente amenazan a los descendientes de africanos y a la mayoría de nuestro pueblo, que consulta los oráculos y ofrenda habitualmente libaciones de sangre de pollo a sus dioses y a sus muertos.

La importancia que tienen los ritos purificativos en nuestros cultos africanos, y particularmente en el ritual de los ñáñigos, es otro rasgo que nos evoca los Misterios.

Para oficiar o participar de los ritos, también el obonékue ha de estar sexual y moralmente puro. Herakles no puede contemplar los Misterios de Eleusis sin antes limpiarse del crimen de los centauros. El obonekue que ha fornicado dentro de las setenta y dos horas de abstinencia previa a un "plante", y a toda función religiosa, como sucede al sacerdote en las demás sectas de raíz africana; el que ha derramado la sangre de su prójimo o lo ha privado de la vida, "está sucio", físicamente sucio, y no puede penetrar en un butáme, [1] ni en un ilé-orishas, [2] en un vodú, [3] en una Casa Mundo o Nso Nganga. (La pureza o la impureza sobre todo, es también de índole material).

Es sabido entre los ñáñigos, que algunos candidatos, por criminales, —como en Eleusis— no entraron en el Fambá.

El sacrificio "se hace por el bien de todos", (provoca individualmnete, y a favor del grupo la acción benéfica sobrenatural): El del gallo, "el derecho", homenaje y alimento ordinario de Ekue. El de Mbóri, el chivo que sustituye a Sikán, "que es como si fuera un cristiano, —sic— la Madre de los Obonékues", (para estos, arquetipo de la Madre) pues una vez purificado y consagrado, el chivo representa y sustituye a la víctima en el drama abakuá, y por medio de su sangre realizan los okóbios [4] la unión espiritual con las fuerzas divinas y las ancestrales.

[1] Habitación que contiene el altar con los atributos sagrados.
[2] El cuarto destinado a las piedras del culto y a las ceremonias en las casas de los sacerdotes y sacerdotisas de la Regla Lucumí.
[3] Aquél en que se guardan los "vodús", las divinidades, piedras y otros objetos de adoración en la Regla Arará.
[4] Iniciado, dignatario, miembro de la Sociedad.

Sacrificio redentor, se hace evidente, aún cuando Saibeké, mi natákua [1] preferido, maestro escrupuloso y machacón, no insistiese continuamente en el "mérito" de la sangre de Mbóri, que se transmuta en la sangre de la víctima original, de la Sikanékue, y por quien se logra la continuidad en la obtención de la Voz Divina: Ndibó Siene.

Las comidas de comunión (originalmente la de una víctima humana) elaboradas con las ofrendas que el neófito debe aportar, —caña, maní, jengibre, plátanos, ñames, etc.— tributos indispensables que acompañan los juramentos o consagraciones de obonékues e indiobónes, quienes, rasgo también común y universal, son presentados por un padrino, por un miembro de la mística confraternidad. Estas comidas de comunión, como es sabido, se celebran no sólo en Abakuá sino en las otras Reglas, —de Ocha y de Palo Mayómbe. En Abakuá las simboliza el haz de leña que el neófito aporta entre los tributos.

Los grados en la jerarquía de los adeptos: obonékue, mistos: indiobones, epoptes...

La agrupación la rigen los altos sacerdotes o dignatarios de la Sociedad; cuatro Obónes o Jefes supremos asistidos por sus ayudantes, encarnaciones de los fundadores y personajes, trece en total, que crearon en el viejo Calabar la primera "Potencia" o "nación". [2] Se les llama Plazas en el lenguaje corriente de los ñáñigos o ñaitos, [3] y "placerío" al conjunto de oficiantes. Deciden los asuntos de mayor importancia, y como los sacerdotes de los misterios egipcios, ponen en acción la leyenda abakuá en la dramaturgia de los "plantes", ceremonias.

A Mokongo, "el guerrero", jefe supremo de las Potencias abakuás, ¿no podríamos compararlo con el Pater Patratus, Pater Patrum de los Misterios de Mitra, que autoriza a Ekueñón, —Pater Sacrorum, ejecutor de los sacrificios— a consumarlos? Y en la pendiente de fáciles comparanzas, tiene gracia que los obonékues, —como los Miles—, obonékue también quiere decir soldado— han de ser valientes al punto de que no se conciba entre ellos

[1] Maestro, sabio.
[2] Potencia, tierra, nación, juego, nombres que indistintamente se da a una agrupación ñáñiga.
[3] Ñaito, ñaña, o ñañaito —ñáñigos— Ñaña también se le dice al Diablito, o Ireme.

un ñáñigo cobarde. Decir ñáñigo es decir hombre valeroso, hombre que no conoce el miedo y desprecia todos los peligros. Así, aunque no tanto como años atrás, exageran ingenuamente los profanos la dureza de, las pruebas, inexistentes en la realidad, a que se sometía al Indísime durante las horas de su iniciación en el Fambá, como se rumoraba en Roma de aquellas que tenía que sufrir también el sectario de Mitra, tan excesivas por su crueldad, que a veces sucumbía en ellas.

Para demostrar su valor, asegurábase en los días turbulentos del ñañiguismo que el recién iniciado en los Misterios Abakuá, una vez terminado el "plante" debía apuñalear al primero que topase en su camino.

De ahí que a mediados del siglo pasado, Don Antonio de las Barras y Prado anotase de oídas en sus interesantes Memorias sobre la Habana: "los ñáñigos forman una asociación tenebrosa de robo y pillaje, para entrar en la cual, tiene el neófito que sufrir resignado, tendido en el suelo boca arriba una serie de palos en el vientre en medio de gritos, cantos y contorsiones de los afiliados; luego le hacen beber sangre de gallo, animal al que rinden culto y después como una última prueba de valor, le entregan un puñal para que salga a la calle a probar el hierro, lo cual hace dando una puñalada al transeunte que mejor le parece, emprendiendo en el instante la fuga".

("El hombre que acababa de jurarse debía sacar al azar una semilla de tres que se depositaban en un recipiente. Si la semilla que le tocaba en suerte era negra, debía atacar al primer negro que encontrase al salir del plante, si era blanca a un blanco, y si amarilla, a un chino o a un mulato". Este dato me lo comunica un ñáñigo, declarando que así se procedía, durante su mocedad, en muchas Potencias que no quiere nombrar.)

Pura invención lo que se refiere a la brutalidad de las pruebas de la iniciación, afirman mis informantes. Como las pavorosas de los masones, con quienes los ñáñigos creen tener tanto en común, que muchos también, sobre todo en Matanzas, se hacen masones.

En fin, el lenguaje secreto, lenguaje figurado, que emplean entre sí los obonékues, sólo ellos lo comprenden. El iniciado en la liturgia órfica decía: "Cabrito ha caído en la leche", refiriéndose a que se había identificado a la víctima y a la divinidad. He comido tambor y he bebido címbalo, decía el sacratis. El obonékue expresa la misma idea diciendo: abakuá eróbe siéne: me he hincado en el cuero de chivo, que representa igualmente a la víctima y lo sacramenta. Y con el lenguaje, las señales encubiertas de reconocimiento, cierta manera de estrecharse tres veces la mano, parecida al modo de saludarse los masones.

Para terminar estas líneas tan largas como innecesarias al lector avisado que nada nuevo hallará en ellas: a pesar de la insistencia con que aún se asocia la agrupación Abakuá a la delincuencia y al crimen, ésta presenta los mismos caracteres de todas las sociedades crípticas que separadas por los siglos y sin posibles influencias, en lo esencial, se parecen. En la de nuestros ñáñigos, que espiritualmente continúa respirando en la atmósfera de las primeras mañanas del tiempo, el objeto que fundamentalmente se persigue, es el de protegerse de las fuerzas adversas y misteriosas, alcanzar el poder por medio de ellas, y anhelo milenario e inquebrantable, triunfar de la muerte, con los medios que aseguran la inmortalidad del alma, como nos explicarán nuestros viejos consultados y a quienes por entero cederemos la palabra.

Pero antes de entrar en materia hemos de mencionar, además del citado Saibeké, las fuentes vivas de información que han hecho posible este trabajo, y que hemos hallado principalmente en Matanzas, donde se conservan mejor las tradiciones africanas.

Conocí hace tiempo a un ñáñigo muy mentado de "la tierra" o grupo Akone Eriero Nfori Ntóki. Obtuve de él bastante datos, mas me obligué a no publicarlos hasta después de su muerte, y esto, silenciando su nombre. Buena parte del vocabulario que publicaremos por separado y muchos de aquellos datos, han sido utilizados ahora extensamente.

A Juan Urrutia, de Usagaré, otro gran obonékue, bailarín imcomparable, de quien hemos hablado en "El Monte", [1] sin exigirme que callase nada, debo también información muy valiosa. Urrutia murió el 1942. Las notas recogidas en el curso de nuestras conversaciones compulsadas con Saibeké aparecen aquí.

Un antiguo Ekueñón, como Saibeké apartado de toda actividad abakuá por razones de salud y por lo avanzado de su edad,

[1] Lydia Cabrera. El Monte. Ed. C. R. La Habana. Cap. VIII. Ukano Beconsí pág. 201.

que desea callar su nombre y a quien llamaremos Tankéwo, en consideración a su cargo en la Potencia, tachando de incompleto y superficial lo anteriormente publicado por mí sobre el ñañiguismo, se me brindó espontáneamente a colaborar en compañía de Saibeké, su viejo "Sacramento" [1] y Monina; [2] y por último algunas noticias y recuerdos hace largos años tomados de Calazán Herrera, "El Moro" y de otros que no nombraré, han servido a la composición de este libro.

El precioso informante que fué para mí Calazán Herrera, "Bamboché", que profesó todos los cultos, y dejó sentir su fuerte personalidad en todas las expresiones de la vida de los negros de su tiempo, hijo de lucumís, "aborissá", [3] mayombero, [4] —ngangulero temible—, también fue, naturalmente, ¡cómo no había de serlo en sus mocedades!, obonékue. Lo fue con toda la arrogancia que caracterizaba a los kuákura, [5] a los "chébere monina" de su tiempo, y quedó en la sombra más de una puñalada suya. Habanero, pero muy relacionado con los santeros, paleros y abakuás matanceros, se inició en la ciudad de Matanzas. Mas se apartó al fin del ñañiguismo por su intransigencia en lo que él consideraba "faltar a la norma de los mayores", a la tradición.

El obonékue que lea estas páginas, los más viejos, desde luego, reconocerán en ellas el eco de voces que les despertarán el recuerdo de Okóbios [6] tan ilustres como Manuel Platanal, alias Puñales, Iyamba de Irondó, que fue a presidio en Ceuta porque envió a mejor vida a otro ñáñigo. Igual le ocurrió a Alejandro Ntomiñán y a otros. A Irondó y al Curro del Manglar. A Concepción Ocanto, Juan Seguí, Agustín Bonilla, Simón Montalván, Román Brindis, Juan Serrano, fallecido en 1940.

A Mandrí, ¿que ñáñigo no le recuerda?, bríkamo centenario desaparecido hará sólo unos cinco o seis años, y a Nazario Barondó Efí, siempre dispuesto a evocar el pasado, —"los buenos tiempos en que las mujeres parían varones"—, y a ilustrar con la ense-

[1] Compadre por sacramento contraído en la Iglesia Católica.
[2] Hermano en la religión (abakuá).
[3] Devoto de los orishas lucumís.
[4] El brujo, —específicamente— representante en Cuba, —se les llama también mayomberos—, de la magia bantú importada por la trata.
[5] Ñáñigo, miembro de la Sociedad Abakuá.
[6] Okobio, adepto.

ñanza del pasado a los jóvenes que demostraban ser serios y discretos, hombres, en una palabra.

Nazario Barondó, era a la vez que ñáñigo, "mayombero", —brujo—, con tres cazuelas mágicas "muy bravas" en su casa. De tiempo en tiempo, el regalo de una Nonkiré, de una lechuza y de un garrafón de aguardiente que le ofrecía interesadamente algún neófito, hacían sus delicias y conquistaban su amistad.

Antonio Nkandembo. Isunékue de Abakuá Efor, también mayombero, amigo íntimo de otro obonekue no menos famoso: Garabito.

El "Chino" Hermenegildo Pérez, jefe de la Potencia Ebión, en Marianao, que podía narrarnos cómo se fundó el primer "juego" [1] de ñáñigos en la ciudad de Matanzas y en Marianao.

Los maestros de Juan Urrutia: Bernardino Cabrera, obonekue de Nfietete y más tarde Usagaré de Mutanga, "tonista" y notable tocador de Ekón. Este moreno ganaba un centén diario como lector de tabaquería, lo que significa que Bernardino sabía expresarse sobre cualquier materia con la mayor propiedad. "Una lumbrera". Como Joaquín Manresa, que hablaba perfectamente en congo y en carabalí y aún vive, casi centenario.

Jacinto y Policarpo Semaná, de Eron Ntá, cuyo Sése Eribó, —otro sagrado tambor del ritual abakuá— fue, por los méritos personales de Semaná y el compadrazgo que les unía estrechamente, "cargado" —mágicamente preparado— por el gran Andrés Facundo Cristo de los Dolores Petit.

Todos estos ñáñigos discurren por las páginas de este libro. Sus enseñanzas no se perdieron; las palabras, siempre preciosas de los viejos, fueron recogidas y guardadas celosamente por sus discípulos o compañeros.

Saibeké, unas veces sólo, otras en compañía de Tankéwo, han revisado conmigo las numerosas libretas manuscritas aportadas por los ñáñigos que encubiertamente han querido ayudarme, cuidando para mayor esclarecimiento de refutar en su oportunidad, aquellas noticias que les parecían contener, a su juicio, errores fundamentales y que se apartan de los cánones o de la verdad

[1] Grupo.

tradicional abakuá. Constituyen lo que él llama "ñangaliana" o "anankuéma", esto es, arreglos, falsedades y jergas inventadas por los criollos de Guanabacoa, en su afán de vender las tales libretas a los neófitos, que las pagan muy caras.

"Han propagado muchos disparates", y después de hojear la última que ha llegado a mis manos y que le muestro al comenzar nuestra diaria y matinal tarea, dice mi bokairán: [1] "Esta misma libreta que Ud. me enseña costó la vida de un hombre".

"Obdulio Margay, un ñáñigo de Guanabacoa, difundió por la Habana los datos falsos que trae, compuestos por José Rodríguez, conocido por Cheo. Las autoridades abakuá, y entre ellos su amigo de Ud. Urrutia, las refutaron. "Cuco", Ekueñón de la Potencia Munandibá, de Guanabacoa, se la vendió en veinte pesos a un abanékue de Bakokó, potencia de Marianao, llamado Tatica. Tatica, muy entusiasmado con su cartilla, pues el pobre tenía mucho afán de aprender, averiguó con un viejo, con Serrano, que todo lo que traía era una mentira. ¡Ñangaliana! Muy dolido y entendiendo que Cuco le había robado, protestó. Cuco se negó a devolverle el dinero. Tatica perdió la calma. Lo mató de un tiro."

Pero habíamos nombrado a Andrés Facundo Cristo de los Dolores Petit, el padrino y creador de la primera Potencia Akanarán Efor, de hombres de raza blanca que existió en Cuba, y su figura, tan venerable para los obonékues, muy particularmente para los obonékues blancos, y los miembros y fieles de las numerosas agrupaciones de Paleros que rinden culto a sus manes, nos obliga a detenernos.

Hablándonos de Petit, nuestros viejos amigos ñáñigos nos bosquejarán, de paso, la historia del ñañiguismo en la Habana.

---

[1] Sabio, erudito.

ANDRES PETIT

No hemos buscado su fe de bautismo. Ni su partida de defunción. Existieron otros dos Andrés Petit, brujos como él, ya desaparecidos, que se confunden con el verdadero y reverenciado Andrés Facundo Cristo de los Dolores, (alias Andrés Kimbisa), famoso Isué de Bakokó Efor. Actualmente vive un tercer Andrés Petit, palero anodino, —ignoro si ñáñigo también— de "edad cincuentón".

Nos atenemos a repetir lo que el pueblo, y muchos viejos en particular, saben de él, mezclando ampliamente la realidad con la leyenda. Andrés Petit es un personaje de leyenda.

La posteridad ñáñiga y kimbisa [1] hoy lo contempla como un mago dotado de extraordinarios poderes, capaz de convertir el agua en vino, —por lo menos en una ocasión tornó el agua en leche—, y como nos dice Tankéwo, "de apagar y encender el sol cuando le daba la gana".

Los habaneros lo reclaman como nativo de la capital. Los guanabacoenses lo hacen nacer a la sombra del convento de su piadosa villa, que ya contaba con un santo cuando Petit debió venir al mundo. Un franciscano que hacía milagros, Ignacio del Corazón de Jesús Moreno, dulce y temible como lo fue el pardo Andrés Petit, terciario, Padre Nkisi e Indiobón. [2]

Padre Santo le llamaban al Padre Moreno, y si en Guanabacoa se perdió la memoria de su caridad y celo religioso, algunos feligreses y viejos del pueblo todavía relatan esta historia que hemos escuchado hace muchos años y que ha sido recogida por Don Manuel Pérez Beato en su Curioso Americano.

Al pasar una tarde el Padre Santo frente a una de las casas señoriales de la Villa fué llamado por tres bonitas muchachas que

[1] Kimbisa: hechicero que utiliza los poderes de los árboles. Kimbisas se llama también a los sectarios de la Institución del Santo Cristo del Buen Viaje, fundada a fines del pasado siglo por el mismo Andrés Petit, por lo que se le llama "Andrés Kimbisa". Andrés Kimbisa era también el nombre de su sucesor, Celestino Valdés.
[2] El grado de iniciación más alto en Abakuá. Indiobones son los jefes principales.

Andrés Facundo Cristo de los
Dolores Petit
Isué de Bakokó.

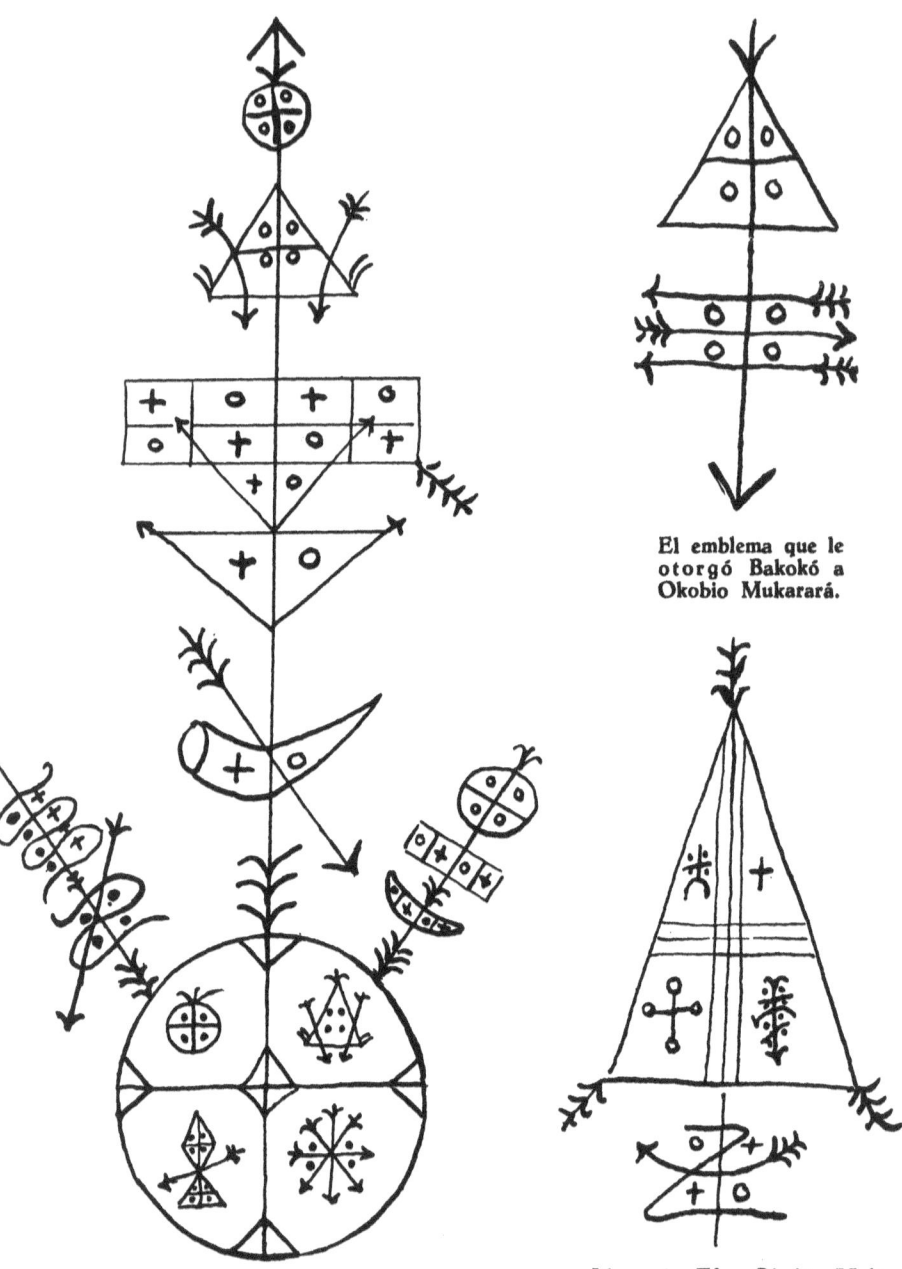

El emblema que le otorgó Bakokó a Okobio Mukarará.

Emblema de la Potencia Bakokó que consagró la primera Potencia de abanekues de raza blanca.

Akanarán Efor Okobio Mukarará, Potencia de blancos, ahijada del glorioso Eñón Bakokó awana Mokoko Efor.

conversaban en la ventana. Una de ellas, por burla, fingió de pronto un dolor violento, y llamándole con exclamaciones teatrales de ¡me muero Padre Santo, por Dios Padre, asístame que me muero! se hizo confesar por él. Pero al marcharse el Padre, que era cargado de espaldas, pequeñito y magrujo como San Francisco, —poco le pesaba su humanidad a la tierra—, aconsejó a sus amigas que rezaran por la enferma y no perdieran tiempo en pedir el viático a la Parroquia. Antes de que el franciscano llegase a su convento expiró la muchacha sin los auxilios espirituales que había aconsejado el Padre.

Se cuenta, —"se asegura"— que un negro llamado Barra de Catre, había merecido este mote porque intervino en aquella broma sacrílega, y el cielo lo castigó torciendo sus piernas.

Cabe sospechar que la fama de los milagros del Padre Santo, corregidos y aumentados, hayan sido trasladados por los negros a Andrés Petit, quien como aseguran ñáñigos y kimbisas, creció en el convento de los franciscanos y fue terciario. He oído atribuirle a éste, por un kimbisa, el milagro de las botijas vacías del lechero, que es otro de los milagros que se cuentan del Padre Santo. Según la versión recogida por la Srta. Mercedes Muriedas: "Era una madrugada muy fría y el padre Santo caminaba hacia la Ermita del Potosí, en el Cementerio, donde decía misa todas las mañanas. Por el camino oyó el llanto de un niño que lloraba de hambre y de frío. El padre Santo se detuvo junto al niño y al ver venir a un lechero que regresaba del pueblo, lo llamó y le pidió por caridad un poco de leche. El hombre respondió que todas sus botijas estaban vacías. El Padre insistió en que mirara si quedaba un poco de leche en alguna de ellas y al voltear una para complacerlo, la leche se derramó a sus pies.

Pero el niño desapareció misteriosamente...
El camino se hallaba desierto".

Lo mismo que al Padre Santo, los sectarios de Petit lo hacen andar por las calles de Guanabacoa y de la Habana Vieja, "rezando el rosario", —"un rosario muy largo y de cuentas muy gruesas"—, por las almas en pena; deteniéndose largamente como era costumbre del Padre Santo, ante las mismas imágenes de Jesús Nazareno, San Antonio y las Animas que aún se conservan en varias calles de Guanabacoa.

Petit falleció, según algunos viejos consultados, el 1889, [1] en Guanabacoa, en la calle de la Cruz Verde número 71, tan

---

[1] Otros creen que muere el 72. Mas he aquí un acta levantada en el pueblo de Regla, en la calle de Simpalia 26, en 2 de febrero de 1875, en que aparece testimoneando Petit. Se trata de una consagración de Plazas o altos cargos y la redacción da idea de la influencia de Petit, y de su afán de catolizar (o de despistar) sobre los secretos de la iniciación. Los obones reciben los Santos Sacramentos.

decepcionado que momentos antes de morir exclamó: "¡qué malos son los hombres!, y dirigiéndose a un ahijado, a Celestino Valdés, quien con José Torres [1] heredó algunos de sus amuletos; —"Celestino, cúbreme la cara con un pañuelo blanco. No quiero que me miren al rostro! Esas fueron sus últimas palabras".

—"Pero así mueren, pobres y desengañados del mundo los hombres que han hecho el bien", —comentaba evocando a Petit el hijo de un íntimo y compadre suyo.

Petit se enterró, aseguran, en el cementerio de Guanabacoa; mas como se sabía que los negros, unos, "mayomberos", [2] proyectaban robar su ntu kíyumba, su cabeza, con idea de hacerse de los excepcionales poderes de Petit, y sometiendo a esclavitud su espíritu realizar los mismos milagros que le hicieron célebre; y otros, ñáñigos resentidos, que no le perdonaban que hubiese consagrado obonekues a hombres de la raza blanca, deseaban quemar sus restos, un ñáñigo blanco, "un ntenisun", [3] —"o una familia rica" que le debía muchos favores, pretenden algunos, trasladó secretamente el cadáver a un panteón del antiguo cementerio Espada. —"Cuando fueron a abrir la tumba de Petit, ya no

"En el Pueblo de Regla, a los dos días del mes de Febrero de mil ochocientos setenta y cinco, en la calle de Simpalia No. veintitres, se reunieron los individuos que a continuación se expresan, con el objeto de Recibir los Santos Sacramentos de hasta el número de trece; Ecobio Abacua, Ambrosio Becerra Camacho, Desiderio Salvador Camacho, Juan Barrio, Mateo Leandro, Magdaleno Suárez, Manuel Ortega, Franco Pascual Camacho, Ramón Hernández, Román Quirino Valdés Rodríguez, Vicente Sosa Sánchez, Nicolás Salvador González, Ignacio Alvarez.

Estando reunidos los ya indicados hacen su entrada los padrinos acompañados de los Obones de Bacocó y Ecorio Efor 1o., Matilde Cuebute, Pantaleón Ororó, Brasilete Nasaco de Ubane Primero, Juan Aristica Illamba de Encletati, representación de efí condó.

En acto seguido siendo las 12 m. se rompe y Acanarán empieza a sonar y a nombrar las plazas que van entrando de cuatro en cuatro. Primero Ambrosio Becerra Camacho, Illamba; Desiderio Salvador Camacho, como Mocongo; como Isué, Juan Barrio, como Isunecue, Mateo Leandro. En la segunda tanda Ecueñón, Juan Rodríguez, como Mosongo, Magdaleno Suárez Duarte, como Empegó, Manuel Ortega, como Abasonga, Quirino Valdés Rodríguez. Tercera tanda, Ramón Hernández como Encrícamo; Vicente Sosa como Moruá; Nicolás como Aberiñán; Francisco Pascual Camacho como Nasacó y como Abasí Ignacio Alvarez.

Como quiera que se da por terminada la consagración dan fe de lo hecho Andrés Peti, Pantaleón Ororó, Matilde Cuebutón, Brasilete Nasacó de Ubane, Juan Aristiga, Carlos Indarte, Francisco Ruiz, Candelario Hernández, Celestino Isunecue, Cirilo Grillo, Pedro Aguiar Domingo, el cojo Florentino Moremon y otros. No habiendo más de que tratar damos por terminado el acto y lo suscribimos para constancia en Regla 2 de febrero de 1875. Illamba Ambrosio Becerra. Mocongo Desiderio. Salvador Empegó."

[1] José Torres ha muerto hace un par de años, a la edad de ciento cinco.
[2] Mayombero: nombre genérico que se da a los hechiceros.
[3] Ntenisún: caballero.

estaba allí el cuerpo". Esto lo contaba otro viejo consultado que pretendía llevar al cuello el crucifijo que de niño le puso el mismo Petit, —como los crucifijos que con una carga mágica, "un secreto" en el centro de la cruz, al dorso, son distintivos de la Regla del Santo Cristo de l Buen Viaje creada por él, y le servían para "resguardar" a sus fieles. —"Petit fue amigo y protector de los blancos". Muchos afirman, sin que nos conste, aceptemos la historia de su vida como la cuenta el pueblo, y al personaje como aun alienta en su devoción, que "fue el primer hombre de color que ocupó cargo en el Ayuntamiento de la Habana". —"Petit trataba con blancos de alta categoría". Al preguntarle un amigo al Conde de R. que halló a Petit en casa de este aristócrata: ¿por qué trata Ud. a ese mulato?, el Conde indignado respondió: —¡Porque es un caballero de color! "Esto dió origen a que le llamasen "el caballero de color".

Su padre era francés, [1] (y "de ahí le vendría la finura", observa una iniciada en su Regla del Santo Cristo). "Andrés era un pardo, alto, delgado, muy fino, muy inteligente".

"Vestía chaqueta negra y pantalón blanco".

—"Yo lo conocí", nos decía la centenaria Omitomi. De facciones finas, buen porte, vestido con elegancia, muy afable y una mirada muy dulce. Usaba bastón y calzaba sandalias.

—"No se ponía zapatos", recordaba Calazán, que sitúa la fecha de su muerte en los primeros años del ochenta.

En sus últimos tiempos aún cumplía la misión que se había impuesto por amor de Dios, de recorrer las calles descalzo, mendigando para los pobres. Habitualmente vivía en un convento —el de San Francisco como hemos dicho;— les llevaba a los monjes la limosna recogida y la hacía repartir sin reservarse nada.

'Era muy católico, metido siempre con hombres de sotana. Sabía leer en latín y en griego (¡). Es verdad que todos los de antes que nos ocupábamos de Santo [2] sabíamos los rezos de la iglesia y hasta echábamos nuestros buenos latinajos."

—"Petit andaba con sandalias porque era terciario de la orden de San Francisco" [3] y descalzo cuando tenía que hacer una

---

[1] En efecto, existió un Alfredo Petit, excelente cocinero francés, que trajo en la segunda mitad del siglo pasado a la Habana Dn. Ricardo Alfonso y Lamar. Pero no es este Petit, el padre de nuestro obonékue.
  En las innumerables piezas que se conservan en Madrid del proceso seguido a David Turnbolt, instigador de la conspiración de la Escalera, aparece en el 1842 un negro, que se hace pasar por jamaiquino y de apellido Mitchel, antiguo esclavo cuyo nombre es José de los Dolores Petit. ¿Petit sería su hijo?
[2] Se refiere a los Santeros de la Regla lucumí.
(3) Algunos Isué actualmente y muchos babalawos son terciarios. "La religión africana no está reñida con la católica. Y Orula. (San Francisco) es el Padre de los babalawos. En cuanto a los ñáñigos son muy devotos del Espíritu Santo y de San Francisco".

gran brujería, y su Prenda, —su amuleto— le imponía que marchara con los pies desnudos o "en mal pregenio".

Estas anécdotas dan idea del "santo hombre", y del brujo poderoso, que era a la vez. Su palabra contenía tal fuerza conminatoria que no tenía necesidad de otras operaciones mágicas, para obtener lo que quería...

"Iba Andrés de mañana por la calle de la Muralla en dirección a su convento. Era tan extraño en aquella época ver a un hombre de color correctamente vestido, con levita y bastón, que un transeunte que conversaba con un amigo se quedó mirándole. Petit pasó junto a ellos, y cuando se alejó a una distancia en que materialmente no podía oirles, uno de aquellos hombres le dijo al otro en voz baja:

—¡Ese que va ahí es Dios en la tierra!

—¿Cómo Dios en la tierra? ¡Bah!. Será un horro con dos pesetas. Y se echó a reir.

Al llegar a una esquina, un par de cuadras más arriba, Petit se detuvo. Los esperó y al acercarse el individuo que había puesto en duda su santidad le dijo:

—Buenos días, joven. (Y bastó con que dijese: buenos días, joven).

—Buenos días, señor. Se apresuró a contestar respetuosamente el que le conocía, mientras el otro despreciativo, guardaba silencio. Doblaron la esquina, pero a media cuadra, el incrédulo paró. El otro siguió andando de prisa. Alelado aquel hombre no sabía adonde dirigirse, no tenía fuerzas para mover los pies. Andrés los miraba.

—¡Vamos! Le gritó su compañero, y al no verle a su lado sino atrás, plantado como una estatua, sin expresión, como en otro mundo: ¿Qué te pasa?

Andrés entonces avanzó hacia él sonriendo, y le preguntó:

—Si, qué le pasa amigo, ¿por qué no sigue su rumbo?

El hombre lo miraba con los ojos muy abiertos, sin parecer comprenderlo. Petit se dirigió al crédulo, al que había dicho, —sin que hubiese podido oirlo— que era Dios en la tierra.

—Ahora dígale a su amigo que está mudo, que yo no soy Dios en la tierra, pero que soy Andrés Petit. El, como Santo Tomás, quiere ver para creer. Muy bien, muy bien. Pues vamos a ver si ahora puede seguir andando. Siga hijo... Siga su camino.

El hombre recobró el sentido y el movimiento y se fue maravillado".

Los humildes lo adoraban.

"Tenía por costumbre sentarse en la Alameda de Paula. La Habana en aquel tiempo estaba llena de pordioseros; yo creo que si había tantos pordioseros era porque también había gentes más caritativas. Se enseñaba que no era cristiano desdeñar a los pobres ni negarle la limosna que pedían... Y Petit que por entonces pedía limosna para sus pobres, los del convento, le dijo a un hombre:

—Si me das una limosna para mis pobrecitos, dentro de poco te sacarás una lotería.

—¡Vamos Ñó Andrés! ¡No le creo!

—Me figuro que sí, que tendrá premio...

Petit hablaba con voz muy pausada y dulce, y con una punta de ironía.

—Me lo figuro...

—No importa Ñó Andrés; le voy a dar la limosna que me pide pero sin contar con el premio.

—Ve con Dios, El te acompañará y ratificará lo que te he dicho.

Tres sorteos más tarde, acertó el primer premio.

Sin embargo, "cuando le ofendían", contaban los que le conocieron en vida, "bastaba con que levántase un bastoncito con un casquillo de plata en cada extremo, que llevaba siempre consigo" (parecido a un itón, al cetro de los Jefes de una Potencia abakuá) "y le dijese al ofensor Adiós mi niño, para que aquél entregara su alma a las veinticuatro horas".

En estos relatos puede no estar ausente el recuerdo de lo sucedido con la muchacha irreverente y el Padre Santo, con una interpretación bien africana. Aquí no es Dios quien castiga. Es el brujo ofendido y todopoderoso.

"Los pobres, por los que hizo tanto; sin atender al color de la piel, los ricos que iban a consultarle, toda la Habana lo conocía por su bondad. Tenía amigos en todas partes."

Esta historia la supieron en su tiempo muchos "señorones" que no despreciaron los servicios que en momentos de apuro les había prestado algún brujo africano:

Cierta familia habanera de posición sufría porque uno de sus miembros había sido condenado a diez y seis años de cárcel, por homicidio. Habían visto a muchos brujos; habían gastado con ellos mucho dinero, pero no habían obtenido nada efectivo. El pobre homicida, contra lo prometido, no pudo escapar a la sentencia. Y aunque decepcionados de la eficacia de la brujería africana, un pariente abogado, por consejo de un amigo fue a ver a Petit al convento:

—Le consulto a Ud. por mi cuenta, que esta familia ya no cree en nada ni en nadie; ¡no cree en brujo de Guinea!

—¿Como, la brujería no le entra al blanco? Dijo Petit con toda su calma y su sonrisita.

—No... y a pesar de todo lo que se han gastado mis parientes con su hijo, se lo han condenado a diez y seis años de prisión.

—Que apele al Tribunal Supremo su abogado defensor; tiene tiempo, pues no se ha cumplido el término que concede la Audiencia. Que apele y su defendido saldrá absuelto. Yo se lo garantizo.

El abogado encargado del caso tuvo curiosidad de conocer a Petit, y también fue a verlo al convento.

—Le daré una victoria, le dijo Andrés.

—Se acortará la pena, tal vez.

—No. Su defendido será puesto en libertad.

—Es difícil.

—Se lo aseguro.

—¿Y cuánto cobra Ud.?

—Yo nada. Pero que la familia del penado haga una promesa al convento y con eso quedarán Uds. muy bien conmigo.

Y antes de lo que se esperaba, el hombre fue puesto en libertad. Dicen que aquella familia agradecida cambió cuatrocientos pesos en reales de plata. El abogado fué al convento con los reales en un saco. Cuando llegó no estaba Petit.

—No se impaciente, le dijo un monje. No tardará mucho. Espérelo.

—¿Qué hay amigo? Le preguntó Andrés al verlo. Me figuro que ya está complacido.

—¿Lo sabe Ud.? ¡Lo inesperado!

—No. Pero yo se lo prometí.

—Y aquí le traigo...

—No, dijo Petit. A mi no tiene que traerme nada. Entrégueselo a los Padres".

Ese era Petit... Infalible y generoso.

Adivinaba otras veces en un vaso de agua, recordaba Omitomi, removiéndola con una varilla de la que pendía un pedacito de cuero. Cuando una persona iba a consultarle poníase de pie y le decía solemnemente:

—En el nombre de Dios Todopoderoso y de Andrés Petit. Y le obligaba a rezar o a repetir con él si no sabía rezar, tres Padre Nuestros, tres Credos y tres Ave Marias. Lo hacía sentar después y hablaba: Petit lo sabía todo. No había que explicarle nada".

Sus curaciones de enfermedades, causadas muy amenudo por maleficios, aun se recuerdan.

Contaba el viejo Iño Tomián, que murió no ha mucho, como unicamente Petit hubiera sido capaz de librarlo del espíritu de "un muerto obcecado" que de seguro, sin la intervención providencial de Petit, se lo hubiera llevado con él de este mundo.

Iño Tomián, desde joven hacía los oficios de Egungún o Egun, en quien encarnaba el difunto, en las ceremonias fúnebres lucumí, y esto en una época en que muy pocos criollos, autorizados por los africanos, podían ponerse la máscara que representa al Egun y que convierte al hombre que la lleva, en un ser del otro mundo. ("Egun es el espíritu de un muerto").

Los matanceros lo recordarán con sobrecogimiento en las casas mortuorias de olórissas e Iyalochas fallecidos, todo el tiempo que duraba el velorio, el rostro cubierto por una sábana blanca, allá en el fondo de los patios, pues el Egun no penetra en el interior de la vivienda. Allí se estaba apartado de los vivos, sobre todo de las mujeres —que no se atreven ni pueden mirar al Egun sin arriesgar la vida o atraerse desgracias—, la pavorosa presencia del misterio de ultratumba, a quien nadie, inclusive los hombres, tenían el valor de acercarse.

El miedo que inspira este oficio delicadísimo, el peligro de muerte que el uso de las máscaras, si no se cumplen los ritos tradicionales con absoluta fidelidad y conocimiento, supone para el que las porta, va eliminando al Egun de las ceremonias que se practican a la muerte de los sacerdotes, así como en las del culto de la gran divinidad Olokún, las ofrendas y sacrificios que ésta debe recibir en alta mar y el baile que, cubierto el rostro por la máscara de Olokú, debe ejecutar exclusivamente el Babalao.

Iño Tomián también era ñáñigo, y todo ñáñigo al revestir el "saco" —akanawán— el traje de los Ireme, es un espíritu. Dentro de su Potencia oficiaba de Anamangüí Epai, quien tiene a su cuidado todo lo referente a las exequias de los obonékues, y es el equivalente del Egun lucumí.

A pesar de su familiaridad con los muertos, "de lo bien preparado que estaba", en una ceremonia hubo de posesionarse de Tomián un espíritu de índole tan dominante, que éste pasó días y días fuera de sí. "El espíritu no salía un momento de su cuerpo. No lo dejaba un segundo tranquilo". La intromisión del Egún, se prolongó amenazadoramente. Sobretodo porque nadie tenía la fuerza suficiente para retirarlo. "¡Esto, cuando había olúos y agugús de verdad!" El padre de Iño Tomián, vino entonces a la Habana, en busca de Petit. Petit llevó con el "su negocio". (Su amuleto). Y Tomián contaba, lo que por boca de su padre, había sabido de su liberación.

—"Petit se enfrentó con el muerto y se quedó mirándolo fijamente. El también lo miró sorprendido", (el espíritu en los ojos de Tomián) y Andrés sin quitarle la vista empezó a rezar, a rezar, en lengua y en latín.

Las oraciones lo tranquilizaron y por primera vez en lo que iba de cerca de un mes, durmió algunas horas. Luego Petit empezó a despojarlo con yerbas. (A frotarle el cuerpo con yerbas). Limpio, volvió a sentirse él mismo".

Petit, "como andaba tan metido en la iglesia", dominaba a cualquier espíritu rebelde con sus oraciones y aspersiones de agua bendita.

Nuestro taumaturgo y obonékue, en estas posesiones y en otros trances, parece que conjuraba como "un buen cathólico conjurador", y no dejaba de la mano la Santísima Cruz, según aconseja el Doctor Gaspar Navarro, y debió saber muy bien Andrés Facundo de los Dolores: "Porque la Santísima Cruz es arma ofensiva y defensiva contra el Demonio", ("quita cualquier hechicería y cosa mágica", y así, a veces, casi con las mismas palabras de Ciruelo, de Castañega o de Navarro, hoy nos lo repiten los kimbisas continuadores de Petit). Petit enseñó a sus discípulos, —"ahijados"— a no separarse de la cruz como "arma defensiva" contra las peores brujerías o diabluras, y desde luego, como lo más eficaz también para lograr cualquier objeto. ("Bueno o malo", sic.)

Una medalla de la Virgen de Regla, —Okandé— o de la Caridad del Cobre, —Yarina Bondá— y un Nkisi, un crucifijo, son inseparables de ñáñigos y kimbisas.

En cuanto al maravilloso bastón, el "báculo mágico" de Andrés Facundo Cristo de los Dolores, —de "Andrés Kimbisa"—, que jamás dejan de mencionar nuestros informantes, estas otras anécdotas nos darán idea de su poder.

"Iba Andrés una vez por una calle solitaria, a eso de las doce del día y observó a un caballero de bomba y levita cruzada que andaba delante de él. A poco, por la acera de enfrente aparecieron dos morenos fascinerosos. Aquellos tipos continuaron caminando y Petit cruzó la calle, los detuvo y les dijo que ellos querían matar al hombre de la levita cruzada para robarle la cartera y las prendas.

—No lo maten, les dijo Petit. Quítenle lo que lleve, pero no le quiten la vida. Y tal poder tenía Petit en su bastón, que se acercó al caballero, lo tocó en el hombro y lo dejó paralizado. Los ladrones le llevaron cómodamente la cartera, la leontina, el reloj, el alfiler de corbata y el anillo, todo lo que tenía encima, y escaparon, sin dejarle, tampoco, un rasguño. Petit volvió a tocarlo con su bastón, y el señor siguió caminando sin darse cuenta de nada. Así Petit le salvó la vida".

"Hacía brincar al hombre más pesado si lo tocaba con aquel bastón". Bastaba que lo alzase y señalara con él a una persona que marchara a lo lejos para que ésta se parase de pronto, detenida por una fuerza superior.

Con el bastón, que unos describen fabricado de madera de cedro de otras sagradas, o que "era de olivo, pues fue a Tierra

Santa", pero semejante al itón de una Potencia, cetro, despedía a los orishas o a los espíritus —nfumbis— que en su templo tomaban posesión de sus "ahijados" y devotos. Y así procederían más tarde sus sucesores en la Regla creada por él, el Padre Mayor, Mpambia del Templo Primero de los Kimbisas del Santo Cristo del Buen Viaje, José Torres y sus Mayordomos, para retirar las "inspiraciones", (hacer cesar el trance).

Pues Petit, no solamente fue el famoso ñáñigo que engrandeció al abakuá; es el creador, como hemos dicho, de una secta —"Regla"— con numerosas filiales que abraza todas las creencias y practica los ritos de los dos grupos africanos más importantes que vinieron a Cuba: el yoruba y el bantú.

En su Regla se adoran los nkisi, los orishas, y los santos del Santoral romano.

Para eso, Petit, y con qué insistencia se nos repite, "era hombre de iglesia, educado por los franciscanos". "Casi un cura".

"Petit fue a Roma. Habló con el Papa y con los Cardenales; se sentó a su mesa, y de Roma fue al Monte de los Olivos y allí cortó una rama para fundamentar su Prenda"... [1]

Un kimbisa nos define las actividades místicas de la Regla del Santo Cristo del Buen Viaje y el ideal religioso que perseguía Andrés Petit: —"Todas las religiones son buenas, y cuantas más se profesen, mejor. Así lo pensaba Petit, que perteneció a todas. Eso es la Institución del Santo Cristo del Buen Viaje. Fusión de todos los cultos. De lo material con lo espiritual. Nganga, nkisi, orisha, catolicismo, espiritismo".

No era hombre Petit que rechazase ninguna creencia o práctica religiosa; para bien suyo y de todos los que dependían de él. En esto demostraba Petit, el olórissa, el Padre nkisi, el Isué y... el franciscano, una tolerancia religiosa típicamente africana y que nos recuerda la tolerancia griega aceptando cualquier culto o creencia de pueblos extraños: "¡Todo lo que es Santo sirve!", nos explican Saibeké y tantos otros.

La Institución del Santo Cristo del Buen Viaje de Petit, que estudiaremos aparte, es un ejemplo perfecto del producto de supersticiones españolas, de un catolicismo popular plagado de paganismos, que tan bien nos conservan los mismos negros con la religiosidad típica africana.

—"Tenía muchas relaciones en Guanabacoa", pero su convento, al que llevaba las limosnas, donde vivía cuando fundó la Regla del Santo Cristo del Buen Viaje, era el que estaba en la Habana, en el antiguo Convento de San Agustín, en Cuba y Amargura".

[1] Su Nganga o poderoso amuleto.

No podemos extendernos aquí sobre los muchos puntos de contacto que en ésta se observan con lo abakuá. En el "juramento" o iniciación de los kimbísas, se adivina al Isué que ha ordenado el rito.

Además, es hora que se destaque la personalidad del Indiobón, de Petit, "que fue, es y será gloria y salvación del ñañiguismo", no sólo en opinión de Tankéwo y de Saibeké, sino de la mayoría de mis informantes.

Sin él, aseguran, la sociedad Abakuá hubiese desaparecido. Ya no habría ñáñigos. No hubiesen podido resistir la prolongada persecución de que fueron objeto por parte de las autoridades españolas y más tarde, a comienzos de siglo, por las cubanas, aunque, observa el más joven de mis colaboradores, "muchos ñáñigos que estuvieron en Chafarinas sólo por robo y homicidio, luego se les recompensó como a veteranos de la independencia".

(¡Parece difícil que la persecución al ñañiguismo, de haberse ejercido, no esporádicamente como es el caso, sino sistemáticamente, hubiese sido capaz de extirpar sus creencias ni variar su conducta!)

Pero, discurre Saibeké, las continuas reyertas de los que pertenecían a las dos ramas en que se dividen los sectarios del abakuá, las "tierras", agrupaciones, de Efó y de Efik, que a poco de fundarse pasaban a ser rivales con un encono tal ("pues la susceptibilidad ya venía de Guinea y se conservaba aquí",) que llegó al punto de que no había plante ni fiesta en que estos no se topasen sin agredirse. Y por otra parte, la "coincidencia de que muchos ñáñigos, desde tiempo atrás, fuesen hombres peleones y de instintos sanguinarios".

—"Muchos de esos guini", contaba Calazán, "que ya vinieron jurados, comían hombres en su tierra. Cazaban gentes como si fueran animales para cogerles la cabeza y las ponían en sus casas a la vista de todo el mundo, y sus fundamentos bebían sangre humana. A! Ekuere efión: quiere decir que la sangre sostiene el Poder". Por lo menos "le mataban un cristiano (sic) una vez al año".

"Si todos los que venían hubiesen sido del mismo tronco no hubiesen peleado tanto. Aunque no sé... Los negros hemos sido y somos un poquito pendencieros. ¡Siempre tenemos algún asunto que ventilar!"

EL ÑAÑIGUISMO EN EL SIGLO PASADO

El ideal de Petit. Los Krúkoro Mbómipó. Los Akanarán Efor.

Antes de las contiendas de los ñáñigos de Efor y de Efik, mucho antes, desde los días lejanos de su fundación, apenas comienzan a importarse africanos, La Habana presenció las pendencias y escándalos de los esclavos, entre los que ya en época tan temprana, con biochos, jolofos, çapes, mangolas, biáfaras, briches, brán y congos, aparecen los futuros fundadores del Abakuá, los carabalí.

Como observa María Teresa de Rojas [1], el panorama de la sociología africana y sus relaciones con el blanco, no variará en tres siglos; sus caracteres serán los mismos, en el siglo XVI, en la pequeña colonia que empieza, ¡tan pronto! a vivir y a convivir con los negros, que en el XIX. Y es sorprendente, en comparación con la escasa población blanca que la integra, el número de horros que registran los documentos de aquel tiempo [2]. En estos, salta a la vista desapasionadamente, que la crueldad de los colonos españoles distaba mucho de ser lo que podría imaginarse, se dice y se acepta, —por costumbre— sin estos y otros documentos en la mano; la crueldad, la inhumanidad que sería después, la característica de otras naciones colonizadoras o esclavistas más hipócritas.

Los tales negros horros, que poseen esclavos a su vez, tienen los mismos derechos que los blancos, y los esclavos, ("los hay que viven bien") "hazen escándalo se emborrachan y se matan", —entre ellos—. "Negros e negras desta villa que se llaman reynas y reyes hazen juntas e otras consultas", (claro está que celebran sus ritos) y "alborotan al caserío" (con sus trances y cantos). El caserío que iniciaba con ellos un intercambio de conceptos religiosos y mágicos, de supersticiones, que ya nunca cesaría.

---

[1] Algunos datos sobre los negros esclavos y horros en la Habana del siglo XVI (Homenaje a Fernando Ortiz).
[2] María Teresa de Rojas. Archivo de Protocolos de la Habana. Vol. I-II-III.—Editado por la autora. Imprenta Burgay.

El cuadro que nos pintan los documentos, de la vida maleante y de la vida religiosa que a través de éstos se adivina, de los africanos importados en el siglo XVI, la insistencia en aclarar en algunas escrituras de venta, que no están "endemoniados", es decir, como diríamos hoy, "que no les da Santo", —fenómeno que todos conocemos— se parece mucho, fue el mismo que en general contemplaron luego los habaneros del XVII, XVIII y del XIX.

La psicología de aquella hampa, las peleas sangrientas de "negros que se insultan e matan", pervive en los bajos fondos de nuestro pueblo, y, atávicamente, muchas veces aún se reproducen de vez en tarde en algún "plante" ñáñigo.

A través del tiempo, rezagos de odios y rencores de clan, se mantenían encendidos en Cuba; sin contar la arrogancia, la presunción provocativa con que se trataban los "taitas" de unos y otros grupos, prontos a desafiarse y a combatirse, —como hoy a veces nos ofrecen un ejemplo tan característico los sacerdotes de los diversos cultos africanos al combatirse con todos los recursos de su magias.

Que la religión, el culto, para los africanos, era —es— una cuestión individual y familiar, (de grupo) evidentemente nos lo demuestra la organización de este sacerdocio, caracterizado por un tan peculiar y persistente individualismo.

Producto de tal mentalidad y antagonismo, los tremendos piques y rencillas, —con pandillas en continua alerta de ataque— de que fueron teatro los barrios de la Habana antigua. Los negros del barrio de la Pluma, como éstos le llamaban al barrio de San Felipe; los de la Legía, (del Cristo) el Cangrejo, (del Angel), el de las Llagas, (San Francisco) se hacían una guerra sin cuartel.

En el de Jesús María, (los Barracones) donde brillarían los Barondó, [1] los Eforiankómo, [2] se distinguieron los Curros, petulantes y rijosos, pavoneándose con sus anchos cinturones de cuero, sus divisas de cintas rojas y azules, y promovían tales escándalos y derramaron tanta sangre con sus puñales o navajas —cuyo uso prohibía a pardos y morenos el Bando de Buen Gobierno del Conde de Sta. Clara—, que los vecinos lo fueron abandonando por el terror que inspiraban a todos estos negritos Candela de rompe y rasga.

Un tremendo incendio, en 1826, después de otros fuegos ocurridos en aquella peligrosa barriada, cuentan que privó de sus escondites a estos pícaros, que la mano dura, —pero eficaz— del General Tacón, arrojó de allí. Pero Jesús María fue, y es aún, "barriada abakuá".

---

[1] Barondó, —"era una tribu de Efik, (Obane).
[2] Efori, brujería. Nkomo, tambor. El nombre de esta Potencia significa literalmente brujería del tambor.

Un viajero que nos visita el 1825, se queja de la insalubridad de la ciudad, que sólo corre parejas con la poca seguridad que ofrece a los vecinos. "A las 10 de la noche ya no se puede andar por las calles en razón del gran número de rateros y salteadores que la tienen avasallada al derecho de las tinieblas. Ocurre con frecuencia el poner precio a la vida de un hombre: por una onza de oro asesinan los negros al inerme traseunte sin que nadie salga a su defensa, pues en vez de abrir las puertas a sus clamores, los vecinos las atrancan más y más. Al trasponer del sol se esparce por toda la Habana el terror".

El espíritu bravucón, indómito de los Curros, revivió en los Sucunbento, en los Cañamazo y Manita-En-El-Suelo, [1] y en tantos otros "chébere monina", conquistándoles idéntico prestigio. Si Mpegó, el Escriba de las Potencias, escribiese la historia de las agrupaciones Abakuá, desde que se le incorporaron los criollos, —"los arrastraos"—, mis Saibekés parcialmente hacen culpables a los criollos de todas las tachas del ñañiguismo, deberá hacerlo con tinta roja, en rememoración de las vendettas, de los crímenes cometidos por los "hermanos" de una "tierra" y otra: de Efó y de Efik.

Hasta frisar el novecientos continuarían estas trifulcas que ya eran habituales; los asesinatos y desafíos de las pandillas belicosas de Potencias tradicionalmente en discordia en muchos barrios habaneros.

"En Jesús María vivía Nazario, que contaba como era aquello, Nazario fundador de Abarondó.

"En una cuadra residía un dueño de esclavos, y en la siguiente otro dueño con los suyos. Si uno de sus negritos había dado una puñalada y venía a buscarlo la justicia, los amos lo encubrían. Si el celador se lo llevaba preso, los amos lo rescataban. Movían influencia. ¿Y qué pasaba? Que si el negro ese, un día los contrarios lo agarraban en otro barrio, con la complicidad de todos los negros del vecindario, lo ñampeaban. Y no podían los de un bando u otro, pasar impunemente de su barrio al barrio enemigo. Cada pandilla estaba siempre vigilante para descalabrar al que perteneciera a la pandilla rival. En los almacenes de azúcar moscavada del puerto donde había tantos ñáñigos como hoy, las venganzas eran espantosas. Desde muy antiguo los estibadores, todos los obreros del puerto, eran ñáñigos, —Efikes—, como en Matanzas y Cárdenas. (Por eso la Virgen de Regla, Okandé, es su Patrona, patrona de Efik, (de hombres de mar, como en el Calabar). ¡Y las refriegas que había en el puerto y los matados!"

—"Don J. R. dueño de un ingenio, tenía un hijo obonékue. Y él también era ñáñigo. Este hijo suyo nos contaba, a mí y a

[1] Héroes hoy legendarios de las rivalidades y pleitos de sí los ñáñigos.

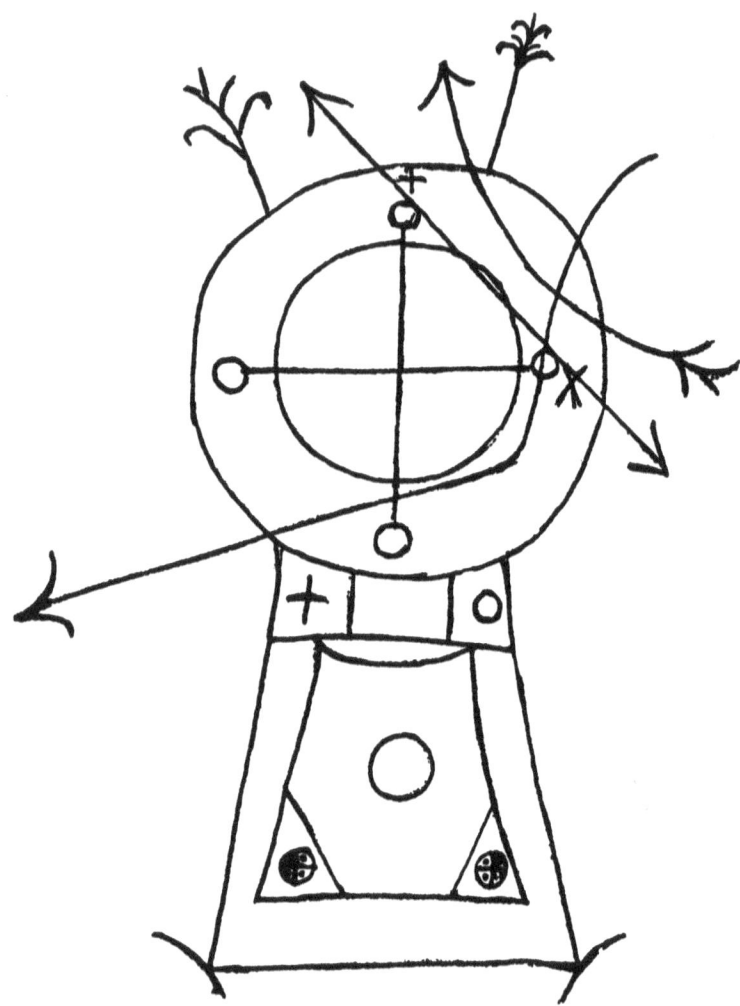

Trazo llamado "de guerra y sangre", con el que en tiempos de la colonia se declaraban la guerra Potencias rivales.

Bernardino, que había entonces tantos encuentros de ñáñigos en el puerto, que la finca de su padre estaba llena de morenos que él escondía allí porque habían cometido muchos delitos."

(Ayudarse los hermanos de una misma Potencia es uno de los deberes fundamentales del obonekue.)

Este apunte, antes de volver a ceder la palabra a nuestros informantes, recoge aquel temor al ñáñigo, que penetraba hasta en las casas seguras de nuestros abuelos y padres.

—"¡Niña Monona, hoy no se puede abrir la puerta de la calle!

A las ocho en punto de la mañana se abría el portón del zaguán.

—¡Niño Pepe, que los ñáñigos están alborotados!

Los ñáñigos desde temprano pasaban por parejas con sombreros de jipijapa, calzados con chancletas de becerro con manchas blancas, camisa blanca suelta atrás y recogida por un nudo a un costado, pañuelo rojo al cuello y hablando en carabalí.

—¡Ay niña Monona, se dice que hoy van hacer de las suyas!

Cuando los ñáñigos empezaban a pasar, así, uno a uno o de dos en dos, y con aquel aire, aquel andar a lo matón, a largos pasos, con un contoneo que les era especial, no se salía a la calle, ¡Era un peligro! [1]

El niño Pepe y la niña Monona hacían cerrar las grandes ventanas que daban a la calle, la cancela de hierro del zaguán, y como de costumbre, se sentaban frente a frente en el estrado.

Ella, en su sillón, los pies en una alfombrilla, al lado una mesita donde había un libro de misa, un rosario y una campanita de plata para llamar a la negra Dominga Duarte, que era sus pies y sus manos; y a ratos apoyada en sus rodillas, jugando en el suelo sin separársele o rascándole los pies, la negrita, monísima, que su hermano el Marqués de X le mandó de regalo en bandeja de plata, acompañada de doce onzas de oro en otra bandejita, el día que nació su hija María.

La niña Chona temblaba de miedo, —los ñáñigos la aterraban—, y con ella todos los negros de la casa, porque con aquel engallado ir y venir nada bueno presagiaban."

De otras escenas semejantes, hemos anotado algunos recuerdos: la impresión de espanto que dejaron en la infancia de la generación que precedió a la mía. Pero este terror no se desvanecería del todo hasta un poco después de transcurrida la primera década de este siglo.

[1] Un miembro de la familia Alfonso a altas horas de la noche fue agradido por un hombre que exclamó de pronto a su espalda: ¡me equivoqué! Por suerte la punta de un arma cortante penetró ligeramente en su hombro. La impresión fue tan fuerte que perdió la razón.

"En el 1896, durante la guerra de Independencia, que no se sentía en la Habana, vi desde mi balcón a un ñáñigo matar a otro. No se me olvida la sangre que le salía del cuello a borbotones. La gente que gritaba ¡ataja!, el asesino que huía y la charca de sangre, cuya vista me hizo vomitar, y de la que quedó en el suelo la mancha negra varios días".

"Mentar a un ñáñigo, era mentar al Demonio".

Pero más que nadie, eran los mismos negros quienes temían y sufrían la salvajada ñáñiga, la ferocidad indomable de los okóbios, a veces delicuentes por vocación (—"algunos mataban por gusto que les daba matar", "no le temían a nadie, mataban hasta al celador",[1] o por las exigencias de una vanidad tan infantil y quisquillosa que no podían soportar estos okóbios la afrenta de un vistuario de Diablitos [2] más lujoso que los de su Potencia.

Muchos negros los detestaban. Una octogenaria nos dice.

—"Niña, no me hable Ud. de los ñáñigos! Eran malos. El carabalí de por sí era de mala entraña. Y que los ñáñigos de antes, cuando yo era pollona, no se parecían a los de hoy, hablando en público de su religión y cantando sus cantos en las bodegas o en el café. Aquellos no hablaban. Guardaban el secreto, como en Africa, donde dicen ellos que la menor indiscreción les costaba la vida. ¡Malos de verdad!... Mataban a la chita y callando. Por un sí o un no apuñaleaban."

"Malos de verdad"... Otra vieja me ofrece este ejemplo:

—"Marcelino el pobrecito, un niño que no había cumplido doce años y por vengarse de su hermano, los ñáñigos le cruzaron, de lado a lado, la cara de un navajazo. Yo lo conocí. Lo desfiguraron con una horrorosa cicatriz para el resto de sus días. Era hermano de un ñáñigo que andaba escondiéndose por el campo, porque había matado a otro de una Potencia enemiga de la suya. Como no lo encontraron para matarlo, resolvieron matar a su hermanito. Y Marcelino fue la víctima. El decía, la gente del fango me ha desfigurado pero cuando crezca me lo pagarán.

¡Y creció! Nunca se juró. Odiaba a los ñáñigos, y cada vez que se encontraba con uno de aquella Potencia, lo hería o lo mataba. Tajó muchas caras. Se hizo un asesino por culpa de los que él llamaba hombres del fango. Marcelino Cruel, le pusieron.

Los ñáñigos, cuando tenían necesidad de vengarse, y no podían matar al enemigo, le mataban cualquier miembro de su familia o a uno de sus amigos. Al preferido. Marcelino Cruel, cruel con la gente del fango nada más, acabó también de una

---

[1] El 1853 mataron al Celador de la Policía D. José Esquivel.
[2] Saco se llama a la indumentaria del diablito o Ireme, en las ceremonias y fiestas del Plante.

puñalada. Iba con su hijita de cuatro años, paseando en coche de alquiler. Unos ñáñigos que lo estaban cazando desde hacía mucho tiempo, subieron a los estribos y le abrieron el vientre a cuchillazos...

¡A vista del angelito!

No tenían piedad ni para los padres ni para los niños que dejaban desamparados".

—"Lorenzo, aunque ñáñigo, era un hombre excelente. Promedió en una discusión entre dos ñáñigos, uno de los cuales era de su Potencia e impidió que se pegasen o se matasen. Los contrarios nunca le perdonaron la componenda.

Tenía una hijita huérfana recogida en casa de una comadre, que se la cuidaba. Todos los días al anochecer, aunque diluviase, Lorenzo iba a dormir a la niña y en una tarde de carnavales, una mujer disfrazada de bruja, de seguro mujer de ñáñigo, (¡no sabe Ud. lo que eran ellas también!) le dijo a uno de aquellos hombres que habían quedado resentidos con Lorenzo: si quieren verlo vayan a casa de su comadre, que él está allí al anochecer.

Aquella misma noche, al salir Lorenzo, un dominó se le acercó y le atravesó el vientre con su puñal. Se le salieron las tripas. Se las recogió con una mano y con la otra sacó su navaja e hirió al disfrazado. Pudo declarar antes de morir que un mulato vestido de dominó lo había atacado, ¡pero no dijo el nombre!".

Las fiestas, los carnavales, [1] como hemos visto, y sobre todo el 6 de enero, el famoso día de Reyes, de inenarrable alborozo y libertad para todos los negros esclavos y horros, africanos y criollos de la Habana, [2] pues constituía una verdadera fiesta africana, durante la cual, como escribían los articulistas de la época, cada "nación" vestía sus trajes "etíopes", (—es decir, rituales) y según nos decía una vieja, "con permiso del gobernador, ese día se estaba como en Guinea"). "La gente de los Cabildos hacían lo mismo que hacían en su tierra". (Olobanapá, el Palacio del Gobernador, abría las puertas a la negrada; y el mismo gobernador con sus manos, les tiraba el aguinaldo").

Todas las Potencias ñáñigas salían desde el amanecer, con sus trajes de Iremes, —"más africanos en aquel entonces que ahora", asegura Saibeké, que vio de niño confeccionar sacos, efomiremo, e Isún, —máscaras— y sabe hacerlas "a la antigua", (la de esponjas que llevaba el Mokongo), como las que hacían sus mayores.

[1] Los de 1865-66 son memorables, por los hechos cruentos que se registraron.
[2] Se celebraba en todas las ciudades de Cuba y en muchos pueblos, como el de Güines.

Un autor español, que presenció la fiesta del día de Reyes, [1] —"la fiesta de los diablitos", gran día que los carabalís llamaron Kimifé, [2] nos dice de ellos que "más que por los vestidos imponentes, los ñáñigos causan miedo por su conducta alevosa, pues van armados de cuchillos y suelen dar por el camino alguna puñalada a pesar de la vigilancia de la policía".

Los choques nunca fortuitos sino decididos de antemano entre potencias rivales, las salvajes embestidas a navajazos y puñaladas, desde las dos de la tarde, después de la visita al Palacio, ocupaban al Celador y al Salvaguardia, que los echaban y confinaban en extramuros.

Los obonékues hacían un uso inmoderado de navajas sevillanas y de los clásicos puñales de hueso de pescado, —de la aguja de paladar—, no obstante prohibirlo la "regla", la ley interna de la confraternidad. El mango de estos terribles puñales, pues el hueso una vez pulido y afilado era más penetrante que el acero [3] se cubría con un tejido de curricán. Infame, por consiguiente, era sinónimo de Abakuá. A la sombra de sus secretos

[1] L. un francés, X. Marmier, a mediados del siglo XIX se felicita como viajero, en sus "Lettres sur l'Amerique" de la buena suerte que le ha permitido asistir en la Habana a la fiesta del Día de Reyes. Nos ha parecido interesante reproducir la descripción que hace de ella y la impresión que causa en este europeo aquel extraordinario espectáculo.

"El día de Reyes es la fiesta de los negros. Sus amos les dan el aguinaldo y ellos, además van a pedir a las puertas de las casas principales. De un extremo a otro de la ciudad, artesanos, obreros, criados, se reúnen en diferentes grupos en torno a un negro que representa al Jefe de sus tribus. Pues la población africana de la isla proviene de razas distintas que viven todas bajo el mismo yugo, conservando fisonomías y costumbres distintas. Ahí están los negros del Congo, generalmente holgazanes, malos, inclinados al robo, apasionados por la música y el baile.

Los lucumí, altivos, orgullosos; los macuás de la costa de Mozambique que son de carácter indolente, pero dulces y apacibles; los carabalí de la costa occidental de África, avaros, industriosos y amenudo levantiscos. Los minas, de cara estúpida; los araras, sin carácter ni energía (!) Los mandigas, dóciles, sumisos y honrados.

El día de Reyes cada tribu aparece en la Habana con su traje nacional y sus instrumentos de música. Dentro del recinto de la misma ciudad he tenido ante mis ojos un muestrario de trajes salvajes africanos y no es posible imaginarse un conjunto de escenas más graciosas y cómicas.

Los jefes son espléndidos. Unos avanzan subidos en altos zancos como los vascos, y cuando se fatigan de su aérea marcha caen en brazos de sus seguidores que los llevan cargados complacientemente, mientras que un tercero toma sus pesadas piernas de madera y las sostienen a sus espaldas con tanto respeto como antaño las damas de honor portaban la larga cola de las grandes damas.

[2] Kimifé, palabra del dialecto de los olugó, que significaba para los carabalís la festividad de Reyes.

[3] Las armas de fuego, "el Vizcaíno", el revólver quedaba para los que ganaban buen jornal o los pudientes. Los makri: los blancos.

sagrados se refugiaba la flor y nata de la delincuencia que en aquellos días en que Petit soñaba con regenerar la Sociedad, de dar crédito a mis viejos, amenazaba seriamente su porvenir con sus crímenes y fechorías innegables.

No tardó en efecto la policía en declararla "asociación tan ilícita como repugnante" y en hacer figurar el ñañiguismo entre los delitos que condenaba el Código.

Otros están cubiertos de pies a cabeza por un manto de fibras, imitando una piel de oso.

Los hay que llevan en la cabeza un castillo de plumas, una selva de ramas artificiales. Otros llevan el rostro y el cuello cubiertos por una máscara espesa, a través de la cual se ven mover unos ojos brillantes. Algunos se empeñan en darle a sus caras la apariencia de un ave de rapiña o de una fiera. Muchos van desnudos hasta la cintura, tatuados o pintadas las mejillas, los hombros, el pecho. Aquellos de allá, como las cebras, con ocre; los de acá con yeso blanco, y otros que no se encuentran todavía bastante negros, se hacen largas rayas de cera en el cuerpo. Las mujeres, la mayoría, llevan trajes con telas de colores vivísimos; una flor en los cabellos, un cigarro en la boca, una capa de pintura roja, verde o blanca en los cachetes. Con paso ligero siguen el cortejo del que forman parte hasta llegar al lugar en que se detienen para bailar.

Bajo los balcones del Gobernador, en la plaza pública, en las esquinas de las calles más frecuentadas, el jefe da la señal. Enseguida los músicos se colocan a un lado con sus instrumentos. ¡Y qué instrumentos! Cuanto silba, retumba, tintinea, los tonos más agudos y discordantes, son los de esta diabólica orquesta. He aquí un virtuoso que golpea con las dos manos en un tronco de árbol hueco, cubierto con una piel gruesa en una de sus extremidades. Cerca de él uno agita unos cascabeles en un cesto de mimbre, lleno de guijarros; se ven quienes tocan una especie de flauta, de las que por cierto no ha sido el Dios Pan quien ha dado el modelo. Otros tienen una especie de arpa guarnecida con una media docena de crines que podría hacer derramar lágrimas al dios de la música finlandesa, el tierno Woenemoinen, mas no lágrimas de deleitamiento, sino de indignación y de dolor.

A esta algarabía sin nombre, se mezclan broncos acentos de gargantas apresadas bajo las máscaras, gritos de lechuza, silbidos de víboras, ladridos de perro. Es la señal del baile. El jefe montado en sus zancos salta y cabriolea como un mono. El jefe de la piel de oso sacude su bella melena, se inclina al suelo. Se alza de repente como si fuese a lanzarse sobre su presa. El jefe con el penacho de plumas se balancea y gira. Después el séquito se pone en movimiento. Hombres y mujeres se sitúan unos delante de otros y bailan. No, bailar no es la palabra que puede dar idea de esta escena. Es un frenesí, un temblor de todos los miembros. Los cuerpos se agitan, se tuercen, se repliegan, se levantan, saltan como salamandras en el fuego. Los pies, las caderas, los pechos, todo entra en acción, en actitudes que no puedo describir. Ruborizarían la virtud de nuestros sargentos citadinos.

No obstante un círculo de curiosos asiste en pleno día a esta asombrosa coreografía y no parece azararse en lo más mínimo. Sólo una de estas danzas, no encuentro otra palabra con que expresarme, tiene un carácter interesante: la danza del sable. Un negro, que no tiene por indumentaria más que un calzón, entra en el ruedo con un sable de madera en la mano. Hacia él, avanza una mujer. Tímida, la frente baja. Da un salto para un lado, esquivando sus golpes, pero vuelve y se inclina como una esclava y con las manos juntas, su mirada temerosa parece invocar su piedad. El negro apiadado se lanza para tomarla en sus brazos, la mujer escapa todavía para acercársele otra vez poco a poco hasta que al fin, queda como fascinada por la mirada ardiente que la persigue sin cesar, o fascinada por el terror. Hay en esta viva pantomina todo un romance de amor, un drama de pasión impetuosa más impre-

DIA DE LOS REYES EN LA HABANA

—El aguinaldo, niña.
—¿El aguinaldo?......¡ay, Dios mio, si serán *ñáñigos!!!!*

—"Cuando Abakuá", explica Tankéwo, "se empezó a jugar en Regla, [1] todos eran erensúa eñeñe efor; (africanos) todos oriundos de Wanantú, (Africa) Carabalí puros, y pasaron más de veinte años sin que jurasen a nadie que no fuese ápapa, como ellos. No querían admitir en sus juegos a los criollos. Le temían a la indiscreción de sus propios hijos; y los criollos tuvieron que luchar mucho para ser admitidos. ¡Tenían razón! Cuando los guineos solos plantaban en su Cabildo, mucho antes de iniciarlos, nunca hubo disturbios. Y no sólo eran reacios los carabalí en darles cabida a los criollos... Lo mismo pasaba en las demás religiones. Los criollos, decía mi abuelo, lo deformaban todo, y los africanos no querían que su religión se desvirtuase.

El Fundamento brikamo, Ekue, no lo vieron, nunca llegaron a verlo con sus ojos los primeros criollos que juraron en los cabildos de nación, —aunque para ser exactos aquellos Cabildos de Carabalí no tenían nada que ver con lo que se volvieron después las Potencias. (Todavía en el último Cabildo Brikamo-Oro que hubo en Matanzas, con el viejo Agustín Kakanda por jefe, tocaban un instrumento que parecía un catre. Un palo atra-

sionante sin duda porque es el simulacro fiel de dramas reales que deben suceder a menudo bajo el ardoroso sol del Africa.

Cuando los negros han terminado sus lascivos ejercicios de acróbatas, saltadores y guerreros, uno de ellos se acerca a la ventana de la casa, reciben su aguinaldo y se van a otra un poco más lejos, a recomenzar sus bailes.

Este día los negros gozan de su libertad, de sus cantos y bailes con una alegría de niños. Siguiéndolos, yo mismo como un niño, de plaza en plaza, de calle en calle, en el pavimento y en el barro donde saltan como sobre un suelo, me decía que acaso revistiendo sus bizarras vestimentas, pensaban en las fiestas de su aldea natal y los observaba con piedad.

Es un hecho, por lo demás notable que esta saturnal de los negros, se termine a hora fija, sin querellas, sin desorden. Al atardecer, cuando el sol se pone, el tambor deja de sonar, el oso se despoja de su piel, el guerrero abandona su sable, el jefe deposita su diadema de plumas, cada uno vuelve tranquilamente a su casa, y el dinero que se ha recogido durante el día se guarda para subvenir a los gastos del año entrante.

Ya no es el día de Reyes de la Habana lo que fue antaño. Un gran número de siervos desde los balcones ve pasar la procesión africana al igual que las gentes de las buenas casas, como si ésta fuera una bandada de saltimbanquis. Otros afectan un profundo desprecio por aquellas parodias de los negros de nación.

Los que tienen la suerte de haber nacido en Cuba, los criollos consideran como bestias a los despreciados hijos de Africa, y los recriollos —sic— y los de una tercera generación de criollos, parecen tener entre sus manos las cartas de nobleza de un Grande de España".

[1] Esta historia del ñañiguismo que nos da S. se ajusta, sin que el narrador la conozca, a la que bosqueja la obra "Los Criminales de Cuba y el Inspector Trujillo", Barcelona 1882. Copiamos.
"Hacia el año 1836 se formó en el vecino pueblo de Regla la primera corporación de los ñáñigos bajo el amparo y protección del Cabildo Ápapa Efí, "autorizado por los Efor"—, que tenía ya fijada su residencia con licencia del gobierno, previo el pago correspondiente de la contribución. En el interior

LA FIESTA DEL DIA DE REYES

HABANA DEL SIGLO PASADO

vesado sobre dos burros, en el que golpeaban con dos palitos: Kán-Kán-Kán: Kún-Kán-Kún Kán Kán... y también se tocaba el ekón). [1]

La primera Potencia, toda de erensuá [2] era Apapa Efor. Y aquí se hizo como allá en el Calabar. Ekoi, (efór) le dió el ser a Efik. A Efí, que entonces pudo llamarse Apapa Efik. (Fue el mismo Efik Butón Efí Aroró, el primer juego que nació en Cuba, apadrinado por los Efó, en Regla; —"por lo que se dice Appapa brikamo Iyá berómo Ekue Butón Iyá bekondó, kandé itiá ororó: los que saben cantar, tocar y bailar son los de Regla, porque aprendieron con los africanos).

Los Africanos, que al fin cedieron, juraron a los criollos, y los criollos, sus hijos, no tardaron en desorbitarse...

Las tierras de Efik, en el Calabar, eran hijas de Efó, y anuque Efó no les dió el cuero del pez, (Ekue) estas eran para los de Efó sus criaturas, sus menores, pero aquí los Efik, y los de Efó, concientes con razón, de ser sus superiores en religión, empezaron a atacarse. Los ápapas Efor y Efikes en Cuba eran

de las casas donde estaban localizados estos cabildos se reunían muchos negros criollos y allí hacían sus ceremonias de ñáñigos, porque como eran hijos de carabalís la mayor parte de éstos, los de nación, los protegían. Los carabalís Appapas son los verdaderos ñáñigos y los primeros que han venido a éste país procedentes de Africa, vistiendo el traje usado por los ñáñigos, cuyo nombre adoptaron los negros criollos después que se constituyeron en una sociedad particular, porque su verdadero nombre carabalí es Ñauguitúa". (Ñaituá).

"Aquellos carabalíes acostumbraban salir por las calles el día de Reyes a pedir aguinaldo lo mismo que los demás, con el traje de ñáñigos; pero la única diferencia de que aquél era de pieles, que es como lo usan en Africa y de que en lugar de llevar las campanillas en la cintura como los criollos, aquellos las llevaban en las piernas. También el capirote con que cubrían su cabeza era redondo en su extremidad y no puntiagudo como el de ahora; pero siempre llevaban la cara tapada como los actuales.

Se fue aumentando el número de criollos que deseaban incorporarse a los juegos de los carabalíes; pero estos fanáticos se opusieron fuertemente a ello, porque no les descubrieran el secreto. Al fin, viendo el empeño que tenían los criollos en pertenecer a su sociedad, les propusieron que si querían formasen juego aparte, y que mediante cien pesos, que les exigían, los bautizarían al estilo de Africa: a lo cual accedieron, formando desde entonces un primer juego, compuesto de veinte y cinco criollos, todos de la Habana y de casas ricas. Este primer juego se formó en Regla y se le puso por nombre Efí Acabatón, (Efike Butón, según mis viejos ex-ñáñigos, siendo los fundadores varios esclavos de una señora rica que vivía en la Habana. Este juego lo juraron los carabalíes Appapa más como estos negros tenían odio a los blancos, no quisieron que ningún mulato ingresara en la sociedad porque decían tenían la sangre ligada con aquellos, no siendo, por tanto, de pura sangre como el negro; y como los nuevos ñáñigos creían y obedecían a sus padrinos los carabalíes, duró o se mantuvo mucho tiempo la prohibición. Este primer juego que se formó, o sea Acuabatón, alcanzó gran nombradía, porque todos los miembros

---

[1] Ekón: Campana Litúrgica.
[2] De Africanos nativos del Calabar.

esclavos; algunos libertos, pero todos aristócratas. Es decir esclavos de dueños ricos e influyentes, coronados —sic— y contaban con la protección de sus amos.

Le puedo decir a Ud. por mis años, que los ñáñigos de aquel tiempo atrás, estaban respaldados tanto en Regla y Guanabacoa, donde nació el Abakuá, como luego en la Habana, por los dueños, pues se lo he oído asegurar a los que eran ya muy viejos cuando yo, que soy tan viejo, era un pollo de pocas plumas; y que eso favoreció mucho al ñañiguismo.

Andando el tiempo, cuando Abakuá había crecido mucho, ya cuando estaban iniciados los criollos, los blancos también quisieron iniciarse.

Blancos hijos de españoles, y españoles, ¡si señor! (Y no digamos los aferebó, los mulatos)... A los españoles les gustaba mucho lo nuestro. Siempre, desde que nacieron Potencias de blancos, hubo ñáñigos españoles. Antes y ahora... Ahora, ¿no conoció Ud. al Nkríkamo de Kanfioró? Gallego, gallego, y más ñáñigo que yo. Como antiguamente, el famoso Valenzuela, de Mbemoró.

Vizcaínos: Bernado Uyibarri, de Efori Ntokí, Nazario Otúber, que vive; capataz de los muelles en Matanzas, y Mbákara de los Nseniyén Efor, habla con cés y zetas, pero hace un esfuerzo por hablar abakuá... ¡Y tantos, en el pasado!; y entre ellos un gallego, uno de mucho nombre en su tiempo, que era de Abakuá Efór, se hizo ñáñigo cuando no tenía nada, pensando que por compañerismo podría encontrar trabajo en los muelles. Y así fue; pero eran esclavos de condes y marqueses, que por vivir en las inmediaciones de Belén, les conocían sus compañeros por Belenistas; y sucedió también que, atenidos a ese rango y confiando en la protección que les dispensaban sus amos, cometieron muchos excesos y empezaron a adquirir mala fama los ñáñigos. El juramento lo hacían separados y ocultándose de las personas blancas a quienes no querían iniciar en sus prácticas, y al principio no usaban crucifijos, velas, ni ningún signo de religión católica, porque los carabalíes consideraban todo eso como brujería, y siendo muy supersticiosos le tenían horror a esas cosas religiosas.

A los diez años de instalado el primer juego, se aumentó considerablemente la ñañiguería, porque ya no la formaban sólo los criollos y así fué que en los barrios de intramuros y fuera de las murallas, había como cuarenta juegos, llegando el caso de que ellos solos eran en mayor número que todos los demás de nación reunidos, saliendo como los otros a recorrer las calles de la población el día de Reyes, hasta que el gobierno dispuso que se les obligase a retirarse a las tres de la tarde, con cuyo motivo se retiraban a Jesús María en lo que entonces se llamaba los Barracones, que desde aquella época quedó siendo el centro general de sus juegos."

Por esta época, "del cincuenta y pico al setenta", según T. M. y J. U. y C. H., "alcanzó gran incremento la ñañiguería, formándose infinidad de corporaciones en todos los barrios de la capital, y el día de Reyes pedían aguinaldo vestidos con su saco, que es el nombre que le dán al traje peculiar del Diablito"

cuando el trabajo mermó se fue a San Antón, donde había pega, [1] dejó de pagar su cuota y lo eliminaron. Ese llegó a ser un potentado muy conocido. Y cuando era millonario, unos viejos moninas lo fueron a ver para que pagara sus mawán, (cuotas) dijo que no: que él era hombre de negocios, que ya no le hacía falta ser abakuá.

Tanto le gustaba a los españoles la fiesta Abakuá, que corrían muchos cuentos y chistes sobre esto"...

Como el diálogo, que remedando el acento gallego, se deleitaba en recitar el viejo X.

—Vamos al ñáñigo tío.
—Vamos.
—¿Te gusta, rapaz?
—Si tío, me justa.
—¿Y cómo es el ñáñigo, sobrín?
—Pós, nada... pós miusté. Verá allí unos Panchos [2] con plumas en las patas, cascabeles en la centura, una sombrereta, mirando al revés, y allá en un rinconcín uno con un tamburcín que dice:

        E... yé yé yeiz makozbikoz
        makozbikoz, ¡me cachiz en Ceuta, rediós!

"En los años en que los blanquitos empiezan a promover escándalos porque quieren entrar de todos modos en los plantes, de a porque sí, por su pellejo blanco, ya el ñañiguismo estaba desprestigiado, aunque no entienda por esto que no hubiese Potencias serias y muy importantes como por ejemplo, Bakokó Efó, que contaba con unos seiscientos afiliados y en la que juró Petit.

Fue ese el momento de Andrés, el "caballero de color"...

Por sus buenas relaciones con los krúkoro Mbómipó, [3] hombres de raza blanca, por su buena educación, la inteligencia privilegiada que Dios le dio, él que era benefactor de todos por igual, en vez de negarse a admitir la idea de que no hubiese obonékues blancos, al contrario, quiso que hubiese obonékues blancos, y bien blancos, y los alentó a entrar en Abakuá. Porque, decía Petit, los mbómipó son más ilustrados que los negros; más serios en su proceder, y engrandecerán la Sociedad con su poder y con sus luces.

Piense, sobre todo, que entonces había esclavos... ¿De qué modo un orupá, un esclavo, [4] y aunque el negro fuese libre, era un hombre de condición inferior, podía llegar a ser munane [5]

[1] Trabajo.
[2] "Los españoles solían dirigirse a los cubanos, llamándoles Pancho cuando no sabían sus nombres". (C. H.).
[3] Nkrúkoro, hombre. Mbomipó: blanco.
[4] Orupá, esclavo ("en dialecto bríkamo").
[5] Munane: hermano. (Wane, pariente).

hermano de un blanco? Entonces un blanco sucio, por ser blanco, era superior a un erenó, a un negro. Por canalla o por ntufe [1] que fuese el blanco, siempre era blanco... Medite un poco. Unicamente por la religión. Bebiendo la Mokuba. Por Akanarán, como si dijésemos la Virgen. ¿No dice la iglesia que todos somos hijos de Cristo, y Dios nos ve a todos iguales, no ve el color? Dios es muy demócrata. Pues por esta religión nuestra, todavía se hermanaba más con los blancos. El abakuá blanco tendría que considerar a un abakuá negro como a un hermano, y como en aquel tiempo los blancos le daban mucho cuero a los negros, los que se hicieran ñáñigos, no le pegarían a sus hermanos. Hasta contribuirían también a que los que no lo eran les pegasen menos. Esa idea se llamaba abolicionista —sic—, y eso era lo que explicaba Andrés. ¡Qué grande era Petit!

Los blancos que querían entrar y bailar en los Kuare, —plantes—, según me han dicho, no pensaban en tener el Secreto. No aspiraban a tanto. Pero Andrés prometió dárselos, y Keanpoto, [2] juramentarles mediante el pago de 30 onzas de oro.

¡Andrés Petit fue un traidor; le vendió Ekue a los blancos! Eso lo habrá Ud. oído decir mil veces. Traidor... ¡qué disparate!

Diga que no. Andrés Petit no fue un traidor. Andrés Petit no se quedó con una peseta de aquellas treinta onzas que les pidió y le dieron los blancos para hacerles su tierra, Akanarán Efó Okóbio Mukarará [3].

Andrés Petit con ese dinero libertó a algunos esclavos de su potencia.

El dinero aquel le era imprescindible para amansar a los que se oponían al bautizo de los mukarará [4]. Después esos negros enemigos del blanco, comprenderían que la raza blanca fortalecería el ñañiguismo pues se empeñarían más que ellos, y con mejor cabeza, en que las autoridades no lo acabasen. Cuando juraron los blancos, va a hacer cien años, la persecución era muy dura. Cuanto dijo Petit fue verdad. El tiempo le dió la razón. Yo, negro ñáñigo, digo que todos los ñáñigos debemos agradecerle lo que hizo entonces."

Urrutia contaba más o menos lo mismo de la incorporación de los hombres blancos a la Sociedad Abakuá.

—"En 1857 se iniciaron. Algunos de buena familia. (En el ñañiguismo siempre ha habido hombres de buena familia). Algunos, hijos de padres que tenían fincas; que era lo que más quería

[1] Ntufe: estúpido.
[2] Keanpoto: juramento.
[3] Madre Efó de iniciados blancos.
[4] Mukarará: color blanco. Papel, (blanco).

Petit, para que en ellas sufrieran menos los esclavos, porque los esclavos del campo eran los más desgraciados, y ayudasen la causa.

Antes de cobrar las treinta onzas, Andrés fue a ver a los morenos que estaban más opuestos a darles Ekue a los Makrí, [1] y entre los más renuentes, a un esclavo que ansiaba la libertad más que ninguno. Dícele Petit.

—Recapacita negro, Quieres ser libres, ¿Por qué?.

—Porque de un tiempo acá me están dando muchos golpes.

—Pues con las 30 onzas de los blancos te voy a libertar.

Cumplió su promesa. Se cohartaron once o doce hombres, y cuatro o cinco mujeres de ñáñigos, después del juramento.

Cuando Andrés les decía que iban a ser hermanos de los blanquitos, los bozales contestaban:

—¿Cómo va sé máno bránco, si tá afé, [2] tá prieto yo? ¡Tá jugá!

—Por el cuero del chivo, todos los hombres pueden ser hermanos.

Mandrí decía que para convencer a los negros más tercos de Bakokó Efor, —y fue Semaná uno de los que se opusieron— Andrés, que conocía a los mayorales, les pedía que los ultrajasen y los castigasen más, para que así deseasen más la libertad y ganarlos a su fin con la promesa y el cumplimiento de libertarlos".

Con todo, recordaba Iño Tomián, Petit no logró armonizar a los obonékues negros y blancos. Redoblaron las críticas, y sobre todo las envidias, cuando vieron que "los blanquitos" enriquecieron sus "tierras", y las innovaciones que hicieron.

Los itones, los tres cetros que en la Sociedad simbolizan la Justicia, el Orden y la Religión, Mokóngo, Abasónga y Mosóngo—" que se hacían de madera forrados con cuero de animales, y punteras igualmente de cuero, los blancos los adornaron con casquillos de oro y plata en los extremos. Si Abakuá Efó los tenía con casquillos de plata y de oro, los de Nyegueyé, —Níguiyi, que es como decían los viejos que pronunciaban correctamente la lengua—, los pusieron todos de oro.

—Ya bránco tá debaratá cosa. Así no é, decían; pero hablaba la envidia; ellos no podían hacer lo mismo que Nyiguiyí, Abakuá Efó, Koriofó I y II, Akanarán Efór, que tuvieron por madre a Bakokó Efor.

—"Muchas cosas del culto fueron modificadas por los criollos. Pero no sólo fueron los blancos los que las alteraron. Seamos

[1] Makrí: blanco.
[2] Afé: oscuro. ¿Cómo voy a ser hermano de un blanco si, soy negro? ¿estás jugando?

justos. Los negros dieron el ejemplo, como Jacinto Semaná, hijo de brikamo. La Potencia Eron Ntá sustituyó su Ekón de madera por uno de hierro".

(El Ekón, [1] instrumento cónico de hierro con mango, semejante a una campana, pero desprovista de badajo, que se toca con un palito. De su importante empleo en la liturgia Abakuá se nos hablará al tratar de la Potencia.)

"Juan Serrano, de los Ekoriofó, Taibá I, el bachiller Manuel Fernández, los tres blancos, inteligentes, al ver este cambio en Erón Nta, sin preguntar si se podía reemplazar al Ekón de madera por otro de metal, dando por sentado que si los negros lo habían hecho era posible, hicieron sus buenos Ekón de hierro.

¡La que se formó cuando los negros vieron que los blancos tenían ekón nuevos, de hierro!

Pero el ejemplo, ¿no lo había dado un hijo de Carabalí?"

Al principio de Abakuá todos los atributos en los cabildos africanos se ponían en mesa. Cinco tierras de ñáñigos blancos crearon los altares de figura católica que se colocan en todos los fambás Akanarán Efó, Ekorio Efó, Efó Abakuá en Regla, Naróko Efó, —en Carraguáo—, juegos viejos que han desaparecido.

Los múkara podían decir: "Ekúru Koró erenobón ndimaó." [2]

Los blancos colocaron en Kende, [3] altar pero a lo católico, los atributos sagrados. Fue Andrés quien metió el crucifijo en las Potencias, para que todos se convencieran de que no somos salvajes; quien les aconsejó que llevasen el santo de su devoción al altar y quien ideó con sus blanquitos, pasar un día con asanga makotero. [4] con la procesión ñáñiga por delante de las puertas de la iglesia para demostrarle al cura que eran devotos, cristianos y no judíos. Esto me lo contó Antonio Nkandémbo. Salieron los ñáñigos por la calle de Jesús María. Se pararon en la misma puerta de la sacristía. Al verlos el cura con sus tambores, llevando un crucifijo, una tinaja y la cabeza de un chivo, les preguntó:

—¿Quiénes son Uds. ¿Qué quieren?

—Somos Abakuá. Queremos que nos bendiga.

—¿Pero Uds. creen en Dios?

—Creemos en el Padre, en el Hijo, en el Espíritu Santo y en la Santa Madre Iglesia

El cura les echó un rezado y los bendijo.

[1] Véase la importante obra de Fernando Ortiz "Los Instrumentos Afrocubanos" Tomo II.
[2] "Esos negros no sirven".
[3] En olugo: Kénde es el altar. La base sobre la que se colocan los objetos del culto.
[4] Caminar —asanga— Makotero, la procesión.

Sí, eso fue idea de Petit, que llevaba muy bien lo católico (sic). [1]

—"Como resultas de ir Petit con la procesión a la iglesia, añade otro informante— y de haber demostrado que los ñáñigos creían en Dios y querían bien a los curas, en una temporada en que no se concedían con facilidad las licencias para jugar, se sintió un poco más de tolerancia. Y los blancos, achabaké: [2] plantaban. Los había influyentes."

Después que Bakokó apadrinó a Akanarán Efor, los demás morenos tuvieron la insolencia de declarar que iban a suspender", (a excomulgar), "a Andrés Petit, por delito de traición. Pero no tuvieron valor para hacerlo. Petit nada más, les mandó a decir: ¡atrévanse! y eso bastó para asustarlos. [3]

Los ahijados blancos de Andrés juraron en el año 1857, pero hasta la Nochebuena del 63 no se hizo la consagración de Plazas". (No se les distribuyó los cargos que desempeñarían dentro de su Potencia o agrupación).

"Existe el retrato en que él está rodeado de los blancos de la Potencia, los veinticinco okobios. Y da gusto ver lo aseados y bien vestidos que están todos.

[1] En muchas de las libretas viejas —afoñipán— que constituyen la biblia contradictoria y fragmentaria de los Abakuá, nos hemos encontrado con frases como estas, de las que bastará con citar, para dar idea, unos ejemplos: Temio awana lianza apokeñón Abasí. San Juan bautizó a Jesús y Jesús lo bautizó a él. Oddan Efí Nankuko Efión Nikere Efión: cuando la vida prisión y muerte de nuestro Señor Jesucristo corrió la sangre. Esta traducción, embozadamente, ¿se refiere a algún hecho sangriento de los muchos ocurridos entre los ñáñigos, o a la historia del codiciado hallazgo del Pez por Sikán, que provocó efusión de sangre entre las tribus de Efik y de Efor? O sencillamente a ofrendar en el río la sangre de un gallo.

Iyamba taimán Uchen efión kiko bongó yánsere: Iyamba, (el rey de la Potencia Efor, dueño de Ekue) mata el gallo con toda su fe cristiana y derrama la sangre sobre el bongó (tambor).

El río de Usagaré en que se desarrollan las primeras ceremonias del culto a Tánze, es sagrado como el Jordán. Muchos ñáñigos escriben y pronuncian Jordán, o Joldán, al mencionarlo: Iguán Kemo Umón maribá Jordán Ukano afanaró Abasí: De la raíz de una Ceiba sagrada (que se halla en la orilla del río) Nandibá dependemos, (los Abakuá) y depende el río donde se bautizó Jesús. ¿Fue idea de Petit llamarle al río Oddan, —Od'dan que pronuncian los viejos—, Jordán?

Como todos los africanos importados a Cuba, los carabalí buscaron en nuestra religión equivalentes para sus dioses y genios, Fokondó Ndibó, el río sagrado, es el Jordán; como Bondá es la Virgen María en su advocación de la Virgen de Regla, o Ngóngoro es Satanás, etc.

A veces, indudablemente, el ñáñigo se complace en despitar o en burlarse del profano que pueda hojear su afoñipá, su libreta. Otras, es una sincretización sincera y los resultados son deliciosos.

[2] "Lo dieron de baja. Con ese dolor murió Petit", afirman otros ñáñigos.

[3] Achabaké: desarrollarse la ceremonia, lo mismo que "plantar" o "jugar".

¡Pero cuántas luchas se siguieron al juramento de los blancos! Porque los morenos mantuvieron su parecer. Aun los hay que odian a los blancos. No reconocían la alianza y no los consentían en sus Fambá.

Tángana [1] en Efí Mbemoró, porque varios blancos se creyeron con derecho a entrar, y los Mbemoró se liaron a golpes y cuchilladas con ellos. ¡Que odios!

Perdieron los blanquitos; tuvieron que huir y los negros los persiguieron. Corrieron desde la calle de Industria hasta Perseverancia y Laguna. Allí cayó muerto un blanco, e hirieron a otros cuatro.

Y así a cada rato. Donde quiera se arremetían. (Por eso se acabó el día de Reyes, un día tan alegre, tan grande para los negros. Se convirtió en una fecha de venganzas).

Muñanga Efor y Mbemoró Efik pelearon. Primero Muñanga agredió a Mbemoró, pero Mbemoró no lo denunció. Era y es costumbre de los ñáñigos, como Ud. sabe, ventilar en secreto sus asuntos, no acusar al hermano, y hacerse justicia entre ellos. Mbemoró se vengó y Muñanga entregó a Mbemoró. De esta mala pasada se guarda memoria.

Muñanga Efor akuá Mbemoró [2] Mbemoró
Efik Akuá Muñanga Muñanga inuá makarará
Ekue Muñanga Efor.

Hay quien dice que los blancos empeoraron la situación del ñañiguismo. Es un error. Pero sí es verdad que a pesar de todas las Potencias que les dieron cabida, a partir de la fundación de Mutánga, y de las que nacieron después de la alianza hecha por Petit con la raza blanca, los pleitos y los odios racistas, dentro de la religión, continuaron lo mismo. Se negaban los negros a apadrinar a los blancos, porque ellos eran negros y los blancos eran blancos. Como sucedió cuando no quisieron reconocer a Okoriofó en San Lázaro 130, este juego que cayó en manos de la policía, de Trujillo Monagas.

Trujillo Monagas y Rodríguez Batista. Son dos nombres que conocemos todos los obonékues que tenemos recuerdo del tiempo-España. ¡Rodríguez Batista, hijo de Regla! Era bueno, aunque nos combatió mucho. El quería, —conocía el abakuá, unos dicen que era jurado porque era reglano, pero eso, cabal, yo no lo sé—, él también quería que los ñáñigos fuesen como Andrés Petit quería que fuésemos. Personas decentes...

---

[1] Altercado, riña, agresión.
[2] "Uno de Muñanga Efor mató a uno de Mbemoró Efik. Mbemoró mató a un Muñanga, pero Mbemoró habló, lo denunció.

Petit obligaba a los okóbios de las tierras que apadrinó a vestirse con levita negra y pantalón blanco, y así los encontró un día la policía, reunidos en Okan kebí, en junta. Y la policía, los respetó. (Caramba, también la policía cometía cada atropello!

Muchas veces, de los robos que hacían los ñáñigos cogían parte los celadores. Eran tan ñanifares [1] como ellos. Si el celador no cobraba, ya Ud. sabe...)

Muchos viejos, por recuerdo de aquel entonces guardan el retrato de Rodríguez Batista [2]. Por mucho que hizo por acabar con el ñañiguismo, con buen fin, yo lo comprendo, el elemento con que se encontraba no podía ser peor, no logró nada. ¡Nada! Ni Makaró Efó, ni Ebión Efó, como han dicho, se destruyeron, ni los blancos, todo lo contrario, dejaron por su campaña de ser ñáñigos.

Roche se llenaba la boca diciendo: ¡ya no hay ñáñigos! ¡Mentira!. Los ñáñigos le decían que ya no eran ñáñigos y nunca dejaron de serlo!

—"¡Bah", nos comenta un matancero ochentón, "nunca se eclipsó el ñáñigo. En la misma cárcel nacían tierras". Se fundaban agrupaciones. "En la de Matanzas, cuando ésta estaba en la calle Dos de Mayo entre Contreras y Milanés, como muchos ñáñigos de los presos eran zapateros, —recuerdo que el último que salió fue Tomás Nkóboro que dejó hijos en Matanzas—, con un barril de aceitunas hicieron el Ekue, y clavaron el forro del bonkó".

El 1879, catorce obonékues presos por complicación en un crimen, "plantan" en la cárcel [3] e introducen los objetos litúrgicos, en complicidad con los porteros.

"Pero Andrés que era zahorí, supo lo que hacía. Hoy, tenemos más ñáñigos blancos que negros. En casi todas las Potencias de negros hay blancos. Y ellos, se lo dice un Batabio [4] nieto de carabalí, que ha hecho muchas tierras, son más respetuosos con Abakuá que los mismos que descienden, como yo, de africano y

---

[1] Ñanifares: ladrones.

[2] Carlos Rodríguez Batista, fue Gobernador Civil de la Provincia de la Habana. Nació en el pueblo de Regla, —uno de los baluartes del Abakuá— el 1844. Estudió en Cuba y en los Estados Unidos. Ocupó el cargo de Gobernador Civil de la Habana. Conocía muy bien a los ñáñigos, los persiguió y disolvió varios juegos.

[3] Plantaban también en el Penal de Ceuta, —en el 1888— donde los ñáñigos, fueron deportados en gran número. A Cádiz y al Castillo de Figueras. "En Ceuta se hallaba Manuel Platanal, y un compañero suyo, blanco, apodado el Blanquito. Allí dentro del recinto de la Fortaleza del Monte Achó. Don Rafael Salillas, que con anterioridad a un viaje oficial a aquella penitenciaría, había recibido una carta de un ñáñigo presidiario, acompañada de un dibujo

[4] Batabio: muy viejo.

africana. Aprenden, piensan y estiman ésto. Da gusto visitar sus Potencias".

--"No se acaba el ñañiguismo!"

Su vigorosa constancia nos la explica Saibeké, en primer lugar "por lo bueno del ñañiguismo", —la música, el baile—, por la presencia numerosa de hombres de raza blanca, y sobre todo, porque "en Cuba el que no tiene de dinga tiene de mandinga". Quiere decir, por cierta predisposición psicológica que evidencia las raíces africanas de la mayoría de nuestro pueblo.

Si ha podido resistir a las persecuciones y repulsas en los finales del siglo pasado, bajo el dominio español, a las batidas, aunque intermitentes de los comienzos de este siglo, aumentando al contrario, el número de sus prosélitos, —a la par que la Universidad de la Habana aumentaba el de sus alumnos—, la explicación de este curioso fenómeno no hay que buscarlo exclusivamente en los antecedentes raciales y en la cultura de nuestro pueblo. Hay que tener muy en cuenta la atracción poderosa que representado un "plante" o ceremonia y la promesa de develarle los misterios abakuás, pudo entrevistarse personalmente, si no con el mismo que le había escrito, con otros que se hallaban allí deportados.

"Estábamos practicando la visita a los calabozos del Achó, cuando oímos ruido de algazara y de tambores y el presidiario que se encontraba en el calabozo en que nos hallábamos perdió su aspecto mustio, se incorporó con alegría, prestó atención y exclamó:

¡Los ñáñigos!

El presidiario era un negro. Comprendí que en aquel instante más que nunca sentía anhelos de libertad. Intercedí por él. Se le levantó el arresto y al franquearle la salida corrió a incorporarse con los suyos.

Poco después nos encontrábamos en la explanada, coincidiendo con la aparición de un cortejo extraño, con figuras extrañas, vestidas algunas de ellas con trajes fantásticos, tocando una especie de tambores de estructuras primitiva, cantando, accionando y bailando.

Aquello era una verdadera exhibición ñáñiga ,tan auténtica como las presenciadas en las calles de la Habana, con actores provenientes de aquel país que habían traído con sus personas sus costumbres y su ceremonia"

Contemplando los "juegos" de los ñáñigos en la prisión de Ceuta, Dn. Rafael Salillas se pregunta: "qué es el ñañiguismo? y se dice: "no es una mascarada, ni una sociedad tenebrosa. Es una importación étnica: es el país africano que canta y danza cosas que en Africa deben de tener una significación".

Esta pregunta, el interés de estudiar el fenómeno ñáñigo, aun no había tentado a ningún cubano.

El estudio, desgraciadamente inconcluso del español Salillas, es el primero, que con un sentido científico se publica sobre el ñañiguismo a comienzos de este siglo.

"Los Criminales de Cuba", narración de los servicios prestados en el cuerpo de policía de la Habana por Dn. José Trujillo, cuyos datos utiliza en lo que tienen de utilizables, es como dice Salillas, un conjunto "incorrectísimo y desbalazado de noticias".

Otro tanto puede decirse de la "Policía y sus Misterios en Cuba", de Rafael Roche Monteagudo.

lo misterioso, universalmente, y en todos los tiempos, ejerce sobre el común de los hombres; en la ambición innata de ascender, de pertenecer a una jerarquía superior, inaccesible a los demás, y la satisfacción, —dentro de los límites misteriosos de la secta, en la que se guarda y se comparte el Secreto intraspasable con otros privilegiados—, de ese anhelo de superioridad, —de poder—, enraizado en lo más entraño y en lo más viejo del alma humana sin que esté ausente, todo lo contrario, el placer de asustar a los demás, de imponerse por el miedo. (La verdad es, nos dice un ñáñigo, que nos gusta que nos tengan miedo).

Un Mokóngo puede ser un pobre diablo, un indigente; en su Potencia, es el Jefe, y un jefe inmortal, como veremos. Iyámba es un rey, Isué un "Obispo", etc.

La misma explicación psicológicamente, es válida para otras agrupaciones más elevadas e integradas por individuos de mayor cultura. Sin contar con que "la unión hace la fuerza", como dice Urrutia, y que Abakuá, como fueron los antiguos Cabildos, de negros, es "una Sociedad de Socorros Mutuos", como los Ilé-Orisha, los templos de Palo-Monte o Mayombe, los de la Regla del Santo Cristo del Buen Viaje.

La Sociedad Abakuá no sólo está integrada, como antaño, por las gentes más inferiores del pueblo, sino que en proporción considerable, beben la Mokúba y son hijos de Akanarán, empleados, maestros, militares, políticos, profesionales, artesanos de todos los oficios. Y nunca ha faltado entre ellos algún descendiente de noble familia cubana, o algunos mestizos de familia distinguida.

Desde luego, sin que Abakuá se haya convertido en una sociedad secreta política, —en su oportunidad, los ñáñigos, sirvieron al movimiento independentista, como en las altas esferas y en las intelectuales sirvieron los masones—, la política no está ausente de las Potencias, capaces de controlar un número nada despreciable de votos.

—"Muchos de los que se hincaron en el cuero, subieron a la Cámara de Representantes, a los ministerios y gobernaron", nos dice un Nkríkamo citándonos nombres que nos son conocidos y otros que ignorábamos.

(Patekiones que amasaron fortunas colosales.)

—"Otros que también se han vuelto personajes, todavía visten el saco.

Así, a pesar de todo, el sueño de Petit no era una quimera: "¡que los blancos defiendan a Ekue"!

Los blancos lo han defendido.

No estaría bien, para terminar que se nos pasaran por alto, los nombres de algunos obonékues blancos del pasado, —ya que a través de los Urrutia, Saibeké, Tankéwo y otros muchos, nos hemos relacionado con sus sombras.

Tomás de Paine.

Mereció que los negros dijesen de él "que se le había escapado al Diablo".

Manuel Fernández, de Guanabacoa, "muy eminente". Falleció el 1906. Por sus conocimientos también se le escapó a Amanángoro o a Nyogoró [1].

Fue bachiller, y dejó inéditos muchos tratados sobre Abakuá. Mérito, Nkríkamo de Munandibá. Homobono Fernández.

Martín Zaraza, vizcaíno, de quien Tánkewo nos dice "que sabía más que un carabalí. Dios lo tenga en su Santa Gloria. Fue sabio, porque fue muy bueno. Tenía ciento cincuenta negros y negras carabalís, y todos le enseñaron. Esos negros no parecían esclavos. No se mataban trabajando. Cuando alguno no iba a la pega [2] él se paraba a la puerta del barracón, con su boina siempre encasquetada y le decía: ¡Eh, mono, hoy no fuiste a trabajar! Toma purgante, limpia estómago. Los negros lo adoraban, como adoraban al amo que los trataba bien.

Le encantaba todo lo africano, la comida, la religión, los bailes, la lengua, y todo se lo enseñaron los negros. Escribía cosa por cosa. ¿Qué se hicieron esos papeles? Quizás los tenga su hija".

La lista sería extensa. Baste con mencionar aquellos que mis viejos informantes citan con más amor.

Y fueron por cierto, hombres blancos, los que a fines del siglo pasado, honraron a su Ekue con una espléndida libación de sangre humana.

La Potencia Uriabón Efí, se jactaba en secreto, por supuesto, de haberse apoderado en alta mar de un congo y de haberlo sacrificado a su bonkó. [3]

¡Pura invención! Pero con esto los de Uriabón Efí, no sólo se dieron mucha importancia con los demás moninas, sino que han pasado a la posteridad, inmerecidamente, como los autores reales de aquel hecho sublime.

Antonio Nkandémbo, bien enterado como antiguo Isunékue de Abakuá Efó, por el hombre de confianza de Akanarán, —y este es "verídico dato de hombre serio"— al desmentir la falaz historia del congo inmolado por Uriabon Efí, ya cuando no corrían riesgo los protagonistas de aquel holocausto, aseguró a uno de sus íntimos (a Saibeké) que esa gloria correspondía, en toda justicia al juego "de blancos" de Akanarán Efó. ¡A los Efor!

[1] Diablo, en bríkamo. En la rama Efó: nyógoro. En Efik: amanángoro. "Era el Diablito que iba en la procesión de los Efó y el que llevó a Efik los secretos de la religión".
[2] Al trabajo.
[3] Bonkó: el tambor sagrado de los Efik. (Ekue, el de los Efor).

—Los Akanarán Efó eran pescadores. Había un congo entre los pescadores del puerto. Los cuatro obones de la Potencia lo escogieron como víctima porque era africano y congo, y se jugaron su vida. Para eso se reunieron antes, y en un güiro metieron cuatro semillas. Tres blancas y una negra: el congo. Taparon el güiro. Se vendaron los ojos y decidieron que lo mataría aquel a quien tocase en suerte la semilla negra. Batuquearon el güiro y después cada uno, legalmente, introdujo la mano y tomó una semilla.

Como hoy, muchos pescadores salían de noche a pescar. Y una de esas noches los cuatro obones de Akanarán Efó, que los vigilaban, prepararon un trozo de madera de línea y compraron un ruedo de alambre.

Sabían la hora en que salía el congo, que como otros muchos, se había libertado con los ahorros de su trabajo.

Iba siempre sólo. Lo siguieron y lejos de la costa, por la playa del Chivo, se acercaron a su bote.

Los cuatro obones llevaban a Ekué dentro de un saco. Uno, el que debía matarlo, saltó dentro del bote y lo derribó por sorpresa "de un palazo en la frente".

Sin más testigos que las estrellas y el mar, cuatro hombres blancos bañaron copiosamente a Ekue en sangre humana, ofreciéndole el más precioso, solemne y genuino sacrificio; el más grato y vital a los viejos espíritus y divinidades de Guinea. Y por eso Ekue bramó en la soledad misteriosa con una fuerza y un júbilo sagrado y feroz que otros ñáñigos, que se sepa, no han podido escuchar.

¡Boborogáma! Boborogáma! ¡Mamariámba! [1]

Alzaron el cuerpo sobre el tambor, le cortaron la yugular; el congo era una fuente de sangre. Después, le amarraron el madero a los pies y lo echaron al mar.

No se supo nada.

El bote se encontró vacío, al garete, y se pensó que aquel pescador se había ahogado".

---

[1] ¡Chilla Madre mía!

LOS CARABALIS. GEOGRAFIA A TRAVES DEL RECUERDO [1]

—"Enseñaba Mónico de Biabangá, y decía verdad de acuerdo con los antiguos, que los Efor, —o Efok como pronunciaban también algunos viejos— eran los Áppapa Erensua Ekoi: Ekoi la gran tribu antigua, Ekoi Efó namerutón, la dueña, (wanañón) [2] de algo sublime, del Poder que sonó en la profundidad del agua.

Áppapa Ekoi Nitabayúmba, sus primitivos dueños. Habitantes del territorio Efor, los de Usagaré, [3] los de Bekura Mendó, Bríkamos y Appapas Ekoi, (Áppapas Grandes) son la misma gente. Por lo que se dice Áppapa Karabalí Bríkamo Iyá berómo: los habitantes del Calabar (bríkamos) los de Iyá, el Pez Divino; e Iyá también significa Madre. Berómo; los que fundaron nuestra religión, los que llevaron en procesión el Cuero sagrado del Pez, origen de nuestro culto.

A todos los esclavos que vinieron en gran número —y los más numerosos fueron los Efik-ibibio—, de esa parte del África que da a la costa de Guinea, (muy cerca está Fernando Pó), se les llamó carabalí. [4]

Había muchas tribus, muchas, que hablaban lenguas distintas; dialectos como el suáma, olúgo, briche, isieke, bibí, otá u otamo, oru u oro, oroón, que decían los taitas de aquel tiempo. Pero sucedió con los carabalí lo que con los lucumí. En conjunto, sin diferenciar una nación de otra, se les llamó carabalí o bríkamos.

[1] Me limito exclusivamente a repetir las noticias que sobre el Calabar conservan los ñáñigos.
[2] Wanañón: dueño. Pero según el sonido significa también, allá; awaná ñongo; allá en el monte. Awanañón kunányuao: dueño del Río Sagrado.
[3] "Usagaré", dice Fernando Ortiz, "es Usahadet, territorio al este del río del Calabar, que los ingleses llamaron Bakary, ya en tierra de Efor".
[4] Los Carabalí, —de Kalabarry, voz inglesa. Proceden de toda esa región que comprende a la Nigeria del Sur, los Calabares y el Camerón. La tribu de los Brícamos se encontraba entre la Nigeria y el Congo.

Pero fueron los Áppapas Efor los que dijeron: Yuyú berato Ke'awarán temio Ekue Uyo anfonó [1] y por esta razón "es la más notable del Calabar... y del continente africano".

Ninguno de mis viejos informantes ha tenido en sus manos un mapa del Calabar ni del continente.

Por referencias de sus mayores, Saibeké ha trazado el que publicamos.

"Por el Calabar cruza un río que forma una cruz que nace del mar, con muchos brazos, y con islitas en la boca."

Estos Áppapas Efor Ekoi, de que nos hablan como "los más viejos y dueños del secreto que luego trasmitirán a Efik", "autorizándolos", es decir, iniciándolos y dándoles potestad para crear a su vez nuevas agrupaciones y que "vivían arriba en el río", están localizados al sur del río del Rey [2].

—"Ekpó y Efor", nos informará un ex-Nkóboro, "es la misma palabra, porque Ekpó le llamaban a su Potencia, a su religión, al muerto, y Ekpó, Egpó, eppó, quiere decir también, además de Potencia o sociedad, lo mismo que mímba: aguardiente de palma,

---

[1] "Crearemos una religión con Ese que sonó una vez..."
Lo mismo se dice Uyo, yúyu, yuyú que Uyo. Uyo es lo divino que estaba en el agua. Es lo Santo y el Templo. Y es la Voz, el Fundamento ("el objeto") que se adora y recibe sacrificios. "Lo más sagrado" y cuanto se relaciona con el Misterio, y el sonido de la Voz Divina, manifestación sobrenatural que se materializó en el Río, y continúa manifestándose en el tambor secreto, (Ekue).
Yuyu: religión.
Yuyu awarán temio: conjunto de tambores rituales.

[2] Mónico de Biabánga decía que los antiguos pronunciaban Efok por Efor —Efut, escriben los ingleses. (Véase pag. 243-"Los instrumentos de Música Afrocubana", de Fernando Ortiz— "los efut están localizados en la ribera sur del río del Rey ya en el Camerún" y añade: "hoy los mismos Efut se tienen por bantús". Muchos ñáñigos sostienen que Nasakó era de "tierra conga". Como lo era Mokó, el Ekueñon. Algunos informantes sostienen que, "los Efor tenían su mezcla de congo, siendo carabalís".

y sacar el aguardiente de la palma, que ellos los ibibío, vendían comerciando con los demás carabalí".

Que los especialistas desentrañen esta nota.

Ekpó, —egbó— es uno de los nombres de la sociedad secreta que se encuentra por toda la Nigeria del Sur, donde estas sociedades forman enjambre; Eppó, insiste mi Faramanene Yopá, "es lo mismo que Ekue"; de "nacimiento" Ekoi. "Ekoi los del pescado", los "Padres de la religión Abakuá". ¿"No ha oído Ud.? ¿Añongo biá Iyáberomo? ¡Tanze Iyá Abasí serirán Abasí ñongobia beromo Appapa Efor Ekoi: ¿en qué reside la grandeza de los Efor? En el pez que murió, que es Abasí, que resucita en el Secreto.

Los de Sierón Bibí, [1] bibio, o ibibío, "parientes de los Efik", —"Efí y bibi, eran los mismos, hablaban lo mismo con muchos pueblos o aldeas en su territorio, Mbiaga Bibí, Biruna Bibí, Bisoro Bibí, Ntate Bibí, Oro Bibí, Néwe Oro Bibí, Orubibí yerekaikón apoitié ntate Bibí, que es fortaleza que divide el territorio de Ntate Bibí de Esierón".

"Ntate, en rigor, no es Bibí, pero estaba gobernada por Esierón Mpóto Amana Ekoi, jefe de todas las tribus Bibí."

"En Esierón bibi, había un río que los viejos llamaban Bóni-Bóni, por el que traficaban los bibí."

—"Los ibibíos, con todas sus tierras", (subtribus) "estaban al otro lado del río, debajo de los Efor, que eran cazadores, cultivaban la tierra y bebían mucho aguardiente de palma". [2]

A la vez se les decía Sierón Efik, porque Efik los inició.

Los famosos Efik Obane, "pescadores, recogedores de esponjas, cazadores de caimanes y cocodrilos, caracoleros y comerciantes" están en la desembocadura del río, —del Río Sagrado. "Vendían negros; (y los Ekoi, también").

Los Oro, "los carabalí Oro", —Orón— "que tuvieron su Sikanékue, a Orumiga, adoraban al caimán, Oro Appapa Kondamina Mofé, es un territorio que linda con Efó y Efik, "estaban al otro ado del río, abajo, enfrente de los Efik, y en este mismo territorio se hallaba una tribu que se denominaba Ntate, con un rey llamado Ibibiokón Musé Kelentate Orúbibí.

"Todos vivían alrededor del Río, y todos tenían canoas; la gente de Uyanga, de Ekuri, Kunakuna, NBémbe, y en la desembocadura, como los Eketé y los Oro. De arriba abajo había pueblos y caseríos". "A los costeños, les llamaban Okánko: Karabalí Okanko, gente de la orilla, de la Costa".

[1] Sieron-Bibí, territorio de los bibí.
[2] En las provincias de Calabar y Owerri.

—"Carabalí, trajeron muchos los traficantes. Además de los Áppapas grandes (Efor) y de los chiquitos, (Efik) vinieron briches, vecinos de los bibí, o emparentados con estos.

Su Fundamento, (objeto de adoración, continente de la Fuerza Oculta) era Kokominán Dúbe, el cocodrilo. Tejían sogas de la malva cochinera, una malva que crece mucho. Allá en Africa, los Uriabón Efí colindaban con ellos, y por esto los de aquí tienen un cocodrilo embalsamado en sus Potencias. (Estos animales son muy sagrados para todos nosotros). En la tribu de mi abuelo, de IBekúra Mendó, el cocodrilo se llama Mokómbe.

Vinieron Olugó, cosecheros de güiras en su tierra. Unas güiras enormes que trocaban por ajonjolí y por maní, en los mercados. Las llamaban moíngo, mientras los de Efí les decían meyinsún, y mokoró los de Efor. Su dialecto era difícil de entender. Tampoco formaron en Cuba sociedad. En mi juventud, y por lo menos en la finca en que nací donde había muchos carabalí con mi abuelo, sólo vivía ese olugo, Tá Joaquín Bolaño. Muy reservado. Los días de fiesta de los congos, había toque de makuta con tres tambores, de seis de la tarde a doce de la noche; y de doce a seis de la mañana, toque de mumboma y entraba el kinfüiti, [1] de los congos reales, el instrumento que le da seriedad al toque y a los cantos. Los Congos reales, portugueses, eran los más finos y por lo tanto su música y su baile, con el Rey y la Reina, era más fino que el de la Makuta de los congos mayaka, muyombe, loango, ngolas, makinimá y musundi. Todos esos bailaban makuta. Tá Joaquín olugó, iba a la fiesta, y aunque tocaba, y muy bien, cuando le preguntábamos: Tá Joaquín, ¿por qué no canta? el viejo se entristecía y nos contestaba, —¡ay, yíjo, yo no tiene carabela [2] aquí!

[1] Kinfuíti: "se compraba especialmente un barrilito de 80 cm. de alto para hacer kinfuíti. En medio del parche, por la parte de adentro, se abría un ojete para pasar un cáñamo sujeto por un nudo a una chapa o rodete de cuero. Al cáñamo se amarra un trozo de caña brava de unas 12 plgs." Se obtiene el sonido —kiii... ki ki... kiii... ki ki...,— humedeciendo las manos con agua y frotando la caña. Igual manipulación que Ekue. "Es el Ekue de los Congos. Su Fundamento". Es la "guía" de los demás tambores en fiesta de Congos reales. "Al congo que toca el kinfuíti las mujeres no lo ven, porque está escondido detrás de una cortina de saco.
Otro de los cantos que acompañaban al kinfuíti:
Ayúmpún bué yúnpúnbú ayalá léle un... (Solo). El coro:
Ayúnpún bué yúnpúnbú yála bába."
[2] Carabelas se llamaban los que venían en el mismo barco. La palabra se generalizó entre los africanos. Significa amigo como el mpanguia, o mpánguiare de los congos y sus descendientes, y el abure de los lucumí.
—"Pánguie!
—¡Siñió!
—¿Tie poquito maní pá yo comé? Yo no recogé toavía...
—Sí siñió, mpanguia!"

Lo mismo le ocurría a otros muchos congos, que tocaban tambor y no cantaban porque eran de otra nación y hablaban otro dialecto. Ya lo dice un canto de puya: Kalabá kuami saídiko.

Tó lo congo no son uno
Táte táte ndúmba chócho...
No hablan la misma lengua".

"El tambor hermanaba a los africanos de todas las naciones. Hasta a los que en Africa habían dejado una guerra, y encontraban aquí al enemigo. Pero la esclavitud, el destierro los unía... Juntos entonces, los macuá, los gangá, los lucumí, los dajome, los mandinga, los carabalí... Menos los chinos Macao. En las fincas, estos se reunían aparte, y no intimaban ni en el mismo barracón en que vivían con los africanos y los criollos.

Cuando el rey de los Congos Anacleto Martínez, (Inglé) y la reina Má Viviana, —esclavos de los Martínez Valdivieso—, terminaban de bailar el San Guisao, que sólo bailan los reyes, se dirigían a la concurrencia. El rey cantaba:

> A á Kintún bué kintúmbo
> y álalele.
> Kintun bué alálele únn...

Y era muy serio, muy emocionante aquel canto, canto de unión, porque como el Rey Anacleto, explicaba después: Calabela tó nosotro son de allá, tó nosotro son familia africana, to nosotro tiene que llevá bien. Cúcha canto. Tó nosotro brincó la mar salá y to nosotro son uno.

Después la reina, Má Viviana, dirigiéndose a las mujeres, cantaba lo mismo...

¡Las fiestas de los congos en Valdivieso! Muchas noches cierro los ojos y estoy en ellas... Me vienen los cantos a la memoria.

Para esas fiestas se fabricaba una nave con caña brava y pencas de guano. En un extremo, una soga separaba a los tres tambores y el espacio en que detrás de los tambores, como en un cuarto contiguo se colocaba el Kinfüiti. Junto a los tambores se paraba el Gallo, el cantador, el Levanta-Canto. En el medio exacto de la nave, se dibujaba una raya. Separados por esta raya, y lejos, frente a frente los hombres se ponían del lado de los tambores, dándoles la espalda y allá en el fondo, las mujeres. Igual número de mujeres que de hombres.

Hombres y mujeres avanzaban bailando. Se saludaban inclinándose, extendiendo los brazos. Se detenían en la raya. Allí volvían, tocaban el suelo, alzaban los brazos, daban tres palmadas y viraban. Volvían al lugar de partida y tres veces repetían el mismo movimiento. La cuarta vez, las mujeres cruzaban la raya bailando, y se situaban en el lugar de los hombres. Los hombres, pasaban a ocupar el de las mujeres. Y como en el primer movimiento, volvían a detenerse y a saludarse en la raya. En esto consistía el baile. Y lo que era más bonito, lo más alegre, lo mejor: el final, la despedida. Todo el mundo bailaba junto. No había raya... Y era la locura... ¡Je de dá! ¡Je de, jé dé! gritaban saltando, brincando, levantando los brazos de contentura; dando gracias a Sambia por sentirse tan alegres. Y como era cosa africana, todos, aunque no fuesen congos, se entusiasmaban".

"En la finca, donde no había más que africanos, y algunos isleños, todos los domingos por la tarde los carabalís se reunían. Contaban historias, cuentos muy bonitos, y sobre todo recordaban su país.

En casa colocaban en alto una tabla de planchar cuando era el Santo de alguno de ellos, y con yeso dibujaban en ella como una güira con siete plumeros. Así:

Mi tío me decía: —Ese son ereniyo [1] de mué que matá; son Sikán y pescá". [2]

También conocí brasi: [3] brasi fémbre nabereró Iyá. Dice: se internaban a buscar buen pescado en la laguna. Fembé: bueno. Nabereró entrar a buscar. Iyá, pescado. Eran pescadores.

Y aquí también lo fueron. En tiempo de cuaresma se iban a las lagunas y llenaban de biajacas [4] sus canastas que ellos tejían con caña de Castilla. Los que traté hacían colchones y almohadas de macío. [5] Decían que pescar, tejer y buscar macío en las lagunas eran las mismas ocupaciones que tenían en Africa. El macío nace alrededor de las lagunas como en las del Calabar. El único inconveniente que tiene es que le gusta mucho a los ratones y estos se las comen. En su tierra los brasi dormían sobre tarimas, —y como toda la gente de nación aquí en Cuba— y sobre ellas tendían un colchón de macío.

Las fabricaban con cujes admirablemente entretejidos y cuatro palos de júcaro o maderas fuertes que clavaban en tierra. Con esos juncos rellenaban y hacían también albardas que cosían con

[1] Ereniyó: (escritura; el símbolo). Y ojos; simbolizan los del Pez obón Tanze y la Víctima adorada, Sikán. Significa también lo que puede verse.
[2] Y el pescado.
[3] Bras.
[4] Zool. Chromidoe, esp. Tetracanthara.
[5] Planta Herbacea de la Familia de las Tifaceas, conocida en España por espadaña.

agujetas e hilo de henequén. Era una labor finísima. Así el caballo no se lastima cuando se cargan los serones, —las alforjas. A ese trabajo se le daba el nombre de tejido africano. Pero jabas y jolongos, [1] tejidos de guano, era trabajo típico de todos los africanos, no exclusivamente de los carabalí.

En los contornos de Las Tejas conocí a cinco brasi. Recuerdo bien a Tá Serapio, a Tá Limbano, a Buesepué y a Tá Caco Duro. Me parece verlos abriendo por el lomo el pescado que traíamos de la laguna sin escamar. Le sacaban las tripas, lo salaban, y lo extendían sobre las yaguas, en el suelo, para dejarlo secar.

Los brasi tampoco tenían Ekue. Pero sus Santos eran de agua... Como todos los Santos del Calabar. Sus ceremonias religiosas eran muy secretas. ¡Nunca me dejaron entrar! Todos sus cuentos eran cuentos de muertos. Decían que a sus mujeres, si parían jimaguas, no les vivía más que uno.

Carabalí isuama, —o suama. De estos vinieron muchos. Se iniciaban en las Potencias de Efor y de Efik. Su dialecto era fácil. Cuando yo no había nacido tuvieron un gran cabildo en la Habana. Uno de los mejores. Eran muy laboriosos y muy unidos. Lo hubo ricos, dueños de esclavos. (negras, sobre todo: muy industriosas y de carácter). En su tierra eran pescadores pero originariamente, tampoco como los olugo, tenían a Ekue. No existió ninguna Potencia isuama.

Se habló mucho el dialecto suama, pero el que más, el que todavía se habla, el latín de los ñáñigos, es naturalmente el de los brikamo eñene Efor.

"Efor, la lengua de los Áppapa Ekoi efor. Muy parecida al bibí."

Todavía algún ñáñigo viejo y sabio declara en un plante:

"Otamo afanaró Ekue efik efigueremo otamo bibi muñabe", con lo que traducido al castellano quiere decir que él habla en otamo, porque ésta es como el bibí y el efik, "lenguas que entienden de Ekue y las que dan razón de Ekue. (Son las mejores para tratar del Misterio... Áppapa aprokurí fandungo Ekue Achénicheni").

—"En cuanto a los Bibí, yo también le diré que como los briches, comían cristianos. [2] Aquí comer cristiano no era fácil. Pero en su tierra, antes de que los metieran en el barco, [3] ya lo creo que los comían! Se comían a los enemigos y estaban muy fuertes.

[1] Jaba: cesta. Jolongo: aunque se dice de un bulto cualquiera, —"el que hace su jolongo que se lo eche al hombro"— se refiere también a una alforja o saco en el que se lleva todo género de cosas. "Llenar el jolongo".
[2] Cristiano: es decir: hombres.
[3] Se refiere al barco negrero.

Bibí y Briches eran muy salvajes Por eso se decía sin distinción, Carabalí come gente. Cogían cabezas para hacer sus brujerías.

Como nosotros matamos y comemos chivo en el templo, ellos comían hombres.

Esa era la verdad, que no se decía. Y que no se dice, porque no todos lo saben a fuerza de no haberse dicho. Eso sólo lo hablaban los grandes entre ellos nada más.

Como derecho de entrada, [1] en su tierra, mataban, a una esclava; la estrangulaban y después la empalaban frente al Secreto. Lo que se hizo con Sikanekue. Que hoy su cuerpo empalado es lo que figura el Bakariongo, estandarte de la Potencia. Muchos de los briches que vinieron esclavos... Perdone, que me viene un canto a la memoria:

Mamba miri eriké Mamba eribó iyankré igwójó... [2] estaban jurados en Guinea. Unos, (iniciados) en Efó y otros en Efí".

"—Había muchas ramas, "(¿subtribus?)" de Bibí, Kuna, ñene Bibí. Su territorio caía —sic— al otro lado, abajo, de los de Efor. Trabajaban en la tierra, cultivaban palmas y bebían mucho aguardiente.

Hacían canoas, nasas y redes. En Cuba, los vi pescar en los ríos; usaban comején por carnada. Echaban en las nasas los panales de comején.

Entraron en la Sociedad por los Efik.

Los Eron Ntá, comerciantes, pastores criadores de carneros, eran bibís. Igual que los ntatis, sus vecinos, (una muralla limitaba su tierra cerca de Ibío Kondo) los de los checheré, los Kunan Kuna, [3] de la misma familia de los Ntate, vivían en una loma.

En tiempos de la colonia, Nklentati y Erón Ntá, fueron dos grandes Potencias de los bibí. Los nklentati desaparecieron hace mucho tiempo. Los Erón Ntá, sus descendientes en la religión, sus ahijados, ahí están todavía en Guanabacoa.

Los carabalí Oro, rama de Efor, con su Rey Biokondó también adoraban al caimán, Akanumán Kuari, fabricaban canastos y nasas de caña de Castilla.

Duraron hasta hace algunos años los Oro que yo conocí en Matanzas. Su cabildo, donde tocaban con tres tamborcitos y con

[1] Derecho de entrada: tributo que paga el neófito al iniciarse.
[2] "Mira Madre como nos han traído esclavos (esclavizados) de nuestras tierras".
[3] "Kunan Kuna: "en la pendiente de una loma".

palitos en un instrumento que consistía en un madero sostenido por dos pies de amigo, era visitadísimo.

Niñito Oro, mi amigo Oro, murió de ciento siete años. Y no se hubiera muerto, porque estaba muy bien, si no se le muere su hijo. La pena de perderlo lo mató.

Las Potencias que se fundaron con Oro, la de Biabanga, que fué la primera de Matanzas, tiene en sus fambás, como recuerdo de su origen, a Kanumán-Kuari, un cocodrilo embalsamado.

Los Iyo, otra nación que no recibió Ekue, también allá en Guinea, cazaban las cabecitas de los vivos y eran crueles como los bibís. Iyos conocí en el ingenio Desempeño. Nduén le llamaban al altar donde guardaban un santo como Osaín. O parecido... Y carabalí ikumora, que también fabricaban nasas para la pesca y canastones para meter adentro a los niños. No había muchos. Dos o tres en el ingenio Meteoro, donde en el colgadizo tenían guindado de un palo uno de esos canastones. Las mujeres colocaban dentro a los hijos, y los balanceaban para dejarlos allí dormidos. En la Florentina, otro ingenio viejo colidante del Meteoro, vivían más ikumora.

Los ososó, que tampoco tenían Ekue, no pudieron formar una Potencia. Eran pocos y no hay ninguna que lleve su nombre; —recuerdo uno, Ta Nicasio Ososo, que repetía: yo no tengo compañero, y hablaba una lengua que los demás carabalís no entendían; los nutambán, los bisiní, rama y tributarios de los Ekoi Efor... —de estos se recuerda que para forrar un Fundamento, (tambor) tomaron la piel de los testículos de un congo. Pero la piel no sirvió y la tiraron. Bisini teni baroko miñusa y ambumbé Ekue ndímao! [1] Y de tantos brícamos más que entraron en Cuba ya le hablaré a medida que se le presente ocasión a mi memoria".

"Los Ndumé eran de tierra Appapa Efor; hay un Íreme, un Diablito, que es de allí..."

"Los Ayangá, eran tributarios de los Appapa (Ekoi)."

"Los ibó, tierra adentro eran carabalís y medio lucumís, porque lo mismo hablaban carabalí que lucumí. Estaban pegados a los carabalí mina, como los agaá, lucumís igualmente vecinos de los minas."

—"Mi abuelo decía que saltando una tierra los ibó estaban en el Calabar: son y no son carabalís."

—"Yo los tengo por Carabalí."

—"Tenían su Ekue."

"Los ikirofiong estaban en el Calabar, a la derecha del río; esos hacían Ekue con un güiro. (Pero no era Ekue ni se les dió).

---

[1] "La piel de los testículos del congo la cogieron para el baroko, (rito) no sonó (yabumbe) no sirvió, (ndimao)".

En el güiro tenían su secreto. Lo adornaban con un tejido de malva té. Lo tenía Agustín Pinillo. Lo fragayaba [1] utilizando, ignoro por qué motivo el güin de la caña de azúcar y no el de Castilla.

Un territorio en Ekoi, muy importante era Betongó Efor. Los Suó nambembé, son esclavos de Betongó.

—"Los súgo nawa nambémbe, carabalís de la tierra Kanfioró, vendedores de plátanos, son albinos. En ese distrito de Kanfioró hay tres lomas. En una nació el rey Kanfioró Nankuko. Tenía Nankuko dos hermanos y como él en Kanfioró, cada uno vivía en su loma. Se llamaban Kerewá y Kunanbére.

Otra gran tierra de los Efor Ekoi, era Bakokó.

Eforinsún, que tenía por Rey a Banbá Luchán, la capitanía de Bokokó, el pueblo más importante.

Se encuentra por allí una enorme laguna, Olilí, y a ella iban todos los de las tierras colindantes, en canoas de palma, a vender sus productos. El tráfico comercial se hacía en canoas. Iban de Anglón Chambeyó, Anglón de Obane, los congos de Gangoloango; iban los de Sieron Bibí, de Ntuko Nanbembe, de Betongó...

—A todos los de Eforisún se les decía Truko Nambembé."

—"Eran cinco los embarcaderos de Olilí, una de las lagunas mayores de África.

El primer embarcadero se llamaba Suko Nabenabia, el segundo: era el de Bambaruchán, (o Bambuluchán) el tercero, el de Gángoluango; el cuarto, Nglón de Bibí, y el quinto Chambeyó, que era de Obane.

Los congos que vivían en los bordes de la laguna de Gangoloango lindaban con Betongó.

Iban a Olilí navegando por su río, Masinda Owe."

"Los congos Mayaka, cultivadores de maní hacían negocios con los Carabalí. Tenían los carabalí muchos tratos con los congos y su magia era parecida. Los llamaban Eronbe."

—"La brujería de los carabalí, la de Eforinsún, esta tribu de brujos, a la que pertenecen todos aquellos cuyos nombres van precedidos de la palabra Efori, como Efori Muteke, Efori Gumá, Efori Ntoki, Efori Mebó, Efori Ankomó, etc. son, con los de Usagaré y Bakokó, (o Betongó) las tres principales de Appapa Ekoi.

Superiores, por su sabiduría, y el conocimiento de la magia. Efó los inició por derecho propio."

—"De Efik-Obane, las más ilustres, Mbemoró, Manányua, Efikondó, Efietete..."

---

[1] Hacer sonar por fricción con una caña colocada sobre el parche.

Pero ya tendremos que volver sobre estas agrupaciones cuyos nombres van a reproducir las Potencias o tierras que se fundaron en Cuba.

—"Se confunde a veces los nombres de familias y de pueblos chicos, de simples caseríos, con los de las grandes tribus o poblaciones. Cada localidad tenía su Potencia, —Sociedad secreta— (que se imponía y mandaba por el terror, debido a los sacrificios humanos)."

Por ejemplo: "a las minas de Irondó, en Obane, (Efik) —y hoy existe en Cuba una Potencia de ese nombre—, iban a trabajar los que vivían en Ntá, el primer pueblecito que se encontraba en el camino; (bueno, este camino era un trillo por entre el maniguazo), los de Sará, de IBeke, del caserío Karibó kondó, de Bekeitiá, de Ororó, de Mambira, Uruana, Otán, Konomi, Iyimiyi..."

"Obane, era la capitanía de los Efikes. Allí hubo un jefe riquísimo llamado Eneyo Nyogoro Iko Mawá. (Eneyo, su nombre, Nyogoro, Diablo, Iko Dinero, Mawá, mucho). Allí hay montañas altas, como el Pico Turquino, o más. Ríos caudalosos cañadas y lagunas.

Así muchas potencias que se crearon en Cuba tienen nombres de ríos como Uriabón, Efí-Barondi y otras.

Una de las discusiones de mi abuelo con un carabela suyo, consistía en que el territorio de Efó era más lindo que el de Efí, (y había en Efí, muchos que eran de Efó).

¡Siempre los piques! Sin haber estado en Guinea, yo sé cómo es aquella tierra nuestra... digo de nuestros muertos. Muchas palmas, muchos árboles de todas clases, muchos maniguazos, agua, lomas altas, altas. He ido varias veces en sueños. ¡He visto el embarcadero, [1] el río, ese río tan sagrado que nuestros mayores juraban por él!

¡No mi itiá Korombán! [2] Aunque nací en Cuba, puedo decir: ¡Soy de la Costa de Africa!" (Korombán: costa).

En fin, sobre la religión de los esclavos carabalís —"fuera del Abakuá"— que trabajaron en ingenios y haciendas, Saibeke, Tankewo, Calazán y otros nos dicen lo mismo más o menos.

"Eran muy brujos. Brujos consumados y de los peores. Y no se quedaban detrás las mujeres, las Nasakolas, las brujas, de las que había muchas y grandes en el Calabar, tan sabias en murunbería, [3] como los hombres. Allá tenían por separado sus negocios, (sus "yúyu", cultos) y se hacían respetar... porque,

[1] Embarcadero: "el lugar, en el río, donde dejaban la canoa".
[2] Itiá Korombán no mi eñisón: soy de la costa africana.
[3] Murunbería: brujería.

además de la brujería tenían un genio que no se les paraba una mosca. (Mi abuelo decía que las mujeres carabalí eran malas. Y que allá, en su tierra, se andaban de igual a iguel, guapeando, con los hombres). Fuera de prepararles la comida, como es natural, y de criar los hijos, hacían de su capa un sayo. Pero muy fuertes y muy busca vida!

¡Si hubo aquí cada carabalisa! ¡Cada Ñá Francisca, alabado sea Dios!

Los carabalí, en Cuba, también fueron chupadores de sangre. Aojaban como nadie. Había que pedir: Abasí ndike soria Abasí... Dios líbrame de los malos ojos. ¡De los malos ojos de los carabalí, cuando los tenían malos; porque entonces eran los peores de las negradas!

Yo arregla con Ofieri, decía uno en la colonia. Y al pobre que quería arreglar... lo enterraban pronto.

Enfermaban a muerte. Mucho sabían de venenos y de botánica; del monte... Eran capaces de prenderle fuego a un árbol de noche, y hacer que el mismo árbol amaneciese intacto al día siguiente. Eso lo hacían ellos: sus trabajos, su brujería era terrible.

Para llevar el daño, preparaban a Kitán Kuriñán, Ekurikó, a los murciélagos y lechuzas, a los pájaros que cantan en la oscuridad, como Otoullón, Dugón, y a los bichos que salen de noche. Trabajan con la noche. Manejaban los chicherekús mejor que los demás africanos; en el batey del Santa Rosalía de Chávez y Zequeira después de las nueve de la noche había que andar con mucho cuidado por los dos chicherekús [1] del viejo Tá Claudino, Nkrikamo de Odán Efik.

Eran dos muñecos de madera negrísima, que caminaban y silbaban. Vestidos de tela de rayadillo con sombreritos de guano y cintas coloradas, hacían huir al más templado.

Todas sus hechicerías las preparaban con muertos. Todos tenían chabaka [2] con besokai. [3] Por eso su Mafogó, [4] para daño, era y es tan peligosa, si el Nasakó sabe.

Nos decían los viejos que la peor brujería era la del Calabar, y que allí se daba como la yerba. Por eso tenían que ser brujos, para defenderse. Muchos colgaban la cabeza del muerto de un árbol, como nosotros aquí ponemos la moruba. [5] Tenían un

[1] Nombre genérico que se da en Cuba a los muñecos mágicos, dotados por el brujo de movimiento, de voluntad e inteligencia.
  Jigüi, le dicen algunos viejos de ascendencia conga: "muñecos caminantes".
[2] Cazuela. Es decir se depositan en cazuela de barro los ingrendientes de la magia.
[3] Cráneo.
[4] Brujería.
[5] Moruba: es palabra bantú; la brujería.

"Santo" muy fuerte antes de adorar a Ekue: Karabalío Wariliampo Krukoro ñene Bibí.

Sus Prendas —sus secretos— eran de Usón Guayaká [1], estaban en las cuevas y en los ríos: majá, cocodrilo, pescado... Eran sus Fuerzas. Trabajan con los Espíritus del Agua.

—"Adoraban también a Obón Tacho y todavía adoramos a Obebé, Eramina, Ndibó, Onibiabamusa, Yinikó, Okún, Okánde, Yarina Bondá, Sontemí, Ofó, Obiná, Onifoná, Eferiepá, Efisá Oñurofa, Guión... [2] Y a Ebión, el sol y a Nfé, la luna, a Ndebmeyán: Atrogo atrogo Kiren. A la Madre Naturaleza. A la Ceiba... La palma. A las piedras, las que son sagradas.

Y sobre todo está Abasí. [3] Eromina Abasí, Dios Todopoderoso. Eremábiósina Abasí Okambo, —el Dios Viejo africano del Calabar—.

Hay dos Abasí, —como hay dos Nsambi. Uno mejor, más fuerte; está más cerca de la tierra que el otro, el Altísimo. Abasí, como Olurún lucumí, Olódumare; y como Nsambi congo, no se alimenta. Son de la misma esencia. ¡No necesitan nada!

Abasí, el Ser Supremo que dijo: Banabasí Kanika Okamba emiren: soy viejo, y le dejo el mundo a otro.

El Abasí que más protege tenía un hermano, Nyogoro, el Diablo. Nyogoró, quiso combatir a su hermano, para tomar su puesto, haciendo creer a espaldas de Abasí, que todo cuanto Abasí hacía era malo. Como Abasí tenía tantas simpatías, Nyogoró lo envidiaba. Pero Abasí se dió cuenta de sus manejos y lo metió en Mefentingán, en el infierno."

También A. K. nos dice "que hay un Abasí bueno y otro malo".

—"Nkrukó Monbán safañón, ñánfodikan..." Todos los hombres aman a Dios de Corazón". "Sobre todo está Abasí.

Encontraremos en los relatos míticos que van a leerse, —deformados, pero superficialmente, por la trasmisión oral y el sincretismo—, que han conservado y enseñan en sus Potencias Efik

[1] Cementerio.
[2] Los A bakuás los identifican con los orishas y los santos católicos: Obandio, Obebé, Eromina: Obatalá: la Virgen. Ndibó: Osagriñá: San José. Yiniko: Babalú Ayé: San Lázaro. Okún: Changó: Santa Bárbara (varón). Onifé: Oyá: la Virgen de la Candelaria. Okandé: Yemayá: la Virgen de Regla. Yarina Bondá: Ochún: la Virgen de la Caridad del Cobre. Sontemí: Ogún: San Pedro. Obiná: Eleguá: Animas del Purgatorio. Efisa: Elegua: San Juan —Ogún: San Pedro—.
[3] Como Olorun de los lucumis y Nsambi de los congos, no reciben un culto a base de sacrificios como las demás deidades que median entre los hombres y el Ser Supremo, que no obstante considerársele como dueño y ordenador del Cosmos "está indiferente", separado de su creación, alejado de los hombres y "se le respeta sobre todas las cosas".

o Efor, los actuales Abanekues; en los ritos mágicos de la Sociedad; en los símbolos trajes litúrgicos y objetos sagrados; y en la forma de adoración, el fondo intacto del miticismo de los primitivos fundadores.

Estas creencias en un mundo espiritual, en la magia que aprovecha los poderes invisibles, en los dioses que materializan las fuerzas naturales, que forman en Africa panteones tan desarrollados como los de Egipto o Grecia, han pasado a Cuba, mas sin que se halle nunca ausente de este espiritismo la noción de un Dios Supremo que todo lo gobierna "lejos del mundo".

Las hallamos en los otros tres grupos religiosos, ofreciéndonos la misma mezcla de espiritismo, de animatismo y de deísmo, que nos ha sido posible conocer en nuestro país: el lucumí, el congo y el arará.

IBIONO SESE NERIKAMO BONGO AKUA BONEKUE KASIKANEKUE ODDAN KASIKANEKUE UYO AWARAKA UYO MAUYO.

(SIKAN ES ACREEDORA A LA ADORACION DE LOS OBONEKUES PORQUE HALLO A UYO).

¿BIWI YORERE EKUE ASOKOIRO?

¿POR QUÉ LLORA EL EKUE? KASIKANEKUE ME INTIA... LLORA POR SIKAN.

"JEYEI MARIBA KONKAÑO NARIBA NYENE BIGUI SINAYANTAN BIAGA ODDAN BATA YUYU KENDO MORUMBA SESE ANAQUE ODDAN BATA UYO KAMBO MORUMBA SESE".

"CUANDO LA MUJER HALLO EL PODER, EN LA ARENA, A ORILLAS DEL RIO, LA BRUJERIA, LA PRIMERA, LA MAS VIEJA, Y TODA LA BRUJERIA, LA HIZO EFOR"

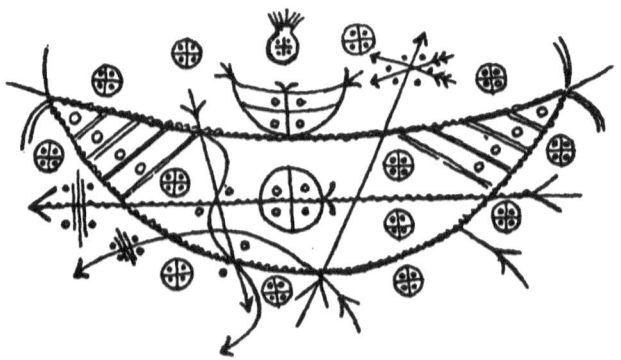

O   FOKONDO NDIBO   +

EFOR Y EFIK

Efor fue la tribu elegida por Abasí para recibir el Secreto.

—"Los Efor vivían dedicados a las siembras de plátanos, de ñame, de ajonjolí, de jengibre y Fokondó Ndibó, [1] el Río Sagrado, —el Oddán que nace y muere en el mar— cruza por su territorio y los separa de la tribu de los Efik.

Por entre dos lomas. Subrikamo y Mámba Meri, una en Efor y otra en Eforinsún, pasaba por Kamayene, por Bekura, por Bondá Efor y Bondá Efik y seguía por Bondá Kuririón hasta buscar el mar.

A lo largo de su curso, el Oddán recibe muchos afluentes y nombres". En el lenguaje esotérico de los ñáñigos: nyuao, awanike nyuao, mañón, bricamo mañón. [2]

En el lugar en que se halló "la Grandeza", en Bekura Mendó, en Usagaré, —Bekura Efor Erié eyenisón Áppapa munán kebe, [3] se llama Efókondo. Fokondó Ereniyó. [4] Awana Bekura Mendó, o Bakura Efor [5] era la localidad más importante de los Efor.

Obane, era la capitanía de los Efik, en una región llena de cerros y lomas: Akuá robeña; [6] "porque una parte del Calabar

---

[1] "Fokondó: lugar sagrado en el río Oddán".

[2] "Nyuao: unión, río de la unión de los dos Espíritus que fueron a buscarse al río.
Awaninike nyuao: agua dulce del río de la consagración.
Mañón: río. Nandibá Mosongo: "Río donde se halló el Pez". Mosongo, el Fundamento.
Mañón bricamo: río de los bricamos.
El río de los Aráukon, se llamará Kamá Oróro, porque de un río nació El que sonó; y kamá es hablar y ororó es centro, medio. Y Ekue habla, se suena, en el centro del parche del tambor".

[3] "Bekura: donde los Áppapas Efor de Africa realizaron secretamente los primeros sacrificios".

[4] Donde se vio el Misterio. (Ereniyó: ver, visto).

[5] "Antiguamente Bekura".

[6] —"Montaña"— ("En Akuárobeña se juramentó el primer juego... —Potencia, agrupación "de Usagaré").

es baja y la otra alta, y cuando llueve se veía en Kunankuna, [1] en las pendientes, bajar el agua kundú kundubé kundú kundubé... [2]

Es aquí, en Obane, donde el río se alimenta del mar.

"Como decía Iño Blas: ¿Nde mefí Obane nde mefó? Enewe oriampo Obane kendé maribá. (De qué se mantienen los ríos de Efó y de Efí? Ambos ríos se mantienen —comen: oriampo— del mar maribá).

A sus playas las oiremos llamar Kuna Yarabia y Nandibá Biorama: "costas de Efik".

El río, en la región que corresponde a los Efik se denomina Efi Ankunakua, o Fíkunakua, como pronuncian habitualmente los kuakuara. Ñuirán, en Mbemoró... ("Uno dice el río, y nada más que el río. ¡Como si no hubiese tantos en el Calabar!").

Mas, en Efikondó, [3] no sucedió nada, aunque por primera vez allí se escuchó la Voz Sagrada.

Oddán Efik Oddan Efó bata Uyo nkeno morúmba aseré: "en el Oddán que es el mismo río de los Efik y los Efó, chilló Uyo, el Poder que adoramos".

Cuando la Voz se escuchó en Efó Kondó, era rey de Efor Yansuga Mananteororó, que en la religión se llamó Iyamba, —Espinazo del Pez, y era el Jefe de los Efik, Nankuko, Oddán Efik Nankuko.

Estas dos tribus eran hostiles.

Antes de que se revelase el Misterio, un pescador de Efik o un ibibío, a tiempo que recogía su nasa, oyó estremeciéndose, subir del fondo de las aguas un extraño ronquido que unas veces más fuerte se acercaba y otras más débil, se alejaba... Amanambá, amananbé. [4]

Varios pescadores lo escucharon en distintas partes del río, y alguno lo vio como un relumbre mostrarse un instante, a flor de agua y desaparecer en lo profundo, allá en Otarafiana Obane, lugar en que se divide la tierra de Efik de la Efó.

Hablaron de aquel fenómeno y en todos los pueblos ribereños en ambas márgenes del río, comenzaron a repetir y a comentar lo dicho por los pescadores.

Las gentes pensaban que se trataba de un Ekóko, de un Ekokorikó: un bicho... un ente raro. Un espíritu. Quizá un sapo ex-

[1] "Los Kunankuna eran muy inteligentes para el comercio y muy estimados". "Su caserío se miraba en la corriente".
(2) "Reptando", el agua ondulaba como un majá (python).
[3] "en la parte, o tramo del río en Efik".
[4] Más cerca: amanánbá. Más cerca: amananbé.

traordinario. [1] Y todos buscaron aquel portento por los ríos y cañadas.

—"Cuentan los viejos que los que buscaban el Ekórikórikó, (Ser misterioso), se preguntaban:

—"¿Ekue ñangansene kuriñene ntiniabó?

(Eso que sonó ¡ekue! y se calló, ¿dónde sonó en el río?

—¡Akurí nandibá! ¿Nandibá físi ororopá nkufo nanfokó?

¿Sonó en la orilla o en el medio, en la orilla donde no crecen las yerbas, o en la parte en que hay maleza...?)

Y las gentes iban a la orilla enyerbada pensando encontrar al Ekokorikó...

Los Adivinos de las dos tribus, que por medio de sus magias, habían profetizado desde hacía tiempo la aparición de un Gran Poder en el río, vieron que había asumido la forma de un Pez. Este pez sobrenatural nadaba en la confluencia del río y del mar, y por toda la corriente del Oddán...

Y Nangobié de Efor, el más penetrante, kinbrí kinbrí chemeró komba, [2] velaba noche y día observando en el espejo que tenía en su krícola [3] los amplios y veloces movimientos del Pez, cada hora en un paraje distinto del Oddán.

Y cuando el Pez se hallaba en la superficie, el Adivino decía: ¡Fímba! Cuando nadaba a mayor profundidad ¡Má fímba! ¡Aprokurí ma fímba! en lo más hondo ¡Amanafímba! ¡Amanafímba Ndibó!

Nangobié Efó Nasakó Tindé, e Itaró de Efik, velaban sin desfallecer porque el hallazgo portentoso de aquel Pez representaba la prosperidad, el honor, la seguridad del poder, la salvación de la tribu que obtuviera su posesión. Absortos en sus "mafogo", [4] cada uno en su tierra, con ofrendas de sangre, trataba de propiciarse las poderosas divinidades fluviales del viejo Oddán, a los Espíritus de los antepasados que reencarnan en el majá, en el cocodrilo y el caimán: [5] Ekokomína Ndube, mankuarí, akanumánkua, akamanántubia, mokombé...

 Nangobié Nasakó brikamo, el brujo todopoderoso de los Eñeñe Efor, el de la vista más clara, el más sabio, jefe de todos los Nasakó, ya en sus secretos y diarios conciliábulos con Mokuire, anciano y cabeza de

---

[1] "Como un sapo Magundú", nos dice un iniciado. "Un sapo grande y verde que chilla igual que Ekue, y con el que los congos trabajan sus brujerías".
[2] "Nasakó, el primero de Efor, tenía los ojos más fuertes que ninguno. Era kinbú-kinbú, el que mira lo oculto". ("Kama Iremo Iyá béko, era la Fuerza que anunció al adivino la aparición de un pez sobrenatural en el río").
[3] "Cazuela con los utensilios mágicos". (Substancias, palos, cráneo, y objetos de adivinar).
[4] Magia, brujerías.
[5] Caimanes, no había en el Africa.

antigua familia y Jefe de los guerreros, a quien protegía particularmente, y con otros notables, —Basaíbeke— de toda su confianza, les había comunicado, —¡Basaíbeke ayeripongó! ¡sabios, notables, venid todos y oidme!— [1] la proximidad del Gran Acontecimiento, pues el Pez, veía Nangobié en su mpabesó,[2] permanecía entre el limo en nuria Fokondó; [3] en la ribera del río en Bekura.

Dos mellizos albinos Abere y Aberisún, de la vecina tierra de Ekerewá Kanfioró, donde reinaba Bonerón, rey de los Albinos, hermano de Kerewá Moni y Kerewá Kunanbere, guardaban el camino que venía de Ekerewa. [4]

Mokuire que había jurado obedecer ciegamente las órdenes de Nangobié Nasakó, vigilaba con Mokó, congo de nacimiento de la tierra de Chenguene Kerombia, hechicero, ayudante, —"mayordomo de Nasakó, como aquí suele decírsele en las sectas de Palo Monte, al que cuida de los amuletos del brujo y lo auxilia en todos sus trabajos— las cercanías y el sendero que conducía al río, cuando Nangobié advertido por Kamá, la Palabra de su Prenda, [5] supo que el Pez ya no estaba en el Río.

"Lo veía en su chambuto", —espejo mágico. [6]

[1] "Basaíbeke Keyeri pongó: Grandes hombres de la tribu, entren, vengan".
[2] Espejo mágico.
[3] Margen, orilla.
[4] Ekerewa: albino.
"Ekerewa lindaba con tierra de Efó. En Ekerewá había tres lomas, en cada loma vivían las tres familias de Ekenerón, Kerewá Momi y Kerewá Kunanbere. Vecinos del lugar del suceso, Nasakó los hizo guardieros, y cuando se organizó la Sociedad, participaron en el reparto de las Reliquias".
[5] Kamá, significa, por extensión Prenda, Oráculo.
Kamá es Palabra, hablar. (Kamá ribó: hablar al Eribó).
Kamá, lo que habla, habló el Espíritu.
Kamá ororó: hablar el Espíritu. Ororó, en el centro. Y esto nos dará una idea del lenguaje secreto de los abakuá. A un río se le llamará Kama ororó, —kamaroró—, "porque cerca del río, el Fundamento, el tambor sagrado "habló", —sonó— y se le hace sonar apoyando en el centro —ororó— del parche, la caña de Castilla, que por fricción produce el famoso sonido, tanto tiempo rodeado de misterio, del Ekue. Pues se ocultaba a los neófitos, y sólo debían saber los iniciados de altas jerarquías, (Primeras o Grandes Plazas) la manipulación que producía el inefable sonido.
[6] "Exactamente igual al espejo de los congos", nos explican, "y que hoy usan los mayomberos para ver". (Para ver lo invisible). Un pedazo de espejo o de un metal pulido y brillante se inserta en la base de un cuerno de animal, relleno de sustancias mágicas, en el que habitará o al que acudirá una fuerza anímica. Este cuerno, como hacía el Nasakó, se tiene en la cazuela mágica, o Nganga, habitáculo del Espíritu que domina el brujo, —de ascendencia bantú— que aquí en Cuba se llaman Ganguleros. También Nasakó, el mítico Adivino de los Abakuá, era "medio congo", sic. ("Los bantú emigraron del Calabar y se mezclaron a los efik").

SIKANDE WARIRIONGO EFOR. [1]

Sikán, una mujer de la tribu de Efor, era hija de Mokuire y de Isún Bengué, hermana del rey Awaná Teni Tenitén, de Ebión Bengué y Akanabión, quien vivía cerca del río. [2] (Según el ñáñigo Bernardino Cabrera, "que no le gustaba que esto se divulgase, la Sikuaneka tenía una hermana soltera: Isunbenguesá. Y otras dos hermanas. Tembana Isún, Isún Belé Beleme. Su tío se llamaba Farisún, y su tía Mewarisún").

Como era costumbre de las laboriosas mujeres del Calabar, que trabajaban tanto o quizás más que los hombres, todos los días Sikán iba a buscar agua para los quehaceres y necesidades de su casa. Llevaba una güira grande vacía y la sustituía por otra llena, que dejaba dentro de una casimba, —hueco,— que abrían en la orilla para obtener agua limpia.

A poca distancia de la casimba se alzaba una palma.

Amalogro kurité newán añanga itiá awanerón nerí... [3]

Aquella mañana, como siempre, retiró la que había quedado toda la noche sumergida en la casimba, y la colocó rebosante sobre su cabeza.

No había andado muchos pasos, cuando sintió que algo se agitaba dentro del recipiente, a la par que un sonido pavoroso, como un jadeo estentóreo y repeluznante retumbó en sus oídos.

¡Obón Tánze moruá un pomponó!. [4]

---

[1] Sikandé Waririongo Efor. Título que se le confiere a Sikán cuando lleva la Güira, —amalogró— con el Pez, al Santuario —waririongo— de Nasakó. "La mujer que descubrió Aquello que se pone en el lugar Secreto del Monte", (waririongo) que simboliza, como ya se nos explicará más adelante, el Fó-Ekue en el templo, kufón Ndibó abakuá: el rincón, en que oculto por una cortina se sitúa el Ekue, (el Secreto).

[2] Para muchos ñaítos, (ñáñigos) Sikán es hija de Yansuga, —Iyamba, rey de los Efor—. Su madre Isún Bengué, y su marido, el Efimeremo de Efik, Mokongo, hijo de Chabiaka. Es decir, todo lo contrario de lo que contaban Agustín Bonilla, Diego Ñangaipo, Cayetano Eriabanga, y otras viejas autoridades abakuas.

"Chabiaka, no lo conocimos por padre de Mokuire... Chabiaka es el título que recibe el Primer Mokongo, —Justicia Mayor de la Sociedad— en tierra de Efik: Chabiaka Mokongo.

Véase en "El Monte" Lydia Cabrera, Cap. X Ukano Mambré, pag. 277, la historia de Sikán, según otros informantes.

[3] "Fue, metió —kurite— amalogró, la güira en la casimba, —posa— y sacó llena la que estaba dentro", —kurité.

[4] "¡El Rey Tanze —el Pez— sonó solo! Obón Ekue: Grande por su virtud, como un rey."

Esta escena de la historia de Sikán se recuerda en los "Plantes" o ceremonias abakuá, con estas palabras: un sankemio arógó biobio Oddán Efí Nankuko wanaribe morúa. [1]

Mas Sikán, como declaró después cuando fue interrogada por Nangobié Nasakó, no sabía si aquel rugido se había producido dentro de amalogró, si era estruendo del agua o resoplo del viento. Y Sikán Sina Yantán, en cuyos oídos penetró la Voz, no sospechó en aquel momento que ya su cabeza era sagrada por la gracia del soplo y por el contacto con Ndibó; ni que era ella, una mujer, la Portadora de la salvación, de la Fuerza que engrandecería a los hombres de Efó.

¡Sikán Obonekue Yúmba yaya! [2]

El Pez, desleído en las sombras que empañaban el agua, girando en el temblor de alguna claridad nocturna, por una de esas casualidades que premedita Abasí, —"casualidad es lo que Dios dispone"— se había introducido en la Güira. Y Nangobié le había dicho a Mokuire: —"Quien encuentre el Secreto será sacrificado".

Más tarde, al salir el sol, advertido de que el Pez está en las manos de un mortal, Mokuire toma el sendero que conduce a la riba, y ve venir a su propia hija, la güira en la cabeza.

—"¿Qué traes? le pregunta, ¿cómo te has atrevido?"

Sikán aún toda temblorosa, para explicarle, descansa el güiro en tierra. En torno a éste se anudaba un majá. Y en el suelo, ante su padre, de nuevo el güiro exhaló una gran voz...

—"Calla, no le dirás a nadie lo que has oído", le ordenó Mokuire a su hija y la recostó sobre la palma, para que se repusiese de la emoción. Luego la condujo al santuario de Nangobié Nasacó.

Porque fue Mokuire el primer hombre que tuvo conocimiento del advenimiento de Ekue, el primero que vió y oyó el Misterio y condujo a su hija con el Pez al templo de Nangobie, fué el primer iniciado, el Obonekue Kán Kán, el que Nunca Muere.

[1] "En el río Oddán, arógo bióbio: Sikán oyó un ruido".
    Sina Yantán. Se dice de Sikán cuando está en la orilla arenosa del río.
    Sikán Sina Yantán Akákureko Umón: sina yantán —arena— akakureko: casa, umón: agua. Akakureko umón: casa del agua, "lugar donde permanece el agua. Arena de la orilla de la casa del agua. Del Río".
[2] "La que dio su sangre tiene título de Obonekue. Yúmba: dar sangre". Tanze la consagró al soplar en sus oídos, como hoy, en Ekué, consagra al que nace en la Religión.

Y Nangobié Nasakó tomó la güira, Nitongó, con el Pez vivo adentro y la puso junto a su Krícola, [1] a Mañongo Pabio, cazuela o plato de madera donde tenía su chémbuton, el conjunto de sus brujerías: trozos de árboles sagrados, un besokai, —o Bekusé— un cráneo humano, y el cuerno, Ntubikán, con un espejo en la base para adivinar.

Nasakó lo examina, y comprueba con Mpabesó, (espejo) que el Pez es verdaderamente el Esperado, el Deseado. El nuevo dios, ¡Yu yú!

Prepara sus Siete Yerbas, Anasaina Pondó, las tritura y las introduce en el güiro para purificar a Ekue.

Zángarabarán, Ekue nawenbán... [2]

Y como Tánze estaba afiaforama —judío— lo sacramentó, "lo bautizó" con Mañongo Pabio.

Sikán quedó prisionera del adivino mientras éste, Mokuire y los más viejos de la tribu, durante varios días meditan, cambian impresiones, escuchan los oráculos, celebran continuas y secretas reuniones que duran hasta horas avanzadas de la noche.

Los viejos preguntan: ¿Sikán ha visto el Pez? Mokuire vuelve a interrogarla...

—"¿Kasikán enewe ndobiko kurini tongó [3]

Y Silkán responde lo mismo:

—"Añenemí un sankemio isán isán antrogofó arogo biobio Oddán efi nankuko wanaribé moruá."

¡Akanabión Bengué isán isán awana ñóngo, awáña kókó! Kokobíga só só aróko róró búru táfia yambumbé Sikán Ekue Efor...

Sikán juraba por su hermano, que sólo había cogido la güira llena y que al tomar por medio del sendero escuchó un bramido, y nada más.

[1] Krikola chémbuton: cazuela mágica, plato de madera, habitáculo, o base de las Fuerzas Secretas del Nasakó o hechicero.
Besokai, cráneo. —"Mañongo Pabio se llamaba la nganga, el Fundamento de Nasakó".
—"La Prenda del Nasakó Nangobié era una güira con un parche de jutía. Esta güira dio vida y sacramentó a Tanze y a Sikán".
[2] "Zangarabarán: Que se aleje todo lo malo de Ekue por la reunión de todas las yerbas", que purifican. Para no confundirse, recuérdese que Tánze es Ekue... Se emplean como sinónimos, Tánze, Ekue, Iyá, Yuyú, Ndibó, (lo sagrado, divino, también). Mosongo es otra palabra que expresa lo Sagrado. El tambor Ekue es llamado Mosongo, con igual frecuencia. Uno de los altos dignatarios de la Sociedad, recibirá el título de Mosongo.
[3] —¿Qué viste, Sikán, entrar en el Güiro?
—Fui al río, saqué mi güiro, no sé si fue ruido de viento o ruido de agua lo que oí.

Sikán ignora lo que contiene.

¡Sikán no ha visto!

Nasakó interroga a Erome Ekoi, a sus Siete Semillas de mate. [1]

No ha visto a Ndibó, contestan las semillas cuando Nasakó después de tenerlas un rato encerradas entre sus manos, las frota pausadamente, "las avasalla", [2] y diciendo Erome Ekoi, ¡auririón!, las arrojó a la jícara de adivinar, untada de una substancia blanca.

Los viejos dudaban que la mujer dijese verdad.

Nangobié envió al río a uno de sus kunansa, —"criados de su Prenda"—, [3] que luego recibió en el okobio el nombre de Moruá Yuansa, y el kunansa le preguntó a los Muertos, agitando allí a Erikundi, su maruga mágica, si la mujer mentía.

El Espíritu, hablando en Erikundi, respondió que Sikán no había mentido.

Los ojos de Sikán no vieron el Pez.

TANZE

Tánzi, pronunciaban los carabalís, es el Pez libre en las aguas.

Tánze Iyá, fuera del agua, cuando fue adorado.

Tánze no era un pez como todos los peces...

Tenía una cola partida en tres, —por lo que Nasakó le dió su forma al Ekue—, y como un gallardete de cuatro espigas coronaban su cabeza.

Era, pretenden unos, parecido a la anguila.

No era el Manatí que adoraban los antiguos en Eñene Umón, [4] el pez con senos de mujer, que salva a los que están a punto de ahogarse en el río...

Ni era el Tata Bonkó, otro pez pequeño así llamado en Efor y Efik, que según contaban los Mayores, allá había en los ríos.

---

[1] Según la posición en que caen las semillas, el Nasakó interpreta las respuestas que obtiene de las Fuerzas que invoca. Saku saku, llaman algunos ñáñigos al conjunto de las semillas de mate. El mismo nombre le dan los mayomberos a sus amuletos, al espíritu o fuerza que los anima.

[2] "Avasallar" los mates el Nasakó: acción de frotarlos despacio, golpeándolos ligeramente antes de lanzarlos sobre el plato. Lo mismo hace el Nganga de Regla Mayombe con sus mates o conchas, el Baba Orisha con sus diloggun o caracoles, y los babalaos con sus semillas, Kolá, (nueces de palma). "Porque mientras se frotan se les castiga suavemente, se les va dominando y cuando están avasallados dicen verdad".

[3] Auxiliares del hechicero; hechicero.

[4] "Umón: río, Eñene: Africa, africanos." "Umón": agua. Umón: agua sagrada.

Si algunos ñáñigos aseguraron que era como el verdioscuro Mundié, el sapo; o el mapó, negro y resbaladizo que vive en fondos barrosos, otros afirman que su figura, su cabeza, no podría compararse a la de ningún pez.

"Era una de esas santas rarezas de la Naturaleza."

Era Iyá otété, pez de río, e Iyá Maribá, pez de mar.

Tánze Ndibó: Tánze Poderoso, Tánze Uyo: Tánze es Divino, Tánze ¡obón Tánze! Tánze Soberano, Tánze Bóko: Tánze Bondadoso, Elori lori: Excelente, Tánze Anfonó: Tánze benéfico, Tánze Nacheren: Tánze Hermoso, Tánze Kefenberé: Tánze Grande, Tánze Sagaritongó: Tánze Krúkoro, Tánze es Sagrado: ¡Tánze es Ekue, Tánze es Ekue!

—Tánze es nuestro Secreto. Tánze es nuestra fuerza. Tánze. Aquel por quien suspiraban los Adivinos en Efor y Efik: ¡Oh Ekue, Ekue! ¡Oh o oh... Ekue Ekue! Ekue kuriñangansene ndibó muna, [1] es nuestro Bien, Tánze Inunaé nuestro sagrado bien. De Tánze es la Voz. ¡Tánze Uyo mauyo! [2] Tánze Ndibó. Voz que es como el fuego que calienta el corazón del Abakuá. Su cuerpo es sagrado. Su cabeza: Añúma: Sus ojos amarillos: Aremá. Su boca: Autamá. Sus dientes: Ayomekue. [3] Su lengua Asugama. Sus escamas. Aasagara [4] Sus huesos ayután. Su cola: Auriama o Iriama. Su carne: Abianke. Sus entrañas: Amikeré. Sus excrementos: Ajiñá..."

Forma imperecedora, descubridla en el Bakariongo, simbólica reproducción de Tánze Uyo, el estandarte de todas las Potencias Abakuás, amparo y resguardo de los antiguos Appapas, cuyos contrarios al divisarlo no podían atacarlos.

Tánze media de doce a trece pulgadas. [5]

—"No se sabe, o no me dijeron, a que sexo pertenecía". [6]

—"Era un peca feo que troná como toro", dirá Andrés Kuiri, en el castellano bozal que habla este anciano.

[1] "Cuando lo buscaban y le cantaban a él, el del cuero divino: ndibó muna, él kuriñangansene: Él ¡se les escondía!"
[2] Tánze deja oir su Voz.
[3] Los dientes de Tánze, según otros informantes, se dirán: inikué.
[4] Osarakuá.
[5] "Ese pez que era Santo. (Uyo, yúyu) media unos dos pies de largo. De color plomizo, los ojos los tenía dorados, y las agallas muy extrañas, muy grandes." (C. H.)
[6] —"Era varón. ¡De eso no cabe duda", me dirá otro ñáñigo de rama Efik; y es más, se pretende saber hasta los colores de sus escamas. "¿Basi riri anamoto? ¿De qué color era el Pez? Bekuri kanirán ero Efik mukarará.
Era de muchos colores cuando salió del agua, se responde. Lo que consideran mis autoridades como un disparate de la jerga, —"ñangaliana"— inventada por ñáñigos sin escrúpulos o conocimientos.

Y Tá Mónico, precioso documento aun vivo: "Tánze só mismo rey viejo Ekoi".

Né murí jayá tiempo, tiempo ante, y píritu di é bobé pecao que mué cogé, ne contrá lo río la suéte lo rey ekoi, y varón quitá neye, matá mué pá poné un religion. Obon Tánze e rey mueto que entrá pecao y pasá bongó.

(Tánze era un viejo rey de los ekoi. Hace mucho, mucho tiempo al morir este rey, su espíritu encarnó en un pez que encontró en el río la mujer, —Sikan— para suerte de los ekoi, de la tribu. Los hombres se lo quitaron, la mataron y fundaron una religión. El espíritu del Obón pasó al Pez y luego al tambor sagrado, es Ekue.)

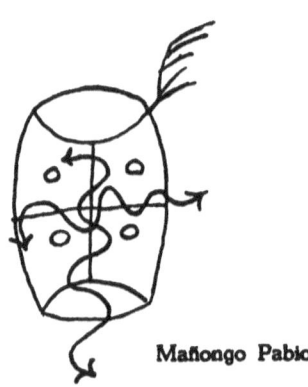

Mañongo Pablo

LA SIKANEKUE —NASAKO—

ORIGEN DEL CULTO A EKUE EN LA SOCIEDAD ABAKUÁ

¿Enéwe afokánko Ndibó Múna Ekue?
¿Quién dio poder al cuero para atraer al Espíritu?
Otán burámba Ekue amanayín Nasakó Umpábio.
Nasakó con el poder de su brujería y su talismán.

La figura más importante de la Sociedad Abakuá, quien le da el ser, su creador, es sin asomo de duda la de Nangobié Nasakó, Nasakó a secas, el Adivino, el Brujo, como le llaman los faramán Ekue, los hombres de Ekue.

"Porque aquel era el brujo más poderoso de Etié Poripó Korombán". [1]

Son muchos sus apelativos. En cada uno de los acontecimientos esenciales de esta historia de los orígenes abakuá, recibe un título que alude a su actuación, "a lo que estaba haciendo entonces".

Nangobié de Efor es el primero de los Nasakó. El arquetipo. Todas las demás agrupaciones que participaron del Secreto, es decir, que se unieron por la iniciación a los Efor, tenían sus Nasakó, sus propios hechiceros. Pero todos recibieron sus instrucciones, en lo que se refiere a los misterios abakuás.

Nangobié organizó la liturgia de esta sociedad que fue obra suya: "vio hasta lo más mínimo que iba a suceder cuando nada había sucedido".

Sikán permanecía prisionera en Eriongo, [2] en la selva, severamente guardada por Nasakó. Pero Sikán, espiada, incomunicada siente un terror profundo en el escondite del brujo. A veces alcanza a ver los rostros graves de los hombres más venerables de la tribu que van a reunirse con Nasakó. Otras, le llegan de

---

[1] "De la tierra africana". Etié: tierra. Poripó: "se le dice a Africa". Koromban: costa. ("Etie poripó mbo mipó, significa tierra de blancos").

[2] Lugar escondido, oscuro. "Eriongo, el lugar donde escondieron el Pez", y donde estuvo Sikán bajo la vigilancia de Nasakó. De ahí que se llame Irión, eriongo, al ángulo en el fambá en que se oculta a Ekue.

un sordo murmullo, fragmentos de palabras, y sabe, su corazón le dice que aquellos largos parlamentos a media voz, se refieren a ella, a lo que le ocurrió en el río, al misterioso bramido, a su Güira, que Nasakó tomó en sus manos con tanta reverencia. Y un día Sikán, que permanece muda, conminada a no hablar, detentora de un secreto inexplicado, rompe el silencio y grita:

—"¡La voluntad de Abasí me dio lo que me han quitado! Eso es mío..."

El Pescado vivió algún tiempo —Tánze subusu— callado en la güira siempre cubierta por nandibá fisi, [1] negándose a tomar el alimento que le ofrecía Nasakó. [2]

Cuando Iya Asísírán, [3] cuando murió el pez, que no podía permanece cautivo, murió materialmente —nkanúfe— [4] cuando su cuerpo dejó de moverse y quedó inerte en el fondo de amalogró; [5] cuando sus grandes agallas no se abrían y cerraban respirando, y su Espíritu, (el de Obón Tánze) por una perla de agua subió y escapó al aire libre, Nasakó consultó a Mañongo Mpabío que confirmó la muerte. Entonces, el Adivino pensó en hacer el Objeto sagrado, el Fundamento, donde el Espíritu volviera a fijarse y resonara su Voz.

Nasakó llamó a sus siete kunansa, ayudantes, los "limpió", purificó —Berúma— [6] con sus siete yerbas profilácticas, cuatro de las cuales, las más sagradas son "las yerbas blancas", —cogollo de Ceiba— úkano— espiga de Palma, bunéku, u otandikué, albahaca blanca— brandi— y escoba amarga —ifan—. Con un manojo compuesto con estas siete yerbas, ("Sángabarán Ekue Nasakó nawenbán") [7] los asperjó con las Aguas benditas —de río y de coco— que contenían sus fuerzas y las de otros tantos árboles sagrados, —anamabó, anamabó— [8] los sahumó con el humo santo del incienso de costa quemado, —sáumio [9] —lúbrica menanko

---

[1] Abrojo de la orilla. (Nandibá: orilla. Fisi: abrojo).
[2] "Lo quería alimentar con majúas. Pero Tánze no comía".
[3] "Morir Tánze", "al morir el Pez".
[4] Morir. Se murió. "Unos dicen que Nasakó mató a Tánze para arrancarle el cuero y hacer la Brujería —Otán Efó— pero Tánze murió de muerte natural, o por su voluntad, y en su elemento."
[5] La calabaza o güiro.
[6] Beruma: purificación, "limpieza". Ya se nos explicará detalladamente el rito de la purificación de los objetos sagrados que practica el Nasakó. Y de los neófitos.
[7] Nasakó purificando.
[8] Es la frase que repite el Nasakó cuando asperja, "limpia", a los que van a ser iniciados.
[9] Nombre que se da al incienso y a la mirra.

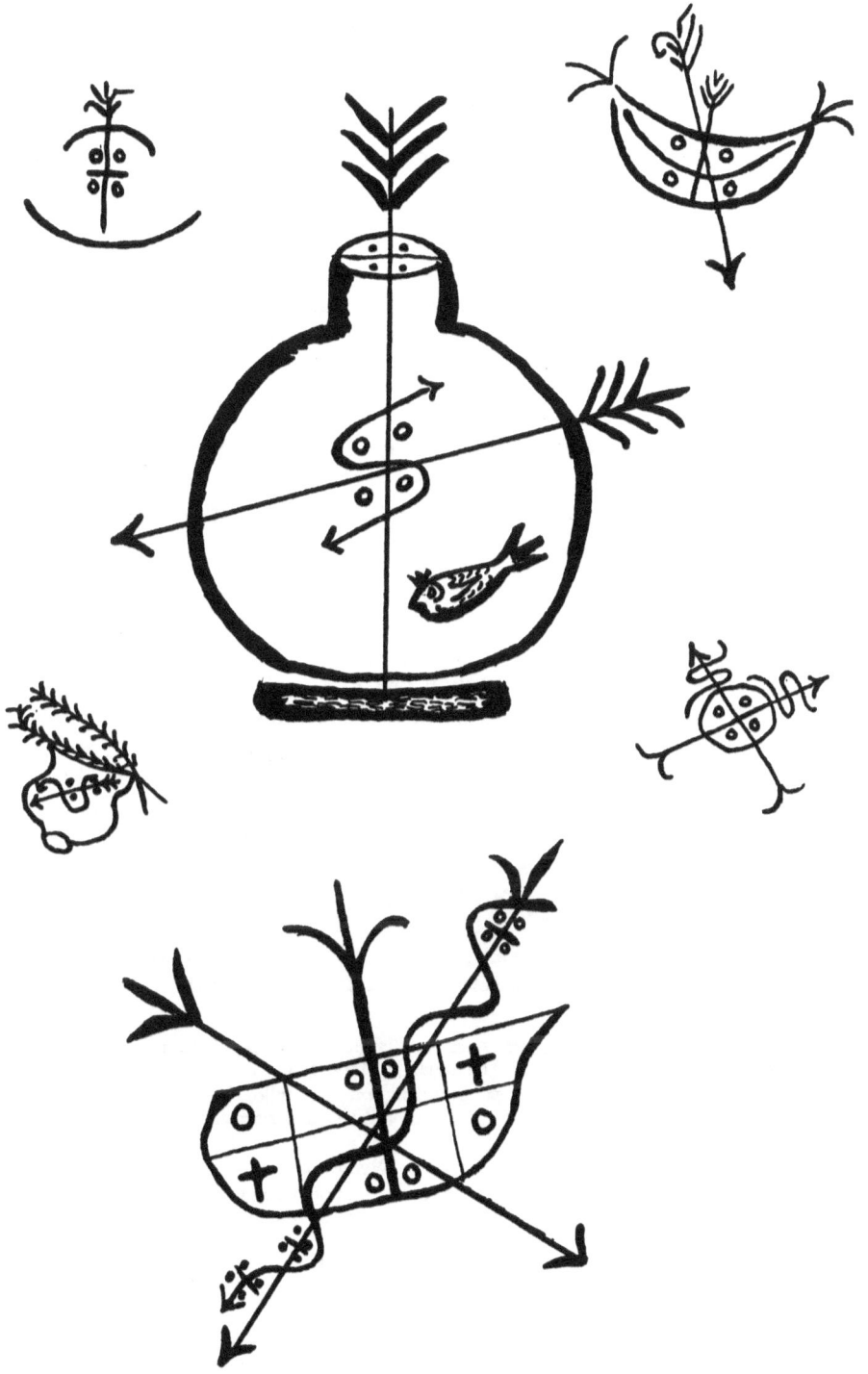

Emblemas de la Sikanekue.

mbara kaume [1] y por último, con un gallo, nkiko ndina, [2] que apoyó en sus cabezas describió una cruz y los "despojó" pasándoles el ave por todo el cuerpo, comenzando desde los hombros.

—¡Sapará panyógo! [3] ("¡que se vaya lo malo!")

Limpios, llevaron el cuerpo del Pez al río, al elemento que engendró su forma. Allí le quitaron el cuero y Nasakó lo extendió sobre Oroña Kamba, [4] una piedra plana que halló en la orilla. Oroña Kamba Iyá Kondondó: [5] "tendido el cuero de Tánze sobre la piedra, secó al sol".

¡Jeyei! Munandibó [6] ¡Jeyei! Munandibó, oh! munandibó.
Jeyei mbario, [7] Eforisisi Iya Eribé maka tereré
Sanga baroko mo famba... [8]

Otro kunánsa quemaba la yerba mágica depurante, y otro tocaba el Ekón...

Este instrumento "que es uno de los más sagrados" de la liturgia abakuá se construyó cortando en dos un trozo de pulgada y media de espesor de una madera sólida. Se ahuecaron estas mitades y se reunieron con un mango por el que se le sujeta, formando así como una campana chata.

El Ekón se toca con un palito y dice: ¡kón! ¡kón! ¡kón! ¡kón!.

—"Digo que es uno de los más sagrados, y le llamo la atención", explica Saibeké "porque antes que a su cuero, y al de Mbori, el del chivo, (que se le puso por último al Ekue o Fundamento), su Voz fue captada e introducida en el Ekón por Nasakó.

Ekón Ndibó Ekón kribia borokibiá ñó uro, que quiere decir: junto al río, en el Ekón, controlada por Nasakó fue primero donde sonó la Voz de Tánze".

Luego, en su propio santuario, Nasakó trazó el símbolo inicial en el cuero del Pez, el mismo que después se le hará a Sikán, a

[1] Que disipa toda influencia nociva. "Nubiká menanko beruma sese: tiene el poder de llevarse lo malo, de despojar de todo mal".
[2] Purificación, despojo que se practica con un gallo, el cual absorbe las máculas que pueden quedar en un individuo anteriormente purificado por las yerbas.
[3] Literalmente: vaya al Diablo: Diablo: Nyogoro.
[4] "Oroña Okambo: la piedra vieja". Simbólicamente, y en memoria de los orígenes del Abakuá, una piedra figura en todos los Fambá de las Potencias de ñáñigos.
[5] "Sobre una piedra tendieron el cuero del Pez".
[6] ¡Atención! Cuero divino.
[7] Idem.
[8] Eforisisi: brujería. Iya. pez, Eribe: sagrado. Maka tereré: poderoso. Sanga baroko: llevarlo a la ceremonia. Mofamba: el cuarto secreto.

Mborí [1] y a los adeptos, el símbolo del renacimiento, de la inmortalidad; y lo llevó secretamente al templo de los viejos dioses Karabalío Okámbo, de los que Nangobié era sacerdote.

—"Son estos los santos antiguos que adoraban los Efor antes de la aparición de Ekue."

Y Nangobié presentó el cuero de Tánze, Muna Ndibó, a Naberebé Tácho Ndibó, a Tácho y a Natacho. [2]

—"Naberebé Tácho Ndibó era el Santo Mayor de los bríkamos. Su ídolo, de madera, se colocaba en medio de los de Tácho y de Natácho, figurados en dos estatuitas más pequeñas. Tácho a la izquierda y Natacho a la derecha. [3] (Otros ñáñigos al aludir al "Santo Viejo Carabalí", le dan el nombre de Ntacho Kuritenewán Akarína Makuá). [4]

Y Muna Ndibó, el cuero de Tánze fue sacramentado y nombrado Tánze-Iyá-Mifontanko Ndibó [5] por Naberebé Tácho Karabalío Okámbo y las palabras de Nasakó fueron éstas:

Sesekún sesekún
lori lori bayúmba bá bekondó
Obonékue metiá kunbán eféna fitún
ún bariyén...

("Santo Pez Poderoso, Excelente, entra en el Templo Mayor, como obonekue como entrarán los obonékues en el Santuario") [6]

Y Tánze habló en el Ekón, como les hablaría unido a Sikán en el Tambor Sagrado, a los obonékues del futuro.

Sobre el cuero de Tánze, Nasakó inició a los Siete Hijos de Ekue, los Siete Primeros, quienes representaban a las Siete Tribus de Efor: a Undió, Nandió, Amanandió, Tendió, Nankoboró, Awanerón y Obonséne Efor.

Son los Siete Cabezas, Jefes, que nacieron en el Principio, los Fundadores, antepasados que están presentes en los Siete Muñones... [7]

[1] El chivo, que reemplazará el sacrificio humano.
[2] "Esta trinca era lo más sagrado".
[3] "Tácho y Natácho, son sus subalternos. Como sus sacristanes."
[4] Esta frase se emplea como un sarcasmo, y es despectiva en grado superlativo. "Ntacho Kuritenewán Akarina Makua, quiere decir: Ud. despreció a los antiguos dioses. Se le dice al obonekue que comete una falta de respeto hacia sus mayores. Aquel que la ha merecido, será rayado de la lista de ñaitos. Al obonekue culpable se le condena con estas palabras. Dio origen a las contiendas de las Potencias Bakokó y Bríkamo. I. Bakokó la lanzó a Bríkamo I".
[5] "Madre-Pez-cuero-Madre de todos los Bongó. Bongó, nombre genérico de tambor".
[6] "Sesekún: Poder, lo poderoso; lori lori, lo que es bueno, bayumba bá becondó; obonékue recién nacido en religión; efena fitún bariyén: entra en el templo".
[7] Muñón: pluma, o "plumero". Cada pluma, además del Espíritu de un antepasado representa a una de las tribus o grupos fundadores.

Mokuire, Mokó, Isué, Batánga, Yansuga, Abere y Bonkrí: es decir por sus dignidades, el Mokóngo, el Ekueñón, el Isué, el Mpegó, el Iyamba, y el Nkrícamo.

"Sobre aquel Primer cuero del Fundamento, que era el de Obón Tánze, Nangobié Nasakó autorizado por su Prenda, los hizo hincar de rodillas. Este fue el primer Keanpóto. [1]

Al más grande de todos, aquel cuyo cargo haría imperecedero, el que mandaría vivo y muerto, a Mokuire, lo arrodilló a la derecha de la parte delantera del pez; a Isué, sobre la izquierda. En la cabeza situó a Mokó, y a Iyamba, a la derecha, paralelo a Isué. El, Nasakó, se situó en la cola, —Máka máka— para oficiar y mandar con su brujería".

—"En este momento, el Pescado se llamará Obón Séne Moruá". —Rey-Tierra Voz, literalmente. —"La tierra que nos va a comer", aclara X— "La tierra de la que salimos y a la que volveremos. Tierra de los muertos". [2] "O el muerto", concluye sencillamente otro ñáñigo. "Porque lo que se adoró, fue a los muertos. Polvo seremos".

Nasakó procedió a construirle un Fundamento al Espíritu de Tánze, una base en que tuviese asiento, y se manifestase dejando oir su Voz. Y a este fin cubrió con su cuero sacramentado la boca del güiro en que el Pez había vivido.

—"Todo Espíritu va con gusto o consiente en residir en lo que ha sido su casa... Porque el cuerpo es la casa del alma, y el alma la echa de menos. Y todo lo que es, cuanto nos rodea, árbol, agua, piedra, animal u hombre no es más que eso: la casa de un Espíritu. Y el Bére [3], el Musi, [4] aunque el Espíritu naturalmente busca lo que ha sido suyo, su cráneo, los restos de su cuerpo, la tierra de su sepultura en Awapá, o Ekoi Koropó [5] alguna cosa de su pertenencia, el Musi tiene poder para llevarlo y fijarlo donde quiera: en una piedra, en un tambor, en una güira, en un muñeco, en un cuerno."

Los Espíritus son transferibles... "Se llevan" y se fijan en un objeto.

[1] Keanpotó: juramento.
[2] —"Es Obón Sene como Naná Buruku, de los lucumí; en realidad la misma tierra que nos comerá"— Otro explica: —"Obón Sene es la idea del muerto—. El mismo Tánze".
[3] Era Tánze, un Pez, donde reencarnó, —y los carabalí, los africanos en general creen en la reencarnación— un antepasado, un rey, Obón, que escogió al Pez como morada.
[4] Bere. Musi: hechiceros.
[5] Awapá: Cementerio. (O Ekoi Koropó, aunque literalmente significa Ekoi, tribu dueña del Pez, y cabeza, Koropó.

Sin embargo en Muna Iyá, [1] en su cuero, la Voz de Tánze fue como un débil recuerdo de su Voz; la sombra de su Voz.

Y dijo Mañóngo Pábio que era preciso reanimarlo con la sangre de Sikán. Entonces Nasakó ordenó su sacrificio.

(—"Quien hace Santo, Nganga, o jura Ekue, tiene que dar sangre. Con sangre se adora. La sangre es lo principal. Con ella todos los Santos están contentos; y más fuertes, nos protegen mejor". [2])

No tuvo que recordarle a Mokuire que la misma providencia que habría de inmortalizar a su hija, la condenaba a morir.

Los hijos de Ekue, de Obón Tánze, sabían lo que buscaba su Nasakó y estaban unidos por un juramento inquebrantable; y Nasakó formuló entonces la Ley, sin la cual no podría ser juzgada ni condenada la Sikanékue, ni regirse la sociedad.

Con un parche de jutía había fabricado el tambor que representa a la Justicia, el Ekue Mpegó, Barieta Kánkomo Ndibó Efor, que suele también llamarse Binará Bomé, [3] el tambor de la Ley, del castigo, del respeto y la obediencia. Sacramentado en Mañóngo Pábio al decretar éste la muerte de la Sikanekue, Nasakó se lo entregó a Mokuire, cuyo cargo en el seno de la Orden sería el de Justicia Suprema. Un tribunal compuesto por los Siete Primeros hijos de Ekue convocado por Nasakó, cumpliendo las órdenes de Mañóngo Pábio, se reunió en su kufón, y en el mayor secreto, condenó a Sikán; fallo que confirmó Mokuire dando tres golpes en el parche de Barieta Kánkomo Ndibó Efor.

Insún, marido de Sikán, enterado de la sentencia pidió a Mokuire que no le quitaran la vida. El Nasakó temiendo una indiscreción de su parte, ordenó que lo apresaran.

Sin embargo, se sostiene al mismo tiempo, por lo menos entre los miembros de Potencias Efik, que al decírsele al marido de Sikán que era necesario sacrificarla, respondió sin titubear:

—Itámaó diminuá momi diminuá osámio Tánze borubón krúkoro akuá ñene akuá: Respeto, venero a Tánze, así es que maten a mi mujer. Y es más: se repite que la llevó vendada al lugar del sacrificio, para que Aberé la matara.

El Iyamba, el rey de los Efor, también se había negado al sacrificio de Sikán.

[1] Muna: cuero. Iyá: pez.
[2] "Santos", considera el sincretismo de nuestro pueblo, a todos los dioses de las mitologías africanas importadas a Cuba y a todas las fuerzas arcanas que aprovecha su magia; y estos "necesitan" de la energía vital que reside en la sangre. Un santo, por ejemplo, es un majá cuando en él se encarna un espíritu.
[3] Binara Bomé es nombre de una tribu y además el del okobio —Binara Bomé— que recibiría el cargo de Mpegó.

—"Dicen los viejos que el Iyamba de aquel tiempo no supo en qué momento la mataron. Se enteró después, y persiguió a Nasakó y a Mokóngo. Puso preso a algunos de sus hombres para aclarar lo ocurrido. Descubierto parte del asunto, fue necesario convencer al Iyamba que a Sikán se le había matado por su bien. Y puesto en razón, entendiendo que aquella religión era un tesoro para la tribu, Iyamba quiso ser la primera persona en ella. Y Nasakó le ratificó su título que significa, Iyá, pez, Amba, espinazo del Pez". (Este Iyamba, que renunció a su trono para ser abanékue, fue consagrado en el cuero de Tánze).

No obstante considerarse a Insún unanimemente, como marido de Sikán, opinan algunos ñáñigos que era doncella, cuando encontró a Ekue. "Los que pretenden que era mujer de Insún, se equivocan. Insú no presenció el sacrificio. Se le dio una "Plaza", (un alto cargo en la Potencia, Insún Ekue Ndubé, guardián en el altar de Ekue, de la Voz), "para que callase lo que ocurrió, porque no era sanguinario, condenaba el asesinato, y nada más".

Para estos ñáñigos, Sikán era Virgen. Sikán Melemé. [1]

—"Pero el pueblo podía pensar que no lo fuese. Bonita, tenía enamorados, **estaba en edad de merecer**, en su flor. Insún la veía amenudo y nadie más que él la acompañaba a sacar ñames, a cortar plátanos. Simpatizaban o enamoraban ya. Pero Nasakó, cuando aquel rumor llegó a sus oídos, consultó con Mañóngo Pábio y su brujería le respondió que era doncella".

—"El viejo Tamakán nos contaba que allá en su tierra todos los años se llevaba una muchacha a un río muy sagrado, y allí se la mataban al Padre, (al espíritu) del río. Que como esas que le mataban al río, al Padre de Agua, era la Sikanékue... Virgen, porque solo los niños de dos años que no han comido sal, y las mujeres que no menstruan, pueden estar en lugar Sagrado."

—"No", objeta, hay espiritus o Santos, —dioses— que quieren sangre de virgen, otros que no. Uyo no miraba en que fuese de virgen."

La virginidad de Sikán, pues, queda seriamente en entredicho, de acuerdo con otras fuentes autorizadas, y predomina la tradición que reconoce en Insún, al futuro Isunekue su marido.

—"Sikán no era virgen, ni nuevecita! Y esto dicho por los mismos bríkamos. Sikán era la mujer de Insún."

—"¿Quién no sabe que la Sikanekue había sido la mujer de Isunekue?"

—"Los viejos decían que Sikán era mujer con marido. Y mujer con marido conocido no puede pasar por virgo."

[1] Melemé: virgen.

—"Sikán, positivamente, fue la esposa de Insún. Por eso Insún, al barruntar que había la intención de matar a su mujer, se le rebeló al Mokongo. Nasakó lo mandó a prender para que no hablase, y cuando Sikán fue muerta, como Insún era su marido, fueron a verle Nasakó y Mokongo y le dieron la noticia de que había sucedido lo inevitable. Insún se tuvo que conformar con lo hecho. Ekueñón le dijo lo mismo que le dijo al Tribunal cuando fue a darle cuenta del sacrificio. ¡Akuá akuá abakuá! Maté porque la ley me lo ordenó. Le comunicaron a Insún que él representaría a Sikán en la nueva Religión que iba a fundarse."

—"Eyene mbiwi se les dice a las mujeres de mala vida.

Sikán eyene mbiwi sina yantán kakureko umón... ¡Y los carabalí mismos decían: Sikán eyene mbiwi! ¡Sikán, una mujer puta que iba a kakureko umón a la casa del agua! [1] (Porque allá en el Calabar las meretrices iban a la orilla del río a hacer su vida").

¿Qué importa lo que era? Lo que hizo grande a Sikán, lo que la hizo inmortal, fue el hecho de haber encontrado a Yúyu, a Tánze, que codiciaban los adivinos de Efik; y por esto, y porque Tánze sopló en sus oídos, Sikanekue fue Nteñene Obón Ekue Efor... [2]

—"Nandibá baroko monina awará kandiyú... es decir, fue ella, porque lo apresó en la orilla, el único monina natural que tuvo Tánze."

—"Y es que la gente de Efik hasta se han dejado decir que Sikán traicionó el Secreto. Claro que no pudo hablar, porque Nasakó la escondió en el monte y no volvió a ver a nadie durante meses, —pues pasó bastante tiempo entre el Hallazgo y el Sacrificio,— tiempo que empleó Nasakó en la Transmisión de la Voz Divina, para organizar el culto y la sociedad.

Fermín Kuiri, abakuá de la Rama Efik, se empeñó en hacer creer a quien lo oía, y propaló esta falsedad, que Sikán después de lo acontecido en el río fue a tierra de Efik a traicionar a los suyos. En consecuencia, por traidora la mataron. En un Plante [3] de los Abarakó, aquí en Cuba, Mónico Mosongo, puso en claro este error."

Sin embargo, tal versión es muy corriente. Veamos lo que en la propia libreta de Kuire, tan recopiada, se dice sobre el particular:

[1] "Sikán Eyene mbiwi: Sikán mujer puta (eyene: mujer, mbiwi, puta).
Sina yantán, arena, orilla, Kakureko: casa, donde permanece, donde está umón: agua.
[2] "Imperecedera. Este título le fue conferido a Sikán terminadas las trasmisiones", —operaciones mágicas— "de la Voz al cuero de Mbori." (Chivo).
[3] Ceremonia.

El Jefe de Efó, Sitiabón, tenía una hija llamada Kanabiónké. [1] Iba al río Oddán, a recoger agua para sus necesidades caseras, a un lugar que pertenecía a un gran guerrero llamado Nankuko, y allí, en aquel tramo del río, sintió la Voz, el Ruido extraño.

El ruido se produjo dentro de la güira que, llena de agua, llevaba en la cabeza. [2]

Y la mujer gritó: ¡Ekue Ndibó! ¡Ekue el Gran Poder de Dios! y arrojó la güira y corrió espantada a esconderse en su casa. Y allí le dijo a su padre que había escuchado la Voz del Gran Poder. Y el padre fue a ver si era cierto. Junto a la orilla del río contempló la güira en la tierra, y pudo escuchar el ruido extraordinario que se producía en su interior. Y se dijo: si los hombres de mi tribu oyesen lo que estoy oyendo, con este Prodigio seríamos los más fuertes de todos los bríkamos.

(Ekue, Tánze, nunca sonó mejor que en la güira de Sikán.)

La recogió, se internó en el monte, avisó a sus gentes, quienes adornaron la güira con Siete yerbas, plumas y caracoles. Y los Siete Adeptos, constituido el Okobio Eñene Efor, la llevaron en procesión a la loma Nambémbe entre Bakokó y Betongó, y allí en una peña, fue su primer altar. Sitiabón elevó a Nitongó (la güira) al cielo, y con los demás atributos sagrados la condujeron a la roca —altar—. Y ordenó a los otros seis hijos de Ekue que se lavasen los pies en el agua sagrada del río. [3]

Manantieroró desde entonces podía decir:

¡Nteñenebon Efimeremo Sanga Abakuá itá okobio itiabón Nanteororó!

Soy el Jefe más poderoso del Continente Africano.

Transcurrió algún tiempo y Sikán pasó a tierra de los Efik y les dijo que había encontrado un tesoro en el Oddán. Les contó cómo habiéndole explicado a su padre lo que escuchó, éste corrió al río y se lo apoderó.

[1] Nombre que en las Potencias Efik se da frecuentemente a Sikán. Algunos ñáñigos le llaman también Kanábióngué.

[2] Aropá kuririón sanga bakuá ekokobiotán Uyo obibene eyene efor Itiabón Asokuá ibá yenemio Akana Bionké ganfán seré nkriko une mbiá baroko nansao nitongo sina yantán umón kakureko yerifán Eriero ibá Mañón Uyo arogobiobio nuriantán beko muñanga musagará Oddán Efi Nankuko guana ribę kamá.

[3] Manantieroró nandibó ntomiñán krukoro Akurí Oddán Umon Uyo Obian mbairán inuá ankoneyó Ekue Mpegó Mogobión Unarobia Sanga narobia urañongo temio Efó nteñenebón itá okobio kisón kiñón bongó ereniyó Iyá manga manga tereré Ekueñón, Mpegó, Nkoboró, Abasonga, Nkrikamo, Nasakó, Aberiñán.

El Jefe de los Efik llamó a los hombres más viejos de su tribu, para que cruzasen el río y le arrancaran a los de Efó el Gran Poder... [1]

El Jefe de los Efó considerando la maldad de su hija, al descubrir el Secreto Sagrado de su tribu, llamó al Jefe de Efí y le propuso terminar la guerra que le había declarado, prometiéndoles en lo futuro, —y así fue, en efecto, aquí según Tánkewo, el relato no se aparta de la verdad, como veremos— hacerles participar de éste —iniciarlos—, y transmitirles la Voz Divina, a cambio de obedecer y hacer cumplir las Leyes y guardar los juramentos. [2] Conformes los de Efik con los de Efó, el jefe Manantiororó o Sitiabón, rezó ante el Lugar Sagrado, en el que más tarde habrían de obtener su gran anhelo los Efik.

Y el Jefe de Efó, habiendo ordenado a sus seis otros Okobios que llamasen a los Jefes de Efik para hacerlos sus hermanos, los sacramentó, (bautizó).

Otra versión, no menos extendida, sobre la historia de Sikán entre los iniciados en las Potencias de Efik es la siguiente:

"El Jefe de las tribus de Usagaré, sabiendo que un día aparecería lo Divino, (Ekue) y sabiendo que Sikán era belemí, envió a Móko, hombre valiente, para que vigilase de lejos a la muchacha que todos los días iba a Najebia y pasaba a Obane", (a tierra de los Efik) "y le quitase la tinaja en que llevaba agua, tan pronto escuchase el ruido extraño. Móko que era brujo, hizo un trazo mágico —gandó— y situó en su camino a dos hermanos jimaguas, ordenándoles que cuando el ruido", que habría de producirse "cesara, la llevasen presa, pues Mokoire, el Jefe, se encargaría de recoger la tinaja con Aminarán Bomé, [3] (quien recibiría al organizarse el Okobio [4] el título de Mpegó).

"Cuando Sikán pasó por Bumán, y llegó al trazo", (al trazo mágico) "Ekue chilló". La muchacha se aterró y los Jimaguas,

---

[1] Inuá borobutó Ekue Ekue ñóngo beromo ndimawó sina yantan sanga kufón kanaran bobinuá inuá inello arogobiobio Ekue Sitiabón kutón kamá boroki ñángué unsankemio baroko nansao nandibá fisi biañé nitongó Sikán ndimagüo oroguyón Uyo isán baroko ndabo eyene efor téteyeripongo krúkoro kamá ekutón eriero inello unsankemio baroko nánsao nandibá fisi ñongobia beromo inuá mombán yéne efor sarorí inéyo ñánga kókobiongo asarorí otangabia.

[2] Unpón anamé, unpón Akanabionké, Asanga itia efi ayeripongó ekrukoro ekókobiotán inuá Uyo bibené Sabiaka ndiminuá nomi itiá yenefor Akanarán, mbiaga maribá kónkai akuri Umón aroguyón Ekue mafimba tiniabón Chabiaka chene boko ñóngo temio Mananteororó ayeripongó ekrukoró Efí Appapa Ekue Kuri ñangasene, nyomino Obányé obán yemenyá ñóngo chángana kákue.

[3] "En el principio fue en un güiro y no en tinaja de barro, donde estuvo Tánze".

[4] La Sociedad.

Abére, le dieron tres vueltas, mientras Mokoire le arrebató la tinaja y la llevó a casa de Aminarán Bohé. [1]

Sikán, en una de estas varsiones que califican de absurdas Tankewo y Saibeke, es víctima de su marido y de un amigo de éste: "cuando volvía del río con la tinaja, espantada al oir el chillido, la arrojó al suelo, quebrándose ésta junto a la Palma. Vuelta en sí, la recobró, pero su marido y un amigo la mataron porque se negó a entregárselas.

Y en el lugar del sacrificio Sikán declaró: ¡aunque muera seré dueña de Ekue, Ekue siempre será mío!

Y ese día en que mataron a Sikán en una cueva, derramaron su sangre sobre la tierra, y el brujo trabajó con su magia. (Obonekue metá kaniriongo siromuto Abakuá Kére Efión. Con su sangre revivió Tánze. Se dio a Ekue la sangre de Sikán para que sonase, pues Ella era su dueña. La máquina", (el tambor, por el embrujo que se hizo en el parche del Pez) "funcionó entonces. El güin, —la caña de Castilla— y el Espíritu de Sikán hicieron hablar a Tánze. El cuerpo dicen unos, lo echaron al fondo del mar". [2]

("Pues no hablan por ahí algunos confundidores, que: Ekueñón arafá ñiene nchibiró...? [3] Sí, que Ekueñón robó una mujer que era Sikanekue... ¡Que falsedad!")

Sobre los orígenes del Abakuá y la historia de Sikán los datos que obtuvo Rafael Salillas en Ceuta, difieren sólo en nombres, detalles y lengua a los que hemos recogido:

"En el territorio de los Carabalí, hay una numerosa tribu que en gran parte lo puebla, y se llama de los Apapa. Esta tribu tenía por jefe a Akaureña Apapá de quien era hija Sikanekue Yémbe Ápapa. Esta bajaba diariamente a buscar agua con una tinajita de barro a la orilla del río Eriobaní", —lo que puede ser

---

[1] En otras versiones, en una Potencia, Koria Abakua Efor, se nos dice: "Cuando Okongó", —muchos viejos le llamaron Okongó a Mokongó, a Mokuire—, "se llevó la Güira a casa de Aminarán Bomé, sacó el pez y lo ocultó en el monte. El pez murió, y Okongó fue a avisarle a Aroko Sisi, (Yansuga) y éste envió dos hombres de toda su confianza para recogerlo y llevarlo a su choza. Aminarán no lo entregó. Lo llevó él mismo en compañía de los hombres, que eran Mosongo y Nkoboro y se lo entregó a Aroko Sisi. Y no volvió a tocarlo. Aroko lo puso en manos de Nasakó, para que lo reviviese.

Donde quiera que llevaban al Pez, quien lo cargaba era Ikabiandé Isún Ekue, auxiliado por Akoumbre... La primera persona que tuvo al Pez fue Sikán, la segunda Okongó, y la tercera Aminarán Bomé".

[2] "Sikán no tenía marido. Sikán vivió mucho tiempo escondida en la casa de Nasakó en el monte. Sikán no supo que iba a ser sacrificada. Su padre, la lleva al sacrificio engañada. Ekueñon la mata. Isún no asistió al sacrificio... No tuvo valor. Y los restos de Sikán que no empleó para su magia Nasakó, se enterraron al pie de una ceiba, junto al río". (Nkoboro, dixit).

[3] Arafá: robar. Ñiene: mujer. Nchi biró: escondido.

mala pronunciación, ério: el río Obani, de Obane u Obani;— "que recorre una gran extensión del mencionado territorio. Un día al llegar al sitio de costumbre a tomar agua, vio según unos, un pequeño cocodrilo que hizo un ruido especial, oyó según otros, debajo de una palmera situada al borde de la orilla, un ruido prolongado y constante que salía del agua, parecido al mugido de un toro.

La hija de Akaureña Ápapá sobresaltada abandonó su vasija y salió corriendo a la choza de su padre exclamando a grandes voces ¡Ekue, Ekue! que quiere decir ¡Dios! [1]

Los declarantes de esta información suponen que Sikuanekue Yémbe Ápapa oyó que el dios de las venganzas se le había aparecido y le había hablado. Así se lo manifestó a su padre, que fue con su hija al lugar de la aparición, y al persuadirse de la exactitud de los informes, ordenó a Sikanekue que se retirara a su vivienda y no comunicara lo sucedido a persona alguna.

Akaureña Ápapa al quedarse solo se arrodilló fervorosamente, esperando las revelaciones del, dios de las venganzas, que no se hicieron esperar, y Akaureña Apapa regresó a su morada después de habérsele comunicado por suprema inspiración los preceptos, ordenanzas y ceremonias del ñañiguismo. Iniciado Akaureña Ápapa, —"¿quién lo inicia?— "se previno a iniciar a los principales de los Ápapas manifestándoles que el dios de las venganzas se hallaba en sus dominios, que se le había manifestado por medio de una misteriosa aparición; le había hablado, encargándole dijese quien era el verdadero dios que en lo sucesivo debían adorar.

Si con fe ciega creían sus revelaciones y practicaban sus doctrinas, el dios les prestaría ayuda, engrandeciéndolos sobre las demás tribus.

Los secretos que el dios le había revelado, a él, Akaureña, aun no podía manifestarlos, pero que en seguir sus inspiraciones y respetar cuanto les indicara con decisión y fe, consistía la felicidad de todos y de sus descendientes. A los creyentes nunca le faltaría su protección, y al incrédulo lo aniquilaría el poder del dios de las venganzas.

Los exhortó a que en nombre del anunciado dios, se mostrasen conformes, afirmando su fe con solemne juramento, lo que bastaba para proceder a organizar una sociedad que los haría poderosos.

Todos acogieron la noticia con entusiasmo prestándose a afirmar su palabra e incondicional obediencia con repetidos juramentos, reconociendo en Akaureña Apapa la personalidad de un enviado de su dios...

[1] "Error": Ekue, sonido onomatopéyico. "Como sonó Tánze". Por asociación, Pez y Tambor sagrado.

Cuentan los declarantes que el número de prosélitos fue desde el primer momento extraordinario.

Akaureña iba todos los días a orar bajo la palmera misteriosa y una multitud de creyentes esperaba su regreso para escuchar su palabra.

Ya entonces el proselitismo estimulado por la ponderación de la nueva idea religiosa y por los extremos de fervor a que muchos adeptos se entregaban fue adquiriendo tan pujante desarrollo que Akaureña Apapa fue el más respetado de todas las tribus del país...

En tal estado las cosas el matrimonio de Sikanekue Yémbe Apapa, hija de Akaureña con Essit Daroko Efik, hijo del jefe de la tribu de los carabalis Efik, fue causa de trastornos graves y de trascendentales determinaciones que contribuyeron a magnificar, exteriorizar y generalizar la nueva idea religiosa.

Sikanekue Yémbe reveló a su marido todo lo que sabía acerca de las apariciones y revelaciones del misterioso dios". Y Sikanekue Yémbe Apapa contó publicamente la misteriosa aparición en la orilla del Eriobani.

En esta versión, puestos más tarde de acuerdo los Efó y los Efik, ambos condenan a muerte a Sikán.

La atan al tronco de una seiba, y la dejan abandonada en la selva. [1]

A juzgar por estos relatos, nos comenta uno de nuestros más versados informantes, puede imaginarse quien desee saber cómo se fundó Abakuá en tierra de Efor, que todo sucedió rapidamente.

No; como decía Tá Ichanó de Prokaká Mendó, "un tiempo pasa, pasa otro"...

Nada fue tan de prisa. Ni se destaca en ellos la labor de Nasakó, "que hizo Efori mebó, la esencia de la brujería", fabricó el Fundamento y todos los atributos sagrados, hizo la Ley, y a los okobios, —como diríamos hoy, estructuró la sociedad en sus menores detalles. Y en la versión de Salillas, observan los ñáñigos consultados, no hay la menor alusión a Nasakó.

—"Además Ekue, —Tánze,— no apareció ni en la orilla ni en el tramo de río que le correspondía a Efik. Estos son errores muy importantes."

(—"Pero es cierto que Efik, si no le declaró la guerra abiertamente a Efor, —aunque todas las tribus peleaban a menudo unas con otras,— si no los atacó como se dice, y no se llegó abierta-

---

[1] Otra manera de realizar un sacrificio: la Fuerza oculta, el Espíritu, o el Dios devora lentamente a la víctima. Muchos animales que se ofrendan a los orishas perecen atados de un árbol en un monte solitario.

mente a una guerra, los Efik tenían rifirafas, encuentros sangrientos a cada paso y muchas dificultades, precisamente por la ambición de Ekue". Y por su Secreto temían a los Efor, "aunque estos no tenían pólvora".) Sería demasiado prolijo reproducir los relatos y todas las versiones que tratan de Sikán. Alguna se aparta de las más corrientes, como esta: "La Mujer, Sikán atravesaba el territorio de Buman. Al verla los hombres de Buman se preguntaron: ¿quién es esa mujer que ha venido a nuestra tierra? Ella los oyó y les dijo: soy una mujer de Efor. Voy a vender esto (el Secreto) y seré poderosa.

Los de Buman se dijeron: matemosla, nos haremos dueños del Secreto y lo alimentaremos con su sangre. Y así fue, le arrancaron la cabeza y el verdugo recogió la sangre en una jícara" Añadiremos, traspasando los límites de la paciencia de quien no pertenezca a la confraternidad de los ñáñigos, esta otra versión de la captura de Ekue, según una Potencia Ekereguá. Comieza como todas contando que la mujer apresó, por casualidad, a Ekue, en la orilla del río —Ekue Uyo únkeno Murúmba Sese— y que llevaba en la cabeza una calabaza o güira para recoger agua Moropó atá kuri Oddán arafá Umón Tanze diminuá. En la güira se introdujo un pez que brillaba y chillaba —Etie ñene mañon kuri sugara diminuá kerewá umon ñene diminuá: Y la mujer fue a su casa y le dijo a su marido que el agua había chillado. El marido miró a la mujer y le pareció que se había vuelto loca. Se fijó en su cabeza: kerewá arafá nitongó kuri morópo néñé: y le quitó la güira que aun tenía sobre la cabeza, muy asustado.

Kerewá mañón kuri kufón Nasakó diminuá ata nitongó ñene: aquel hombre corrió a casa del adivino, de Nasakó, quien consultó su oráculo, es decir, vio en su espejo mágico, lo que era aquel Pez: Nasakó biañá diminuá Tánze kankúbia krúkoro etié ñonobón krúkoro Appápa achitube Osamio:, Nasakó dijo que Tanze era una manifestación divina que los Appapas debían de adorar. Y en cuanto a la mujer que lo había recogido en su güira, Nasakó dijo que ella no podía apreciarlo: Nasakó diminuá osamio ñéne Iruaba krukoro kerewá.

Y los hombres se preguntaron en Ekerewá, en que arroyo había sido hallado Ekue.

Diminuá Nasakó kómo eriké... ¡En un lugar, respondió Nasakó, del cual todos Uds. beben el agua!

¡Krukoro kerewá foina akuá ñene arafá Tánze kankubia abakua! ¡Maten a esa mujer que se apoderó de esa divinidad que debe ser nuestra! dijeron.

Y Sikán declaró: Momi ibana ñánkue Abasi molopó: A mi nadie más que Abasi —Dios— me arrancará la cabeza.

Nasakó foinuá itamaó akuá ibana etié ubana yuansa krukoro aberitán: y Nasakó le dijo al marido de aquella mujer que encontró a Tanze: es menester matarla. La noticia (del hallazgo) podrá saberse por los pueblos.

El adivino la condenó a muerte. Y el que iba a matarla, (en este caso no Mokó, sino Abere, su ayudante) dijo: Aberisún foinuá momi akuá ñéne achitube ¿uriampo momi?— ¿Dónde está mi comida? ¿Qué me van a dar para que la mate?

Y Nasakó, sacrificada Sikán, le ordenó a su ayudante, a Mókò, —Ekueñón:— Nkanima ñangabion Efori momi etié mbori ifán mukere, wimba, masanga eriero okoró yibia: Tráeme un majá, mi brujería, (mi amuleto) mis yerbas, mi escoba, mi cachimba, una jutía, un venado, un chivo y aguardiente de Palma.

(Y unió los Espíritus de Tanze y de la mujer, y los llevó al cuero del chivo, donde Tanze sonó divinamente).

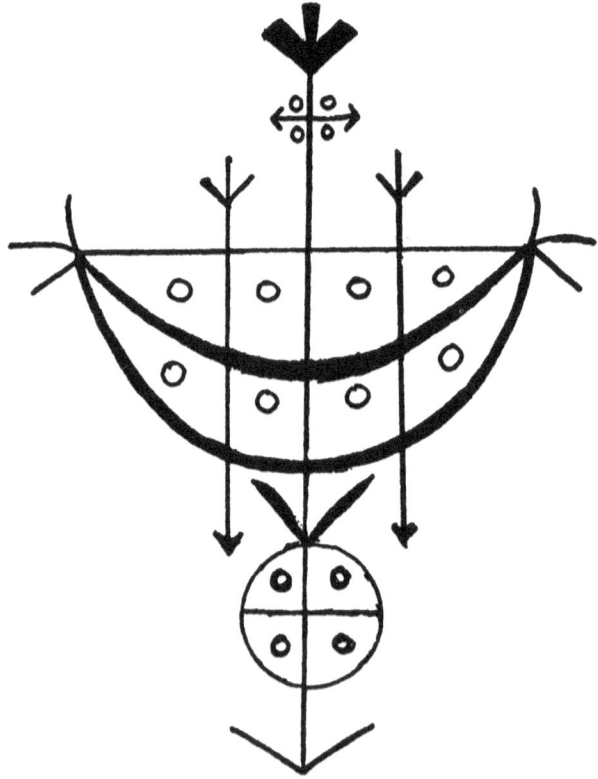

En fin, para dar muerte a Sikán, es menester sacarla de la casa de Nasakó con el mayor sigilio, seguramente encubierta en la oscuridad de la noche, evitando así las sospechas del pueblo, que deberá ignorar su muerte. "Pues se trataba de un asesinato. Sikán no era una esclava. ¡Era la hija del jefe!"

Y es Mokoire, su propio padre, quien la conduce al lugar del sacrificio.

Trató de calmar con sus palabras el terror que se apoderó de Sikán al intuir su fin.

—"Ven c o n m i g o. Nada malo te podría pasar junto a tu padre. Al contrario. Sígueme para bien tuyo".

Y fue andando por sus propios pies, persuadida por Mokuire, confiada en él, hasta Najebia, [1] paraje oculto próximo al río donde debía morir.

(—"En Ndana, por donde entre dos lomas, una en Efor y otra en Efik, pasa el río que recibió tributo de su sangre".)

En el monte esperaban Nasakó y Mokó, escondidos para no ser vistos de Sikán. La llevaron a la orilla del río. "Al embarcadero". N a s a k ó tenía preparada su wémbana. [2] La purificó con sus yerbas —aguañusongo— con el humo sagrado, y después de lavada le hizo una cruz en la frente con el barro del río.

—"Ahora", le dijo Mokuire, "te venderemos para que después veas el M i s t e r i o y seas Sikán Kién una mujer sabia y poderosa".

—"Sabia era su abuela, la madre de Mokuire, que se llamó Sabianá", se interrumpe n u e s t r o narrador. "Poderosa y sabia... Tanto, que se decía Anasabianá A m a n a rofo chémen kái nté meñón sanga abakuá. Es decir: amanaRófo, persona que conoce; chemen kai, cabeza fresca, entendimiento claro. Inteligencia que comprende: Asanga abakuá, la religión abakuá.

Anasabianá quería que la i n i c i a s e n. Pero los brikamos se opusieron."

Mokuire guía los pasos vacilantes de su hija que ya no ve, hasta una ceiba.

Ekueñon los sigue cuidando de no hacer ruido.

Bajo la ceiba sagrada, para a su hija y le hace un gesto a Ekueñon, que mudo coloca alrededor de su cuello un lazo escurridizo de soga de wamá. [3]

[1] —"Najebia, no. Se dice Náebbia. Lugarcito inaccesible en el río donde se comenzó la Obra. Distante de todo lugar habitado, y escondido de forma que nadie podía sospechar lo que allí se hacía."
[2] Agua lustral compuesta con aguardiente de palma, sal, siete yerbas, siete maderas sagradas, y otras sustancias vegetales: maní, jengibre, plátanos, ñame, El zumo de estas sustancias recibe el nombre de aguañusosó.
[3] "El instrumento con que estrangularon a Sikán era un palo, que tenía en un extremo un lazo corredizo de soga de wamá, que es muy resistente. Como un garrote."

—"Hija, la Ley se cumple", dijo entonces Mokuire. De un rápido torniscón Ekueñón la estranguló.

En la ceiba cantaba el pájaro nkenempén barumao, y presenció el sacrificio. [1]

Los ojos de Sikán enrojecidos saltan de sus órbitas. La lengua, en las ansias de la asfixia queda, al escapársele el aliento, colgando presa entre los dientes. Un chorro de sangre mana de la nariz y de la boca.

(La agonía de Sikán se reprodujo antaño en algunas máscaras pavorosas de Iremes. [2] Los ojos salidos de las cuencas, la lengua desmesurada y pendiente entre las dos hileras de dientes puntiagudos, como una que hemos visto, reproduce la imagen de Sikán en el horror del momento supremo.)

La sangre fue recogida, y en unos copos de algodón se llevó al kankomusa [3] de Nasakó. El adivino colocó los algodones embebidos de sangre sobre el cuero de Tánze, dibujándole en medio una cruz, como se hace sobre todos los atributos sagrados, con la sangre del gallo y del chivo, y en la frente y en el pecho de los obonekues diciendo a la vez:

Obonekue nyúmba. [4]

Del cuerpo de Sikán, Nasakó tomó la cabeza que Ekueñón separó y juntó a la de Tánze, —kránsio— [5] ntún mofé Iyá bereso [6] que conservaba y se veneraba en una güira, la puso en Ibóborá, en una jícara; [7] la que hoy simboliza el Sese de Efor y el Eribó de Efik, el tambor de la consagración de los iniciados, la cual se adornó, entonces con las trece plumas de Nkiko Motangrí, el primer gallo que se le ofrendó al espíritu de Sikán inmediatamente después de muerta. Su cabeza en la jícara se llamó Nkuma Eñene Ngafia...

Parte de la carne de Sikán se la llevó Nasakó para ser conservada; y ligada su substancia con la sangre, una parte se virtió

[1] En otras versiones que rechaza la autoridad de Saibeké, aparecen acompañando a Sikán al sacrificio, además de Mokuire y Ekueñón, el mismo Insún. Insún, que recibirá más tarde en el primer Barokó, el cargo de Isunekue, —"Guardián de la Voz Sagrada"— en estos momentos se halla prisionero de Mokuire y Nasakó. E Insún, —Isunekue— como veremos, jamás presencia un sacrificio.
[2] Diablitos, Iremes, espíritus de los Fundadores de la Sociedad.
[3] "Sobre una güira grande, el parche era de cuero de jutía. Así fue en los orígenes Kankomusa, o güira, el recipiente que contenía las substancias mágicas, las Fuerzas Secretas de Nasakó."
[4] Nyúmba: unión del espíritu de Tánze y de Sikán. "Obonekue nyúmba: unido, el iniciado por la virtud de las dos sangres, a Tánze y a Sikán."
[5] Kránsio: "Cabeza del Pez". Y la de cualquier pez.
[6] Itún Mofé Iyá beresó: cabeza —pez— separada del cuerpo.
[7] La jícara: una mitad del güiro.

sobre los amuletos, —"prendas"— de Nasakó y sobre el cuero de Tánze.

—"Le dio al Pez sangre de Sikán para que ésta amarrase a su espíritu y lo atrajese, como luego les dio a Tanze y a Sikán la sangre del chivo para que juntos viniesen al tambor en Iriongo. [1] Y tomó sus ojos —okorio— para acompañar a los ojos de Tánze, símbolos de la Sociedad. Y la piel de su espalda, para aforrar de nuevo el Fundamento de Tánze, Munanga Ngarabanú; y sus intestinos, —siké sike o eriké— para hacerle un collar en torno al cuello a la cabeza decapitada y fijar en él las plumas con que la adornó; y engalanó un itón, un cetro, que como imperecedero recuerdo de la Sikanekue y símbolo de mando, fabricó para Mokuire. Y al consagrar a Mokongo se lo presentó con estas palabras...

Itón gabé mabiana Mokongo eremene ñóngo Ekue yurú benké Erike rike Efor.

El cordón de este cetro se denomina: Erike-Erike Apotacho.

De sus huesos, —awéremí, melenbán o kankuma,— Nasakó haría las cuñas del Fundamento, —del Tambor Ekue—.

Su cráneo, kankuma-ará kankuma ará yí gabiá, que algunos dicen también kankumanayí gabiá anayí gabiá, lo utilizó para sus brujerías. En la kríkola, o nwekeré [2] cazuela mágica de Nasakó, algunos viejos le llaman a la cabeza de Sikanekue arakankuma ñéñegafia nabisoró nantún. (Otros la nombran Abasí Akuá Lilú). [3]

Mambere, amako manbere akanawán, su ropa, —un delantal de cuero,— le sirvió a Nasakó para hacer el estandarte de la Primera Potencia en Nyenisón, Usagaré Nandió. [4]

Los demás huesos, —awére mbán,— que no le sirvieron al Nasakó se enterraron al pie de la ceiba, Ukano Bekonsí, la misma en que expiró, en la soledad del monte que atraviesa el río sagrado, en Efó Kondó Efó. [5]

[1] "Iriongo, irión: lugar escondido tras una cortina que ocupa el Ekue, en el Famba, o cuarto secreto".
[2] Nkrikola. Nwereké: cualquier cazuela o recipiente.
[3] "Abasí: Dios. Akuá: matada. Lilú la mujer, Sikán".
[4] Nyenisón Usagaré Nandió: Africa. La primera potencia —sociedad— de la que, según la tradición, se originaron en Efor, las demás.
Fue la única Potencia que poseyó las reliquias de Tánze y de Sikán, y cuyos atributos fueron construidos por el Nasakó Nangobié Efor.
[5] —"No siempre las ceremonias tenían lugar en el mismo sitio, para no despertar sospechas. Pero se hicieron todas las primeras en tierra de Efó. Cuanto se le hizo a Sikán en el kakureko de Nangobié, su sentencia, su muerte, las brujerías",— operaciones mágicas que se llevaron a cabo,— "las trasmisiones de voz, todo pasó en territorio de Usagaré."

Transcurridos noventa días se desenterraron y fueron reducidos a polvo. Nasakó guardó las cenizas en su Prenda.

Este polvo se llamó Eruká. Eruká abanawá tinsún ñánguén Keneñón Kamá. Con ellas se trazó el signo iniciativo en medio de la cabeza del neófito, y se empleaban para maleficiar a los que no eran consecuentes con Ekue. [1]

—"Si se sacrificó a Sikán, fue para bien de la Religión, y para bien suyo. El cuerpo muere, pero el alma queda.

Mi abuela lucumí nos dejó una piedra que hoy guarda mi hermana mayor. Y nuestra abuela nos dijo así: mánque yo múri ese otá, en ese otá yo mimo tá hí. Tó día uté hablá con mí. Yo tá compañá tó yijo. Mañana yo ikú. Ikú ese cane na má, pellejo mío sí, se pedé... Pero yo tá hí. Uté cuide. Prítu mío ahí. Yo só piera ése. [2]

Pancha, mi hermana mayor, todos los días al despertarse habla con nuestra abuela. Esa piedra... ya ve Ud."

"El espíritu de la Sikanekue, fue por el espacio al río a reunirse con los grandes y a ser grande; y ella partió para volver, para ser adorada y para dar vida. Para parir obonékues. Para ser madre que veneran sus hijos. Nacemos del agua y al agua volvemos. El agua es la madre de los espíritus.

Los espíritus de los muertos —ñánsuga— [3] fortalecen al que va a nacer. Y amparan al que muere. No se debe de ver con malos ojos que muera uno, para que se salven mil.

Mokongo no mató a su hija. Quiero decir, no cometió un asesinato. Un sacrificio no es un asesinato. Es mandato religioso. Mokongo sacrificó a su hija para bien de todos..."

[1] Con polvos de huesos humanos, en general los brujos maleficían, producen daños mortales. Actualmente, Nasakó el Adivino de las Potencias o sociedades abakuá, los emplea para castigar a los enemigos, y a los obonekues traidores. Naturalmente ya no es Eruká (cenizas) de los huesos de Sikán. Son las del chivo que se consagra y se sacrifica, que representa a la Sikanekue y en las que actúa su espíritu, o los de un cráneo humano que posee el brujo.

[2] "Aunque yo muera, estaré en esa piedra. Todos los días Uds. mis hijos, hablarán conmigo. En ella estaré acompañándolos. Mañana moriré, seré una muerta (ikú). Muerta, mi carne solamente. Se perderá mi cuerpo. Pero yo estaré ahí. Cuídenme, (es decir, venérenme en esa piedra, a la que volverá mi espíritu). Yo estaré en ella."

Esta piedra es el habitáculo del alma de esta madre que acompaña, habla y protege a sus hijos, que le rinden un culto familiar continuo. Nada mejor que este sencillo ejemplo de un descendiente de africano, para dar una idea del mecanismo espiritual y de este culto, tan vivo en nuestros negros, a las almas desencarnadas de los antepasados. "¡Uté cuide!" Cuando los deberes con los antepasados no se cumplen, cuando se les olvida, se encolerizan y desamparan a sus descendientes.

[3] Ñansuga: espíritu desencarnado.

La Sikanekue no es una abstracción para el ñaítua... (Ni lo es ningún espíritu para la religiosidad de nuestros negros).

—"Cuando ñuritén borokibia [1] ella viene y está con nosotros. Es nuestra Madre. Bondá. [2] Su espíritu Akuaramina, se aparece aquí también, como apareció en Urana Bondá. Muchos lo han visto con sus ojos. Está en el río. Por lo que se dice:

Akuaramina ngongó teré ngongo Iyá Urana Bondá pón keákana pón ndike unpón ún mañón moto brikamo mañón Usagaré. [3]

Al río le llevamos sus derechos: a Tánze, a Ella y a los Espíritus que viven en el río. Al Padre de Agua, Ñangabion, el Majá.

Del río viene la Voz, —"al okoririón, al templo."

Es una felicidad para el abakuá poderse preguntar:

¡Eneweriero eñene mi okamba? ¿Dónde está mi madre? Y contestarse con plena convicción: ¡Kurikufon no mi! Está en mi casa, —en el santuario.

¡Unaya akuána! [4] Mi madre bonita.

—"Cuando yo perdí a la mía", me confiesa un abanekue, —"me consolé pensando que me quedaba otra: la que no era de carne y hueso."

---

[1] Cuando encarna la Voz Divina: ñuritén borokibia.
[2] Bondá: madre.
[3] "Su espíritu fuerte anda unido al del Pez, tan pronto está en la loma, (Urana Ibondá Efor) como en el río Sagrado de los Brikamos, en el río de Usagaré."
[4] Mi madre bonita.

BONGO MUNANGA EKUE ASOSORI
TANSIRO ÑANGUE

Desde que Sikán se hallaba prisionera en el kakuréko de Nasakó, donde, según algunas viejas fuentes, Obón Abá, —nombre que también se da al adivino— éste la mantenía en sansuwéro, en estado de hipnosis, antes de que la juzgase el Tribunal y sentenciase Mpegó, con los tres golpes fatídicos y: "etie Nasakó foinuá krúkoro mañón atá kurí Oddán etié Ukano etié nandibá akuá eñéne", Nasakó ordenase que la llevaran a la ribera del río y la mataran cabe la ceiba sagrada", éste se afanaba por asegurarle al Espíritu una instalación mágica perfecta.

—"Uyo, la Voz, debía tener su órgano, su instrumento apropiado. Como si dijésemos, sus cuerdas vocales. ¿Para inuá, para hablar, ¿el alma no se vale de la garganta y la lengua?"

Al morir Tánze, empleó el cuero y la sangre de muchos animales; el de la jicotea, —"que no se llama asokobó, según suele decírsele corrientemente, sino Jaraíka o Araiká, como en Bekura Mendó, cuna de esta religión, aunque respetando el nombre que le daban en Bekura, los indíseme que se juraban seguían llamando a los animales y a las cosas por nombres que habían aprendido en sus respectivas tierras".

Nasakó, habiéndole pedido de nuevo a Aberisún, o a Mokó, "Kanima ñangabión, eforí momí ifán mukere wimba masanga eriero okoró yibia, —traéme un majá y los ingredientes de mi brujería; escoba amarga, aguardiente de palma y mi chachimba",— probó sucesivamente llevar la Voz al cuero de Ñangabión, del majá, cuya sangre, la primera que recibió el Primer Fundamento, era la más espesa. Con el cocodrilo, de sangre más clara. Con Nyeme [1] la jutía: mas —"cuando Nasakó trabajaba en las trasmisiones de la Voz, y pidió a su ayudante Mokó que le trajese una jutía, ésta llegó muerta. No, dijo al verla Nasakó, no puedo utilizar a un muerto; viva, caliente, fresca, ha de ser la sangre. En lo

---

[1] Menanko es otro nombre, el mas corriente que se da a la Jutía. Efori Nyeme se llama el polvo maléfico que se hace con la cabeza y las cuatro patas de la jutía.

sucesivo la jutía será la ofrenda que se tributará a los muertos." Y probó llevar la Voz al cuero del Venado y al del carnero, Erón, que trajeron de Ntá; demasiado grasiento su cuero para que en él resonase satisfactoriamente la Voz Divina.

Este tambor, Erón Sese atere Miñán Ekue áppapa añonotamo barokibia kaitierón, terminada la prueba, y a título de reliquia, por haber sido sacramentado, se llevó en procesión al pueblo o tierra de Sina Manan Korobé.

No sólo el que se aparchó con el carnero, los que se hicieron con la piel de estos animales, fueron conservados piadosamente.

Se sabe también que después de la muerte de Tánze, antes de condenar a Sikán, se pretendió trasmitir la Voz a la piel de un congo. Awana ñóngo Efor akuá erombé Mokabia sísí Usagaré Nandió. [1] Fue en territorio de Usagaré, en Betongó, donde se realizó este sacrificio, y si la sangre humana, es sin duda, la mejor, y al congo se le escogió por fuerte y sanguíneo, era proverbial que tenían plétora de sangre, la piel se pudrió al poco tiempo.

Muna erombe ndimaó, el cuero del congo no sirvió. [2] (Carabalí bisi bisi ni teni teni baroko miñusa erombé ndimao! En Betongó tomaron la piel de la espalda de un congo por si servía... y ¡no sirvió!)

Se habla además de un ososó, un ososó quebrado, que desollaron después de bañar en su sangre al Fundamento. ¡Y... ososó ndimaó! No dio resultado.

(En Nyimiyá, Efik, también sacrificaron a un congo). Unkorobé ekue unkoroweña, nos precisan algunos informantes, que fue el lugar, una loma, donde los Efor apresaron al congo, a quien, para más detalles, colgaron de un palo, "como si fuese un bakariongo", —estandarte,— y lo pasearon en procesión dentro de un bosque. (Lo que se cuenta en el lenguaje secretos de los abakuá: Mukabia sisi mukabia erómbé suku bakariongo ndike nyuao mangán manganteréré.)

—"Este congo", dijeron los hombres de Ekue, al apoderarse de él, "es nuestro hermano hasta que perezca sacrificado". Y aquel sacrificio se recuerda en este corto relato: Efori musi musi ifá bóko efión eribá erombia okobio munankébe suiro téte brasi brasi kankubia najebia kirén...

—"Por su parte, los hombres de la tribu de Efik, que aunque no tenían a Tánze en aquel entonces, trataban de conseguir un poder parecido al que se rumuraba que tenían los de Efor, también

[1] En tierra Usagaré Nandió se mató —akuá— a un congo —erombé—.
[2] Ndimaó: no sirvió. Awana añongo sanga mumio. Monte donde enterraron al congo que sacrificaron en Usagaré, se lee en una vieja libreta —libreta venerable, pues perteneció a Semanat—.

mataron a un congo, y es tradición en estas Potencias, que hicieron un bonkó [1] con la piel del que atraparon en Arongobia de Obane, a orillas de Betán Betán.

Este tambor, se especifica, recibió además de la sangre del congo, la de un majá. [2]

—¿Ke fé nantán eruká awanángobia akorokó erombe mutié? suelen preguntarse los monina, alardeando de sus conocimientos o evocando la historia de la sociedad en sus comienzos: ¿Cómo pudieron cazar al congo? El que sabe no tarda en responder:

—Aseseré ekón mifé: con el ruido del Ekón.

Atraído por el sonido, aquel congo, que andaba en el monte, llegó al sitio en que se encontraban los hombres reunidos en fiesta religiosa.

Otro informante de una Potencia Efí, nos declamará rememorando su sacrificio: Efí Efimeremo akuá nyuago mokabia sisí mokabia erombé: que los súbditos del rey de los Efik fueron los primeros en matar a un congo "que no les sirvió para la consagración", —para forrar el Bonkó. (En Nyimiyá). [3]

Y sucedió, que en la guerra que sostuvieron ambas tribus, Nkopo eriero tairo wáro erubiana kereton, nos traducen, —los de Efí cazaron un pájaro de tierra de Efó y le sacaron los ojos a un congo que habían matado. Orú Tánze isuna jekue akuririongo bongó muñangué: y le arrancaron la cabeza y su sangre se la ofrendaron al bongó muñangué, — al tambor que emparcharon con su piel. O bien que: Nkopó eriero tairo guaro urubiana nkereton Efik, que un pájaro de tierra Efik intentó comerse los ojos del congo.

Y no se olvida este detalle: que aburu táfia súgu awanarokó tindé áta niroko. Que en la ceiba, árbol sacratísimo para los carabalí, como el guamá y la palmera, mataron con una piedra al congo y su piel la colgaron para que secara al aire.

—"Era costumbre de los mayores en el Calabar dejar a los que mataban colgados de las ramas de los árboles; o los dejaban atados, vivos, para que muriesen de hambre y de sed", comenta Tankewo.

[1] Bonkó tambor que hace las veces de Ekue en las Potencias de Efik, como se verá más adelante.
[2] Enewe efión iriampo bongó erombe efi kuri bongó erombe efión Umbriko. Enewe: esa persona. Efión: sangre. Iriampo: comer. Bongó: Fundamento, tambor sagrado. Erombé: congo. Efi: de la tribu Efi. Kuri: coger apoderarse. Bongo efión umbriko: sangre de congo. Umbriko: congo.
[3] —"Los Efik, antes de ser jurados por los Efor, tenían su bonkó y le mataban congos, hombres. Si no servía la piel humana, la sangre era la mejor y ellos la daban cuantas veces se podía. Esa es la verdad."

—"Los castigos más fuertes se daban en los árboles". Estos suplicios tenían por finalidad procurar al castigado, las agonías más horrendas.

De esta predilección por la sangre de los erombé, da fe el sacrificio que hubo de realizarse en Cuba en las circunstancias más favorables, por los ñáñigos de Akanarán Efor.

Sea porque, como deduce Saibeke o asegura con énfasis Tánkewo, Ñá Nasakó ya sabía dirigido por Mañongo Mpabio, y siempre obediente a sus mandatos desde que hizo Otán Efó, —la primera operación mágica,— que Mbori, el chivo, sería el medio, el receptor ideal y más duradero del bramido Divino, o porque "no todos los días se podía enfriar a un congo". [1] a "un cristiano", se resolvió no emplear más Muna ngarabanú efori kamá, más pieles sacadas de espaldas humanas para la brujería (kamá) del Tambor Secreto.

El sustituto de Sikán, —y de las víctimas humanas— habría de ser Mbori Abasí Mendó Kairán Mbori Aterimá Ekue, sobre quien todos los adeptos apoyarían sus manos al consagrarse.

Su sangre, Emumio Efor, tendría el mismo valor de la sangre humana...

Al trazar Nasakó en su cabeza el primer signo sacramental, el de Abarikondó Efor, —Arakasuaka—, Mbori se transformaría en un obonekue ngomo, [2] en un iniciado, en un hermano. Mbori monina unfarán Ekue.

—"Nasakó convirtió al chivo en la Sikanue. Fue sacrificado como Nasakó la hizo sacrificar a ella en el río, para que su sangre reanimase a Tanze. Así lo dice esta oración: Mbara saekue Abasí aromiñán Iyamba eroko bóko Aberisún tántán mofé bambán Ekue allá gasigamá akuá Mbori borokiñángué gandó anana erikue nyuao, Efión ñánguiriri nandibá Mosongo Aberiñán mapá Nkrikamo Bongó awana bójei abanga sanga nandibá ayarantén Mbori Bongó koibá ñongotangri, ñóngo neri ñóngo, ñóngo jagua, mborogoma efión kuri munanga Mbori gandó ananá erikué nyuao."

—"Escogido para el sacrificio, y sacramentado Mbori, Sikán es aquella criatura humana, es nuestro hermano: ananarikué. [3] Sikán en Anari." [4]

A la piel de la Sikanekue, Madre de los Bongó, Akanaránnerefé, Mifontanko Ndibó Akanarán abakuá, Ña Nasakó, cons-

[1] Matar.
[2] Obonekue Ngomo: el recién nacido a la vida mística por la virtud del signo que se dibuja con ngomo, yeso. "Ngomo fue el primer obonekue. No puede consagrarse sin ngomo".
[3] Anarikué: sacrificar al Ekue.
[4] Anari: sacrificio. "Sikán en el patíbulo".

tructor de los Siete Fundamentos de Efor: Munandibó I y II, Eñongo Ekue, Efori Muñánga, Efori sisi muñanga, Efori nandíbá Mosongo, Muñóngo Efor, había de transferir y transfirió el Espíritu, la Voz de Tánze.

La piel de la mujer, como la del Pez, —como la de Mufámba, el congo, y los demás congos sacrificados— no le sirvió al adivino. [1] Era su "brusón" [2] demasiado frágil e inconsistente, más que la del congo. De modo que después de su muerte, decretada "para realizar la unión de los Espíritus y los iniciados", y con su sangre todavía fresca, Nasakó nuevamente emborrachó su espíritu y el de Tánze, y unidos, los llevó al parche del chivo, recitando esta oración:

¡Jeyei baribá, bariba bario Bakongó! ¡Jeyei, jeyei Erumé bongó nandíbá Sese lori kamá yambúmbe tindé nkeritén yambúmbe efó!

Atotobé, atotobé atotóbeko Mamá okanko unkomo isún atara Uyo kondó ekón bán mbugueré babaí kebutón ntéme sorogobia Akanarán emumio efor. Bóko erókómbóko taibóko efimbaroko etafimbándo ká ibióta, ibiotama. Erori rori butón sáékue, ororó amuna yín mbára fembé amána mána kirióngo. Amána mána kirén Ekue Efó amuna nyúao ntipá sansúwero Iyá itiá kéafogoró munánga ¡jeyeyó! [3]

Para dominar y lograr la unión de los Espíritus —nyúao— y su encarnación Nkumbán Ekue tumbarere, — el Adivino consagró todos los elementos capaces de producir además, el milagro sonoro. Fusionó las materias, las especies sacramentadas, y con ellas las fuerzas que las animan, los jugos, —energía vital— de las yerbas, y la sangre de los animales.

---

[1] Brusón: piel.
[2] Se habla también de la piel y de la sangre de un "muchacho" que Ekueñón sacrificó: Otán Béke kurime otán béke refión.
[3] Obtenemos esta traducción de un ñáñigo, que aprueba Tánkewo.
Jeyei: ¡Atención, escuchen!
Erume: Voz. Bongó: Tambor. Nandíbá: orilla del río. Sése: el Poder o la Fuerza Oculta. Lori: bueno, Kamá: habla. Yambúmbe: sonido, sonando. Tindé: mérito. Nkeriten: gracias. Yambumbe Efor; Voz de Efor. Atotobé ató to: sonido onomatopéyico. Béko: vengan. Mama Okán konkomo: a nuestra Madre Tambor. Mbugueré: te deseo. Babái ke Búton: Voz de la Naturaleza. Nteme sorogobia: sobre el parche, Akanarán, Madre Emumio sangre. Bóko eroko mboko, caña con guarapo. Taibóko ponerla primero. Fimbando káe al Pez que está en lo profundo, (al Espíritu) Ibiota ibiotama: lo busco, lo necesito. Lori lori, buena la Voz. Saekue, el güin que produce el sonido. Ororó amana yin: el güin en el centro unido con él. Mbara, mano. Fembé, bueno. Amana amana, haciendo sonar. Kiriongo, del monte trajo. Amana amana, kiren Ekue Efo, al tambor. Ekue Efó, Muna, en el cuero. Nyuao unidos. Ntipá, vacilando. Sansuwero, borracho. Iyá, el Pez. Itia, en tierra. Afogoró, el espíritu viene en el viento. Munanga, al cuero que chilla. ¡Jeyeyó! ¡qué alegría!

Esta oración, del viejo Mandri, debe decirla el oficiante cuando se producen los primeros sonidos de Ekue, en el tambor.

—"La palabra yuansa que viene de nyúao, además de ser el título que recibe el obonékue que será Moruá Yuánsa, porque como Ud. verá cuando le explique las atribuciones de cada Plaza, debe ir al río con Ekueñón, el Verdugo, a llamar la Voz y traerla al Fundamento, no quiere decir solamente conversador ni conversar, — como pretenden o creen erroneamente muchos.

Yuánsa, entendemos los viejos que quiere decir exactamente unir, unión. Moruá Yuánsa... el que va a buscar a los Espíritus para hacer la unión". Unirlos en el Ekue.

"Esto conviene explicarlo", añade otro ñáñigo consultado, "para que se entienda que al decirse: Yuansa ekiko efión Arogobiobio. Yuansa Ngomo. Yuansa Ekue. Yuansa bóko, Yuansa Yín. Anamburamba otámba. Boko Ibiá Abasí, situ awana yuansa Abarori ntré Efón Ekue, Isún Ekue, Sankobio Baroko émae baroko Ekue... se declara que unidos y sacramentada la sangre del gallo, que es el primer sacrificio que recibe Ekue, con el yeso, Ngomo taibó que se emplea para marcar los signos en los objetos del culto y en los iniciados, y que se obtuvo del barro o arcilla de Narokó de Bekura y de Betongó, y la caña de Castilla, el Güin imprescindible, —yín— Ukobio isá ukobio, que debe considerarse como hermano de Ekue, —Sá ékue— Obonekue isa ukobio, tan valioso y sacripotente que la Voz, sin su participación en este misterio hubiese permanecido silenciosa. ("Orotoyín oroto, apanawá: unido al cuero resucitó la Voz").

Nasakó, el gran Adivino de los Efor Ekoi, alcanzó en el cuero del chivo elegido como sustituto de Sikán, el fin que se había propuesto para salud y gloria imperecedera de la tribu de Aroko Sisi Iyamba Rey de Bekura Mendó, que protegió a la sociedad y perteneció a ella con la categoría más alta."

Continuamente, en las páginas siguientes de este libro, nos serán recordadas las trascendentales operaciones sacromágicas que ejecuta, desde Munanga Ngarabanú Múna Tánze Ekoko Iteromo [1] y desde éste a Koko Munandiaga, y luego a Muna Muñangue, hasta triunfar definitivamente "al entronizar" como dicen nuestros viejos colaboradores, —transferir-los Espíritus a Erube Efor Ekue Munanga Mborí y obtener en el parche del chivo la magnífica y pavorosa resonancia de Uyo, de la Voz: Mbórí amanambori nkiko Maberu une moruá akiriba efión Bongo anari kakuba: "en el que de la lengua del gallo, y de la sangre del chivo, brota el hablar del Bongó".

De Nasakó, se dirá, no lo olvide el catecúmeno ñaíto, Sankantión manantión besuáo beromo Abasi Eremomó Sese Moto Epiti

---

[1] Munánga Ngarabanú: Primer Fundamento, hecho con el cuero del Pez en la Güira en que éste fue hallado por Sikán.

Efó epiti Efik Ideme Efí Okagua Efó: que Nasakó está autorizado por Abasí para consagrar en Efor y en Efik.

—"Nasakó para construir el nuevo Bongó —Ekue— y sellarlo con el cuero de Mbori necesitaba la madera de la ceiba sagrada, Ukano Bekonsi. [1] Pidió a Mokuire que le cortase un brazo de Ukano. De aquella misma ceiba, que hundía la mitad de sus raíces en el agua del río, a cuya sombra Mokó había estrangulado a Sikán y enterrado después sus restos". Era, para más detalles, una ceiba macho, —un Ukano mambré—. [2]

(Iton nambariyén bekonsi erié beko narénke erié okamba betánsi ¡tán tán mofé!: Y la ceiba se cortó y de ella se hicieron también los cetros e instrumentos del culto "y cuando tajaban, sonaba ¡tan tan! y caía la madera bendita".)

Con el santo tronco ahuecado, Nasakó fabricó el cuerpo, kankómo, del tambor o Bongó —Ekue—, [3] y por base le dio tres pies, "los tres pies en que se afirma Sanga Abakuá, la religión Abakuá". Los tres pies, "que no son añadidos, porque los antiguos no lo hicieron así, sino enterizos, tienen que formar parte de la caja, y simbolizan la cola" —tripartita— de Tánze; las tres piedras, —orifáfá— del embarcadero de Kamaroró, Erobanduma Efor, de Bekura, sobra las cuales se colocó, a la orilla del río, la Güira de la que nacería el Bongó."

(Otanfión Orifáfá: también, en el baróko nandiguara, (en la orilla del río sagrado) en cada piedra, se consagró a un Obón. Y en el baróko Nánsao — Ekue ñangaré, que se celebró en tierra de Muñánga, se llevaron tres piedras de Najébia, del lugar en que, sobre tres piedras se paró la Sikanékue. Obonékue orifáfá puede decirse que era la Sikanékue. A ellas aluden los "tratados" de rama Efik: Orifáfá Eribonékue Isún Bongó Yucaba.

Estas piedras, en memoria de los acontecimientos que sucedieron en los orígenes de la Sociedad Abakuá, se representan actualmente por una o tres pequeñas piedras que se colocan en el Fambá de las Potencias junto al Fundamento, con una tinajuela de barro, símbolo de Nitangó, y otros objetos. Se nos dice también que aquellas primeras piedras recibieron sangre menstrual.

[1] "Ukano Bekonsi, nacimiento de la religión Abakuá. A la ceiba los carabalí la veneraban tanto como los africanos de otras naciones. Tatámo nos decía que todos los misterios, los "poderes", de Africa estaban en la Ceiba. Los carabalí de Valdivieso, que no eran jurados en Abakuá, le sacrificaban novillos. Nada más santo que una ceiba que crece junto al agua. ¡Como la de Fokondó!" En la que estaba el genio de Nasakó.

[2] —"La madera de Ekue no podía ser de árbol hembra, porque nada en Abakuá puede pertenecer al género femenino."

[3] Ekue, el actual tambor secreto de la Sociedad Abakuá. Al aludir al Secreto, los ñáñigos lo nombran indistintamente Ekue, ("que quiere decir también Pez") Mosóngo, Uyo, Iyá, Ndibó, Ñóngo, Bóko, Mamú.

Al primer Bongó, o Fundamento, se le llamó Bongó Orí por que lo pusieron sobre la misma piedra en que estaba la Sikanékue cuando sacó su güiro del río y se lo llevó a la cabeza. Tanze chilló y el horror que le causó aquel sonido le provocó una hemorragia que se derramó sobre la piedra. Nasakó mezcló la sangre con el agua del río en que estaba Tánze dentro del güiro: y fue ésta "la primera brujería", el primer "amarre" que hizo Nasakó. Unir a Tánze, por virtud de la sangre menstrual, con la Sikanékue. (Bongó Orí Orifáfá bekombré Akanabiongué mbariká ntiniabón mumio nyéne biwi Bondá efión arogotié manan korobé Bongó betá aberemai asanga róko kánko nuria, etc. Versión de un ñáñigo de "rama" o Potencia Efik.

Es creencia y vieja práctica de los Padres Ngangas, de los brujos que en Cuba se consideran descendientes o conservadores de la magia de los bantú, y no olvidemos que los carabalí creadores aquí de la Sociedad Abakuá son semi bantús, — que la sangre menstrual, debe mantenerse apartada, muy lejos de las Fuerzas, — (Ngánga, Nkita, Nkiso, etc.) al extremo que ninguna mujer deberá acercarse a ellas los días que duren sus reglas. No obstante la sangre puede emplearse también para establecer un nexo entre alguna, la mujer del brujo, generalmente, y la Ngánga. La explicación es la siguiente: "así el espíritu entra en relación con ella. La conoce; ella puede dominarlo, no le hará mal".

El brujo, después de cubrir con un género empapado en la sangre del menstruo de la mujer, el habitáculo de la Fuerza, — de los espíritus que sirven al brujo, que es un caldero de hierro o una cazuela de barro conteniendo huesos humanos y de animales, tierras, trozos de árboles y demás sustancias mágicas, la hará pasar tres veces por encima de ésta.

En otra versión, proveniente también de una "tierra" o "juego" de rama Efik, se nos dice: "Anandibá fisi kurí ñéne Ibondá araní kurí láuse alabá lába: cuando Sikán lavó en la orilla del río sus paños empapados en la sangre de su periodo, Tánze bebió aquella sangre".

Sometida esta ficha a revisión, este es el juicio que merece a dos de mis informantes más escrupulosos: "Anandibá fisi Ibondá, orilla del río cerca de la loma sagrada Ibondá Efor. Araní: sacrificio. Ñéne; mujer Lasé, no significa nada. Debe querer decir yansi, hacer". (Idea de acción). "Por ejemplo: yansi anamuto, estar trabajando; yansi kamá: hacer lo necesario, la brujería, para que Ekue se manifieste y hable. Abalalabá, parece palabra de los lucumí... Es mariposa. Efión: sangre. No hay ninguna alusión a las reglas de Sikán. Sikán no manchó el río. El menstruo no se lleva con ninguna religión", — sic.

"Si una mujer que está con la luna", —periodo— "toca un traje de Ireme o cualquiera pieza sagrada, la profana.

Da lugar a muchas desgracias. Sólo los niños que no han comido sal, menores de tres años, y las viejas, mayores de setenta años, pueden sin peligro para ellas y para los hombres de la Potencia, entrar en el Fambá".

Pero continuemos escuchando al okámbo, a quien hemos interrumpido con esta digresión.

"Cuando comenzó a buscarse el Misterio, el Rey Itaró hizo la primera brujería, mientras Nasakó de Efor, operaba en la loma de Ibondá. Por esto cantamos: O Eforí Ibondá. Y cuando vinieron las tribus en procesión a Bekura Mendó en busca del Secreto, allí en Bekura sacrificaron al gallo que traían de tierra de Eforisún y a la jutía que traían de Umia Nankuko Obane. Y a Mborí, el chivo.

Y la sangre de cada animal sacrificado se fue recogiendo en una vasija, y Nasakó preparó la Mokúba, [1] y se les dió sangre a todos los Fundamentos".

—"Nasakó hizo una Mokúba, para Ekue, otra para ofrendarla a los Espíritus, (antepasados) en el Embarcadero, y otra para los que iban a consagrarse; y la del Ekue, la colocó sobre Orifafa, las Tres Piedras que eran la base del Fundamento, y a cada cazuela o Mokúba que contenía sangre le dio un título: a la de Ekue la llamó Mokúba Ekue erebetó amanantéte erifá okuana eroko mbóko. A la que contenía la sangre que beberían los iniciados: Mokúba ñóngo sibo arakankúbia Mokuba erení yanyaribó erifa okuané eroko mbóko. Y a aquella que ordenó, (al Ekueñón) que vertiese en el embarcadero para contentar a los Espíritus, cantando ¡Kánko munánko murumbé ntenefión! ¡Oh Ekue! ¡Ekue Usagaré! la nombró Mokuba Ndibó anandibá Ekue Mokuba níkue asoko mbanikue Tánze Ndibó achababa Moina nandiba Mosongo. Nandiba mái asoko nabia erifá okuane eroko mbóko."

—"Las tres patas del Ekue, representan a las tres primeras tribus, Usagaré, Eforinsún y Bakokó que lo adoraron."

Las tribus se reunieron en Bekura donde se sacrificó a Mborí. Nasakó dispuso que los jefes de las tres tribus se arrodillaran en sus trazos emblemáticos respectivos, cada uno en línea correspondiente a una de estas piedras que servían de base al Fundamento.

Tres rayas simbolizarían para siempre la unión de las tres Primeras tribus unidas por el sacramento en una sola persona, un solo pensamiento, una sola voluntad: la de servir a Ekue."

Cada pata, pues, del tambor trípode abakuá, "le pertenece a uno de los tres Grandes: a Iyamba, a Mokongo y a Isué."

La historia Sagrada Abakuá nos dice, —en un nkamá de tierra Efik— que en el Baroko de Bekura Mendó, en la consagración de las tribus, (Eforinsún y Bakokó) que con la de

---

[1] "El vino que consagra."

Usagaré que las iniciaba en sus Misterios, "juraron mantenerse unidas de corazón y pensamiento gobernadas por Ekue, se adoró a la Palma porque ella dio su tronco al Fundamento".

Los Espíritus del río, le dieron al Secreto que se hizo para los Eforisún con la madera de la Palma Sagrada, el nombre de Eforisún Bongó Ekue Yucagua.

De la orilla del río, el tronco de la Palma de Eñón Bakokó se llevó a Bekura, a Situ Wanabekura Mendó, porque allí habló el Misterio en la primera consagración, la de Tánze — y a Usagaré, el de Ibondá Usagaré Mañón brikamo, por fundarse allí la religión Abakuá, "porque en sus lomas Nasakó, — Itánga yuao eforitánga — llamó a los Espíritus", — y los dominó.

No es posible concluir, de una manera terminante si el primer Ekue se construyó con madera de palma o de ceiba, árboles igualmente sagrados; los ñáñigos, como los griegos, — advertía Pausanias — y aquí mis Saibeké, no suelen estar de acuerdo sobre una misma relación mítica. Pero no nos quejemos de tantas versiones y disparidades sobre cualesquier de estos temas, — y lo mismo puede decirse de nuestros "lucumí" y de nuestros "congos", — pues con tantas variantes se enriquecen notablemente sus tradiciones.

Era de madera de la palma sagrada el Fundamento que llevaba Iyamba bordeando la orilla del río, por cierta parte que los iniciados denominan Tumbán já yáya.

Un senderillo ribereño conducía a una comarca de Efik que linda con Guasa Megüé.

Iyamba se encontró en él con dos Iremes, dice el relato; uno era Ndaria y el otro Kusundaria.

El Iyamba los consagró y les dio el título de Obonekue Aseremi Ntumba já yáya.

Iyamba tomó ese camino después de celebrado el Baroko. Llevaba a guardar el Fundamento, "la brujería más fuerte, la que se le había hecho a Tánze, en el tronco del árbol que tiene la mayor virtud".

(A esto se refiere el nkame que dice: —"Iyamba amurañé Iyamba amurañón Ntumba — já — yayá. Ororó Kánko inuria ntúmba — já — yayá... Yucagua Iyámba Munasénde ororó. Ororó: tierra, kanko inuria; la orilla del río. Yucagua: tronco. Iyamba munasende: momento en que el Ekón trasmitió la Voz y sonó en el Fundamento." "Es decir, "fragayó", el Iyamba hizo sonar el tambor).

En fin, transportándonos de los primeros Barokos en los que el kánkomo, la caja de Ekue, "se hacía con madera de Palma" o "se hacía con Ukano mambró", a los actuales, nos encontraremos con que la madera corrientemente empleada en su fabricación, es la del cedro... "Madera de árbol macho; tanto, que es el árbol de Changó: el más macho de todos los santos". (También le pertenece la Palma: su trono... Por ella Changó desciende, del cielo a la tierra, y le sirven de peldaños los círculos de su tronco).

Changó es un orisha "lucumí", (yoruba) quizá en Cuba el más popular de los orishas. Naturalmente, no juega ningún papel en el culto Abakuá, pero muchos ñáñigos son grandes devotos de Changó, "hijos" suyos a la par que de Akanarán, y, en su concepto, el cedro sustituye perfectamente a la palmera y a la ceiba, "no porque su madera sea mejor para hacer tambor, no, sino porque tiene la virtud sagrada necesaria en todas las religiones para hacer toda clase de reliquias y amuletos".

—"Las cuñas de este primer Ekue [1] se hicieron con huesos de Sikán, con las tibias; y los cáñamos, Siké siké, fueron sus intestinos."

—"De la unión del árbol y de la víctima [2] nació la Voz del Misterio en Usagaré; la religión de la Sociedad organizada."

Y desde entonces, al nacer de cada nueva tierra que engendraba Efor, lo primero que hacía Nasakó, reunidos los obones, para recibir de Ekue Mbori ser y vida, era plantar una ceiba.

Hoy, ante los obones arrodillados de una Potencia naciente, Nasakó siembra una ceiba en un tiesto, y repite como el antiguo Nasakó el rito de derramar sobre Ukano benkonsí —la Ceiba del Nacimiento de la Sociedad,— la sangre y las ofrendas de la iniciación y les dice: si prospera, prospera nuestra nación. Si esta semilla se seca, nuestra nación será destruida.

A aquella ceiba se la llamó, como al Fundamento, Efor Mosóngo, [3] — lo sagrado, lo divino, la Grandeza de Efor.

Pero no nos confundamos, ni olvidemos que Awanaká, Otán Dikue, la Palma, es tan sagrada como Ukano Mambró Bekonsí, "pues había una junto a la casimba o posa en que Sinanekue llenó de agua santa su calabaza en la orilla de aquel río que al pasar por Bekura se llama Kamaroró, y al seguir a Ibondá, Afokondó"; y que, como también se nos ha dicho, "su madera, por sagrada, sirvió para hacer el Bongó Mosongo y los demás Atributos."

[1] Néwe Yampansun Kánko Mbori.
[2] Es decir: con la madera y el parche de chivo, se construyó el Tambor Ekue, los demás tambores y los cetros del culto.
[3] En tierra de Efik, Kuriabón Mosongo.

Para construir el primer Bongó Ekue Muna Mbori, Iyamba y los Obones purificaron la Palma, a la orilla del río.

Y fue la palma con sus ramas el primer fambá o santuario: fambá-nitánga.

El escapo de las palmeras, forman parte, hemos de verlo, de los "derechos blancos", de las yerbas profilácticas de Nasakó.

Nunca está ausente la palmera, símbolo viviente como todos los Abakuás, inseparable del majá y del río, —y de la ceiba— en el paisaje místico en que continuan moviéndose los actuales afanarán-ekue dentro del tiempo mágico e inmutable, en el eterno pasado que resucitan sus ritos.

La profunda emoción de Nasakó, que traduce la exclamación triunfal ¡Jeyéi! cuando por vez primera, transferidos los espíritus al kankómo, al frotar el sagrado Sáekue apoyado en el centro del parche —Munánga siene asosorí— sintió por sus dedos mojados en sangre, subir el bramido estremecedor del Misterio, es la misma que con igual intensidad experimentan los obonékues en cada "Plante" en el momento en que Mifontáko Najenyei mafión murúba; [1] esto es, cuando rompe a sonar Ekue, invisible para los profanos, escondido en el batamú tras la cortina que sólo pueden descorrer los altos oficiantes.

La oración que hoy rezan al escucharlo se supone que repite la que entonces brotó de los labios de Nasakó.

¡Jeyéi Munandibó! ¡Jeyéi Munandibó!

¡Abasí lorí kamá ñéne Ekoi! Efóri Mutí erenlyo Ekue Sánga eritongó.

(¡Cuero bendito! Los ekói oyen la voz poderosa de Abasí en Ekue, resultado del sacrificio, Abasí ya está hablando en el lugar oculto!)

La fuerza de esta voz sublime, —"la de Tánze, Sikán y los Muertos"— que en todos los tonos jadea, gime, ruge, transporta de felicidad al iniciado y aterra al profano, silenciosa, continúa al apagarse acompañando y protegiendo a los obonékues, a "sus hijos", los Mesón borobó Mosongo Ndibó Ekue iro munanganyé.

Al contemplar a Ekue Munánga Mborí Kankómo, en Bekura Mendó, el viejo Iyamba y sus otros grandes servidores, lo adoraron. "Se... persignaron": Aséré.

—"Al darles a contemplar el Secreto, Nasakó le dijo al rey: Surukú makuá. Persígnese. El rey se hizo la señal de la cruz. En la cabeza, en la frente, en la boca en el corazón, diciendo en cada

[1] "La brujería con la sangre surtió su efecto."

cruz: Sankantion amanantion ará. Eneme eneme itún insún nipuá ekoi ewe ewe nkála." [1]

—"Son estas las palabras que aprende el obonékue para santiguarse ante Ekue, y recibir su emanación cuando lo confirman, porque a Ekue con los Espíritus grandes de los muertos Abakuás, va todo el Poder de la Madre Naturaleza; todas las fuerzas de la tierra y del agua. Y las del cielo y del viento y del sol, de las estrellas y de la Luna."

Ekue es el Gran Misterio. Su Voz es la Voz del Poder del Más allá. "Ekue da vida y da muerte". "En Ekue está la fuerza de la vida y está el poder de la muerte..."

[1] —"Aprenderían aquí a santiguarse como los católicos, yo no le digo que no; pero los carabalí y todos los africanos que vinieron a Cuba, conocían la Cruz. ¿Un Cuatro Viento, + no es la cruz? Con asiamé, asiamá, "—la línea vertical asiamé, y la horizontal que la cruza, asiamá, que forman la cruz"— ellos se persignaban a la africana, pero se persignaban y se protegían con la cruz". Respuestas a mi comentario de que estas santiguadas abakuás eran tomadas del catolicismo.

("Para hacerse entender se buscan semejanzas. Por esto también a la mokúba, la sangre del gallo o del chivo, que bebemos el día en que juramos, le llamamos corrientemente la hostia.")

LOS ESPIRITUS DE LOS ANTEPASADOS QUE ACOMPAÑAN A EKUE EN EKUMBE TAN TAN BOKOFIA.

Boto, Boto kean boto, botori kiamboto kameñe Efor ánkuaririo kuriñán sakua antiberó.

"Lo supremo, inmesurable, lo más sagrado de Efor: la reunión de los Grandes Espíritus de los Antepasados, que crearon la religión Abakuá."

Fue en el baroko de Bekura Mendó Usagaré, que-Ñá Nasakó llamó a los Espíritus de los Grandes Antepasados Ekoi que desde entonces acompañan siempre a Ekue, pasan al Kefémbe sangaritongo [1] y se sitúan en torno suyo en el rincón sacrosanto mientras Obón Tánze Ndibó está presente y deja oir su Voz. Se llaman Iñá Yutia, Iñaléku, Imoserí Efor, Olinimóto, Oyimále, Obio Mundi Efor, Isuñábia, Amuriansún, Imoserimó, Meruñábia, Iñaléko, Iñalésu, Obioselán, Unwále Efor, Okolobá, Obobamiten, Omále Efor, Olamío Efor, Osámio Efor. Forman el séquito de Tánze y Sikán que jamás acuden solos a los Misterios. Una legión de espíritus de toda índole, además, afluye a las ceremonias y fiestas de la Sociedad.

Son éstas, al decir de los iniciados, "fiestas de muertos", en las que se reúnen —berón berómo— no sólo los antepasados de los primeros abakuás, las almas de todos los que fueron abakuá, sino una heterogénea invisible muchedumbre de espíritus.

[1] En el santuario.

SE ORGANIZA LA PRIMERA POTENCIA DE LOS EFOR Y DEL CULTO DE EKUE MBORI. —EKUE EKUEREBIÓN EFOR SITU GUANABEKURA MENDÓ—

A partir del sacrificio de Mbóri Obonékue Ngómo [1] y de la consagración de su cuero, —¡Erube Kefión Umbré Kefé!— [2] y no será necesario insistir sobre su excelencia como receptor, transmisor de la Voz y tabernáculo de los Espíritus, quedó constituido en el primer Baroko [3] de Bekura, Usagaré, el okobio con sus

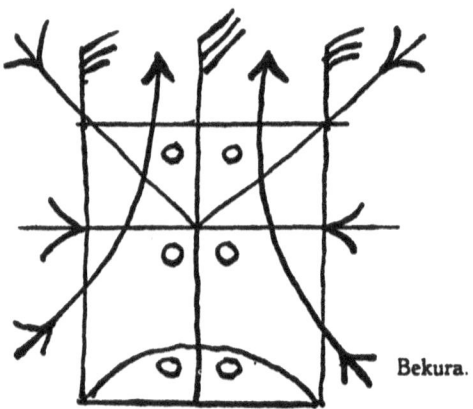

Bekura.

[1] El chivo, iniciado o "nacido" a la vida mística por la virtud del signo dibujado con el yeso santificado (Ngómo) y convertido así para los efectos del sacrificio y de la liturgia en un ser humano. En la propia Sikán.
[2] "¡Admirable resultado, la sangre en el parche del tambor de los Efor"!
[3] Baroko en esta acepción, ceremonia de juramento y consagración de los grandes iniciados, —plazas— que dan cumplimiento a los ritos y gobiernan la Sociedad. Baroko es el trazo circular, con los símbolos en torno, de cada dignatario, que se dibujan en el suelo con yeso amarillo —color emblemático del nacimiento, en los misterios, y blanco en los de la salida, o muerte de los iniciados. Sobre estos trazos o "firmas" se hincan de rodillas para recibir sus atributos. A su muerte estos se colocan sobre sus firmas. En los dos sentidos se usará el término Baróko.

jerarquías, títulos y atribuciones dentro de la Nación, de los servidores de Ekue, Ekue Ekerebión Situ Guanabekura Mendó Sanga Abakuá Efor.

Este primer baroko, Baroko Nínyao, [1] que tuvo lugar en un monte de Bekura, "un monte en una loma que llamamos Munankebé Bekura Efor ñénison: la loma en que Bekura hizo a sus hijos; y por lo que también se dice que: Awana ñóngo ekómbe bongó moreré, que el tambor comió en la selva. Allí hecho munánsi munansi [2] al cuero de chivo y a la madera, ya en el kánkomo, o tambor de madera, se consagró y se confirmó a los trece hombres que desde entonces integran el gobierno de la Sociedad y pueden tocar con sus manos los atributos divinos". Pues solo trece "Plazas", en el principio, o mejor dicho, en el primer baroko de Usagaré, fueron ordenados.

Siete, los Siete Primeros Grandes, como ya se nos ha dicho, habían jurado en Mañongo Pabio, "cuando Kamá Ireme Iyá Béko, cuando habló la Prenda" (el Espíritu) y fueron consagrados en el Primer Fundamento, en Muna Tánze, de los cuales tres tenían rango de reyes, de Obónes: Yansuga [3] quien al ser confirmado en el cuero de Mborí, recibirá el nombre de Aróko Sísi Iyámba; Obón Isué, —nteñéne Obón— [4] albino de la tierra Betongó, e Itariakondó, Obónkrí, —el Nkrikamo.

Cuatro eran guerreros, jefes de tribus: Mokuíre, padre de Sikán, que recibió el título de Mokongo. Mokó, el de Ekueñón. Isún Akabiandé, de Isunékue y Songomó, el de Mosóngo.

Se crearon y se consagraron las jerarquías, que llaman los ñaítos "Plazas Secundarias", en rigor, la de los auxiliares de los Obones e Indiobones.

La de Yáya Obé, de Nkaníma, auxiliar de Isunékue. De Nkóboro, auxiliar de Iyamba. La de Eribangandó, de Isunékue. Mosóngo, Abasongo, Fambaróko, auxiliares de Isué.

En otros barókos posteriores se otorgarán otras Plazas, la de Mbákara, Nkandémbo, Koifán, etc., que ya veremos aparecer más adelante, a medida que estudiemos el desarrollo de los ritos. Aquí en Cuba, "los criollos inventaron muchas plazas por afán de lucro."

—"Esto fue terminantemente dicho por los antiguos. En el Baroko de Usagaré, en aquel primer Ekuniñón, que sentó las bases del Abakuá, cuando se reunieron los obones, y en el que

[1] Baroko Nínyao: Baroko completo; es decir en el que se juramentan "nacen" todas las Plazas de una Nación o Potencia. Nansáo se llama el barokó en el que sólo se consagran dos o tres "Plazas".
[2] Munansi munansi, la "brujería". Transferencia del Espíritu al tambor de madera sellado con el cuero del chivo.
[3] Su espíritu se llama Iñáyutia yuríbia".
[4] —"Es el único que no es Ireme, (Espíritu) en la congregación."

todo quedó definitivamente resuelto y fundamentado, Ekue Efó ke añéne Efor Nkuniñon Sanga Abakuá Efor, [1] no se crearon más que trece."

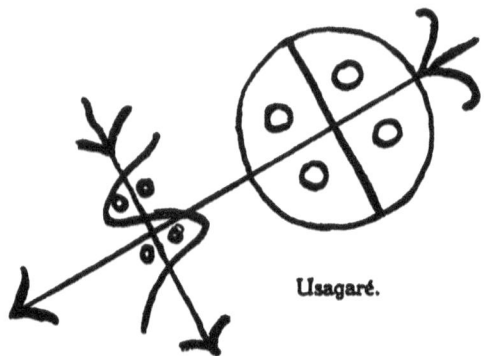

Usagaré.

Lo afirmaban Tá Cayetano, Bikandí y Chivirico Moruá Ngómo de Biabánga; y lo ratificaron hijos de bríkamos, como Ñangaipo, Agustín Bonilla, Goyito Tempestad [2] y otros muchos.

Así, con sólo treces hombres, "a ejemplo del Calabar" los bríkamos fundaron en Cuba su primera Potencia.

—"La Sociedad de Ekue empezó a funcionar y a engrandecerse. Usagaré Nandió, —la que había sido dueña del Pez— Madre de todas las Potencias sucesivas de Efó, le dio el ser a Bakokó.

Y Bakokó, a quien Usagaré Nandió consagró en el monte de Bekura —Bekura ndió Bekura sese esito wanabekura Mendó awana Bakokó Efor [3] y... Bakura Sese Bakokó niriongo, les ordenó a su primer Iyámba, [4] Aróko Uta Naré, de la misma tribu, Ñón Bakokó, poseedora como la de Betongó [5] de una cantera de arcilla amarilla de la que se hizo el primer yeso que

---

[1] "Reunión que sentó las bases de la religión Abakuá en Efor."

[2] —"Goyito Tempestad: lo de tempestad no se lo decían por malo, sino por ladrón. Porque entraba a su antojo en la cárcel. Robaba para que lo prendieran. Decía que en la cárcel se estaba bien."

[3] "En ese monte Bekúra llamó la Voz al Fundamento de Bakokó."

[4] Iyamba, rey.

[5] Betongó, "la loma más alta del territorio de los Efor. En importancia le sigue Nambémbe". "En la cantera de Naróko, Bóko Béba es una cueva en la que, al medio día, descansaban los trabajadores."

—"Bóko Béba", dice otro informante, "es una cueva que está en el territorio de Betongó; el río de Ibondá pasa junto a la cueva y allí, en este río, Usagaré consagró a Betongó". "En sus orillas tomaron el güin con que Betongó fragayó su primer Fundamento". "Crecía caña de azúcar por aquellos contornos".

se empleó para trazar los signos sagrados, por lo que la tiza recibe en la liturgia el nombre de Biokoko. Bakoko, decíamos, inició más tarde a los Betongó. [1]

(Betongó naroko, fimba naroko Yuansa Betongó Bongó metá, Baróko béba ekona musagará Usagaré munánkebe Bongó Aseré asúkubakarióngo Akanarán Biokondó Orú: Betongó se alió a Usagaré y Biokondó fue testigo de esta alianza.

"Bókobebá naróko Efó kánko ntuma Ekue serefión naróko nandiguára abarori nkáño Bekúra Ibondá aguána fimba esito Guanabékúra aguañé konkai Eforisése akondobá naróko. Naróko owása mbengue Efor búto bá úña úña nanweró Betongó Nánsuga nandiwara mbémbe Ekoná Musagará Awasambengue Efór..."

Awasámbéngue es el hijo de Betongó; Nawambémbe, el Embarcadero donde se celebró el Baróko autorizado por Guanabekura Mendó.)

Bakoko consagró al rey de los Betongó, Mumbán Kóro Obé Obé, de quien eran esclavos las tres tribus de albinos, los Ekerewá. Ekerewá kanfioró, Ekerewá Momi, Ekerewá Kunánbere.

Este rey de Betongó, Mumbán Koro Obé Obé, iniciado por Bakokó, era dueño de una loma "que echaba candela", (de un volcán) "Ikán kanfioro".

—"Súwó, se les decía también a estos albinos, esclavos de Betongó.

"El albino era muy considerado en Africa. En todas partes, [2] por ser prodigio de la naturaleza". "Y por parecerse al hombre blanco", me dice uno de mis naseritongó, —de mis maestros—, un viejo que se jacta de su gran amistad con el difunto Bikandi brikamo: "los carabalí los llamaban también como a los blancos, Makará Dibó: blancos poderosos."

Una vez, en tierra Efik, se apareció un súwo. Y por el hecho de ser albino, todo blanco, hasta las niñas de los ojos, lo hicieron Isué de una Potencia en Obane, y lo nombraron Makará Dibó. Como son hombres blancos los que escriben, y por esa tradición del albino, en Cuba, cuando empezaron a jurarse los blancos con los negros, se buscaba uno que pudiese ser Isué, que pudiera decir

---

[1] —"Los viejos carabalí, que fueron reconocidos en Cuba en las Potencias, reconocidos porque habían jurado en Calabar, decían este inuá, con orgullo: Bokobéba ñangurupá eriero okámbo Ekue Efor; indisime Efik brandimosongo Bongó etá Sése mi Akanarán Betongó indiobón mbogorá: somos los Mayores del Secreto, los viejos de Betongó, dueños de los Baróko."

[2] Los lucumís los consideran como hijos legítimos de Obatalá. En Cuba, para el pueblo, "Afí", el albino, es una criatura dotada de grandes poderes.

Isué Eribó ubióko afón ndiminuá Abasí Obón Efó. [1] Y se le daba el título de Makará Ndibó. Escribiendo los blancos rinden buen servicio en las Potencias."

—"No se apareció en Obáne, sino en tierra de Efór, ese albino que era de Betongó", rectifica X.

Bakokó también "dio Ekue" a los Araukón, sus vecinos; habitaban en la orilla del río Nitán Kene, que divide la Tierra de Bakokó, de la de Araukón. Su Jefe era Nitaba Yúmba. En la religión se les llamó Araukón Nitán Kene Efor; y a los Nseniyén, quienes, allá en el Calabar, se dieron el nombre de cielo, Nseniyén, y aquí en Cuba, al fundar los criollos una "tierra" o Potencia no muy vieja, por cierto, de unos setenta años, se denominaron Nseniyén Kufón Itán konó: Dueños del Cielo, (o de la bóveda celeste.)

Los Eforisún, que tenían una piedra preciosa, Insún, que adoraban, eran "dueños de un territorio muy grande de Efor, [2] que linda con Obane, con Anglón de Bibí y con los congos, como Bakokó consagrados por Bekura, (téngase siempre presente que Usagaré, —Usagaré Munankébe— les sacramentó y animó el cuero de los Fundamentos a los Eforisún y a todos los Efor, y más tarde, como veremos, a los Efik), dieron origen a Siete Ramas, o Potencias, entre las cuales, a Efori Ankómo, Efori Ntóki, Efori Mebó, Efori Gumán, Efori Mokokó."

—"Esta tribu, temida y poderosa por su brujería, recibió Ekue de manos de Usagaré Nandió, que es lo mismo que decir Bekura y se les inició por sus méritos, por derecho propio. Por el mérito de su sabiduría," (en las artes mágicas.)

[1] "Habla bueno, sabroso, porque tiene buena escuela. Literalmente: Isué Eribó, Isué el del Tambor Sagrado. Ubioko: ojo de agua. Afón: bueno. Ndiminuá: hablar. Abasí: Dios. Obón: jerarquía, Plaza del Isué. Efor: la tribu dueña de Ekue.

[2] —"Con su laguna enorme de aguas rojizas, Insún Narabia, y sus embarcaderos, Suko nabenabia, Bamburuchán, Gango Luango, Anglón, Chambeyó, Eforisún era una gran Capitanía, por el comercio. El conjunto de sus tierras se llama Trúko Námbembe." (Efori mañene fori. Efori mañenekún efori Sese aporitán Bekura Ibondá awanaribe Efor efori moteke mbere Ekue ñaña komo Ireme taipó komo eforiankomo, ikondó eforian bumán, aseseremi eforisón Efori Ntoki, efori Sisí Iyamba Efor kemban Berokembán Ekue Efor bongó unkagua. Son estas las tierras "que componen el territorio de Eforisún, gran capitanía de los Efor, —nos declama un viejo ñáñigo de Cárdenas, Matanzas).

Mafión miré baburechá mukundún luango babeyó: "eran cuatro, los caminos que había en el territorio de Eforinsún. Uno iba a la Capitanía, otro a Eforiankomo, otro a Mukandá y otro a Bóko Bébá. Y este era el título de la capitanía, Eforisún de Apapa Efor Nyenisón. "Los amos de la tierra: Eforisún siakobenabia Efor siabata uñauña mokuré akiñongo ndeme appapá Efor eteyenesón taurerán abakuá ubiogo moteké ná Mendó."

—"Para saludar la costa de Eforinsún decían los viejos: ¡Ekue langó brini awána kúbia!"

(—"Y en aquella loma en que se hizo el primer bongó de Eforí había una lechuza, un aura tiñosa y un ratón... ¡Eforí sisi Nasakó namurúmba ekrúkoro! Nasakó tenía brujerías para todos.")

"Eró Efa o Erofá, Padre de Siete Hijos, de los Eforí, Eforinsún, Ankomo, Gumá, Ntoki, Mebó, Mekokó y Olí, era el Rey de Eforinsún y a su muerte asumió el mando de la tribu, Mbúma Efó."

—"El rey Mbuma Efor, rey de Eforí Gumán, y yo no sé si sucesor de Erofí, a quien no recuerdo, fue poderoso porque gobernaba en la boca del río de Obane Cuatro islas o cayos, llamados Sieke, Kesieke, Tusieke y Musieke. Estos cayos, dentro de territorio Efik, estaban gobernados por los Efor."

Se dice, y se lee en algunas libretas que cuando Sikán iba con la güira y el Pez por el camino del río, desde el castillo en que vivía este rey, el Castillo de Ubiate, la saludaron con una salva de pólvora.

"Mbuma Efor está enterrado dentro de este castillo, porque en el Calabar enterraban dentro de las mismas casas, o llevaban a los muertos a la manigua, que servía de cementerio. (Los espíritus de los muertos están en el monte, en el río, y allí reciben la comida que uno les lleva. Donde hay árbol y manigua hay espíritus de muertos.)

El rey está enterrado de pie, frente a un altar. Una piedra, con un tanquecito delante. Un altar a la africana...

Una vez al año le daban de comer a su espíritu, y era un día muy solemne en estos cayos, que a pesar de estar en aguas de Efik, eran gobernados por un rey de Efor."

—"Los Eforí Ankómo", se declara en uno de esos largos períodos que los ñáñigos aprenden de memoria, "los Eforí Ankómo fueron los primeros que llevaron su bongó con el Ireme Eribangandó a la Consagración de Usagaré: Eforí Ankómo okánko unkómo Ireme meta kamá Ireme Epó añañá guaño añañá epó Eforí kankomo osángri moto bríkamo Mañón Usagaré..."

Pero de todas las ramas de Eforinsún, se tuvo a la nación Eforí Ntóki, hija de Eforisún nieta de Bakokó, biznieta de Usagaré Nandió, por las más sabia, —"la más bruja"— de todas. Y se le dio el título de Ntóki Eforí Ntóki Tibaró awána fimba Eforí Moteke mbére Yányaribó awanarimbe Efó Bongó Yucawa".

—"En Cuba donde las Potencias que fundaron los esclavos bríkamos, reprodujeron los nombres de las mismas que hubo en el Calabar, y hasta las tierras que están más arriba", [1] —sic— "se recuerda en un nkáme, [2] el conjunto de las que componían

---

[1] "Y les dieron nombres que les recordaban cosas o lugares de su país. Itiá Bangá, por ejemplo. El de una Potencia vieja del tiempo de España: "loma", colmena de bibijaguas. Obia Bangá: peñasco.

Los etnógrafos nos dicen que la Sociedad Ekpó, (Egbó) es decir: Ekue, se extiende con muchas ramas desde el Calabar hasta el río de la Cruz y el Camerún.

[2] Nkáme: es también loa, alabanza.

el territorio de Eforinsún, las tribus fronterizas que pagaban sus tributos en la Capitanía de Eforinsún, que era la principal de Efó: ¡Jeyei bari bá bario, Erendió Usagaré Nandió, Efori itá Máñene Efori. Efori Mañene Ekún. Efori Sese Eforitán Bekura Mendó Awana erimbe Efor. Efori Motekembere Ekue ñáñá kamá Ireme taipó. Ikomó Efori Ankomo. Ikondó Efori Kondó. Gumán Efori Gumán asere mi Eforisún. Ntóki Efori Ntóki. Efori Sisi Iyamba Efó kenbán aborobó kenbán Ekue Efor Bongó Yukawa Betongó Efor Efori Mokoko. [1]

Continuamente la literatura abakuá con sus "evocaciones", "recuerdos" y oraciones, alude a los orígenes de la sociedad.

En el Escudo, —"bandera" o "sello", dicen los ñáñigos,— nos permitiremos llamarlo emblema, que evoca en Cuba el Okório, —reunión— de varios "juegos" o "naciones" fundadas en esta isla por los bríkamos efor, las dos flechas que se cruzan en dirección oblicua y atraviesan el medio del círculo central que simboliza a Ekue, representan las dos palmas, o la palmera y la ceiba sagrada que había en el Embarcadero del río Nitankene, Efó Araokón, (el Nitabó Yúmba.)

La flecha horizontal que divide este círculo, símbolo fundamental del culto de Ekue, cortado por las dos flechas, evoca la salida del sol, momento en que sonó Ekue por vez primera en tierra de Efor, y la puesta del sol, hora en que terminó la Consagración y terminan los "plantes".

Arriba del gran círculo, entre las dos flechas, el círculo más reducido, representa a la máxima autoridad de la Sociedad, a Mokóngo.

Debajo del círculo, el dibujo de un cuerno, simboliza a Wanabekúra Mendó, Eñón o Ñón Bakokó, Awána Mokokó Efor, y el lugar donde el jefe de la nación Nyiguiyi obtuvo su título de Iyambéke Ñán Yiguiyi Efor. Debajo del cuerno el símbolo del Iyamba, las flechas que cruzan la flecha central que termina en el

---

[1] ¡Jeyei baribá bario! Atención que voy a hablar. (Puede decirse también bé kamá, voy hablar.)
Efori itá Mañene Efor: la primera brujería. Efori Mañene ekún: se purificó con la pólvora antes de ser trasmitida. —Efori Sése, el poder mágico; eforitán la brujería. Bekura Mendó Awána erimbe: Bekura Mendó allá la hizo, consagró. Efori Motekembére: bautizaron el yeso. Ekue ñáña kamá: para que hablara el Ekue lo rayaron, (lo marcaron con el signo sacramental, ñáñá, rayar). Ireme Taipó: el primer Ireme (que actuó en esta ceremonia.)
Ikomó, también suele decirse Unkomó, por Kankomó, el tambor de Orden, —la Justicia de la Sociedad, representada por el de Mpegó.
Ikondó Efori Kondó: la transmisión de los Espíritus, de la Voz de Tanze.
Guman Efori Aseremi Eforisún: se santiguaron. Efori sisi Iyamba: este es un modo de llamarle a los residuos de las ofrendas, de los "derechos" que se le tributan al Ekue. Borobó Kembán: llevarlos. Bongó Ekue Efor Ekue: en el bongó, tambor. Fundamento. Ekue Yufaba: haciéndolo sonar.

círculo figurativo del Mokongo, (Eñón Suáka) representan con ésta, los tres caminos de Efó. La flecha central, en toda su extensión, es el río de Araukón, que corre por Ibondá, y por Bekura Mendó donde se le une el río de Najebia, o sea, Ubioko Sitabetán.

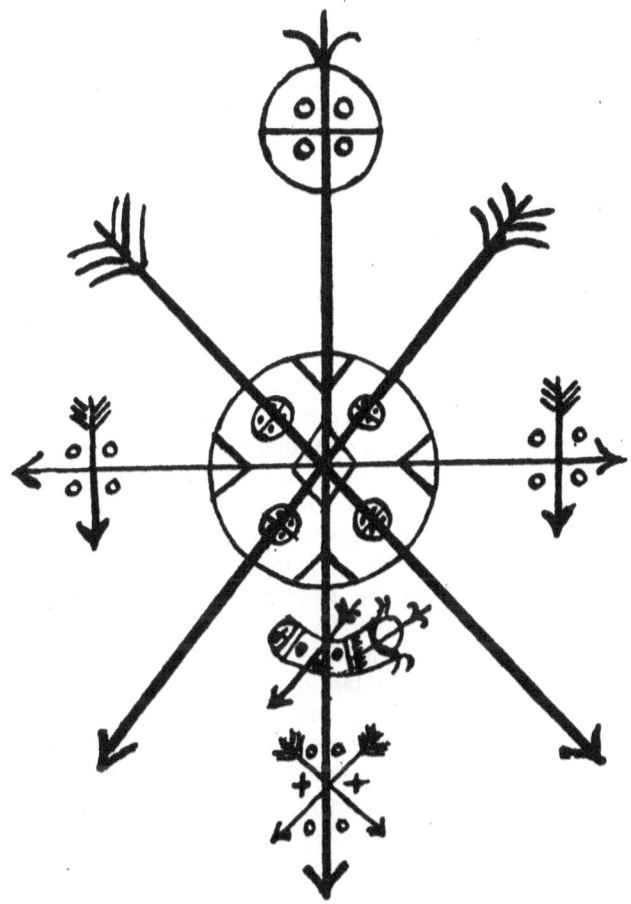

En fin, de la Generadora, Usagaré Nandió, madre de todas las naciones que adoran a Ekue, nacieron las que llevaron en primer lugar su nombre: Usagaré Munánkebe, Usagaré Ibondá, Usagaré Osangri Moto, Usagaré Mawán, Usagaré Bondá o Bondá Usagaré, Usagaré Maribá, cuyos okobios se proclamaban Dueños de la Mar.

Bekura dio origen a la ilustre Potencia de los Nyíguiyí, integrada por noble familia de Bekura, "la flor de la nobleza", que es lo que expresa la palabra Nyíguiyí: aristócratas. (Siro Nyíguiyí ekoria, ntenisún, familia de nobles. "Principesca.")

Potencia de aristócratas, de ella surgió Bakurandió Efor, cuyo primer Mokongó era un Nyíguiyí.

El Iyámba de Nyíguiyí, que como todos los Iyámbas, llevaba en el seno de la religión en recuerdo de Yansúga, el primero de los Iyamba consagrado en el cuero del Pez, y confirmado en el de Mborí, su mismo título de Iyámba Aróko Sísi, fue además un gran príncipe del territorio de Usagaré y recibió el honor más alto que puede soñar un Obón, [1] el de llamarse Yambéke Atakuá Irión Sísi.

Solamente en Efor existió un Yambéke. Un jefe de Potencia, de nación, que diera origen a otras siete importantes naciones. "Yámbéke, hijo de Aróko Sísi, fue el Príncipe que vio a Ekue: Mombán nan sunkére yayambéke mombán nansún keré yayambeke nyegueyé Abasíriri obán kañaneri Efor".

—"Dio Siete Responsabilidades, consagró Siete Palos de Abasongo; el bastón de Abasongo, que representa en una Potencia, su mayoría de edad, o Gobierno propio. Pues una Potencia puede contar cincuenta años de nacida, o más, y sin recibir el dignatario que ha jurado el cargo de Abasóngo, el itón Abasóngo, el Cetro o bastón que es el atributo de la Justicia, del Respeto, (se le llama también Bastón del Rey) no puede considerarse dueña de sus propios destinos sino subordinada a la Potencia que la engendró."

—"Siempre se dice al hablar de este Gran Iyámba, porque así lo cuentan algunas leyendas, que era Tembañé, ciego."

"Tembañé se dijo del momento en que estaba vendado en el Kufón Ndibó, arrodillado, ante una jícara con siete mates, Eromé, y una vela Nkalú Abasí, ardiendo junto a ésta.

Como a todo el que se inicia, mientras duran las ceremonias y los cantos, se le cubren los ojos, para que queden en tinieblas. Y este Iyámba tampoco abrió los suyos y no vio nada hasta que ya con la corona de Naserendé [2] —el aro adornado con siete plumas de pavo real, [3] que le pusieron en la cabeza,— le arrancaron de repente la venda.

[1] "En la loma Oserimá, cerca del río Umón Keneri Efor."
[2] Naserendé: plumas.
[3] Pankán, pavo real. Pankán naserendé mbeke eribó kurí má Usagaré. Del pavo real se tomaron las plumas con que adornaron en Usagaré el tambor y después en Efik, en forma de Copa, el Sese —Eribó,— aunque no solamente

¡Yámbéke [1] Efor Esesé batamú kuré atakuá Irion Sísi! le gritaron entonces, cuando quedó deslumbrado al contemplar los divinos atributos.

(¡Porque en ese momento todos quedamos deslumbrados!")

Obsérvese de paso, que el siete es un número sagrado para los Abakuá.

—"Cada una de las Siete Ramas de Efor [2] y todas unidas, formando como una confederación, gobernaban y prosperaban con el Poder de Ekue.

Pero los Efik continuaban afiaforáma, judíos, sin tener a Ekue, y cada día envidiaban más a los Efor, que eran fuertes y temidos por su Secreto." Y esta fuerza, no es necesario subrayarlo, era cruel y despótica. (Ekue Efión: Ekue y la sangre son los mantenedores del Poder.)

El Iyámba de Efor, respetadísimo, podía pasearse satisfecho del terror que infundía Ekue, con "aquel aquel" que dicen los

---

las del pavo real se escogieron para adornar los tambores sagrados, o "tambores de honor".

—"Apankaná serendé: decían los viejos en la finca, cuando el pavo real enamoraba, y abría el abanico".

—"El pavo real es un pájaro muy encopetado; tiene su historia. Tenía corona porque era príncipe, pero no tenía zapatos, (siempre estaba en lipidia con la paloma) por eso con su pluma se hacen las coronas de los hombres notables."

[1] Este título que sólo se dio en Efor —y en el Calabar— al famoso Iyámba de los Nyíguiyí, dio aquí lugar, hace unos años, a una divertida ocurrencia.

—"M. C. había hecho cuatro nacioncitas, de rama Efik. Unos "ndábos", (amigotes) "suyos que le contaron la historia de Yámbéke, mal contada por supuesto, le hicieron creer que tenía los méritos de Yámbéke y derecho a llevar ese título. ¡M. C. se proclamó Yámbéke sin más ni más! Cuando nkamába en los plantes", —hablaba— "decía con mucho orgullo ¡Momí Yámbéke Efi!"

Obones de Potencias matanceros, donde esto sucedió, creyeron necesario enviar un oficio, (notificación) a las potencias de la Habana, y llamar a Junta al Yámbéke de Efí, para que explicase su disparatada conducta. M. C. llamó a un viejo muy considerado por todos los ñáñigos por sus conocimientos. El pobre hombre, había recibido críticas de todas partes y no sabía como defenderse o contestar a los que le refutaban. El viejo le explicó:

—Cuando una Nación consagra a cuatro naciones es Dueña de un Continente; pero no es Yámbéke.

Además, Efik no tuvo un Yámbéke. Esa gloria le perteneció a Efor. Y a Ud. sencillamente le han tomado el pelo. No tengo más que decirle. Si su Potencia, suponiendo que viniese de Efor, hubiese fundado otras Siete con sus Siete Abasonga, y le hubieran dado al río, como derecho, un Tigre, —Ekri fambá efión manirion.— Ud. tal vez podría esperar que lo llamaran Yámbéke! Pero no tenemos tigres...

El hombre enfermó de rabia y de vergüenza."

[2] Otros nos hablan de las Cinco Ramas de Efor.

viejos, con que Iyámba Abiaga Umón, [1] salía a pasearse en el río en su canoa cavada en el tronco de una palmera.

Continuamente los Efik buscaban motivos para combatir a los Efor. La sangre corría de una parte y otra, y de una parte y otra se perseguían ferozmente con sus flechas envenenadas, [2] pillaban las aldeas, se apoderaban de hombres, mujeres y niños, que les vendían a los blancos negreros, o mataban sin compasión. Una guerra, en verdad, demasiado cruenta: "vengativos y crueles nuestros Antepasados, cortaban cabezas, sacaban los ojos y la lengua; los castigos que le daban a los presos eran atroces."

Los de Efor, cuentan aquí los viejos, envenenaban el agua del río; preparaban mágicamente a un cocodrilo (Akanúman Kuari) que les impedía cruzarlo.

Como aquella inquina no disminuía, tanto los Efiks como los Efor, se preguntaban de que modo podría conjurarse el mal que aquella guerra sin cuartel, al fin y al cabo, causaba a las dos naciones.

Los Efor se reunieron, y decidieron apresar al hijo de Efi Efiguéremo, el jefe, el rey de los Efik.

Era el príncipe heredero Otowá Nbeke, sin duda lo que más quería Efik Efiguéremo. Tenía otros dos hijos, Otowañé y Otowa Mámba.

Gran cazador de fieras, —Ngandusae— de leopardos, este príncipe pasaba la vida internado en los montes cazando.

El Iyámba de Efor despachó a la selva a los mejores cazadores de su tribu, y estos lograron apoderarse de Otowá Nbéke y lo llevaron preso a Bekura. Siete días habían transcurrido, durante los cuales los hombres de Efi Efiguéremo buscaban desesperadamente por las selvas al heredero. Ya pensaban que había sido devorado por las fieras, cuando el Iyamba les mandó a decir que Otowá Nbeke era su cautivo. El rey de los Efik envió a los jefes de sus Siete Tribus a parlamentar con los Efó, y a negociar generosamente el rescate de su hijo, pues Efi Efiguéremo, estaba dispuesto a pagar por él cuánto pidiese el Iyámba de Efor. Mas éste se negó a aceptar todos sus ricos ofrecimientos.

El Iyámba preguntó entonces:

—¿Por qué nos hacemos la guerra?

—Por el Secreto que quisiéramos adorar.

—¿Y si yo les doy el Secreto, se tranquilizaría la gente de Efik; dejarían de asesinar y de hostilizar a mis vasallos?

[1] —"Abiaga Umón, había viejo que decía que era una reina guerrera."
[2] "Peleaban con flechas y con unos puñales hechos de huesos y de madera dura. Estas flechas, como la que conservaba Mónico Garzón, hijo de brikamo, tenían tres pinchos de hueso", (en forma de tridente) "y nos contaba que sabían como envenenarlas de forma que el herido no escapaba."

Ese era el anhelo rabioso de los Efik: participar del Gran Secreto. Y los hombres de Efik le juraron al Iyámba de Efor que serían fieles a su palabra.

Iyámba, en vez de las riquezas que le ofrecía Efí Efiguéremo por la vida de Otowá Nbeke, sólo pidió que le trajesen "derechos vivos": es decir, gallo, jicotea, majá, jutía, c a r n e r o, venado y chivo. Aquellos animales que utilizó la magia de Nasakó para óbia eforí óbia, [1] pasar la brujería de un Fundamento a otro y obtener la perfecta resonancia de Ndibó Siéne; y con estos, los demás tributos, aguardiente de palma, maní, jengibre, caña, ñame, plátano, yerbas, palos, sal, que son los que aportan los neófitos a la iniciación.

Inmediatamente se llevaron al palacio de Iyámba, y mandó a los Siete Jefes de las Siete Tribus que se retirasen.

Y el Iyámba les dijo: —Cuando el hijo de Efí Efiguéremo esté consagrado, yo mandaré a buscarlo y lo devolveremos a su tierra.

Si los Efik se arrepienten de lo que me han jurado, Otowá Nbéke pagará con su vida la traición de Efik.

Creían los de Efik que Iyámba les entregaría enseguida al príncipe. Se molestaron al saber que no era posible y la negativa de Iyámba dio motivo a una larga discusión.

Iyámba dijo: —Si es pactar con Efó lo que desea Efik, se pactará. Siete días hace que el hijo de Efí Efiguéremo está en mi poder y no lo he matado. Otowá Nbéke está vivo. ¿Efik ambiciona el Secreto? Este Secreto también será de Efik. Pero no puede dárseles ahora. Para que Efik sea condueño del Secreto, es preciso que se consagre a Otowá Nbéke, para que lo reciba, lo lleve a Efik y propague la religión.

Así entraron en razón y comprendieron el propósito del Iyámba, quien volvió a repetir que si Otowá Nbéke traicionaba en algún momento a Ekue, moriría por el poder de la brujería de Ekue. (Como mueren todos sus traidores.)

Con todos los "derechos" que trajeron los Efik, Efó "plantó" en Bekúra y consagró a Otowá Nbéke, y lo hizo Abasóngo, el Responsable, dignidad que exige del obonékue llamado a desempeñar este oficio, un alto sentido del deber y de la justicia. El Itón o cetro, (el palo de Abasónga) que se le entrega, como

---

[1] Obia eforí óbia, óbia eforí semia, óbia eforiká: "de esta brujería le traspasó a éste y de éste a este otro."

"Trasmitir la Voz de un bongó a otro bongó", colocando y sonando el tambor que recibe culto, sobre el nuevo que así se sacramenta.

Al mismo tiempo, óbia obiára, puede expresar lo siguiente: Por mucho que andes yo te alcanzo. A lo que puede responderse: —¡Obia ñangaripó! Eso es lo que se figura Ud.

hemos dicho, simboliza en una Potencia, la madurez, o más claro, la mayoría de edad inseparable del concepto de responsabilidad, y el reconocimiento de los méritos contraídos por ésta. Otowá Nbéke sería responsable ante su tribu y la de Efor del destino de la religión, de sus mandamientos y de su Ley.

Efor, con el Sése, [1] consagró Abasóngo a Otowá Nbéke, príncipe de los Efik, pero no lo confirmó con el Ekue, porque de haberlo confirmado con Ekue, al morir un obonékue en Efik, tendrían que guardar luto todos los obenekues de Efor y viceversa.

Cumpliendo lo pactado se inició Otowá Nbéke e Iyámba envió a decirle a Efí Efiguéremo que preparasen un séquito y se dirigiese en procesión a la frontera, para esperar al ya consagrado Abasóngo, a quien él mismo, con todos los Efor, conducirían en procesión. Las dos procesiones se reunieron en el lugar indicado, limítrofe de sus respectivos territorios y juntas continuaron al palacio del rey de Efik, en Efik Mberómoró.

Abasóngo marchaba en medio de los hombres de Efor, portando en la cabeza el Eribó que haría las veces, para los Efik de la güira, del Sése, —Abasóngo Ekri kondó Bongó Mofé— adornado con una pluma, el pecho desnudo, y en todo su cuerpo, las marcas o signos de la iniciación.

En el palacio, al hacer entrega del príncipe, dijo el Iyámba de Efor:

—"Ya la tribu de Efik tiene un hombre iniciado en los misterios de nuestra religión. Su caña, (cetro) lo acredita para decir: "momi nkagua Efik nkagua Efor. Es tan grande en Efik como en Efor".

Abasóngo representa a Sikán en tierra de Efik.

"Ya este hombre puede recibir los atributos sagrados". Y les pidió, que a semejanza de los Efor, fabricasen los objetos del culto.

Cuando, a semejanza de los de Efor, los Efik construyeron su Potencia, [2] los Efor volvieron con sus Objetos, "trastes", "tarecos", o "féferes", dicen prosaicamente los Abanékues, y se los sacramentaron transfiriéndoles los Espíritus de Tánze y Sikán, y con ellos la Voz Divina. Betán betán aprosére miñón abakuá Ekue Usagaré Ibondá: Efor le entregó el parche sagrado a Efí Efiguéremo en Ibondá. Y llamó a la Potencia de los Efik, —a la

---

[1] Como se nos explicará más adelante al tratar de la iniciación al neófito se le consagra obonékue con el Sese, —tambor en forma de copa que simboliza a un tiempo a la güira en que se depositó al Pez y a Abasí.

Después son confirmados y vuelven a jurar estampando su firma y dejando su aliento en el parche del tambor de Ekue, su adhesión inquebrantable al Poder Secreto y a la Sociedad.

[2] Potencia en este caso, recuérdese el conjunto de tambores, de cetros y trajes.

primera, la Madre de todas las Potencias de los Efik.— Efí Efiguéremo Bákóndondó Abakuá. Y como Fundamento, Efor les sacramentó el Bonkó. El Bonkó es el Ekue de los Efik. Y les dio el tambor Mpegó, "tan sagrado como Ekue".

Dijo el Iyámba de Efor: —escojan a los trece mejores hombres de la tribu para servir al Gran Poder, y para que jamás decaiga esta religión.

A ejemplo de Efor, se escogieron los hombres más responsables, los más sabios y valientes entre los de Efik, y Efor les consagró con el Sese Eribó, y con el Bonkó al que había trasmitido la Voz de Ekue, y los confirmó a todos trece.

Este gran acontecimiento de la historia de Abakuá, la consagración de Otowá Nbéke como Abasónga y el pacto de las dos tribus rivales, llena un espacio considerable de la literatura oral que los Abanékues criollos, han ido trasladando a sus Foñipán, [1] libretas, en la forma fragmentaria, inconexa, y en el lenguaje secreto que hace desesperante su lectura: Efí Efiguéremo

[1] Sin un guía que nos conduzca por el revuelto mar de noticias que contienen estas biblias que se pasan misteriosamente de mano en mano los abanékues, no llegaríamos jamás a orientarnos los profanos.
Difícil sería determinar el orden en que los sucesos se desarrollaron en el tiempo. —"Todo se embrolla en las libretas", asiente resignado Saibeké, dispuesto a sufrir la insistencia de algunas preguntas. "Yo la comprendo a Ud. ¿qué si lo que sucedió en aquel entonces, sucedió antes o después...? Nosotros, para entender de lo que se trata no necesitamos poner las cosas en orden. Pero con que Ud. sepa que en la historia de las Raíces, primero se adoró el Pez, en la misma Güira, que se selló con su cuero, es bastante.
Y que fue luego, tiempo después, pero cuanto tiempo después, es lo que no sabemos, se pasó lo Santo al cuero del chivo.
Hasta después, que no se tapó la boca del Bongó con Mbóri, nadie más que los Efor tenían el Secreto. Así es como para nosotros, pasaron las cosas.
Pero decirle exactamente cuándo, eso ningún ñáñigo se lo dirá."
—"En las libretas los ñáñigos se aprenden de memoria los nkámes", —las historias— "y la mayor parte de las veces, lo que aprenden lo repiten como los loros, sin saber qué es lo que dicen. No se ponen a pensar, esa es la verdad. Y en lo que dicen está el por qué de cada movimiento", —rito— "y lo que pasó en África."
—"Los Efietéte", —miembros de esta Potencia de Rama Efik,— "dicen: Efietéte Nankúko inuá keaborobuto inuá Efiónkemí": que unos hablan lo que saben y otros lo que aprenden. Yo hablo lo que oí, y sé lo que hablo. Antes se aprendía con las orejas. Oyendo a los que sabían, y sabían enseñar. Hoy se repite lo que está en las libreticas. Que no es lo mismo. Si lo que está escrito está mal, mal se aprende."
Debo a un Efietéte aclaraciones interesantes. Recuerdo que cada vez que le sometía un cuestionario, exclamaba después de complacerme: ¡Abakuá kufón bá tumo Efietete! sin explicarme nunca el sentido de esta frase.
Fue otro monina quien nos libró el significado. "En llegando a Efietéte, hay que descubrirse: quitarse el musón: el sombrero!" Desgraciadamente, este obonékue fallecido, —yangaserepó— cuando comenzamos a poner en orden las notas de este trabajo. No sabía leer, y poseía una memoria extraordinaria.— Son los analfabetos los mas versados y los que más puras conservan las tradiciones.

ekrukoro itia Abasí aromiñán Asankantion, amanantion ará okobio ñene Usagaré.

Nyuate makatereré nyuao itami ni epá erugué kánko erugué eruguero Abasí aromiñán erendió Ekue Usagaré Efor.

Yuánsa sere yuánsa baróko Ekue Efikondó Bongó metá, baroko Nkiko mapá erión Nkiko amana nseniyén barikondó asarorí. Erendió Ekue Efó Abasí Iyá akondondó Iyá Bekondó aborikié ngomo aborikié yuansa baroko Abasí Obomé.

"El rey de los Efik Efíguéremo acudió con sus Siete Tribus a recibir el Fundamento de manos de los Efor y a prestar juramento.

Los Efik se arrodillaron en el baroko, y fueron consagrados —iniciados— por los Efor.

Así Obane Abasónga fue iniciado por Efor. Y los Efor, después de entregarles su Fundamento a los Efik les advirtió que quedaban unidos en el más estrecho parentesco: el de Padres e hijos. Ellos, los Efor, eran los padres y los Efik los hijos. Ellos, los mayores; los Efik, los menores. Y los Efik escucharon con profundo respeto aquella advertencia y juraron ser fieles al sacramento.

Hijos de Efor, se considerarían siempre y los acatarían como a sus Padres."

Los Efik, menos Ekue, —mas sí el Espíritu de Ekue, transferido al bonkó, la diferencia entre un tambor y otro, materialmente, sólo estriba en la forma,— tuvieron todo lo que poseían los envidiados Ekoi Efor, creadores de Abakuá. En fin, en ese baróko ninyáo sellaron su alianza, —Uribetán Fokondó Usagaré. Uribetán néwe koro Ndibó,— [1] hermanaron los Efik y los Efok, —"Efok, si queremos hablar a la antigua". Los jefes de ambas tribus, después de comulgar con la sangre del sacrificio se abrazaron. Dijeron: Tanka Suáya Efik Tanka Súaya Efok Iyá bekondó. Ya lo mismo es Efik que Efo. Todos somos hermanos." (¡Tanto monta, monta tanto Efik como Efor!)

O bien, como aun declaran los miembros de ambas Ramas en el seno de la sociedad, "cuando en un Plante se reúnen las dos: Eribó erón Ndibó ndéme Efor. Eribó erón ndibó ndéme Efi. Bongó itá Abasí aropá aprokuri Mosongo chankonombira kokorikó mbayakan: lo mismo es Efor que Efik porque profesan la misma fe, y porque Abasí, (Dios) dispone de Efor y de Efik."

Bóko sere fambá Nasakó krukoro otá Efik; otá Efor akere wanánkuko siro akanabion iwan kemomi Abasí. Igual es Efik que Efor. Los dos adoramos a nuestra Madre que suena en el Fundamento.

---

[1] "En el río Fokondó Nsague de Ibondá se consagró a los Efik y se les dio su primer título."

—"¿Ekue okanabión amunankebé Efor?" es una de las muchas preguntas que se hacen en sus reuniones los eruditos, bokairano, del Abakuá. ¿En qué lugar del territorio de Usagaré los Efor iniciaron a los Efik?

Se responde: Akua róbeña osóiro Ibondá Ibonda tété. Ibondá kairán Munandibá Munandibó. Entre dos lomas que son Munandibá y Munandibó, Efor les dio el Fundamento.

—"Por lo tanto, Ekutón Efik, Ekutón Efor. Tankasuaya Bekondó Abasí. Los dos poseen Ekue. Lo Santo."

Otowá Nbéke, primer Abasónga de Efik, consagrado en Bekúra, por los Efor, ya era, pues, como el Abasónga de Efor, la Vara de la Responsabilidad de Abakuá y de las nuevas potencias que nacerían en Efik; y en la gran reunión en que estos juraron a los suyos, fue él quien sacrificó primero el gallo, para consagrar a Efí Efiguéremo, como primer Iyámba—Efi Efiguéremo Obón Iyámba— Abasónga Añóa añuákré makateré, ñanguiriri efión eforisisi Iyámba. [1]

Y fue él quien derramó la sangre del gallo para que sonase el Fundamento de Efik; pues no hubiesen podido tener un Iyamba los Efik, sin que Abasonga lo sacramentase; primero lo hiciese obonékue: Abasonga Eró Iyamba: tanto en Efor como en Efik, sin Abasonga no engendra la religión Abakuá.

—"Efi Efigueremo, rey de Efik, reunió a las Siete Tribus que ocupaban la mayor parte del territorio de Obane, en el centro del territorio que baña el río Ñuiran, y allí les hizo saber que Efó lo había iniciado, que ya compartía con él el Gran Secreto; que en el Bonkó le había dado el título de Efi Efigueremo Obón Iyamba, y en el Tambor-Mpegó la Divina Voz de Orden. Y les comunicó que era preciso hacer un sacrificio, para consagrar los cueros, y dárselos a cada tribu. Y así se hizo.

Al lugar en que se reunieron, que de la parte de Efó se llama Ñóngo Tángri, Ñóngo Néri, se le dio el nombre de Efí-Aroko-Nyúao. Tomaron la cabeza de Mbori, para simbolizar con ella, como en Efó, la cabeza de Sikán. Consagraron su primer cuero, y le otorgaron el mismo título, Ekue oété Efi Obane Mbemoró Otanga Efimeremo, que les dió Usagaré, (Bekura Mendó.) Aquel fue el Primer Parche que cubrió la boca del Fundamento en la consagración realizada en territorio de Obane.

Y cuando la Voz fue llamada por los Efik, cuando la Voz Vieja sonó en su nuevo Fundamento, Efiguéremo exclamó:

[1] Abasonga Ñuá, retorcer; ñuácré, arrancar; makatereré, fuerte, Añanguiriri efión, gotear la sangre del gallo. Eforisisi Iyamba, la magia (del tambor) de Iyamba.

Eñón búton kránsio Eteté Efik: en el Primer Fundamento de rama Efik se ha oído la Voz de Kránsio. [1] Asánga Ekue Efi Sankewe Erumé Kondó: entre los Efik ha reencarnado Ekue. Y la tribu cantó: Bongó eforisina koro Ndibó.

Se cogieron las plumas del gallo sacrificado y se adornó a Amuguró, una güira —sina yantán— que reproducía la calabaza de la Sikanékue.

—¡Mañón Otánkereba Obane! exclamaron. ¡Es nuestro Eribó! ¡Efori unáne Taibonkó!

Y se celebró una fiesta, y se dio Fundamento a las Tribus de Obane."

—"La tinaja de barro que hoy vemos en el Fambá de las Potencias, y dentro de las cuales se introduce en recuerdo de Tánze, —y de Sikán que lo encontró— un pecesito vivo", amplía mi Naseritongó— "es la evocación de la primera y de las otras güiras primitivas, que en aquellos tiempos los abanékues de Efik se procuraban en Mokoró. Mokoró era un lugar solitario, que se encontraba después de Nuróbia, y que pertenecía a la tribu de Abarakó Sisí. Se daban allí unos güiros enormes, que ellos llamaban aminiwá. Los utilizaban como vasijas, y para otros muchos menesteres. Hacían también cucharetas. Eran de Mokoró las güiras en que se recogía la sangre de los sacrificios y se preparaba la mokúba. Iban a buscarlas a aquel lugar para las necesidades del culto. En cuanto a los Abaróko Sísí, sus montañas lindaban con Efik Mbemoró y Efik Pitinaróko, por Efik Aramá Akunantón, y por Biabanga Efik, fronterizo a Efik Abakuá. Los Abarakó, eran muy guerreros."

Los Efik, demostrando que eran hijos de Efor, y como una muestra de respeto a los Bongorí Akambámba Efor, [2] sus progenitores espirituales, se llamaron desde entonces Appápás Efik.

En estos tiempos remotos, (—"pues buruñaña bandukere fotánkoro isú isún desún itiá ñonobón: un diluvio arrasó con la tierra y no se sabe si ya había Ekue...) se crearon y consagraron las jerarquías que les corresponde a los que llaman los ñaitos "Plazas Secundarias", en rigor, la de los auxiliares o acólitos, de los Obones.

Constituída y autorizada por los Efor la Primera Potencia de los Efik, [3] la de Efí Efigueremo Bakondondó Efor, ésta dio origen, a Táfia Boko Efik Abakuá. De Táfia Boko Efik Abakuá nació Efí Kénde Yuao, quien a su vez consagró a Efik Abakuá.

[1] Del Pez, (Kránsio). "Kránsio es la cabeza del Pez".
[2] Bongorí Makabámba Efó: "los más viejos, equivale a decir Appápa Ekoi Efo. Bongorí: lo que es más viejo."
[3] —"Más tarde los Efor iniciaron también a los Orú. Su territorio colindaba por una parte con los Efor y por otra con los Bibí. Efor los inició a

De Efik Abakuá nació Efik Aróko Nyúáo; de esta última Efik Kondó, Efik Mbemoró.

El conjunto de las Siete Potencias de Efik se llamó India Obane Mbemoró.

Efik Barondi Kamá Kunanyuao Nabereró, descendió de Mbemoró, de Efí Efiguéremo.

Itangame, fue consagrada por Efí Barondi; e Itangame creó a Itangameruna, que a su vez creó a Itangamefí.

De Itangamefí, nació Mbeko Mebó Obane Mbemoró, y de ésta Efik Akuarayo Tete Efión Brándi Mosóngo.

El Fundamento de los Efiétete, —cuyo rey se conoce por Fiétete Tanfión Eneyo Fiétete— representaba al Pez, Téte en Efik significa pez, y estas fueron muy importantes en Mbemoró de Obane, —"Efiétete, decían los viejos, awasán bengué Efiete: estaba en la costa."

La de la tribu de Nyemiyá [1] ha dejado memoria, porque reunidos sus hombres en la selva, donde como era de rigor, celebraban sus misterios estas sociedades, apresaron y sacrificaron a aquel congo de que hemos hablado anteriormente.

—"Y pemítame una aclaración sobre la historia de ese congo", nos interrumpe Tankéwo al someterle esta ficha. "Dicen por ahí,

---

ambos. Le dio Fundamento a los Orú, titulándolos Oru Appápá ngri nerón awana lúma amoropo tiambre Efí Tiambre Efor Sesú ún belá katinsun; y en tierra bibí, le dio a los Sieron el título de Sieron Bibí Mañene Mpoto."

—"Recibieron su Fundamento y sus tambores, como los Efik, de manos de Efor. Su música, su Ndoya ntiki, [1] que ellos llamaron Biankoméko awána sése Orú. [2] En esta frase, se está diciendo, que su biankomeko, —su Sese y sus tambores, ya consagrados,— Efor los autorizó para que se los llevaran a su tierra, a Orú."

—"Gobernaba la tribu, el Jefe Biokondó Orú, quien trocaba el mani que cultivaba, por carne salada de los carneros que criaba Museke, Jefe de la tribu de los Ntati Bibí..."

En resumen: "todas las tribus de Efik fueron iniciadas por los Efor. Todas, además de adorar a la Madre Naturaleza y a Abasí, adoran a Ekue y a la Sikanékue. Todas cuentan la misma historia..."

[1] Conjunto de tambores.

[2] —"Bianko méko wana kasina Mendó, en cambio los tambores de Efor, de Mendó, (Usagaré) no tuvieron que salir del lugar en que estaban. Eran los del origen."

Allí fueron todas las demás tribus con los suyos, para que Efor les diera Voz."

---

[1] En tiempos de la colonia, un grupo de criollos, pretendió formar con el nombre de Nyemiyá una Potencia que fue inmediatamente disuelta, o mejor dicho, no llegó a crearse, porque estos Abenekues quisieron poner a su Fundamento siete pies en vez de los tres canónicos reconocidos por la tradición. Además del sacrilegio que suponía semejante alteración, tanto indignó a los brikamos que estos criollos se atreviesen a falsear la verdad, que les prohibieron "plantar", so pena de matarlos, si a ello se atrevían.

que con el ruido del Ekón lo atrajeron y lo llevaron hasta el baróko. Como si lo hubiesen hecho a propósito! Eso no fue así. La gente estaba jugando abakuá en la manigua, cerca del río. Los viejos sabemos muy bien que allá se plantaba siempre en el monte, y que nadie más que los que habían bebido la mokuba podían ver esas ceremonias. El congo se encontró en el plante, sin saber con lo que se iba a encontrar. Decían los viejos, que cuando una tierra plantaba, nadie aportaba por sus alrededores porque podía costarle la vida si lo descubrían. Sea quien fuese, mujer, hombre, niño o viejo, sino estaba jurado, lo agarraban y allí mismo le daban su sangre al Fundamento. Y ya fuese hermano, padre o hijo de un obonekue, ¡lo mataban! Esa era la ley, y había que acatarla. Lo que le sucedió al congo le sucedió a otros, aunque la sangre de los congos era buena, y al Fundamento se le mataron muchos. De un viejito carabalí ñangado, [1] que vivía en el potrero, mi madre sabía que así había perdido de niño a una hermana suya. El pudo escaparse porque no lo vieron, o lo dejaron ir. Era inocente; un niño de pocos años puede ver a Ekue. ¿Y no sabe lo más grande? Que su tío era uno de los hombres que estaban en plaza. [2] Cosas de la religión. Los africanos eran muy estrictos."

Los Efik tuvieron también a semejanza de los Efór, (de los Nyímiyí) su Potencia de aristócratas, de hombres ricos, Uriabón, [3] que podían pagarse para "jugar" trajes costosos. Aquí en Cuba, una Potencia tomó el nombre de Uriabón, en la Habana y en Matanzas. Una de las más antiguas, como Ibianbánga, en ambas ciudades".

Ibiabánga, ya que la hemos mencionado, es otra de estas sociedades emanadas de Efik. Allá en el Calabar, como más tarde sucedería en la Habana, Ibiabánga consagraría a Pitinaróko-Mbemoró.

—"Erón Enerón Pitinaróko Efí Mbémoro", nos explican, "Tres Personas y un solo Dios verdadero". [4] Ibiabánga bautizó en Africa a Pitinaróko, y por esto se dice que Ibiabánga es Pitinaróko Mbemoró. Ibianbánga Efí Erufié áfiairoró... Su muralla se divide en dos partes: Ereniyo Efí Erón Enerón Pitinaroko Efí Esisi aborokó Orú okambambá Ibiabánga Kanton Meriyó.

Ereniyo Efí, que es la frontera de las dos murallas. Erón Enerón, que es propiamente la tierra de Pitinaroko. Esisi abarako Orú, que es el camino que recorrió el rey de Tierra Efik, cuando fue a buscar el Fundamente. Y por último, Ibianga kankón Meriyó, que es donde el Obón Iyámba de Efík recibió el Fundamento."

[1] Deformado, quebrado.
[2] En plaza, oficiando. "Jugando".
[3] Uriabon: "de Uria, comer". "Pueblo de gente que comía bien". (Uria es también comida cocinada.)
[4] "Es decir que son Tres Potencias hermanas, que adoran lo mismo."

Mas sería difícil mencionar todas las "tierras" que nacieron unas de otras y que "jugaban" en el Calabar, dicen nuestras fuentes, "porque era un gusanero de Potencias las que había y mandaban en sus territorios, en Efor y en Efik."

Muchas de ellas, cual la de Efik Anarutié, las integraban, a semejanza de la de este Jefe padre de veintiún hijos varones, los miembros de una sola familia.

Muchos pretenden que la alianza de las dos tribus se debió al hecho de carecer de indumentaria las gentes de Efor.

—"Ñanga Ekue Urukondó Ekue barakondó Efómiremo Efik: es decir, Efik tenía ropa, —efómirémo— pero no tenía Ekue. Le propuso a Efor que si les daban su Secreto, ellos en cambio les darían ropas. Efor aceptó."

Otros, a la ropa, añaden sal, "sal, que no tenían para sazonar su comida; y música."

Un informante de rama Efik, no obstante, rechaza como falsa esta noticia.

—¡Otánke Efik nuá borobúto! [1] los Efik tenían salinas y comerciaban con la sal. Todas las tierras comerciaban unas con otras. Pero en aquel tiempo los Efik, aunque trataban con los blancos, (dicen que bebían ginebra que a cambio de esclavos les negociaban los blancos, y los que podían adornaban los altares con las canecas), andaban tan encueruzos como los Efor.

En cuanto a la música... ¿Qué tenían los Efik? Cuando Efor sí tenía toda su música, —sin contar los Tambores de Honor, Ekue y Sese,— tenía el kosiyeremá, el Binkomé, el Biapá, el Bonkó, Ekue Bonkó mbori ñangué, que es el cuarto tambor de la música de fiesta, y además Ekón, Erikundi yuánsa que une su sonido al de los cuatro tambores, y los itones, los palitos, lo único que tenía Efik era marímbula. ¿Quién se lo dió todo a Efik? ¡Efor! En la consagración de Efik en Cuba, de Efike Bútòn, en este primer juego, sólo había con el coco que sirvió de Fundamento, la marímbula de Efik." (—"¡Qué era también de Efor"!— añade otro ñáñigo.)

"Pero la falta de discernimiento llevó siempre a los Abanékues criollos jurados en Potencias de la rama Efik, a olvidarse de lo que representaba Efor en Abakuá, y a menospreciarla, faltando al deber de respeto contraído allá por los mayores, en tierra Africana.

Y dice Abakuá que quien no respeta a su madre no puede ser ñaito. Ese, dentro de la religión está: Abasí ntuañé, maldecido, mal visto por Dios." Y "Abasí Makofína",— lo parte un rayo.

(La moral del ñáñigo bien entendida, se muestra inflexible en cuanto se refiere al proceder de los hijos con Akanarán, con la

[1] ¡Los Efik hablan más de la cuenta!

Madre. El Tribunal de Justicia dictaminó: Afotán Ekue Akarakisón: quien falta a su madre no puede ser mi monina, hermano. Y esto, se refiere a la conducta de respetuosa obediencia que en el seno de la confraternidad abakuá debe observar el iniciado con todo lo que le ordena la religión.)

Retengamos, sin tomar partido por ninguna de las dos tribus, lo que Takuayó sostenía siempre:

"Efik copió en todo a Efor. Efor les dió la vida. Los criollos, iniciados por los bríkamos también copiaron a Efor, porque Efik tenía que copiar a Efor, al original. El Abakuá en Cuba, fue un calco. Del tronco salen las ramas. El tronco aquí también fue Efor. No hay más que un Tánze; un Ekue y una Sikanékue, y los dos fueron de Efor. Hay que entender lo que ocurrió allá, para entender lo que se hace aquí... Efik debe acatar a Efó. Por muy grande que se crea Efik, y es grande, porque tiene Ekue, es hijo de una madre."

—"Pero los mismos bríkamos nos contaban que a pesar del pacto con Efor, los Efik nunca pudieron dejar de ver a los Efor sin resentimiento. Pensaban que podían haber sido ellos los dueños de Tánze, de ese Kránsio [1] al que tenían que nkamár [2] y mentar tanto porque como Ud. sabe había pasado por su río.

Les dolía no haber sido los Mayores, los Dueños. Ni hoy tienen derecho a cantar, como los Efor: ¡Aé mumio Umón keneri Efor nangandó Mañóngo Pabio!

Le diré en secreto, "y aquí mi naseritongó baja la voz, "que Emúmio es la sangre de Sikán. Haciendo su magia para dominar a los Espíritus, Nasakó quemó el cuero de Tánze y lo mezcló con la sangre de la Sikanékue y con aguardiente de palma. En la orilla del río (Umón Keneri), mandó a su ayudante Ekoúmbre que por un declive derramara la sangre así compuesta, a flor de agua. La corriente arrastró la sangre, suavemente, y Nasakó la recogió en su cazuela, en Mañongo Pabio. Nangandó quiere decir agua que va ondulando por la superficie. Estas eran las esencias de la brujería. Las esencias del Secreto que sólo tenían los Efor."

[1] "Los Efik le llamaban Kránsio a Tánze."
[2] Nkamár, recitar el elogio o las historias de los orígenes de la sociedad.

Los tambores sagrados, Sese, Mpegó, Ekueñón, Nkríkamo. (*Foto: Pierre Verger*)

—EKUE— (*Foto: María Teresa de Rojas*)

(Foto: Pierre Verger)

(Foto: María Teresa de Rojas)

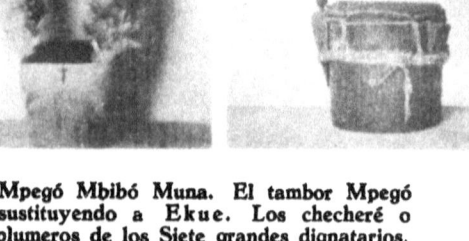

Mpegó Mbibó Muna. El tambor Mpegó sustituyendo a Ekue. Los checheré o plumeros de los Siete grandes dignatarios. Nkríkamo y Ekueñon. Los tres nkomos de fiesta.

Fragayando. Orotoyín oroto apana wa.

Ekue, sobre su gandó, Oruna Ekue.

Los Itones, Mosongo, Abasongo, Mbákara —Itón Mákara Ñumo— y Besoko.
(El Itón de Mbákara solo se utiliza para bailar y hacer cumplir los castigos.)

(*Foto: Pierre Verger*)

UBIOBIO EKUE AROGOBIOBIO. TAMBORES, PLUMEROS, ITONES Y SACERDOTES

Antes de juramentar y consagrar a los hombres, Ña Nasakó Nankoberó [1] consagró la arcilla amarilla endurecida. Motekémbere, el yeso, Ngómo basaróko, "el de la vida", el yeso del nacer y de la luz del día, de Ebión, el Sol engendrador y dispensaror de energía con que se trazarían todos los símbolos de la Potencia. Y con éste, —Esisi baya baya Barikondó Efor,— marcó la Ceiba de manera que en el árbol sagrado, por contacto, la Madre Naturaleza sacramentase al yeso y le comunicase su poder.

(Con Ngómo Mbákara, el yeso blanco, color expresivo de la muerte, de la luz de la luna, —"sol frío de los muertos" que alumbra el reino de las almas sin cuerpo, se marcan los símbolos en las ceremonias fúnebres,— se hacen los signos en el cadáver del adepto y en sus pertenencias y se significa el duelo de la Potencia.)

Ngómo Afé Afé, o Nitánga Masereré, el carbón, simboliza en el bákri ñámpe al monina caído. Copio las palabras de Seritongó: "El hombre crece como el árbol, hacia arriba, hacia el sol que nos da la vida. Por eso el yeso del nacimiento es amarillo como el sol. Y el cuerpo del hombre, como el tronco de un árbol, sus brazos como las ramas de un árbol. El hombre que ha perdido el aliento, es un arbol caído. Su vida se ha consumido como el fuego que consumió el leño y lo convirtió en carbón". El signo que dirigirá su alma al espacio dibujado con el yeso blanco, se oscurece ligeramente con el carbón.

(Ngómo Ibenké: yeso rojizo, igualmente es índice de vida.)

Beritán Nokó, [2] la virtud del yeso, que también oiremos llamar Obón Ekue Abarikondó Efor, es "el ser", dicen mis colaboradores, y el instrumento más necesario a la religión de Ekue, pues sin él "no nacerían los signos", no hubieran podido pintarse

[1] El Nasakó de la Consagración de Bekúra Mendó con los Espíritus encarnados en el parche de chivo.
[2] Beritán Obé, como Beritán Nokó también significa la virtud imprescindible, del yeso.

las señales sagradas en los objetos y en los hombres, —yuansa rere yuansa naróko ngómo biokoko mbara chitubé, ¡O ó Ekue! Aberitán inoko.— Sin yeso nada puede hacerse, nada puede ser. "El signo engendra al Abanékue. Del signo nace la religión."

("Lo indispensable: el primer derecho de Ekue; boko ndibó waso biokokounarobia... Pues los signos "controlan a los Espíritus", a las fuerzas ocultas.)

En Bekura, Usagaré, Nasakó transfirió el Espíritu del antiguo Fundamento acorado con la piel de Tánze y de Sikán al bongó Okánko con parche de Mbóri, Tansiro ñangué, y a los demás tambores de la liturgia, en el mismo orden que sería observado en lo porvenir y empleando la misma técnica que va a sernos descrita más adelante, cuando penetremos en el cuarto de los Misterios.

"Primero Nasakó lo trasmitió al nuevo Ekue", nos dice Saibeké. "La caja del Ekue en el Calabar era de la misma forma y tamaño del nuestro, es decir del que hicieron en Cuba los carabalí y tuvieron que seguir reproduciendo los criollos según nos lo explicaba Takuayó, un brikamo que vino a Cuba ya jurado, muy adornado de caracoles, con una tira de piel de leopardo forrando el borde del parche, pero descansando sobre tres canillas de cristiano, tres tibias. Y también dibujados en el parche los ojos de Tánze y de Sikán. Los de Tánze arriba y los de Sikán debajo. Fue lo primero que le ordenó Mañóngo Mpábio a Nasakó: poner los ojos en el parche de Mbóri, como estaban puestos en el parche de la Güira. [1]

—"¡No!" le interrumpe Tánkewo a Saibeké. "Cuando Nasakó trasmitió a Ekue en Bekúra Mendó, consagró inmediatamente —¡yambumbé Maseritién!— al tambor Mpegó, y Nasakó dijo: beso nkaño su Abasí. Los obones respondieron: ¡Ayayá! [2]

[1] —"Es verdad, porque así era el Fundamento de Biabanga. Ningún criollo lo vió. Los tres pies eran tres huesos de muerto, y cuando terminaba le ceremonia esos huesos se guardaban. Como es natural, todas las piezas de hueso, había que esconderlas..." (Otro tanto hacían los mayomberos con su Ntu kiyumbas, cráneos.)

Fernando Ortiz, en su obra exhaustiva sobre los Instrumeton de la Música Africana, tomo V págs. 203-254 al estudiar las diferentes estructuras de este tambor trípode, cuyos patas suelen ser también añadidas, señala un tipo de Ekue, que se encajaba en el hueco de una banqueta redonda con tres patas, llamada bakurina.

Consultado S. nos dice que "ese Ekue sería de alguna Potencia de rama Efik; que por la persecución se hicieron en Cuba Ekues con pies de quita y pón, pero que no era lo correcto. Los brikamos no los hacían."

[2] En el rito de la consagración del Mpegó, "dirán los Abanekues, —¡Yayó!— Ayayá se decía en el Calabar."

Antaño, los obonekue iniciados en el Calabar y reconocidos en la Habana, se decían: obonékue únwario obonekue nyúmba yayó obonekue nyúmba ayáyá.

—"Yayó, se dice aquí. Ayayá se dice en Africa." (?)

("Nasakó betabia betabia Umpábio sánga móto borokibia erendió Abasí Ekue tamafión kondondó otán komuseré ndibó muna ndibó munaé nandibá, nandibá Mosongo Mpegó Bekura Mendó ndibó Makaró Mofé besónkaño su Abasí ¡yayó!")

Saibeké conviene, sin alterarse, en que Tankewo tiene razón. Mpegó, Bikán Ekue, puede suplir a Ekue.

—"Y al gallo que purificó el tambor Mpegó, Nasakó le llamó Nkiko naróbia ekeritamo ekóko bómio."

—"Y es cierto que: Otinde Sakarakuán nkalú Barieta nkiko ñón akuá ñanguirirí ekukoro nyenisón bongó etá... Que Mpegó fue la primera pieza sagrada creada para condenar a Sikán e imponer la ley. Pero en el baróko de Usagaré, antes que a Mpegó, Nasakó lo trasmitió al Sése. Y en este momento se le llamó Bére Ubío. Después, insiste S. "al Mpegó, que fue el primer tambor que hizo Nasakó, el primero de todos; luego al Ekueñón y al Nkríkamo. Son estos cuatro, Ekue, Sése, Mpégó y Nríkamo, los "Fundamentos", que están en el altar, en Batamú Kankúbia kénde. [1] Y Nasakó trasmitió la Voz a los tres Itónes: al Palo Mokóngo, al Mosóngo y al Abasónga que en aquel momento se llamaron Itón Akuá ñanga nsiro mofé, el de Mokóngo; itón Bankené, el de Mosóngo e Itón Nené el de Abasónga. Al Ekón Ndibó, la campana que llama al Espíritu en el Monte. Y a las maracas, Erikúndi [2] que guian y unen a los Espíritus." (Erikúndi yuánsa Ekue.)

Luego a los tambores de la música, al salidor Binkóme o primo, que empieza el toque, —tin tin tin-tin!— indicando el compás que se debe llevar. Al Tumbador después, Kosíyeremá, el segundo que dice: tin... tí, tin... ti, tin... tí... y el Repicador, Biapá, el Tres, —el de los tres golpes— que conversa tin kitin kintintín tin... y al Bónko, el más largo, o el Cuarto, que nosotros le decimos Ekue Bonkó mborí ñángué: ¡el chivo murió para que se hiciera el tambor!

Estos cuatro tambores salen del Batamú, del santuario y desfilan en las procesiones; no son tambores de Honor, tambores tan sagrados como los de Fundamento; los son, sí, pues están consagrados y todo es sagrado en la Potencia, pero se pueden ver, y hacen música alegre; alegran la fiesta, pero sin olvidar que las

[1] Batamú: altar. Kankúbia: objetos sagrados. Kankúbia kénde: ídem.
[2] De forma cilíndrica con asideros de soga, forradas de tela; las antiguas de tejido "africano", (tejido de canasta) o de cartón y adornadas con mpitá, soga deshilachada. En el interior están "cargadas", es decir, se les introduce la brujería, los mágicos mates preparados por Nasakó o las semillas de guacalote de idénticas virtudes, las cuales al chocar producen el sonido sordo que les es peculiar. Véase sobre las marcas en general y éstas en particular, el tomo segundo de los Instrumentos de la Música Africana de Don Fernando Ortiz.

fiestas abakuás son para los espíritus. Son fiestas religiosas, no de chukubiamá. (Chukubiamá: término despectivo).

Los cuatro tambores juntos y sonando a la vez se llaman Ndóya ntikín dóya itón aroropá.

—"Ni el Ekue ni el Sése son tambores, como lo entienden los blancos... Y aún muchos ñáñigos", nos advertían C. H. y J. U., quienes, uno más locuaz y exhuberante que el otro, no encontraban palabras con que expresar la inefabilidad de ambos Fundamentos. ¡Surábia! (grandeza, fuerza, magnitud).

"Abasí está en Ekue. Todas las fuerzas de la Madre Naturaleza Todo Poderosa están en el Sése."

—"Sése es nuestra madre, Akanarán". "Ekue anamá biorama kiñongo Sése yuánsa arabesuao: Ekue confirma a su hijo; antes, el Sése lo consagra". Es decir: el iniciado pronuncia su primer juramento ante el Sése.

Asúko ndibó barakandibó mofé: el Sése nos bendice a todos.

—"Akamaribó Eforí Kamá", dicen los Efik: la brujería del Sése, "la fuerza sobrenatural que contuvo Omokué, la güira Sacrosanta de Sikán, del culto primitivo a Tánze-Iyá", el Pez origen de la religión, es la que hace hablar a Ekue. [1]

La carga, —el poder mágico— del Sése, era la cabeza de Sikán, Awána lúma Molopó, [2] que hubo de convertirse en la cabeza del chivo, y es en el Sése, el vivo recuerdo de Sikán y de Ekue. ("Porque el espíritu de Tánze que habló en Amalogró, Nasakó lo trasladó al Bongo.")

—"El Sése hoy se dice que es la Copa de la Hostia. Hay quien también la llama Corpus Christi. Pero si su forma es la de una copa, esto se explica sencillamente, porque la güira o calabaza de los orígenes, Nasakó la cortó por la mitad para que guardase la brujería, la carga, (mágica) que metió en ella: la cabeza de Tánze, el cráneo de la Mujer, las tierras, el palo sagrado: Ukáno méfé sorún Sése. Y la afirmó sobre tres piedras del río sagrado para que se sostuviese.

[1] ¿Ekue ntábia mokrí? Isún Bengué Efor Akuaramína téte Mbóri mbariye Eribó aiereré yansún nkeniké.

[2] Se dice también en las Potencias Efik: tacho eribó kuna kuna fembé Akurumina tén tén anaríkue nyúao. Isún Eribó erení nyuate maka maka fembé, maka maka ndibó krukoro biwí Usagaré nandió isún ñón kama: "En el antiguo, en el Primer Eribó" (equivalente al Sese de Efor) estaba la cabeza de Sikán, más tarde representada por el chivo, en Nitongó, (en el güiro) adornada con plumas de gallo —cuando Nasakó hizo la primera rogación, juramentó a los cuatro Obones,— Tánze estaba en la Güira. Fue llevada en prosección a Nandibó, cantando Anarikué nyuao umón anariké.

Que es lo que se le cantó después a Mbori, Sikán revivida para el Sacrificio, —y se le canta— cuando se le lleva a matar al río, (al gandó o dibujo trazado en la tierra, en el patio de la Potencia, o donde sea, que simboliza el río, lugar del sacrificio; el patíbulo").

SESE NDIBO
(dibujo de un ñáñigo.)

—"En estos tiempos nuestros para cargar el Sése a semejanza del güiro de Sikán, de Amalogró, se da al Fó-Ekue, (al apartado del Misterio) la mayor amplitud posible, de modo que en éste puedan tener cabida y arrodillarse Iyámba, Mokóngo, —que no le gusta mucho estar junto al Fundamento por lo que se hizo con Sikán,— Isunékue, Mosóngo, Ekueñón y Nasakó quien lo preparó y lo prepara hoy como el primer Nasakó.

El Sése se llena con tierra de Namusagará, o Unfrisá, cementerio, que muchos ñáñigos llaman kanimanbira o chiminikako, pero es más propio decir de kueropó. Con huesos humanos, —awére— la cabeza del gallo, la oreja del chivo; con nkanibó, pelos tomados de las cabezas de los Cuatro Obones y de los Obonekues más notables de la Potencia, sangre del lado izquierdo de sus pechos, —de sus corazones— recogida en un algodón y óleo santo; y con los "derechos", ofrendas, que integran la Mokuba que se le ofrece a Ekue: vino seco, aguardiente y agua bendita."

El Sése debe forrarse con piel de Nkrí, (tigre) o, como se le dice con más frecuencia, Otún. [1]

Los Iwé, los caracoles que lo adornan, "figuran a ñeirén, la dentadura de Sikán", — que en illo tempore adornaron a Amalógro.

De manera que es una, y son muchas a la vez, las fuerzas que se concentran en esta Copa.

Cuando Uyo calla, la Voz, el Espíritu queda en el Sése: Sése borokibia ñó uro, o Sése Arokibia.

Cuando los de Efor consagraron Abasonga Benené a Otowáñé Otón Wámbeke, hijo del rey de Efik, [2] "que andaba perdido por los montes por causa de la guerra", o como era su costumbre, cazando leopardos, "les concedieron como un equivalente del Sése, el Eribó, que representa igualmente en la Rama de Efik, al Primer recipiente del Poder Divino. Es lo que dice este canto: Seseribó awána Sése yini Akuaramina eririo Momó." [3]

Y así el Eribó de los Efik "nació de Ekue... "del Pez de los Efor.

Mas, por otra parte, también nos dicen que "el Sése era de los Oru-Bibí", y de aquella mujer, —"la Sikanékue de los Oru"— que "mataron, (el sol fue testigo) porque era la verdadera dueña del Sése."

—"La mujer de Orú le presentó el Sése a la luna: Sése orú eñéne kawá ibondá obiañe. La luna es mi Sése, dijo la mujer: Ibondá emomi Sese orú kaguá."

[1] "Otún: tigre. Otán Kanenú, tigre hembra. Pero no se emplea piel de tigre hembra en Abakuá... Yebéngo, son las pintas de su piel."
[2] Otowañé Otón Wambéke Mbekere Moruá Sése mbékere erikúndi awanteté nboguán fumio namboritindé.
[3] ¿"Dónde está el Espíritu de Sikán? En el Sése y en el Yin," (güin).

De Akuarumina, como llaman a Sikán los obonékues de la Potencia Efik, se nos repite que la mataron, "porque sabía mucho". De Orúmiga, no cabe duda: "Orúmiga era de la tribu dueña del Sése, "de este Sése que hombres de su tribu le robaron", le "arrebataron", y del que fue guardián, en Orú, después de su muerte, un hombre, el Isunékue —como en Efor,— Isunekue Ndube.

¿Podíamos aplicarle a Orúmiga, tan venerable, tan importante como Akurina Makuá, quizá mejor dicho, Akarina, sacerdotisa de Ntácho, que anunció el advenimiento de Ekue, predecía las guerras y epidemias, y tenía bajo su protección a la tribu, esta historia del viejo C. oída a un brikamo en sus mocedades, cuando era ñáñigo activo? [1]

—"Había en una tierra carabalí una nasakóla que era la Mayor, la Cabeza de otras nasakólas que jugaban y tenían su Secreto aparte de los hombres.

Como hubo un tiempo en que los animales hablaban como hablamos nosotros, hubo otro tiempo en que las mujeres mandaban en el mundo, o por lo menos, que yo sepa, en Africa.

Los hombres en aquella tierra estaban muy deseosos de saber qué hacían en sus ceremonias invisibles las nasakolas, cuál era su Secreto. Las temían y envidiaban porque éste era muy fuerte, y se sentían muy disminuidos.

Pero un hombre se dedicó a enamorar a una de aquellas Nasakólas, que no era vieja, sino joven gorda y agraciada y un día le dijo: ¿Por qué Uds. las mujeres plantan solas? Con nosotros los hombres, tendrían sus fiestas mayor lucimiento.

—No sé. Siempre ha sido así.

—¡Bah! Esas son vejeces.

La mujer se dijo que el hombre tenía razón, y algo de lo hablado con él le insinuó a la mayor de todas, a la jefe, que la regañó y le advirtió que los hombres eran traicioneros y que nada bueno resultaría de darles parte en su religión. Pero la joven insistió con las otras mujeres; y el caso fue, que al fin por mayoría, logró un día que invitasen a los hombres a presenciar el juego.

[1] La existencia de Makurina Mákua es negada rotundamente por el más ortodoxo de mis ñangaipó. Akurina Mákua, nos repiten, es el calificativo infamante que se aplica al sacrílego, al perjuro, al abanékue que ha ofendido al Fundamento o a su verdadera madre, —crimen terrible y sin atenuantes para la Ley Abakuá.

Años atrás era una injuria que podía costar la vida al ñáñigo que se atrevía a lanzarla a la cara de su monina. ¡Akurina Mákua akuri tenewán! Significaba, dicen también, el lugar en que estaba parada la Sikanékue cuando recogió su güiro sumergido en el agua. Para un gran número de ñáñigos Makurina Mákua fue una notable sacerdotisa. He aquí un comentario interesante: "era una sabia... Y quizás por eso, porque ella fue tan santa y alguno la traicionó, al traidor le dicen Makurina Mákua, recordándole la infamia que otro como él, cometió con la que era su Madre."

El hombre que tenía relaciones con aquella nasakóla, la trataba muy bien; le hacía regalos para engatusarla, y logró enterarse por ella de algunos secretos e interioridades de su religión que comunicaba a sus compañeros, de manera que ya sabían lo suficiente, por la indiscreción de la mujer, que como toda mujer enamorada, fue confiada, y habló lo que no debía. No hizo caso de las viejas . Se perdió y perdió a sus compañeras.

Y cuando empezaron las ceremonias, metidas en el monte, en una cueva a orillas de una laguna, los hombres les robaron el Secreto, mataron a las viejas, empezando por la jefa, que sabía lo que iba a ocurrir, y las que no mataron pasaron a ser esclavas."

Como la Orúmiga que clamaba llorando, ¡ay, mi Sése, mi Sése Eribó! la débil sacerdotisa de esta historia también lloraría con sus compañeras sus poderes perdidos para siempre.

Pero no solamente en el Calabar predominaban las mujeres sacerdotisas y las ibana nanfokó, sabias en la religión. "En toda el Africa".

—"En el principio del mundo", contaban los viejos lucumí de Valdivieso, y los del Desempeño, "las mujeres nada más eran Madres de Santo en tierra lucumí. Los hombres no tenían Santo. El que bajó por primera vez, bajó a posarse en cabeza de mujer. Luego bajaron otros, pero también a coronar a los hombres.

Cuando los Santos bajaban, querían bailar...

Las mujeres no tocaban tambor tan bien como los hombres. Un día llegó un Orissa y dijo que quería que le llamasen a un hombre para bailar a su gusto. Los demás Orissas empezaron a exigir tamboreros, y los Santos montados bailaban, y los hombres tocaban. Así empezaron a familiarizarse con los hombres, a montarlos", —posesionarse de ellos,— "y los hombres tuvieron Ocha. Y las mujeres perdieron el monopolio de la religión."

En lo religioso han representado las mujeres en Africa un papel importante. "Para el estudiante de Antropología", recuerda un etnólogo inglés, "no tiene nada de extraño el temprano despertar de las mujeres, ni su presencia en algunas secretas organizaciones mixtas, como Bundu, Nkamba y Nimm. Aunque sólo aparece realizando los trabajos más penosos en las pinturas que describen la tierra, la africana desde muy atrás ha sido responsable, en mucho, de la vida social de sus pueblos. En la vida política también. Con frecuencia es ella el poder detrás del trono, y a menudo, se la encuentra ejercitándolo. "Un sólo nombre", añade Thompson para ilustrar lo dicho: "el de Nya Katolo, de Angola, reina de Ba-Kuena, que llevó sus bien adiestrados ejércitos a conquistar todos los países entre el río Luena y el Kavungu, venció a todos sus contrarios, inclusive a Matiambo, el Napoleón de la localidad, y estableció muchos pueblos florecientes que todos, también, fueron gobernados por mujeres."

En Cuba, las africanas siempre desempeñaron admirablemente sus funciones de adivinas, de curanderas; muy trabajadoras y desenvueltas se dedicaban al comercio y fueron mucho más activas y aptas que los hombres de su raza. Y según los mismos negros sobresalían las mujeres del Calabar, que han dejado fama entre ellos de ahorrativas y enérgicas.

Los Oro, compatriotas de Orumiga, de la tribu de los Bibi, fueron iniciados por los Efor. Sobre la consagración de los Oro, —u Orú, que se llaman también áppapas— y las peripecies de este gran acontecimiento, existen numerosos relatos.

"Bongó Amá Abasí yerebión, ndayo orú bekamá indiobón Ekue nebión temesoro: [1] el primer Fundamento que iban a tener los Orú, dado por los Obones de Efor, en una cueva, lo presentaron a los astros, y bajo los rayos candentes del sol, los Orú se arrodillaron para recibir a Ekue. La ceremonia era larga y dijeron Abasí kisóngo baseme obí sorí bisoriñóngo: lo que no podemos hacer hoy lo haremos mañana. (Obisorí: hoy Bisoriñongo: mañana).

Cuando pasaron los consagrados a ser confirmados por Ekue, por el Primer Ekue de Efor, los Efor le preguntaron al Mpegó, de Orú, (o a Orú Anamanguí) —¿Akuaramina Orú akeretán orú nombán kere? ¿Cómo Akuaramina fue asesinada por los hombres de Orú? [2] Y Nasakó, en un pozo, llamó a Akuaramina, invocó al Espíritu de la mujer: Apoité orú anggongó Akuaramina angongó akondokié. Hablaron con Biokondó Orú, [3] rey poderoso de tierra Orú que cazaba los tigres del monte Sókawa, pues en tierra Orú, desde la loma Monbán hasta el lugar en que se hallaba Kondomína Mofé, el pescador, había muchos tigres— y le dijeron a Biokondó que estaba constituido el Okobio. (La Potencia.)

[1] Bongó Amá Abasí yerebión: Primer Fundamento. Ndayu Orú: hombres de Orú. Bekamá Indiobón: propuestos como candidatos para los altos cargos de la nación. Ekue nebión temesoro: el Ekue sólo, no los demás objetos que estaban en una cueva, fue presentado al sol.
[2] Akuaramina Orú: la mujer, la Sikán, la víctima de tierra Orú.
Akeretán: "muerte violenta, persona que muere contra su voluntad."
Orú monban: hombres de Orú. Keré: fuerza, violencia.
[3] Orú babé koná bibi kamá Biokondo orú: los oro fueron a ver el rey Biokondo y le dijeron: Mumió témio, que poseían la Voz, Orubiagá bibi que venían o ya iban; seruma: al caserío poco importante. Mesoró mesororama: y se confirmaban después de consagrados; obía: con la brujería, el Secreto: Bakondó, que confirma, sacramenta al neófito. Obisoró: hoy; aguana oru, en tierra orú. Mañón: río. Natí, en Ntatí; machereré: plumas; barokó: el trazo sobre el que se arrodillan los Dignatarios para recibir sus atributos.
Muñón káe: los Plumeros colocados verticalmente en el tambor; biblo kondó obon kamá: en presencia del rey de Bibi que habló; yenebón Abasí: cueva sagrada donde está Dios. Mebión: al sol. Efor baróko ebión: en el baróko, bajo el sol.

Sólo tenían tres plumeros en el Sese, para presentarlo al Sol, al romper la aurora. Y le ofrendaron a Ekue la sangre de un gallo.

Al apuntar la aurora, los obónes le dieron gracias al sol por el nuevo día.

Le hicieron una ofrenda y fueron a Efor. Y en el camino, el sol se eclipsó, se oscureció la luz..."

Pero continuemos.

—"Después Nasakó le trasmitió la Voz al Mpegó. Al tambor Mpegó, que es tan sagrado como Ekue, o más aún", se nos repite a saciedad.

"Nasakó había dicho que después que la Voz fuese escuchada, Mpegó sería tan grande como Ekue, pues el Espíritu pasaría a él." [1]

Mpegó Ekue Ereniyo, fue hecho, como sabemos, antes que el Fundamento, en la forma que hoy tiene: la de un Ekue que puede ser visto, que sale en las procesiones.

—"Cuando se tenía a Tánze en el güiro, cuando no se había matado a Sikán", —nos nos queda más remedio que resignarnos a las repeticiones— "Nasakó hizo el Mpegó y le trasmitió la Voz del Pez para que Mpegó fuese Autoridad. Sin Mpegó no hubiesen podido sentenciar a Sikán. Sin Mpegó no podía constituirse la Nación. Cuando suena, todos guardan silencio. El hombres más rebelde, ensoberbecido o destemplado si oye a Mpegó, el tambor Supremo, a Ekue Efor Abasalorí Mokunbán, se humilla y calla."

—"Aquel primer Mpegó, principio del Respeto, fundamento de la ley, que autorizó el sacrificio y que habla desde entonces con sólo tres sonidos —tín, tín, tín,— tres golpecitos solemnes que enfrían la sangre, tres golpecitos que todo lo mandan, disponen y autorizan, era, cuando condenó a Sikán, como el Secreto, una media güira sellada con un parche de jutía."

—"No era una media güira", argumentará Saibeké: "Era un güiro barrigón de cuello largo y boca estrecha, cerrado con un parche de jutía. ¡Así era Mpegó."

—"Pero el Mpegó, Muñongo Efór Amákuri Abasí ndibó muna Mpegó, —en el baroko de Usagaré, en el que Nasakó creó la primera Potencia de Efor y se repartieron los Cargos, se hizo

[1] Mpegó bóko asuretémio akuri fotánko mireketami kufón irá meñón nkeritámo Ekue ndibó akuá miyára yambumbé maseritán Iyámba.

como el Ekue, de madera. Como se hicieron, en fin, y se consagraron todos los Fundamentos para darlos a las tribus."

—"Los tres tambores de güiros, los originales, el de Tánze, Sikán y Mpegó, quedaron en calidad de Madres en el Kufón Ndibó de los antiguos, de los unáya, en yánkufio, en Ororó mukeré, [1] donde nacieron las primeras Potencias, las de Efor, y más tarde las de Efík con Efík Efiguerémo Bakondó Abakuá Efík Obáne Mbemoró, cuando ambas tribus se unieron y el Iyámba de Efór, Aroko Sísi le dijo estas palabras a Efiguerémo: —Yuánsa sére yuánsa barókó, Ekue Efí kondó bongó méta barókó nkiko mapá erión nkiko amána mána nseniyé Barikondó asarorí. Y Efiguérémo recibió el primer Bongó, que en Efietéte, rama primera de Efík, representaba al Ekue de Efor."

—"Los tres Primeros Fundamentos", nos dice por su parte J. V. "fueron el Sése, es decir, la Güira de Tánze, primer Ekue; Ekue o Tánze dentro de la güira. De Tánze nació Mpegó. De la güira que llamamos Sése (el Gran Poder) y Akanarán, porque guardó la cabeza de nuestra Madre, o Copa de la Hostia porque se comulgó con su carne y su sangre, tambor que ya no suena, urna de la brujería, nació el bongó Ekue, Tansón-bongrí Efór, (primer tambor santo) con su parche de chivo y el cuerpo de Ukáno Mambró: la caja de madera del árbol sagrado.

Pero hasta que no hubo Efóri-nkómos, los dos primeros Fundamentos eran dos güiros."

(Y los cueros humanos, dirá otro informante, hasta que Mbóri pasó a representar a Sikán, eran los parches con que se acoraban estos Fundamentos.)

"—Y Nasakó, después de trasmitirle la Voz al Mpegó en el okánko, —Ekue Mpegó bariéta kankómo Efór— diciendo: okánko unkómo Efóri ankómo osángri móto, motombrícamo, Mañón Usagaré, [2] trasmitió la Fuerza al tambor Ekueñón y al Nkríkamo.

[1] Unáyas: padres. Yankúfio, eroró mokeré: en la tierra de Efor.
[2] "Okánko: el tronco convertido en caja del tambor.
Unkómo: el Orden, que impondría en la Sociedad con el tambor.
Efóri ankómo: la brujería, que trasmitía los Espíritus.
Osangrimóto: la sangre que fue derramada para obtener el dominio de los Espíritus.
Motombrikamo: la autorización para derramar la sangre, para ordenar el sacrificio
Mañón brikamo Usagaré: en el río Sagrado que baña el territorio de Usagaré."

A estos dos kankómo sagrados, (tambores) que tuvieron su origen en Bekúra Mendó, también les dio la misma forma del Ekue y del Mpegó; y se les llamó Ubio e Itón Ubio, el instante en que Uyo animó sus parches.

El tambor Nkríkamo, —"el hijo más chico de Ekue"— que llama y domina a los Iremes, y los obliga a salir del Monte, Nasakó lo hizo para castigar a los hijos que son infieles a Ekue o inobservantes de su Ley. Y para que se identificasen ante el Secreto en el Santuario los jefes de otras tribus, invitados a asistir a los Amalogrí, [1] a dar fe de los nacimientos. ("Estos golpearon tres veces en su parche: ti tin tin, y Bongó Mosóngo, (el Ekue) les respondió Uu... Uu... Uu...")

—"Nasakó al consagrar los Itones o Túta, —cetros— dio fuerza a la representación de las tres Autoridades. El Palo Mokóngo, Mañéne Itón: símbolo del poder absoluto de Mokóngo, y de la Justicia Suprema, [2] Sánga Kondó Itón.

El Mosóngo, Aprosemitón: vara de la Ley de la Sociedad. El Itón que autoriza los sacrificios; el que guardó la sangre y las especies y al Saékue, el güin, conductor de Uyo. Este cetro es depositario y amo de las vidas de los iniciados, de sus hálitos. Guarda sus nombres, y sus juramentos. ("El aliento, que da cuerpo a la Voz, es el alma; el nombre, es toda la persona.")

En el Palo Mosóngo, Abasí móto añágana Itón, símbolo de Ekue, Padre de las cabezas Abakuás, está infusa la esencia y toda la fuerza mágica del Secreto. Es el único de los tres cetros que contiene efori: brujería. Obligará al adepto a cumplir la palabra empeñada por él voluntariamente a los Espíritus, a quienes después de la iniciación quedará eternamente sometido.

Ñá Nasakó Namurumbán, se nos enseña, con el fin de ligar en lo futuro al abanékue o ñangabisuá y destruirlo si traiciona sus juramentos, habla lo que debe callar o profana a Ekue Aromiñán, [3] ahuecó el interior del Palo Mosóngo, para que este itón que con Ekue autoriza su nacimiento y lo confirma, pueda aniquilarlo inexorablemente si sus delitos merecen pena de muerte.

[1] "Bautizos". Iniciaciones.
[2] Adornado, recordémoslo, con los intestinos de Sikán: Mokóngo rikuá rikuá sánga kondó itón itongobá afomasése bondá nbére nambére.
[3] Ekue Aromiñán: "Divinidad, Ser sobrenatural que se adora."

Dio espacio suficiente a la cavidad para que se guardasen en él pizcas de las ofrendas [1] mezcladas con la sangre del sacrificio que el iniciado tributa a Ekue: un trocito de la lengua, Inúberakaibiána, del gallo que se coloca sobre el Fundamento y de la oreja del chivo, Oro guyón Mbóri."

Para esto la lengua del gallo y la oreja del chivo [2] se amarran de un cordel y colgando se dejan secar al sol.

Se convierten después en polvo, con todo lo demás.

—"Esa oreja de Mbóri, Mbóri obón obonékue— [3] que sacramentada, es la oreja de Sikán, (unida al espíritu de Ekue), oyó la advertencia que se le hizo al hombre ante el Fundamento, y que aquél aceptó, so pena si traicionaba, de ser castigado en el mañana.

El Indíseme, (neófito) por la mokúba, por la sangre que bebe, y por los tres mugidos de la Voz que lo acepta y lo confirma obonékue, se une a Tánze y a Sikán. Tánze y Sikán entran en su cuerpo. La sangre sagrada corre por su sangre. Porque el gallo y el chivo son Ella, nuestra madre en Ndibó; esas sangres tienen la misma virtud, la misma fuerza y santidad que la de Tánze y Sikán. ¿Está claro? Si no me explico con claridad" añade mi informante, "le pongo como ejemplo el vino que el padre cura, también con su magia convierte en la sangre de nuestro Señor. Dos mecánicas distintas, y el resultado parecido. (Sic.)

La oreja del chivo oyó al obonékue jurarle al Fundamento, y la lengua del gallo había hablado; el obonékue también oyó con su oreja y respondió con su lengua. De manera que ese cachito de oreja y ese cachito de lengua también son como su propia oreja y su propia lengua, por obra y gracia de la Consagración y de la Unión: si comete delito, ellas serán la wémba, —brujería— el kantión, —veneno— que lo matarán.

La vida del obonékue por la virtud que penetra en él al tiempo de nacer en la religión abakuá, queda así prisionera en Mosongo para siempre. Cogido en su misma trampa.

Su aliento está en Mosóngo, su palabra está en Mosóngo, su sangre, su ser, están en Mosóngo." La misma magia que actúa para librar de todo mal al obonékue, actuará para matarlo.

[1] "Es el objeto, que además de fortalecer y halagar a Ekue, tienen los derechos, ofrendas", nos explican, "ligar al obonékue, obligarlo a cumplir su juramento."

[2] A los efectos de la magia, se sabe que universalmente un fragmento representa el todo y vale como tal.

[3] "Obón Obonékue sólo debe decirse del chivo. Muchos ñáñigos se la aplican a sí mismos, pero es un error."

—"Abasonga, Inuá itón, [1] suelen llamarle algunos abanekues, es el cetro de la mayoría de edad de las naciones, insignia de su independencia, de sus méritos, y de su responsabilidad."

Estos tres cetros, en Efor, se forraron con piel de leopardo. Otros nos dirán que originalmente lo fueron con piel de pescado, —"mi tuta amana teni Iyá: unido por Nasakó al cuero del Pez."

—"Y Ñá Nasakó consagró la gruesa vara, el Itón del Iyamba: bekonsi sanga baraékue, una caña brava de unos 75 centímetros de largo por 20 de diámetro, con tapa de la misma caña para guardar dentro de ella los sagrados güines, —hasta veinte,— con que el Iyámba hará sonar a Ekue."

—"Después de trasmitir la Voz del Misterio al Ekón y a Erikundi, Ña Nasakó sacramentó los Siete Muñones o Gallardetes —plumeros— los Ufabaké, que figuran las siete tribus de Usagaré y que tienen el poder de Ekoi. Los Espíritus de los Antepasados, de los Ekoi.

Son estos los Siete Plumeros, —las siete plumas de gallo que adornan a los tambores sagrados; al Sese, al Mpegó, al Ekueñón y al Nkríkamo.

Primitivamente, las plumas eran las Mákamáka, las espinas del Pez. Adornaron la güira de Sikán que se convirtió en el Copón del Sese.

Las cuatro plumas de gallo o pavo real —Ekoriotán baróko nansáo— [2] que hoy lo engalanan y que pertenecen a los Cuatro jefes o grandes sacerdotes, Iyamba, Mokongo, Isué, Isunekue, cuyos signáculos se inscriben en el parche que cubre la boca de la copa, (Sése) son la evocación del Añumá de Tánze: son sus espinas sacrosantas."

—"¡No eran espinas! Eran yerbas las que en los orígenes adornaron la güira", se contradicen S. y T. "las yerbas de la brujería de Nasakó. La primera yerba, eforí sánga baradéke, la recogió en tierra de muertos."

Una pluma adorna al Mpegó: Acheré Múna, o Múna Beléme. Otra al Ekueñón: Beléme Utária; y al Nkríkamo: Checheré Erikondó.

[1] Inuá itón: "inuá, boca y hablar. Itón, bastón, cetro. Porque las personas cuando son mayores de edad, tienen derecho a hablar y a que se tomen en consideración sus palabras." "Bastón que da derecho a hablar."
[2] "El orden en que se sacramentan los checheré", nos dice un Mpegó de Potencia Efik, "es el siguiente: primero la del Mokóngo, y sucesivamente del Iyámba, Isunékue, Isué Mpegó, Ekueñón y Nkríkamo."

A la pluma de Iyamba, la llamamos Ubia Nfentón Fitón. La del Mokóngo, Etón-Etón; la de Isué, Checheré Isún; la de Isunékue, Efori Otón."

Las plumas, —achecheré úfabaké— son distintivos de los altos dignatarios quienes se ciñen una a la cabeza durante la ejecución de los ritos, y simbolizan al espíritu del sacerdote o dignatario que se convertirá, andando el tiempo, para las generaciones advenideras, en el de otro antepasado.

("Los Espíritus de los Siete grandes de la tribu fundadora de Bekúra, Ekoi Appapá, se llaman", nos dice T. "Sése Guáso, Makaraguáso, Búta irá, Bóko Ndibó Bára Kaibó, Mañene Ibó, Itánga Nikué").

Y se nos repite: —"El hombre muere, su materia se pudre; su espíritu es indestructible. El muñón es el espíritu inmortal del Mokongo, del Isué, del Iyamba, del dignatario que muere.

"Cuando un nuevo obón viene a ocupar en la Potencia el cargo que el obón desaparecido desempeñaba, el Muñón con que se le consagra es el mismo de su antecesor, significándose con esto que las almas son inmortales."

Nasakó en fin, consagró el traje, Akanawán noino, que hizo con las fibras de la palma; el efomíremo, el "saco", dirán habitualmente los ñaítos, que transforma al oficiante en el fantasma, Fokánko, de un antepasado.

Los efomiremos figuran, pero acaso sería más exacto decir materializan, "dan cuerpo", en concepto de los ñáñigos, a Sikán y a otros espíritus. "Son Akurumina".

En ellos Kuko mambére, la Muerte, o "el muerto", —"la idea de la muerte", como decía Urrutia,— o los "hermanos, padres, moninas, gentes-espíritus del otro mundo", —como dice J.— se hacen presentes, y mudos toman parte activa en los ritos y bailan en las fiestas. (La Sociedad Abakuá "está regida por espíritus, y todo cuanto se hace en ella, lo más mínimo, son cosas de otro tiempo y del más allá, intervenidas por los Espíritus.")

Estos trajes fantasmales, corrientemente llamados también de Diablitos, sólo pueden vestirse teoricamente unos cinco minutos, pero Nasakó tomó las precauciones mágicas necesarias, para evitarle al obonékue los peligros a que siempre se expondría convirtiéndose, al revestirlos, en Ireme: "en ser del otro mundo."

El hombre así transformado en fantasma, la cara cubierta por Insún, (la máscara) está bajo la acción de una influencia sobrenatural, que si no le priva de conciencia, le impide hablar.

—"Le han dicho que los sacos, (los trajes de los Iremes, o Diablitos) son Akurumina", desea aclararnos Saibeke. "Sí. Pero "Akurumina es un fantasma, cualquier espíritu. Espíritu de río, de monte como Nkanima, de mar como Mbema... El de un antepasado."

Akurumina, nos dirá otro ñáñigo , "es el espíritu que está en el monte llamado Urana Bondá.

Urana tan pronto se halla en la manigua como en el embarcadero: akurumina, gongo atére góngo iyá Urana bondá pón akanapón ndike unpón ndike un mañón moto brikamo Mañongo Usagaré.

A ese Ireme o espíritu, todos los años se le hacía en el río un sacrificio humano.

Este espíritu se llamó, después, cuando se organizó la Sociedad Abakuá, Mbema. Es el Ireme Mbema. Y aquí también todos los años recibe un sacrificio en el río. Pero en Cuba, ese sacrificio no pudo ser humano..."

Las ofrendas se la llevan a Mbema en una jícara, y se arrojan al agua: "el espíritu las come en el fondo del agua. Cuando Urana comía hombres, allá en el Calabar, las víctimas las mataban y las echaban al agua." "Hoy al canto de Urí urí nankiko mbe masanga kondó nante meñón Mbema sanga kondó, lo sacamos del Monte y va al Embarcadero, (al río) a recibir la sangre de un gallo).

No confundir a Akurumina con Akuaramina, el espectro específicamente de la Sikanekue, nos advierte Tánkewo.

—"Akuáramina... Quiero ilustrarle la diferencia que existe entre Akurumína y Akuáramina, con el nkáme o relato que se recita en una Potencia Efik del fantasma de Ibondá: Akuán, akuán akuaramina tembán asere munanbán. Munanbán asere. Ireme iñafia sanga mañón, sanga kondó akuá akuá erón Erumé. Erumé kondó eriñongüe unkoro jégüemio motanbekue akuán akuaramina kaitierón baroko nínyao urofián afoniké akuaramina Ibondá, Ibondá Usagaré akuá robeña afoniké sambékue urofian afoniké umpónponó. Umpón mañón Sese Eribó ndafia agüereké Abasí Obón Efor. [1]

El Fantasma de Sikán se apareció al medio día, a pleno sol, en forma de saco, pero sin pies, en el baróko de Ibondá, y lo vio el Rey. Mandó a guardar la loma, la rodeó de centinelas con idea de apresar a ese Ireme. Pero fue inútil. Aquel fantasma, desapa-

---

[1] He aquí la traducción que nos brinda S. del conocido nkame:
Tembán: una loma.
Munambán: otra loma de Ibondá.
Akuán Akuaramina: Espíritu de Sikán.
Ireme Iñafia: espíritu, manifestación de Dios.
Sanga Mañón sanga kondó erón erumé: el Espíritu Sagrado ya manifestado.
Unkoro jé güemio motambékue: el sacerdote Moruá, —Nkrikamo— en el momento en que llamaba a los Espiritus de Usagaré, (para llevarlos al tambor.)
Akuánkuaramina kaitieron barokó nínyao: el Espíritu en la consagración —Urofián efoniké akuaramina Ibondá— se apareció, se mostró en la loma, en Ibondá.

reció. No se supo adonde fue. Akuáramína: era la Mujer. Su espíritu, que se manifestó en la Consagración."

Los trajes de los Iremes son orgullo de las Potencias y motivo de envidia entre ellas.

Un ñáñigo, tan exigente y rumboso como Juan Urrutia, no reparaba en gastos al confeccionar los suyos, de una elegancia impresionante.

—¡Abanékue béra Akanawán! dice el ñaito: me visto para "lucir" en mi Potencia...

El primer efómirémo, —"saco de origen"— que ordenó Nasakó, para el baróko o consagración de Usagaré, cuando "nacieron" las Potencias de Bakokó y Eforinsún, se llamó Mosongo Nalongo Nantán Musangana yímbán ndókanawán yoyámbio.

"—Y llevaba en la máscara la cabeza del Pez."

IYAMBA

Una vez que en Bekúra Mendó, Nasakó Kundimayé [1] traspasó la fuerza oculta a todos los Objetos, —yúyu awarán témio— consagró los yesos, los Siete Fundamentos, el Ekón, el Erikúndi, los Nkaniká, las seis campanas cuadrangulares que portan los Iremes en un cinto de cuero, los itones, los cuatro kankómos de la música, los Siete plumeros, la ropa de los Ireme, el estandarte o bakarióngo, esto es, "infundió vida y sacramentó" a la Potencia de los Efor, ordenó, tomó juramento a los okobios, obones e indiobónes, "que nacen de los Atributos", y entregó a cada uno el tambor o el cetro inherente a su cargo y jerarquía, consagró primer sacerdote de Ekue, a Aróko Sisi Iyámba. Rey Absoluto.

El primer Iyámba, contemporáneo del hallazgo del Pez y de Otán Uyo Nambirá, —el Espíritu Encarnado, (en el tambor)— oiremos a muchos genealogistas abakuás, fue Yasúnga Manantieroró.

Aróko Sisi, el segundo, "el que juró en Mbori" y Efori Sisi, el tercero. Este era nieto de Yuta Yurábia...

No extrañará a ningún lector o estudiante de mitologías, estas contradicciones e indesenredables enredos genealógicos: otros ñáñigos aseguran que "Yansuga Manantieroró, Aroko Sisi y Efori Sisi son una misma persona. En cuanto a Yuta Yurabia,

[1] Nasakó Kundimayé: el Nasakó que sucede a Agaragá Tindé. "Kundimayé llevó unidos a los Espíritus, seguidos de los Siete Antepasados, al tambor de madera aparchado con el cuero de chivo."

es el espíritu del rey viejo, viejísimo, de Bakúra, Bakúra, como pronunciaban los brikamos, en vez de Bekúra.

Yurábia, quiere decir además, profundidad, profundo, o de lo profundo."

De Aróko Sísi, en quien los signos se marcaron con ngómo manaká, [1] la leyenda nunca se olvida de contar en el día de su consagración, la delectación sentida por él, —pero es la de todos los Iyámbas y todos los obónes del pasado y del presente,— al contemplar la sangre del sacrificio derramándose abundantemente sobre el Fundamento. Y se dice: Ñóngo nanseré anábiotámo bakosí akondometá Iyámba ubián séne okámba kámba eñéne Efor esikisikí abomé emaé bongó erí naberefión eróko mbóko. Estos es: Iyámba dio gracias al Adivino, porque en la sangre que goteaba sobre el Tambor Sagrado estaba el Espíritu, el gran Espíritu que le respondía con su Voz.

Algunos ñáñigos nos dirán que cuando este primer Iyámba juró en Guinea, se alteró el tiempo: Iyámba akurini mifé nyúgue kunábia. ("Los cielos se trastornaron".) Y que "cuando juró el primer Obonékue, dijo: Obonékue kánko manánbiro, —Iyámba sánga kondó lorí sunékue Eribó: Mi hijo con su muerte pagará su juramento...

"Lo primero", sentencia comentarista que se tiene por concienzudo "puede ser una fantasía. Lo segundo está muy bien. Correcto. Pero así por el estilo de la revolución de los elementos al jurar el primer Iyámba se dicen tonterías, ñangalianas como ésta, por ejemplo: ¿Quién le dio su título a Iyámba? ¿Iyámba kankobiró mosikairán? ¡Sikanékue! (Sikanékue nuá efori sísi efimerémo Iyámba, Isué, Nkríkamo...) Y se los dio, dice, a los indiobones, a Isué y a Nkríkamo. ¡Qué barbaridad! Sikán, no dio título a nadie... Títulos, todos los dio el Nasakó, Obón Abá, en el principio."

Nasakó, hasta aquel momento, hasta celebrarse el baróko ninyáo de Usagaré, todo lo había hecho con su magia y clarividencia. Abakuá, la religión de Ekue, era su obra, y no prestó juramento. Era él quien le había dado el poder a Mokóngo con la fuerza de su Prenda. Debía quedar libre, exento, por derecho propio, de los castigos que amenazaban a los demás. Castigos que su magia infligiría, y que por lo tanto, no podían alcanzarle en modo alguno. Como hechicero, seguiría, a lo largo del tiempo, en la serie ininterrumpida de los Nasakó, adivinando, asistiendo, y protegiendo con sus artes a la Sociedad y a sus miembros. Presente en todas las ceremonias, siempre en el butâme, junto a Ekue, alerta al enemigo encubierto que lleva al santuario un polvo malé-

---

[1] Manaká: significa algo especial, privativo de un gran personaje.

fico, pronto a deshacer la acción nefasta de la brujería de los vivos, a alejar a las sombras aun más nefastas de los muertos, con las yerbas profilácticas, —sus Siete Yerbas Buenas,— [1] que tiene a mano en una cazuelita, con la pólvora, ekún que guarda en un cuerno.

Del prédico Nasakó, como en el pasado, tomarían consejos todos los moninas. (—"Nasakó era y es, la tranquilidad de una nación. Así entre los sangabiá o moninas de Potencias distintas, suele oirse esta puya: siro umbarino Ña Nasakó efimeremo atereñán Iyamba anamutu nchene krukoro. Esto es: si en tu Potencia el brujo es bueno, en la mía también lo es.")

Más andando el tiempo, Nasakó habría de ser jurado.

—"Fue Morúa Yuánsa a buscarlo al monte, a la cueva en que vivía con su ayudante Ekoúmbre. Le dijo que Iyámba estaba muy enfermo, que era necesario que fuese cuanto antes a curarlo. Pero no era verdad. [2] Un pretexto para llevarlo al baróko. Llegó con sus medicinas, Nasakó Sakúsá, con sus yerbas, a la puerta del Fambá e Isué le presentó el Sése. Después de purificado por su ayudante y rayado por Mpegó, se lo entregaron a Isunékue y

a Ekueñón que lo llevaron ante el Fundamento. Y así fue como engañado y por sorpresa, juró Nasakó."

[1] Nasakó bokoirán sumbrikamá, ñéne Efor anangobié aprofañé: Adivino y seleccionó las Siete Yerbas de Ekue que son buenas.

[2] Pero es cierto que en otra ocasión. Iyámba enfermó gravemente. Y de veras fue menester ir a buscar en su cueva al Ñene Metón, (médico que cura con su magia) para que sanara el rey. Así y todo Nkríkamo lo llevó engañado al pueblo con su ayudante Ekueúmbre.

Este relato reza así en abakuá:
¡Jeyéi bári bári bário bakóngo. Asére no mi Nkríkamo Obón Ntui Obón Yuánsa anamoruá obótubá dikurí Iyambéke Efor atakuá Irión sisé Obón úbio isán isán Ekue abutúba Yuánsa chánko nombira Mosóngo Nkanima Nséne Nasakó bekombré ororó Efiméremo nawenbá teñón Umpábio irión irión áta ororó unwetá efori kaitó Nasakó bekurí Efór bekómbre ororó asokáká Kufón bayúmbaó.

Y Nasakó miró el mal que tenía Iyámba: Nasakó ubiá burañé.
Lo limpió como limpió a Tánze: Nasakó afogókimúsa Iyá erúka meñón.
Y le dio a beber al rey el agua de su prenda.

Nasakó, según los oficios que practica recibe un nombre diferente: Nasakó sakusá, cuando llega al santuario con las yerbas frescas del Monte. Nasakó mbóri menú mentiero, cuando "sentenció a desgracia", es decir, dispuso que sacrificasen al chivo. Nasakó forótamo, cuando preparó un cuerno para guardar dentro la pólvora; Nasakó lorí muñón, cuando purificó los plumeros de los Obones; Nasakó kuríbetán, cuando se sentó a trabajar, esto es, "a hacer las brujerías", —Nasakó membán. Nasakó mdiminifán: cuando encantó la escoba de yerbas que defiende su casa actuando ésta como un guardián — "como un Elegua de lucumí". Nasakó sápa kuereñón: cuando purificó las cuatro esquinas, "los Cuatro Vientos" del cuarto sagrado... etc. etc.

Nasakó le había enseñado a Iyamba todo lo referente a la magia de Ekue; a preparar el embrujo, a producir la Voz.

A Iyamba encargó del Secreto, Mosóngo móto, — aseseré awána móto awána yín Mosóngo Ekoi. (El Tambor donde está la Voz de los Antepasados, de los Ekoi",) y le entregó para sonarlo el sacromágico güin o "yín", saékue, la caña de Castilla, ligera como el alma de Sikán, engalanada en su extremo superior con la blanca pluma que la simboliza.

Erúmia nbóko ibio niyén niyún Tánze agüeri akuaramina ntamia negüe ebio niyún: por este bohordo de caña, nos dice ese inuá, desciende la Voz de Tánze —Tánze unido a Sikán. La Voz que al morir el Pez tornó al espacio; la Voz —el Espíritu— que vuelve y se aloja en el yín.

En el Itón besóko del Iyámba, atributo de su dignidad, grueso bastón hueco forrado con cuero de chivo, se guardan los yín. Nasakó lo hizo de caña brava, y cupieron en él veintiún güines. (No se pone en el altar. Por las atribuciones del Iyámba en la Justicia de la Sociedad, se le llama "Vara de la Paz y Juez y parte.")

—"Dueño del Saékue, Iyámba pudo decir: Iyámba yambumbé amuñóngo Efor: sin mi no hay Ekue". La traducción es un tanto arbitraria, (Iyámba yambumbé: Iyámba suena. Amuñóngo Efor: el Tambor de Efor) y aunque a falta de Iyámba otros sacerdotes están autorizados para "fragayar" tañer el Ekue, esta frase sirve a los Iyámbas criollos para jactarse de su importancia en el rito Abakuá.

Por el sagrado y misterioso oficio que realiza en el santuario, Nasakó le confió la confirmación, —Akaibiotán,— de los indísemes, neófitos, y le fueron dados los títulos de Iyámba Wára Kasike Ekue. [1] Iyámba Kekeré Bongó. [2] Iyámba Mosóngo Anandokie

---

[1] Iyámba wára kasike Ekue: Dueño, propietario de Ekue.
[2] Iyámba kekeré Bongó: Iyámba cuando hace gemir la Voz en el tambor sagrado. El que hace hablar lo sagrado, a Dios.

Abasí. [1] Nandokié Iyámba Na Moruá Ñanguiriri Mosóngo. [2] Iyámba Manantiororó. [3] Iyámba Tiétié. [4] Iyámba Kurukié. [5] Iyámba Awéremí. [6] Iyámba Béko Béko. [7] Iyámba Mbára Saékue. [8] Iyámba Yambumbé, [9] y otros más.

A la pluma que se puso en la caña: Ubia nfentón. Al momento en que la fuerza sobrenatural trascendió a la caña y el Alma se introdujo en éste: tén méneyayo. A su bastón, Itón Néné. A la pata del Ekue que le corresponde: Ikuéna Iyámba. (O Mamborí nánsuo).

Iyámba, pues, rey de la "nación", y que marca en el divino parche el signo sagrado con el yeso amarillo, —Múna Tánze semi ngómo sarokóko Ekue etá Iyámba— es el jerarca del sacerdocio abakuá, porque produce la Voz que habla a los iniciados en el recinto puro e inviolable del santuario. "Sacerdote de lo más oculto", —Iyámba namoruá ñanguiriri Mosóngo farukié okóbio abakuá: la virtud mágica del Iyámba hace hablar al Secreto. De lo más oculto y misterioso, porque "fragaya", entiéndase: el alma recogida en el yín, él la junta a su materia. De este contacto del yín, del alma de Sikán, con el cuero del chivo, que el rito mágico ha transmutado en su cuerpo, en la carne de la Sikanékue, brota la Voz que el Iyámba hará escuchar durante la iniciación, "nacimiento" o "entrada", todo el tiempo que duran las ceremonias, las de consagraciones de Plazas, o las de "nllorós", o ñámpe— en los oficios de "despedida" o de "salida" cuando Ekue llora a sus hijos muertos.

Iyámba permanece oculto en el Fambayín, detras de una cortina, con el divino tambor entre las piernas, mojando los dedos en sangre y fricando el yín de arriba abajo, com ambas manos. Canonicamente debe oficiar con los ojos vendados.

Iyámba Mosóngo bakueri nkiko une mbára kaúne mbóri bakri bafión mokúba Ekue nkiko moreré: Iyámba no puede producir la Voz sin antes ofrendarle a Ekue la sangre de un sacrificio.

—("Es el poder que está en la sangre lo que revive, lo que da fuerza a la Voz. Lo que alegra y hace ñanguiri, sonar bien

[1] Iyámba Mosóngo Anandokié Abasí: Iyámba por él habla Mosóngo, (lo divino).
[2] Nandokié Iyámba Na moruá Ñanguiriri Mosóngo: "El primero es Iyámba."
[3] Iyámba Manantiororó: "Iyámba junto al Fundamento."
[4] Iyámba Tié-tié: "Iyámba, el del Fundamento que se colocaba sobre los huesos de Sikán y lo sonaba."
[5] Iyámba Kurukié: Iyámba que termina su oficio, o se ausenta del Fo-Ekue.
[6] Iyámba Aweremí: Iyámba tiene en sus manos el yín.
[7] Iyámba Béko Béko: "Iyámba con el yín apoya el espíritu de Sikán en la materia, en el parche del tambor."
[8] Iyámba Mbára Saékue: Iyámba con el saékue en la mano.
[9] Iyámba Yambumbé: Iyámba produce la Voz.

a Ekue. No es lo mismo humedecerse las manos con otro líquido. Aunque fuese con Umón Abasí, de allá, de Umón Kamaroró, [1] no surtiría el mismo efecto. ¡Mejor efión, que umón kenerí!")

Aunque volveremos, y se nos promete que con lujo de detalles, a ocuparnos del Iyámba, y lo veremo en función, así como a los demás sacerdotes, quede dicho desde ahora, que su misión consiste principalmente o exclusivamente en "hacer conversar, chamullar", a Ekue.

El mecanismo que produce este sonido selvático, bestial, que parece emitido por un ser viviente pero ignoto y tremebundo, ya es bien conocido del vulgo.

La leyenda nos describe al mítico Iyámba de los comienzos de la sociedad, "que era también un gran brujo de Efor", (como todos los antepasados Abakuá) anciano venerable y cegato, que andaba "isán isán nanumbre aprosoribá"; muy despacio, muy despacio, guiándose vagamente en las noches por la claridad lunar: Iyámba itebañé nanumbré.

"Namumbré significa persona que está sufriendo un castigo, e Iyamba que fue y será una gran figura en la religión, no sufrió ninguno, que yo sepa", dice J. U.

Aunque muchos viejos lo niegan, son numerosos los relatos que hacen referencia a la ceguedad del máximo sacerdote Abakuá.

En cierta ocasión, "Ekueñón que le servía de lazarillo, como Iyamba no veía nada, lo sentó en unas piedras. Iyamba buscaba a Ekue y Ekue estaba debajo de las piedras."

Quizá por esto, que puede interpretarse como burla irreverente o engaño del lazarillo que es no obstante, el fiel "servidor de Ekue", Iyamba creía que Ekueñón lo había traicionado. Por lo menos muchos fragmentos aluden a una traición que no se explica claramente.

Junto a Ekue, Iñáyutia, es el Iyamba ancestral.

MOKONGO

Si a Aroko Sisi Iyamba, rey de los Efor, —"rey nato de Bekura"— se le reconoció como sacerdote máximo de la nación, "responsable de los nacimientos", en Mokongo, el Gran Guerrero

---

[1] Con las aguas sagradas del mismo río, del río Kamaroró. Umón Abasí, Umón Kamororó: "agua bendita de Dios", (Abasí) del río Kamaroró, con la que se lavaron y bautizaron los obones. Umón keneri: agua mezclada con sangre. ("Por la santidad de efión, (de la sangre) y del agua", ambos líquidos se mezclan.)

de los Efor, el Abanderado, Yabuyabúya, en el padre de la Sikanekue recaería la Jefatura Suprema. A él le correspondía personificar, en la Sociedad el concepto del Poder absoluto e ilimitado de la fuerza y... de la Justicia, al servicio de la fuerza oculta de Ekue.

A tan alto cargo, le dio derecho, más que nada, su paternidad. Especie de Abraham abakuá no es necesario recordar su historia en la versión que sustenta como tradicional S. y T.

Los abakuás le deben nada menos que la inmolación saludable de Sikán, convertida por su sacrificio, en Madre salvadora y santa de los hijos de Ekue.

De ahí que el signo de Mokóngo, su firma, Arakasuáka, sea fundamental e inseparable del de Sikán.

Mokongo ordenó y autorizó con su firma, —que simboliza el círculo de la base de la güira que llevaba Sikán al río, y el círculo del parche del tambor— todos los ritos, y desde que estos comenzaron hasta que terminaron, Mokóngo ofició, es decir, "estuvo continuamente en plaza."

—"Era el hombre más viejo y respetado de la tribu, Akoromáyo abarikambá Efor Mokóngo eribonséne kerefión bóko añóngofembé. Mokóngo méta obijurá kamborí. El más anciano y venerado de Efor. Eribonséne, el más importante. Le dio sangre al Fundamento y fue consagrado en Bekúra, inclinado ante Ekue con su chivo, figuranza de su hija."

Desde las primeras profesías del Adivino, le hemos visto intimamente unido a Nasakó, "buscando con él la verdad del Poder oculto, hasta encontrarlo."

A Akoromáyo abarikambá Efor Mokóngo, además de ser el padre de la Sikanékue, por sus propios merecimientos se le otorgó la plaza que entraña las mayores responsabilidades y trabajos en la Ponencia.

"Mokongo vale vivo y muerto. Aquel primer Mokongo murió en cuerpo, mas no en espíritu."

—"Es el dueño de Mbori, ("porque era padre de Sikán.")

Y repetimos con la insistencia desesperante de los abanekues, lo mismo para aclarar una idea, como para hacerla más turbia: "padre y dueño de Sikanekue, logicamente es dueño del chivo, de la víctima que sucedió a Sikán", o más exacto, "que es la misma Sikán", por la virtud mágica de los ritos.

Mokóngo bijurá Kambóri: el Imperecedero jefe de Abakuá. El primero de todos los iniciados que bebió la sangre de la genuina comunión: la sangre de su propia hija, y comió de su carne. Este jefe no muere, —"no puede morir nunca".— [1] Su espíritu permanece en la membrana del Fundamento.

[1] En ninguna Potencia la dignidad del Mokongo puede permanecer vacante.

Su pluma se llama Etón-Etón; Kosiyeremá la pata del chivo que le corresponde del sacrificio; Obán néne, o Akuá ñangansiro mofé su cetro, en el momento de ser sacramentado.

No nos extenderemos aquí en hablar del padre de Sikán, descendiente del gran Besoko de Efor que murió sin iniciarse, [1] "Justicia, Respeto y Poder Absoluto" de la Sociedad. Si el lector tiene paciencia de seguirnos de nuevo hasta el fin de estos apuntes, asistirá luego a su consagración, en un "nacimiento de tierra", de Potencia, y en esta importante ceremonia que reactualiza como todas al baróko de Bekúra Mendó Usagaré, volveremos a ocuparnos de Mokóngo y escucharemos también los nkámes de prez que lo glorifican.

En el proceso ritual recibe los apelativos siguientes: Mokóngo Yabutame: Mokóngo se encamina al templo. Mokóngo ura kambóri. Mokóngo juró con el chivo su dignidad. Mokóngo Bekusí: Mokóngo fue consagrado. Mokóngo Masausé: Mokóngo era un hombre que actuaba pausadamente. Mokóngo Makoiko: cuando en torno al cadáver de Mokongo se entonan los cantos funerales. Chabiáka Mokóngo Machébere: Chabiáka el Mokóngo de tierra Efik, "el hombre valeroso, gallardo", (chébere).

¡Móserí Efor es el espíritu del antiguo Mokongo junto a Ekue!

ISUE

—Y fue consagrado el Isué, Isué Nansése, el sacerdote del bautizo y del juramento al fuego de la vida, y a la luz que la alumbra, —kauke Eribó— [2] y a los atributos del Secreto divino.

Esta vela, —nkalú matongó— cuya luz vence a las tinieblas en el misterio que precede a la iniciación y que el neófito sostiene en su mano mientras oficia el Isué, también lo hundirá, si perjura y delinque, en oscuridad eterna. Pues la vela que hoy sustituye a la leña prendida, se guarda para hechizarlo, si en el porvenir su conducta mereciera el castigo justo e inexorable de Ekue. En un bákri ñámpe, en una ceremonia fúnebre en que se le llora en vida, se clavarán en ella, veintiún alfileres [3] o más bien, veinte y una espinas de pescado, atravesándola y dejando clavado en la vela un papel con el nombre del culpable, indigno de perdón.

[1] "El padre de Mokuiri se llamaba Osobianabón."
[2] La vela, kauké Eribó, simboliza el fuego que engendra vida. "Ubelé kanabián náke aumetan: es la vela que se enciende en el butame, para que se aparten los malos espíritus." E invocar el de Sikán.
[3] Si no merece pena de muerte, varía el número de espinas. Siete, catorce, para enfermarlo, —hechizarlo— "hacerle penar un poco."

Es de gran importancia cuidar que las puntas penetren en ella inclinadas hacia abajo. Las espinas al mismo tiempo que se hunden en la cera, se hunden en la carne del obonekue, hieren sus centros vitales. Se explican los motivos que han dado origen a este martirio. La vela se enciende al revés, se consume enteramente y en ella se consume la vida del traidor.

—"¡Que te derritas como se ha derretido esta vela", se le dice, —lo dice Nasakó Ndíminifan Kounko [1] pidiendo mal para el culpable en el momento en que se la envuelve en un papel donde están escritos su nombre y apellido, y se lleva la vela al tambor de Nkríkamo. Allí se da salida a las fuerzas que se encargan de castigarlo. Explota la pólvora que arrastrará el ánima del culpable y se derrama sal fina, se sopla el polvo que se ha hecho con los derechos de su nacimiento. Polvos de maní y de jengibre. ¡Que te conviertas en polvo, como este polvo!

"Y a ese hombre se le despide en espíritu de la Potencia como se despide a los muertos. Se le derrama el agua, como a los muertos camino de Unpánwapán, del camposanto, cuando sus hermanos lo llevan a enterrar. ¡Ese hombre ha muerto!"

Otros castigos, de acuerdo con la gravedad de su falta, se aplicarán al obonekue. Azotes: veinticinco, máximo. Era lo tradicional. Los reglamentarios veinticinco azotes que los blancos hacían llover sobre las espaldas de sus esclavos, y los negros que tenían esclavos, sobre los suyos. Estos eran más bárbaros. O bien en vez de veintiuna espinas o agujas hundidas en la cera, —transmutada en carne por la magia,— sólo siete espinas, que ya catorce pueden ser fatales y dejar al ñaíto, mbiamé, enfermo de gravedad. Y veintiuna, mortales, sin darle tiempo para apelar a la bondad y clemencia de Akanawán, la Madre que perdona y no castiga a sus hijos.

("Ni en Africa, ni en Cuba cuando vivían los antiguos, escapaban los ñáñigos a sus faltas. Y eran duros los castigos que imponían las Potencias. El Nasakó registraba, —adivinaba— con sus mates. Los mates lo descubrían todo. Decían la verdad. No era necesario que nadie delatase.")

Una vela encontraremos ardiendo en el Kufón Ndibó, junto a Ekue. Unos dicen que Aroko Sísi, otros, —en la versión de mis viejos,— que Nasakó ordenó que sobre el signo de Iyamba, resplandeciera siempre una luz, para que el Espíritu jamás se apartara del rincón sagrado. No obstante, la claridad puede permitir que por transparencia, si no es espeso el paño, se vea a Ekue a través de la cortina.

[1] Nasakó descalzo, ejecutando un maleficio.

—"La luz desvía a los malos espíritus. La vela se enciende para que las ánimas de los muertos, aprovechándose de las tinieblas no perturben al Iyamba ni a los que entran al Iriongo, a Mokongo, Isué. Isunekue, Ekueñón y Mpegó."

Cuentan que cuando Iyamba "fragayó yin", —hizo sonar el Ekue— se le presentó un espectro: Ikú Yáya Ireme afé afé akondometa, —o Isún mbeleká tisún añóngo iro...

Los okambo, los viejos, aconsejaban para evitar este peligro a los dignatarios, dibujarse una crucecita, un "Cuatro Vientos" atrás, más abajo de la nuca, pues "si viniera un espíritu, la cruz lo defenderá; el espíritu se apoderará de la cruz, pero no del hombre."

Hilario Betongó, citaremos uno entre varios casos conocidos, penetró en el Fó-Ekue. Detrás de la cortina, se halló cara a cara con un fantasma, sin duda el de Sikán o el de algún Antepasado abanekue. Aterrado, echó a correr.

—"Y es que por muy valiente y por muy ñáñigos que seamos, de pronto la vista de un fantasma hace perder la cabeza."

"Yo le hacía una ceremonia a un muerto grande", me cuenta un Isunekue, ñáñigo de valor bien probado, "y ya tenía preparado el butame, y afuera, a la sombra de un árbol los derechos, —ofrendas— de aquel difunto. Habían ido a buscar la Voz, y cuando Nkríkamo trajo al Ireme Anamanguí al Fambá, había tres o cuatro obonekues en el patio. De pronto, todos huyeron. Es que vieron a un viejo Ekoi, y al Mokongo Belo, que ya eran muertos, entrar en el Fámba, y el miedo les hizo perder los estribos... A mí, lo confieso, se me heló la sangre en las venas. No los vi, pero me horripilé. Creo que por eso no eché a correr. ¡Yo que tenía que quedarme allí, por fuerza, con el muerto... y con todos los muertos, aunque no los veía!"

Además de la cruz trazada en la espalda, como sabemos, el Nasakó provee a los dignatarios que penetran en el Iriongo y fragayan en ausencia del Iyamba, de un amuleto, "Controlador de Muertos", que deben llevar en el bolsillo, sobre todo en los oficios fúnebres, porque actúa sobre los espíritus como un imán. "Los muertos", explica un Nasakó, "van al amuleto, y éste los prende, quedan dominados. De manera que en vez de posesionarse del Obón, se posesionan del amuleto que los agarra."

Se llama Kokorikó Abatabá Mendó. Es un cuerno pequeño, o un caracol, como el que muestra la fotografía, relleno con tierra de cementerio, —pagando al cementerio un derecho en metálico— polvo del hueso frontal de un cráneo humano y cenizas de una cruz de madera. A la pequeña calavera de pasta que obtura la boca del caracol, se la rodea con cuentas de colores, —que no

(Foto: Josefina Tarafa)

Kokoriko Abatabá Mendó.
Amuleto o "resguardo". El "controlador de Spíritus", de un ñáñigo.

Amuleto o "resguardo". El "Controlador de spíritus", de un ñáñigo.

pueden ser rojas, sino blancas, negras y amarillas— y por detrás, al fijarla, se le unta cascarilla.

Si el ñáñigo, como sucede en la mayoría de los casos, es también "hijo de Ocha", devoto de los orishas lucumís, los collares de cuentas del color del dios de su devoción lo protegerán doblemente. Ser abakuá no excluye ser "hijo de Santo" (orisha). Ni, por supuesto, aun nos lo repetirán muchas veces, católico. Pero lo más eficaz para el ñáñigo, la mejor protección, el amuleto que debe acompañarle siempre, en el momento en que se invocan y acuden los espíritus es Kokorikó Abatabá Mendó. Pues apenas suena un tambor, "los muertos van a oírlo. Van de todas partes, oscuros, claros, malos, buenos, y hay que estar defendido.

Ekisón o Ekiñón [1] precavido, tendrá un Kokorikó para que no lo agarren."

"Al Isunekue de Bakokó, Nicolás González, se le olvidó su Kokorikó. Llamaron la Voz. Vinieron los espíritus. ¡El chaparrón de espíritus! Cayó al suelo, quedó como muerto. Nasakó consultó", —con las fuerzas ocultas— "le preguntaron: ¿dónde está su resguardo? Y le aconsejaron que más nunca dejase de llevarlo. Si lo hubiese tenido, nada le hubiese pasado."

Nasakó confió al Iyamba el cuidado y la manipulación de Ekue; al Isué encomendó el Sese.

Los ñáñigos nos comparan la dignidad del Isué y sus obligaciones en el templo con las de un obispo católico. Es, nos dicen, Insún Isué Ngomo Soiro nteñe-obón Abakuá yantín Abasí obón eriero, "el Poder eclesiástico de la sociedad."

Isué Sese eroko kambíra makararí kambémbe mofé bekondó Ekue Uyo kénde amanámbero maé awana, chikiriongo Ekoï Sése nandibá Mosongo: es decir, El Isué quedó facultado para tocar con sus manos el Fundamento, por dentro y por fuera, y para colocarol sobre su base en la orilla del río. Le incumben todos los cuidados que al Sese se refieren.

De Isué, —"Osuko eriero, su nombre y apellido"— nos comunicaron hace tiempo esta historia. [2] Proviene de Mbemoró, versión del ñaíto Tomás Despaigne, Isué de Kamaroró Efor, y de Hermenegildo Pérez, Isué de Ebión Efor.

—"Isué fue robado por las mujeres. Le hicieron las Firmas para probar su valor y murió con ellas.

[1] Simples obonekues y obonekues que desempeñan cargos en la "Nación" o Potencia.

[2] Ekoi Isué Ekoi Isué Eneme Bongó Abasí Bomé. Ekoi Isué Mbemoró umón Abasí itekerebión. Ekoi Isué ñenemeguán ñenemigueñé Abasí Mokóngo Biuraka Mbóri, maguán megenén ndubia megenén Ndibó Ekoi Isué Isué Sese Eribó Ekoná chécheribó ngomo ñeneguán Sese maguá maribá kendeke maribá nánsao mokimbán Abasí itónbere aprokurí mafimba matinde obé maribá.

Su madrina era Akariñé y su padrino Yeremí.

Con el agua del Secreto bautizaron a una mujer. En su piel me escribió, dijo Isué. ¡No sé quién es Mokongo, que para jurarme, (consagrarme) hubo de sacrificar a un chivo!

Dentro yo del río, bautizándome, mi madrina Akariñé, que estaba sobre una piedra se hundió en el fondo. Al desaparecer en lo profundo del río, mi madrina Akariñé me legó todos sus títulos. Por eso soy Isué..."

(La "Mujer" le dio su Secreto a Isué, —eñéne miguéñe Abasí Efó— Matinde Obé maribá, su madrina le traspasó su poder, se repite en varios "tratados".)

Una relación no menos curiosa, ésta aparentemente de procedencia Orú, nos dice que la mujer, (eñéne) Eñéne gabia ibana ngabia, hablando con Isué creía que era otra mujer.

—"Isué Oseye: Isué parecía una mujer". [1] Se vestía como una mujer.

De Isué nos habla también la leyenda del pájaro Nkerepá Ndóbio que presenció la muerte de Sikán y habló después con voz humana.

¿Qué dijo este pájaro?

Según una historia que hace reir a algunos obonekues, y que otros tachan también de "ñangaliana", de invención criolla, —pero es difícil afirmarlo, consideran los mas,— dijo que al torcerle Mokó (Ekueñón) el pescuezo a Sikán, —como hoy se lo tuerce al gallo que ofrendan los indísime— ésta suspiró ¡Ñangué! (me muero) y que antes de morir había dicho: Voy a sufrir pero callaré, (nkéne); cuando yo esté podrida hablará mi hedor, (sísi Eñón nirión kamá); el Viento, —antrogofó— le llevará el olor de mi cadáver a las tiñosas; okokoribó, los gusanos lo devorarán pero, ¡Ndibó Ekue Ndibó Siene! mi espíritu sonará con el Pez.

Si cedemos la palabra a este pájaro, nkerepé, o mejor dicho nkenepé, obtendremos sobre Sikán ("Araúpapa Sikanékue Akamarán") otras noticias que sin someterlas al juicio severo de Saibeké, también forman parte del mare magnum de leyendas que circulan entre los ñáñigos y que añadimos al rimero de papeles en que están consignadas las que nos han ido dando todos nuestros informantes sobre "los principios del mundo", cuando "mandaban las mujeres", "una bruja era la única dueña del fuego o del agua", "hablaban los animales", "Dios andaba en la tierra", etc. Relatos en los que se advierten reminiscencias de un régimen matriarcal, y en concreto, en lo que se refiere a los que conservan nuestros ñáñigos, a la existencia de un sacerdocio matriártico, del

---

[1] —"Imaribérán kábia kábia berañene Muñánga itiá berokábia." En tierra Muñánga, dice un informante, Isué vestía de mujer.

que formaba parte o era Sikán, "como una Iyamba, dueña de Ekue." [1]

Y no ignoran los viejos, copio, "que había mujeres en el Calabar que jugaban como los hombres en sus potencias." [2] De ahí, que otros viejos estén conformes con... lo que habló el Pájaro. Sin extrañarles, tampoco, que un pájaro pueda estar dotado de palabra, pues nada es imposible ni raro en el mundo espiritual en que se mueven.

¿No son algunos pájaros vehículos de espíritus, como la lechuza, —Sunsúndámba de los congos— la Ekueñuza de nuestros abakuás?

("Con sangre de lechuza, Isunekue había preparado una terrible brujería para vengarse de Nasakó, culpable de la muerte de Sikán. Pero el gran adivino pudo conjurar el peligro que le amenazaba.

—Soka kobuto sugerema nameremba! ¿Quién ha visto lechuza con dinero? Se dice en broma. Yo... yo la he visto.

La lechuza tenía atada en una pata una peseta fuerte, que brillaba. Lo que le habían pagado para que hiciera el trabajo... ¡Y qué trabajo! Se lo dije al Nasakó de mi juego. Aquel pajarraco durante dos noches vino a posarse en el alero del patio, frente a mi cuarto, y nadie más que yo la vio en el solar.

Me la habían mandado para embromarme. Fue dura la guerra, pero no caí.")

Acostumbrados a las divagaciones de mis colaboradores, a su orden, que reflejan y aún tratan de conservar por fidelidad estas notas, diremos cómo el pájaro Ekenepén, Eruñandió o Ekerepó, [3] denuncia la muerte de Sikán, que tantas veces nos ha sido y quizá aún nos será recontada.

—"En una cueva murió la Mujer, la dueña del Secreto. Y le dio a Isué su poder. A Isué, Ekoi Isué Umon Abasí atekeré Ebión, a quien juraron en el río, bajo los rayos del sol. Matindé Obé Maribá, su madrina, le dio el Poder. Y la mataron porque no quería entregarlo. Y ella lloraba. ¡Soy su dueña!

[1] Dice Fernando Ortiz: "Estas leyendas de la Sikanekue, de Orúmiga y de Kashashi, (se refiere a la esposa de un rey bengongó, del Congo belga) parecen evocar acontecimientos históricos o por lo menos legendarios ocurridos en la transición social de un régimen matriártico a otro patriártico.

Antes la potencia esótérica del terrorismo místico político y sancional estaría formado y regida por las mujeres." (Los Instrumentos de la Música Afrocubana, T. V. págs. 248-49).

[2] Y aún existen esas sociedades secretas integradas exclusivamente por mujeres.

[3] Pájaro de la tumba, de la muerte.

Yo vi derramar su sangre, yo, un ave de paso que estaba posado en la rama, ¿Echitúbe aropá akuá Sikán? ¿Por qué mataron a Sikán? Para robarle su Poder.

Y Majebia, que era su comadre, dio su traje, y en su traje la envolvieron, y la colgaron del árbol. Pero la ropa que ella tenía, su ropa, —banawá— fue bandera de su nación. Yo, Nkenepé ndobikó erenebón Ukano itiá yeribá efión Umón sanga Ekue...

La firma o emblema del Isué, "del Obispo Abakuá", que es el mismo signo, el primero, Nkoró, que se estampó en el parche del Sése, se llamó Eñón Eñón Makotero. Su plumero o muñón, achecheré Isún, bankenéwa bán kenewá Ekoi.

Ekue Ikuena Isué, se llama la pata de Ekue que le corresponde, y la parte de Mbóri que le pertenece, la pata derecha delantera: nankeré bikié o emíwéñe Efór.

El momento de transferir el Espíritu al Sése cuyo cuidado le fue encomendado: Bére Ubio.

Sus títulos en el proceso ritual: Isué Sése. Isué Sése Ngómo yanté Abasí Obón eriero: Isué es el gran sacerdote de la Madre Naturaleza que sacramenta con el yeso bendito. (En Efik, Isué Eribó Ngómo). Isué Yantereré: en el momento en que traza el signo sagrado de su consagración. Isué Nansése: depositario o Ministro del Poder Divino. Isué Asukurukuantiyén: cuando está en sus manos el Santísimo Sacramento. Isué Ekona Checheribó, Isué Naberetó Iyaó, y otros.

El espíritu del primer Isué junto a Ekue: Olinimóto Sése.

ISUNEKUE

Isunekue, Akabiandé o Akái Biandé, el sacerdote que recibió en el Eaúbe Efór baroko nansáo, el título de Isún Amunandún Sése Ekoi Afabetó, (Obí Uraka mundi) juró con Ngómo isuába sáusa: Efión nkima Mosóngo nyugueré Sikán Abakuá nkombán Abakuá ntombarére, ser fiel a Ekue hasta la muerte, es el Dueño de la Voz definida, el representante de Sikán. Isunékue ndúbe, Guardián de la Voz que se manifiesta en el Santuario.

Isún fue denominado Isunékue, y en Sánga Abakuá, en la religión de Ekue, representa a la Sikanekue, como nos dice un nkame de los muchos que se recitan o cantan en torno al Dueño de la Voz Definida.

"Isunékue", nos dijo C. "también es dueño del parche del Secreto, donde puso el Adivino los ojos del Pez, los ojos de la mujer, y untó sus dos sustancias. [1]

De manera que Isunékue representa la sucesión de los Parches en el Fundamento."

Recordemos que en la versión de la historia que defienden Saibeké y Tánkewo, Isún era el marido de Sikán. [2] Seguramente por esto, "Isunékue vale por tres obones."

Fue y continúa siendo, a título de marido de la Sikanékue, quien en el momento más trascendental de la iniciación, el de la Aceptación, diríamos por nuestra cuenta, introdujo y no ha dejado de introducir en el sanctum sanctorum a los neófitos.

El recogió las palabras de los primeros Indíseme tendidos en el suelo, mientras Iyamba levantó el Ekue sobre sus cabezas y produjo los tres soplidos con que el Secreto respondió a sus juramentos.

Isún, Isunékue, que junto al Fundamento llamaron Isún Tóto Békó, tiene potestad para "fragayar". [3]

Dijo Iyamba:

—Ekue soba robane Isún Ekue mbara Akanarán Yín afomaseré Umon itón kuririongo mbara Ekue. Y le entregó el sagrado Saékue, la caña de Castilla, mientras el viejo rey, para reposarse un rato, salió del iriongo y dejó a Isunekue reemplazándole. Fambayín Isunekue yín ñinguí fabáka: e Isunekue fragayó, hizo hablar a Fabaka, al misterio.

[1] Isunékue noinó noinó Sikanékue noinó tumbé baróko Sikanékue nyéne efión akoneyó Aberisún korokó unpón mawó Afokondó Uyo wása gandó maribá india Obane akuniñón Sánga Abakuá mafimba itá baróko Isunékue akaniká eromiyé brikamo ntarábia anamañón.

[2] En otras versiones, como ya sabemos, se afirma que Isunékue "debe sus títulos a Sikán porque la acompañó vendada al lugar del sacrificio, donde Abére o Aberisún, uno de los dos mellizos, cumplió la orden del Tribunal, autorizado por Mokongo."

"Como Isunékue era el representante", —o el recuerdo— "de la Sikanékue, cargaba el Secreto adonde quiera que se llevaba."

[3] —"Isunekue por el poder que Nasakó dio a Mosongo con su magia: —newe afokondó ndibó muna Ekue otán buramba Ekue amana yín Nasakó umpabio",— pretende un joven ñáñigo guanabacoense, "también hace chamuyar a Ekue: Ekue Isunekue Mosongo mbrachiman.

La Voz llegó al Iriongó e Isunekue con el güin en que se alojó el alma de Sikán en sus manos, dio el primer sonido para comenzar el plante." (¡No, dirá T. el primer sonido no puede darlo más que Iyamba!)

Según los ñáñigos de Matanzas otro ejemplo típico de estas historias, urdidas por heterodoxos, en Guanabacoa: Amarakibió aguana itón Mokongo itiá mogó: en la guerra se le cayó el bastón de mando a Mokongo e Isunekue lo encontró. Mokongo lo nombró Ndube. (Ndube es Santuario. Isunekue Ndube, en el Santuario.)

Fabaka, nos informan, al preguntar si es otro nombre de los muchos que recibe Ekue; "Fabakariongo, era un barril que hacía las veces de Ekue en tiempos de la colonia, cuando más se perseguía al ñañiguismo y aún había carabalís. Los viejos lo desarmaban rapidamente, quitándole el parche y las cuñas. Si entraba la policía, a la vista no había más que un simple barril...

Fabaka daba un sonido sordo, un úóh! úóh! uóh! ronco, que no llamaba la atención de la pareja de guardias civiles como el Ekue, mucho más estridente, y que en ciertos momentos era demasiado peligroso sonar, porque la autoridad enderezaba las orejas.

Se empapaba bien el parche con sangre y aguardiente, y daba un chillido muy apagado. ¡Así y todo, a los ñáñigos de Ebión le llevaron su Fabaka!

Tenía sus tres pies, que se quitaban también muy facilmente, y el Iyamba fragayaba de pie."

En fin, Isunékue Ekue ntábia ororó mokriumbarino Isún Baibó, representa a Sikán en la religión.

Sus apelativos, según los actos rituales que realiza, "sus títulos", como dicen los ñáñigos: Isunékue Seseribó, con el Sése en sus manos; Isunékue Ndube, cuidando el Secreto; Isunékue Nkíko Wanamóto, presentando el gallo; Isunékue Mbrachimán, Isunékue Bijuráka Múndi, prestando juramento; Isunékue Nkíko Ñangansène, Isún Dibó Máka Máka Ndibó. Isunékue Mboriko: con la mano sobre el chivo vivo.

—Isunékue es Mañéne Obón, es decir: el Abakuá perfecto, Isunékue Mpanaí, por su consagración al Sése.

A propósito de la firma, o emblema de Isunékue, se nos ofrece esta explicación.

—"Ekue tiene tres patas y cada una pertenece al Obón que es Iyámba, al indiobón que es Mokóngo y al nteñene Obón que es Isué. La firma de Isunékue vale por la de los tres jefes. En cada una de las firmas de Iyámba, de Mokóngo y de Isué, aparecen cuatro óvalos, o cruces. En la de Isunékue, ya sea de rama Efor o Efik, aparecen doce óvalos o cruces y óvalos, porque si no le corresponde una pata de Ekue, en cambio, le corresponde el parche, y él los representa a todos."

Su emblema figura en la cortina del rincón del Misterio.

Cuando Mpegó trazó su signo, dijo:

Jeyéi benkamá Mpegó mongobión atotoró négui amogoró tindé itén mbára ibiokóko narobia ngómo erugé erugé akámba yéne Efor otawo iriongo Isunékue Branchimán soboró bane ngómo basaróko isuaba sáekue Isún Ekue ndúbe kiko guána móto Bijuráka Múndi.

Y los obones respondieron:

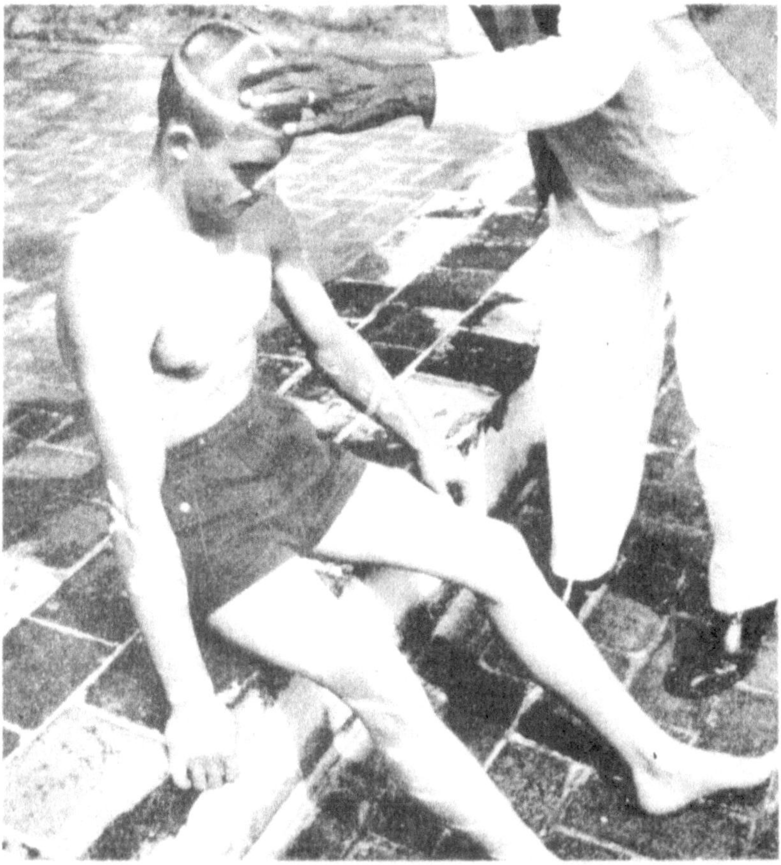

Mpegó trazando los signos de la iniciación en el cuerpo del neófito.

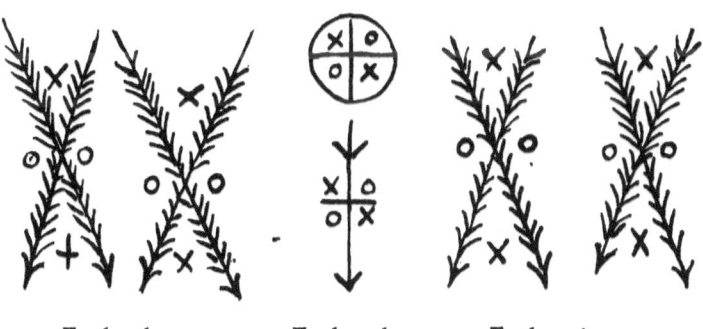

En los brazos.   En la cabeza   En las piernas.
                 y el pecho.

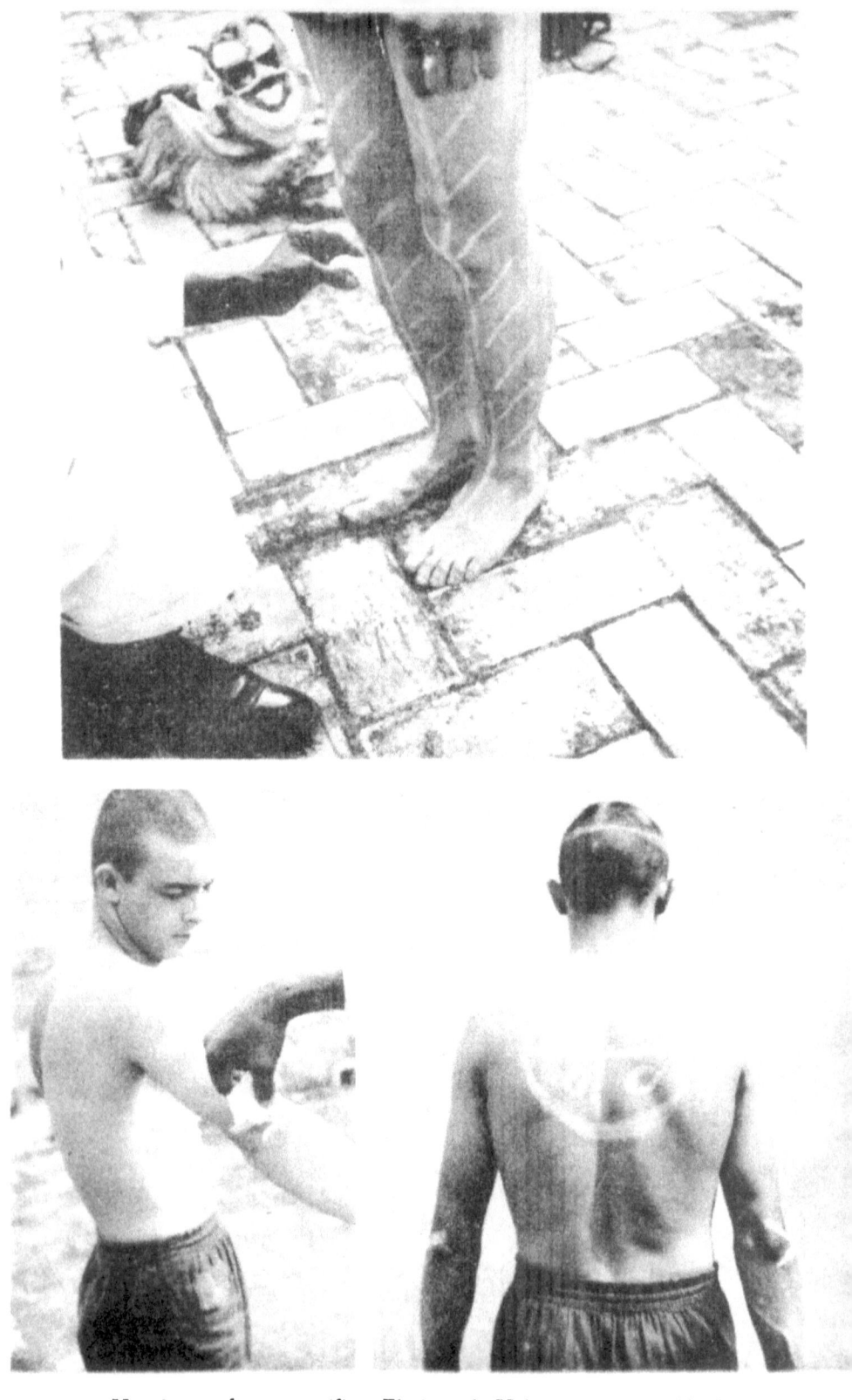

Mpegó rayando a un neófito. El signo de Mokongo en la espalda de un obonekue que será honrado con la jefatura de su Potencia.

El Obonekue después de consagrado Indiobón.

(Foto: Pierre Verger)

Arriba: Arakasuáka yá butáme, círculo para colocar al Fundamento, que queda oculto dentro del Fó Ekue.

Ñón Sambáka yá Butáme gandó Erikuá, trazo que sale del Fó Ekue.

Mpegó dibujando el Ñón Sambáka yá Butáme gandó Erikuá, continuación del diagrama fuera del Fó Ekue con los emblemas de Mokóngo, Nasakó, Ekueñón, Sikán, y el símbolo de la iniciación, —Indiabakuá,— que aún no habían trazados al tomarse la fotografía.

"Este fue el primer plante que se hizo para despedir el alma de la Sikanékue."

¡Isunékue Ndúbe nkiko guanamóto ngómo sausá Isún Ekue isuába saúsa!

En el Irión, junto a Ekue, su espíritu es Obio Mundi Efor.

M P E G O

Mpegó, (Abinará Bomé, [1] se recordará) antes de la Consagración de Usagaré, el Ireme Kánko Umbiro Kánko, es el Cumplidor de las Órdenes del Poder Absoluto. El Escribano de la Sociedad. El sacerdote de los Símbolos y de las Rúbricas, el dueño de los yesos, el trazador de las marcas y diagramas sagrados.

Mpegó asistió a todos los primeros ritos con su tambor kánkomo Abasí, el que ordena que se ejecuten los mandatos de Mokóngo, y a su lado Abasongo, con su cetro, símbolo de la Responsabilidad, la Justicia y el Derecho.

Fue su tambor, recordemos en Wanabekúra Mendó, el primero que recibió la Voz Divina. [2]

"Al trasmitírsela, Nasakó dijo: ¡Asúko Aromiñán Asúko Ereniyó! y le llamó Aminarán Bomé. E Isué al consagrarlo con Nasakó en el Baróko nánsao de Usagaré declaró: Mbá Kibiama enebión Efor aminurama Ekue siramó añánga Abasi mesón añóngo bómio aseréré Mpegó Kairosa ndéme okóbio mirubia Nasakó ñánairóban itá makondó Ekue otán físi ereme nkóboro: [3] que el tambor de Mpegó y Ekue eran lo mismo". Idénticos sus derechos, pero Ekue quedó oculto, y Mpegó para Guardar el orden.

Cuando Nasakó tuvo en el parche del Mpegó unidos a los Dos Espíritus, —Umóko Efor,— dio gracias al Sol y lo envió a la orilla del río a recibir la sangre del sacrificio.

Nasakó vertió la sangre y exclamó: ¡Mpegó Mogobión ekóko ibiomó ekoriantán ekoreotán Mpegó tangri asóko mbanikué!

Y al colocar aquel Muñón —Unbario— que le hizo a Mpegó con la pluma del pájaro Aguaríbio de tierra Mutanga, —dijo: Ntibára sére bekamá Irión Ngómo achécheré muñón Awaríbio

---

[1] "Abinará Bome, es una tribu, y el nombre del Jefe."

[2] Nasakó betabia umpabio sanga moto aborokibia Erendió Abasi Ekue tamafion kondóndó Otán komuseré ndibó muna ndibó munaé nandibá Mosongo Mpegó Guanabekura Mendó ndibó makaró mofé béso nkaño suabasi yayo.

[3] Dicho de otro modo: (en Nangaliana): Mpegó Boko Asuretemio akuri fotanko mireketami kufón ira meñón nkeritamo Ekue Ndibó akuá miyara yambumbé maseritien Iyamba: "Nasakó dijo que Mpegó es tan sagrado como Ekue, porque nació del pez y su espíritu es el mismo de Ekue."

Motánga Mpegó nkíbia Muñóngo Ekue. —"Al Gallo que purificó el cuero del parche de Mpegó lo llamaron Nkiko Inarobia Nasakó Ekue ritamo Ekoko bomí."

Mpegó trazó los dos primeros Símbolos, el de Oddán, el río sagrado, y el de Bekonsi Sanga barán Ekue, el del árbol sagrado, la Ceiba, recinto de los Espíritus y genios del monte ,y luego todos los demás. Y al terminar el del baroko, con los Obones hincados de rodillas dijo: Efori nkarí ndibó Muna: Con el poder del Omnipotente tracé los signos de este barokó.

Y los signos que dibuja desde entonces: Nyuao Makaterére Ndibó, no se borran en este mundo ni en el otro. Mpegó Mogobión unaróbia apangána róbio: Mpegó con los yesos, el amarillo de la Vida, y el blanco de la Muerte, es igual que un dios. ("Los signos crean y dominan: lo que no está marcado no es sagrado ni tiene realidad.") Y a Mpegó se le llamó: Mpegó Ereniyó Ekue, — mostrando su tambor. Ekue que puede ser contemplado. Y Mpegó Unaróbia apangána róbia: cuando después de marcar con yeso amarillo un atributo sagrado, toma otro, lo marca y lo coloca encima del que había marcado anteriormente. Mpegó Nkómo basaróko: cuando pasa el yeso blanco sobre el signo dibujado con el yeso amarillo.

Mpegó Mbára Unarósa: trazando un signo — un "bangó" o "gandó" cualquiera. Mpegó Itén Mbára Itén: con el yeso bendito en la mano. Mpegó Mbára narábio bayankán senúne: dibujando con cascarilla de huevo el signo itón bána, —la cruz— en el centro de la cabeza del neófito.

Mpegó Mbariéta Kankómo Ndibó: Mpegó en el acto en que arma su tambor y coloca en éste su plumero. Mpegó Iyamba: cuando oficia o dialoga con el Iyamba. Mpegó Akurí Bongó: en el acto de marcar el Fundamento. Mpegó Mogobión: autorizando un rito.

Su plumero se llamó Unchecheré Muna, una vez puesto en el tambor.

Sólo el plumero, Umbariéta. Su firma: Ayeretán bengué, que es la misma que aparece en el parche de su tambor. Y éste, en el instante de recibir la Voz Divina transmitida por Ekue, se llamó Ubiógo.

Mpegó no puede separarse de Iyamba [1] mientras duran los oficios abakuá. Mpegó Mogobión Ekue Ereniyó: es el sacerdote que autoriza el rito con su tambor que se ve. Al empezar los oficios rezó el Primer Mpegó y continúa rezando: Munakondó múna kondobá Sankantión Manantión dirá Mpegó Mogobión itén Mbára itén emíyefó amanántiororó Ukáno bekónsi itóngo Mpegó

[1] Mpegó Mogobión Akaribongó mutusia kendéke mutusia Sése awana Mbákara Mpegó Iyambao.

Mogobión Akaribongó Abasí téte nyúgue unaróbia panganaróbia Mpegó Yansí benkáma Obé! Traducido: para atraer la Voz del Secreto y reunir a los Espíritus en el cuero comienzo a dibuja con mis yesos los símbolos sagrados de la religión. [1]

Y presentó sus yesos a los Astros: Amurikán Sése amuriamá Abasí itán Sése, y dijo: Asúgo ndorañé. [2]

Mpegó dibujó en el cuerpo de los neófitos —ereniyó pangána miyé— los signos de la iniciación y los llevó al Butáme, al templo, jurando a la vez ser para ellos un hermano hasta la hora de la muerte.

Marca (cantando) los objetos sagrados, marca a los neófitos, a los Plumeros, —Afia Muñón Mbára Múgo— de los Siete Grandes dignatarios.

A él, por mandato de Mokongo, lo marcó Moruá Ngómo. Sin embargo algunos ñáñigos creen que por mandato de Nasakó, fue Mokongo quien le dibujó en el cuerpo las señales sagradas: Awanana Mpegó narobia awán boribó: "fue rayado al pie de Ukano bekonsí" —de una ceiba o de una palmera— "por la voluntad del Gran Poder."

Un ñáñigo también nos habla de la pluma de un pájaro de tierra Orú, llamado Mokeré que le sirvió al Mpegó para describir los signos. (Semitenten Oro Mokére, etc.)

"En el principio, los signos se trazaron con barro, un barro color de ladrillo."

En fin: cuando al catecúmeno abanekue se le pregunta: ¿néwe Mpegó ndibó? si éste es buen estudiante, y "nkama bien", responderá sin titubear: Mpegó barokó mbara intén nyuáo. Que quiere decir: Mpegó es el representante del valor unitivo de los símbolos en la Consagración. Firma la autorización de celebrarse el baroko: Bekonsí Afiá rufié yugué yugué Ekue Mpegó Ekue anaforuána.

Por el valor de los signos, "él une y vincula a los hombres con el Secreto", y con el más allá.

Isuñabiá es el espíritu del primer Mpegó junto a Ekue.

EKUEÑON

A Mutié, al verdugo de la Sikanekue, Nasakó le otorgó la dignidad de Ekueñón, Ministro de la Sangre. (Servidor de Ekue). "Mokó", nos cuenta la historia Abakuá, "era Chénguene Kerom-

[1] Mpegó Mogobión Unaróbia sanganaróbia, índiseme paraguáo kénde yayomá butáme akamányaré bijura ñóngo témio indiabakuá mañairión.
[2] "Ya estoy marcando."

bia, o Nchéngueneke, como dirán algunos ñáñigos. Desde su territorio, por la orilla del río que lo atraviesa, espiaba a sus vecinos los de Efor, y vio, escondido en la maleza, las primeras brujerías que éstos hicieron con el Pez. Los amenazó con divulgar lo que había visto si no le daban participación en aquel gran misterio. Lo aceptaron los de Efor, y renunciando a su corona, para servir a Ekue pasó a tierra de Efor. Y dijo: Mo mi Ekueñón Tánkewo: yo, Ekueñón Tankewo, rey de Nchénguene Kerombia, entro en el Santuario para servir a Ekue y seré su esclavo. ("Ekueñón ararisú; esclavo de Ekue.")

Chénguene Kerombia, Móko, recordaremos, iniciado por Nasakó en el primer baroko Nánsao en que sobre el cuero de Tanze, juraron los Siete Primeros iniciados, los antiguos unfarán Ekue,— habría de matar a la Sikanekue cuando el tribunal que la sentenció lo eligió "por sus méritos" para ejecutar aquella misión tan honrosa.

Por esto Mokó, desde el "nacimiento", y por los siglos venideros, quedó encargado de los sacrificios, de preparar la Mokúba y de buscar la Voz en lo secreto del monte, cada vez que celebrasen los ritos.

"—Akuá, matar" —explica quien desempeña este cargo en su Potencia— "y Kawán bóko, es decir traer de la manigua en su tambor a los espíritus de Tánze y Sikán, es su misión, —alamiñán— [1] en todas las tierras ñáñigas."

Después de sacrificar a Sikán, enterró parte de sus restos en medio del monte, entre los raigones de una ceiba, a la orilla del río. El sólo sabía donde estaban esos despojos y allí fue a buscar su espíritu cuando organizada la Sociedad y distribuídas e instruídas las Plazas por Nasakó, hubo que llevarlo a Ekue kankómo muna mbori, (al Ekue Efor o tambor divino sellado con la piel del chivo).

—"Irás a buscar al Espíritu de Obón Tánze y al Espíritu de la Mujer, cuantas veces sea necesario. Haz de verificar que los derechos estén completos, que no falte un sólo tributo. Le darás de comer al Fundamento, y a todos los Espíritus, prepararás las sangres de la comunión, y cuando termine el Achabaké", —el plante— "despedirás y darás gracias a los Espíritus que los acompañaron" le dijo Nasakó, continúa el actual Ekueñón que nos informa. "Y así Ekueñón e Iyamba cuando se organizó la Sociedad en Usagaré, en Bekura Mendó, purificaron a Ekue con Eremomio y Saúmio [2] y lo colocaron en Iriongo. Ekueñón tomó el gallo del sacrificio, y vivo lo presentó ante el altar, y cantó: Jeyéi baribá bario asére krúkoro indiobón mañóngo bakoró mi

[1] Obligación, deber.
[2] Yerbas y agua bendita. Saúmio, incienso.

ayereká Abasí nteñenebón bakankúbia eforí sísi obonékue tán kanirióngo ekún berefión fitún bariyén Sése kiko úne Sése núne abarankó obonékue obonékue. Con el gallo en la mano se dirigió luego al rincón sagrado —Fo Ekue o Iriongo— formado en el ángulo del santuario por una cortina de fibra de palmera en los orígenes, y cantó para que Iyamba le permitiese entrar: Asere Obón Iyamba indiobón abakuá eriongo meta otéte ayeripongó mbairán Abasí nkima Abasí Ekoi efión ntogoñene eriongo meta.

Entró en el Fó Ekue, y cantando: Ekueñón Tankewo ñá jékue alamiñán Ekueñón ararisún asokobó Iyamba kikoñón akuá ñanguirirí. Sése Abasí erio kambo kiko dóchan... le mostró el gallo ya limpio y marcado al Mosongo, (o tambor sacrosanto). Ata yugué yugué, —le cantó entonces— "mbará kaune Sése núne abarankonó Abasí lorí kamá ñene ukobio Usagaré Abasí lorí kamá ñene Ekoi. Awarakandiké awarakandiré Abasí kiko Ekueñón alamiñán búton afón eriero...

Y se llevó el gallo a la cabeza, y lo sostuvo apoyándolo en su cráneo mientras le cantaba al Fundamento.

Apotacho eribá eribá awana kiko akurí mapá Mosongo anandókie yámba kiko wana móto efión ororó kiko aborikiñangué ukobio ñene indiabakuá...

Vivo el gallo, Ekueñón le arrancó las plumas en torno al cuello y las que crecen debajo de las alas, —ndemepá— y las colocó formando círculo sobre el parche del Secreto.

Anameró, anameró fembé, cantó Ekueñón disponiendo las plumas. Después le arrancó la lengua, —inú beraka ibiana— y en el centro despejado del parche orlado de plumas, la colocó durante unos instantes.

"A Sikán la mataron para que no descubriese el Secreto... Por eso se le arranca la lengua al gallo. Y para que no hablen los iniciados, que van a comulgar con su sangre."

Cantó: Eforí etán moruá Ekue efión tán korikó isaékue Mosongo moto awana Sése obó Iyamba... Ekueñón kiko ná ñongá kiko ñón akuá moruá tibá Ekue aranikakuba Miñón yuao.

Y luego; Yugué yugué efión Efor...

Ekueñón nantú kifé Ekue biráka ibiána: Ekueñón le arrancó la cabeza y con la sangre pura, —araní kakúba— que brotaba pero que él contenía oprimiendo el pescuezo con sus dedos, trazó una cruz sobre el parche exterior del Secreto, diciendo: Efión nkiko makararikambíra. Y otra, en el parche interior: Efión nkiko makararikámbémbe. En este momento, cuando virtió la sangre sobre el Secreto, Ekueñón se llamó: Bakribáfion... (La sangre se derrama sobre el Saékue, la caña de Castilla, y cae en el Secreto descendiendo por ésta).

Salió del Fó-Ekue, se dirigió al altar y con el pescuezo sangrante trazó otro Cuatro Vientos (cruz) en el Sése, en el tambor de Mpegó, en el suyo y en el de Nkríkamo, en el Itón de Mokongo, en el de Iyámba, de Mosóngo y de Abasónga. En los parches de los cuatro Nkómos o tambores de la música, en los Ekón, Nkaníka, en los nsenisén o efomirémos, y en los ídolos de los viejos dioses, Tácho, Ntácho y Naberetacho.

Virtió el resto de la sangre, sobre los "derechos", las especies que se le ofrendan a Ekue y a los espíritus, ñame, maní, jengibre, ajonjolí, plátano, caña, y un pedacito de arencón que había triturado y tenía depositados en una jícara, para mezclarlos con la sangre, y mientras ésta goteaba sobre la ofrenda, Ekueñón cantó: Efóri asoko nanbioro moto... [1] ("Cuando Ekueñón prepara los derechos, se canta: Botuba nene botuba beyó Mosongo moto iria bario asoato iton akana meruru Ekueñón bekonsi".) En fin, cuando terminó de preparar la mokuba chupó la cabeza del gallo y la colocó sobre el sese, diciéndole: nkiko ndire molopó awana sese arari arari ntemesóro Sese unkoroñé."

Se cuenta que una vez que Ekueñón chupó la cabeza del gallo, de la succión no extrajo ni una gota de sangre. Aquel gallo tenía poca sangre. Juró entonces que cuando no hubiese sangre en abundancia que ofrecerle al Secreto, él le daría de la suya... Así todo Ekueñón está obligado a cumplir el juramento del Ekueñón mítico, y en caso necesario con los espolones, —nkelán— del gallo anémico, se hiere el pecho, del lado del corazón, hasta obtener la cantidad de sangre necesaria.

Ekueñón alimentó al Fundamento con su sangre" [2] ¿Que no haría un verdadero Obonekue por su Madre? De un Iyamba del pasado, cuentan también las historias, que inmoló a Ekue un hijo suyo. En Africa, Ekueñón, que era cazador, le sacrificaba leopardos, y... hombres. Se habla en algún "tratado" de la piel y la sangre de un muchacho llamado Otán Beke que inmoló Ekueñón.

Ekueñón depositó después la vasija llena de sangre al pie del Misterio, cantando: Mokúba Sese nyuaó kunafembé Abasí Sese mpanaté Sese akayabú Ekueñón ararisún. Arrojó la lengua del gallo al techo del Santuario e introdujo el cuerpo debajo del Ekue, y cantando: Nkiko motoriongo amanabión iriongo meta nandibá fisi, el Iyamba le trasmitió tres veces, la Voz Sagrada". Es decir, fricó la caña, produciendo tres sonidos sobre el cuerpo descabezado del ave. (Y en la comida de comunión, al Iyamba le correspondió la pechuga del gallo. A Mokongo el muslo derecho, a Isué el izquierdo, a Isunekue el ala izquierda, a Ekueñón la derecha y

[1] Nambioro: jícara, cazuela. Nanbioro móto: todo objeto hueco, recipiente.
[2] Ekueñón asoko biorima ñanguiriri eróko tamfión asokobión tanfión Ekue.

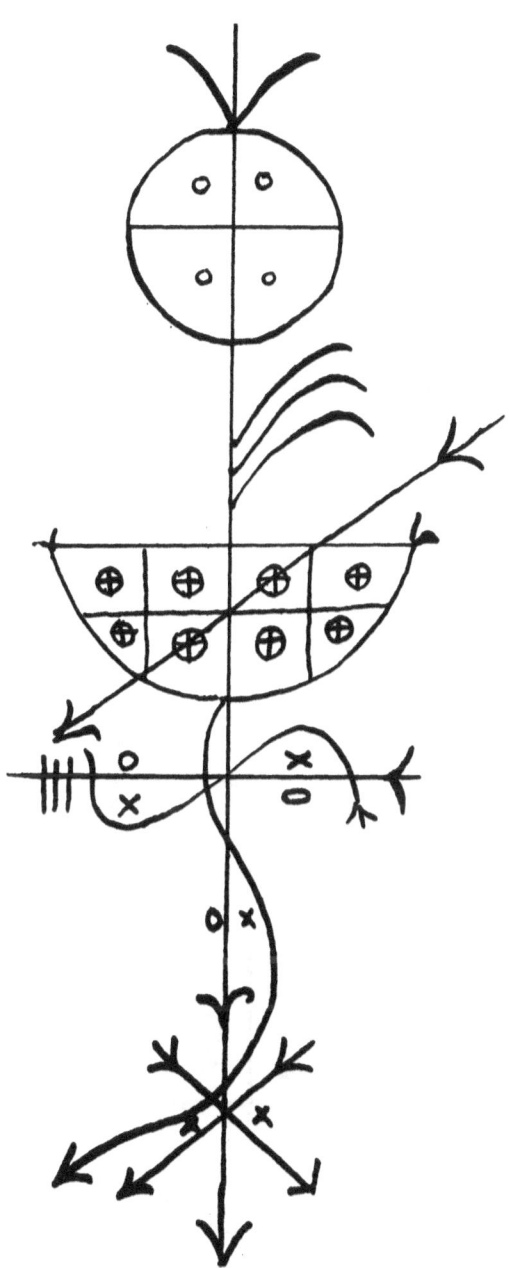

Autorización de Baroko.

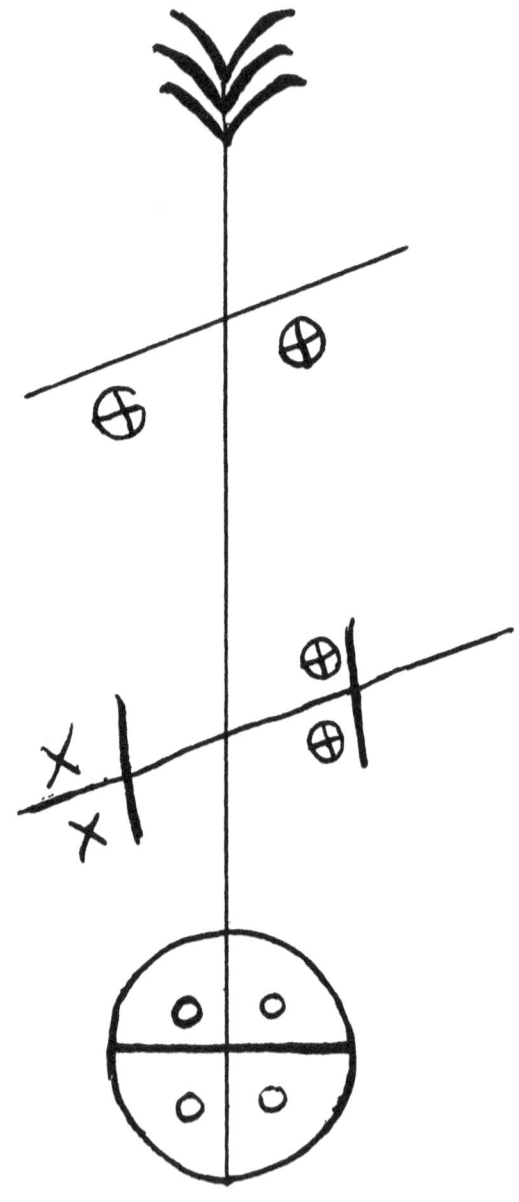

Eñón Suáka o "patíbulo". Gandó para sacrificar al chivo.

al Ireme Nkóboro, la cabeza. El caldo de la comida de comunión se llamó Afé afé.)

—"Entienda", nos dice un ñaíto, "que el cargo de Ekueñón es de los más importantes de la sociedad. La primera Mokuba, —Mokuba kuyogo etá mafimba Kamá— la hizo Nasakó... La hizo desliendo la carne de Sikán con la carne del Pez, que tenía guardada, y mezclando su sangre con la del Pez. Con ella marcó el yeso y el Primer Fundamento, y comulgaron los primeros iniciados en la religión de Ekue.

Luego, cuando en Bekura Mendó, nacieron las Potencias de Efor ya no fue Nasakó, sino Ekueñón quien preparó la Mokuba."

Repartió la sangre y las especies en tres cazuelas o jícaras, que se colocan cada una junto a una pata del Secreto.

La de Mokongo, Mokuba Efori nibio, que éste envía al río con Eribangandó, en ofrenda a los Espíritus de Tanze y de Sikán. Sí, nos explican, porque el alma de la Mujer que guardaba el Secreto del río, hablándole a Nasakó, en las conchas con que él interrogaba a las fuerzas ocultas y éstas les respondían, le hizo saber que era imprescindible, para llevar la Voz al Ekue, ofrendar una mokuba en el río y en los Cuatro Caminos. "Así se expresa en el nkame que dice: efori meta Ireme Yambumbé untairo ñéne meta umpábio Nasakó munánga borokembán bóko akorosamio eromo aserirán eroko Ekue makaró ndibó maserendé Nasakó ekrenisún Ekue betambré Ekue Efor munánkene ana morina kisón Erobanduma Efor mokuba amanan yuáo."

La del Isué, la mokuba de comunión y consagración de los adeptos, o Aransene, que Isué les dio a beber ante el Ekue, después de recibir sus juramentos; y la de Iyamba, Mokuba Efori Semia, para que el jerarca de la religión se moje los dedos y "fragaye" el sáekue, la caña de Castilla, con el poder vital que reside en la sangre, y la instile continuamente en el parche del tambor. ("La primera mokuba, que preparó el Nasakó, y con la que hizo hablar a Tanze, se llamó Efori obia, mokuba ebirión kuyogo atama fimba nkamá. Después, al transferir la fuerza del güiro sellado con cuero de pescado al Ekue Muna Mbori, se le dio el nombre de Efori Sémia. La de la comunión, que hoy administra el Isué, y que bebieron Los Siete Primeros de manos de Nasakó, Efori Ika, (luego aransene); y la de Mokuire, Mokongo Efori Obia, Mokuba ebirion beromo mokuba yán yaribó, que se llamó y se llama, efori níbia...)

Y en trece jicarillas, repartió las mokubas que bebieron al nacer los Trece dignatarios en el Baroko de Usagaré.

Por los trascendentales oficios que le incumben a Ekueñón y a Iyamba, ambos desde el origen de la religión y hermandad Abakuá estuvieron estrechamente ligados.

Ekueñón preparó las yerbas, autorizado por Nasakó para lavar a Ekue, [1] —Ekueñón awaripó kufón obón Abá— y entre los dos lo purificaron. Ekueñón bakribafión ñanguiriri efori sisi Iyamba: Ekueñón mata para que la sangre fortalezca al Espíritu e Iyamba lo haga hablar...

Hoy Ekueñón dice y hace, recordando lo que hizo y dijo el primer Ekueñón: Ekueñón ararisún Iyamba musán kendubia itón bere betán maruyán ñón akuá aberitán inoko fabaka irión inoko... que significa: soy esclavo de Ekue y sin mí Iyámba no hace chillar a Uyo. Que también se expresa de otra manera, y otras muchas en varias Potencias de Efik: Ekueñón Erisún Mbori erorokiñán erofia kanabión Seseribó Iyamba moni Bongó. Soy esclavo de Ekue, estoy para lo que me manda Iyamba. Para dar de comer a Ekue y al Sese.

Mientras duran las ceremonias, Ekueñón se sienta ante la cortina del Fó-Ekue cuidando que nadie más que Iyámba, Isunékue, Mokóngo y el Isué pasen al Iriongo, (Ekueñón Fambayín). En ausencia de Iyámba, Ekueñón, celador de la sangre, siempre estaba en su puesto. [2] Y cuando Iyámba trazó su signo en el Secreto, dijo: Ekueñón ára fembé fambayín asére mbóko Ngómo basoróko abórotínde Iyámba atotobé.

Naturalmente, Ekueñón fue el hombre designado para conducir al chivo, a Mbori, al santuario y consagrarlo Obón Obonekue, título que en rigor sólo debe dársele al chivo, y que se arrogan a veces los ñaítos. En este momento se le dice a Ekueñón: Ekueñón umbómia lorimé.

Cuando Nasakó lo autorizó para que lo llevase al río Sagrado, se recuerda que Ekueñón dijo así: Isán isán awaranitén berebetó obisoroma anantumbira miyara akuá.

—"El chivo estaba amarrado en el tronco de Ukano. Lo había atado Mbákara Sese; para desatarlo Ekueñón le pidió permiso a Mbákara. Lo llevó al santuario y lo paró ante el Fó-Ekue. Tomó un manojo de yerbas de la wémba, —se llama así a una tina con el agua lustral y las yerbas (subrikamo) preparadas por Nasakó— y "dijo: Abisunbi mbori, e introdujo la mano por entre las patas traseras del chivo. Insumbi mbori abironkai asakuarakua nyogo sanga wanekón. Y le limpió los testículos, bironkai. Fue a la puerta y lanzó afuera las yerbas. Tomó otro manojo y comenzando por la derecha le limpió las cuatro patas. Diciendo: —nankereré bikué limpió la pata derecha delantera que le correspondió a Mokongo. La izquierda delantera: nankereré okié, que le corres-

---

[1] Ekue asukiabe, Maribó besuao: dirá el Iyamba en el momento de introducir en la tina el tambor sagrado.
[2] Otá Obó Iyamba ndiké Mosóngo Ekueñón ararisún Ekue eromiñán Abasi kankobiro.

pondió a Isué. Nankereré ikié, trasera derecha, a Iyamba; y nankereré binankié, a Isunekue. El costado derecho: insumbí aberokie, —u obironkae. El costado izquierdo: insumbi anubirán o anumbirán. Los cuernos: insumbi berene, o abereñe. Y el rabo: insumbi abinunsiá, u obironsiá. Cuando Ekueñón terminó dijo: Ekueñón Chenguenéke Fambá abisunbí mborí gato gato bakongo fimba bámba ŭn bekó...

(Bámba un bekó, que se lleven lejos y pronto la "limpieza".)

Después, Ekueñón presentó el pedazo de Ngómo, de yeso, ante la cortina del Iriongo. Sostuvo el chivo, y rezó: Ngomo Abasí kiñóngo arariñán Mbori Ngómo Ngómo arabesuao. Y comenzó a trazar los signos de la iniciación, en la cara del chivo, —añejiro— cantando: añajiró ngomo añariñán mbariñé. En el lomo, de la cabeza —anabisún,— al rabo, —obirionsiá,— y en cada costado, el círculo, —arakasuana,— dividido interiormente por la cruz y arriba y debajo de la línea horizontal, los ceritos, como dicen vulgarmente los ñáñigos ignorantes, los biané, los cuatro pequeños círculos que simbolizan los ojos de Tanze, arriba y debajo los de Sikán.

Dibujó a lo largo de las cuatro patas las dos flechas del signo de Indiabakua, el mismo que se marca en los brazos y en las piernas de los hombres, —"pues Mbori se convierte en una criatura humana"— y cantó: Mbori emí emiguéñe afánfaná muní aprofá Ngomo Mbori arabesuao wanbaná awán boribó Sése eroko bóko. Ekueñón oprimió entonces duramente los testículos de Mbori —ferénbeke— para arrancarle un grito de dolor, y con el grito, el aliento vital, a fin de que quedara impreso en el cuero del Secreto.

—"Ese berrido que da el chivo", nos recuerda un ñáñigo, "es el mismo quejido de la Sikanekue cuando Ekueñón le apretó el pescuezo." Es muy importante, y se comprenderá cuando tratemos de la transmisión de la Voz divina en el Nacimiento de una Potencia, que las voces de los animales, —lo mismo que las de los hombres,— queden en el parche de los Fundamentos que se están sacramentando. A todos se les hace gritar.

"Hasta la Jicotea [1] deja su Voz en los nuevos parches de Ekue, cuando se crean nuevas Potencias, porque Nasakó así lo hizo la primera vez, cuando murió el Pez, y trataba de reproducir la Voz. Sólo que no se sacrifica. No se mata jicotea ni cocodrilo ni maja. A la jicotea se la marca arriba en el carapacho el Arákasuána, la firma de Mokongo, y abajo, en la panza, la de Obonekue.

[1] Jicotea, parece que fue tan popular entre las tribus del Delta, como entre los lucumís, (yorubas) que han dejado aquí numerosas historias sobe este animal, prototipo de la astucia. "La jicotea", nos cuenta un ñáñigo viejo, "va al sonido de Ekue. Para una misión que tiene que cumplir se la lleva al río. En algunas Potencias las tienen sueltas, pero rayadas. Ellas saben...."

Jicotea es hijo de la tierra y del agua: alienta en la tierra y dentro del agua. Sobre la tierra, en tierra de Efor, le pusieron los signos; y para probar su virtud pues pertenecía por mitad al río y conocía sus misterios, Nasakó le enconmendó, para hacer alianza con el cocodrilo, que estampara el signo de Abanekue sobre el lomo del que era sagrado guardiero del río, Unkuari kanimán kuari. Jicotea cumplió el encargo. Se subió sobre su lomo y le dejó estampados los signos. Poco después, cogieron al cocodrilo, que los traía marcados en medio de la espalda. El cocodrilo fue adorado."

"Obonékue erobé Tánze Ekue". Ekueñón llamó la atención de Iyámba con unas palabras. Después de apretarle a Mbóri los testículos, lo condujo, ostentando todos los signos en su cuerpo, ante el Sése. Ya estaba presto para el sacrificio —Mbóri Ararisún. Ya era Mboriñé Bakóngo fímba. Lo presentó al Sése, —Mbóri Nanboribó Sése— y en una larga plegaria pidió perdón a Akanawán, —cada vez que Ekueñón mata un chivo se excusa ante la Madre, Iyá, por quitarle la vida— y es que cada animal que se mata, es como si se volviese a matar a la Sikanékue. De nuevo llevaron a Mbóri al río cantando: Anarikué nyuaó Umón anikeré. Y lo dejó atado en la Ceiba.

Cuando Ekueñón regresó de la Ceiba, llevando a la víctima en procesión para cumplir su sagrada misión de verdugo, cantó la primera oración que comienza: Awána nike nyuaó maribá koibá nanséne námbori, etc. [1]

Mpegó marcó la Ceiba y dibujó en la orilla del río el signo del baróko y los Gandó de las Plazas y, junto al baróko, sobre el signo que llamamos el Patíbulo, Eñón Suáka, Ekueñón procedió al sacrificio. De un toletazo en mitad de la frente, Aberiñán, su ayudante, abatió a Mbóri Obón Obonékue.

(Asére miñán otón Ekueñón ararisún akuá abakuá akuá yerendá Aberiñán bafiene Ekueñón sosórimákuá).

Y el palo que sirvió para matar al primer Mbóri se llamó: kiñán firáfia biráma fiantán.

Ekueñón elevó hacia el sol el cuchillo que le alargó Aberiñán. No era de hierro; era la aguja larga, afilada, de un pescado. (Del espinazo de un tiburón). Con éste, después de muerto, le cortó la cabeza, como se la había cortado a Sikán. Recogió la sangre en una jícara, —Mbarumao Emumio Mboríni— y mientras caía la sangre cantó: Niyára akuá tún Mbóri akamaribó asóko múmio añongonerí ñongo tángri.

---

[1] Esta oración, con otras relativas a este momento del sacrificio, y con todas las que se utilizan en la liturgia, serán publicadas en volumen aparte con la descripción detallada y ordenada de los sucesivos ritos que tienen lugar en el ceremonial abakuá.

Le presentó al sol la cabeza de Mbóri: Asére Ebión ndáyo, —le dijo al sol,— Asére miñón Abakuá, etc. Hizo una libación a los Espíritus del río, dijo; Berómo ndáyo, berómo Mbóri sén sén...

Y Saibeké, pontifical, vuelve a repetirnos: —"Fue en Bekúra Mendó Usagaré, donde sacrificaron al chivo,— en el que pusieron sus manos los Jefes. ¡Abasí Mendó kairán Mbóri atererimá Ekue! El gallo lo llevaron de Eforisún; la jutía para los muertos, que Nasakó había visto que su sangre era buena para darle a los Espíritus en el río y por primera vez se las dio en el Oddán, la llevó Abasongo de Umia. Como tributos, los congos llevaron el maní y el plátano. Nasakó había rechazado la yuca, el boniato y la malanga. El ñame era —y es— un tributo superior... Tanto que cuando muere un Obón, se le pone dentro del ataúd con un gallo que asfixia Anamanguí, a la cabecera del cadáver, con su firma trazada al revés. La sustancia del plátano y del ñame, el zumo de la caña dulce, que trajo Mbóko, tributo de la tierra Betongó, y del Moingo, el aguardiente de palma que trajo Isué, mezclados con las sangres, componen la Mokúba y facilitan, además, la acción de fragayar el yin.

Con la sangre y los tributos, Ekueñón y Nasakó prepararon tres Mokubas: la de Ekue, que se llamó Mokuba Ekue erebetó amanantete erufá okuana eroko mboko. La de la comunión de los Obones: Mokuba ñóngo sibo arakakubia muñón Mokuba erení yanyaribó erifa okuane eroko mboko...

La que Nasakó ordenó a Ekueñón que se le ofrendara al Río, —en el primer Embarcadero que tuvo Efor,— Mokuba nikue asoko mbanikue Tanze ndibó achabába monina nandibá Mosongo —nandibá mai asoko nabia erife unkuéna eroko-mboko, que virtieron cantando: kanko munanko murumbé ntenefión. ¡Oh, Ekue, Ekue, Ekue Usagaré!"

Y Ekueñón, habiendo rendido tributo de sangre al Río Sagrado, tornó al Kufón Ndibó, con la procesión, portando la cabeza sobre su tambor, y ofrendó la sangre del sacrificio a Ekue y a todos los sagrados atributos.

(Ekueñón ura ñongotemio Sese kondó batamú nitongó Eforiri Sisi yamba chikiririongo unsené Yamba ñánguiriri.)

Allí en el santuario, colocó sobre Ekue la cabeza de Mbori. "Y Ekue sonó al salir el Sol."

En aquel primer Baroko de Usagaré, sobre su tambor, Ekueñón llevó a enterrar la cabeza de Mbori. La acompañó el séquito de dignatarios, con todos los atributos, los Fundamentos, menos Ekue, hasta una fosa cavada bajo la ceiba, en el fondo de la cual ya estaban dibujados con yeso amarillo los signos que simbolizan la eternidad. Junto a ésta se colocó la vela que uno de los adepto traía encendida, y en torno los dignatarios; Ekueñón,

Eribangandó, Nkríkamo, el Morúa, todos. Nasakó y su ayudante Ekoúmbre purificaron la fosa con agua, aguardiente de palma, yerba y mekendé Abasí, humo oloroso de incienso. (Saumio) Tal como hoy lo hacemos. Y mientras Nasakó limpia, dice: Boto kean boto botorí keán boto atamá nseniyén, bóto sereke mbóto Ebión ndayo antrogofó, makoirén. Inuá bekamá Iyá béke Efor mifontanko Nkanima maseririón Nkríkamo Bongó Eribangandó eponá musagará nkiko akuritiá Mbara musére Efori ñánkue Obonekue Efor arukanbiá kuritiá akurí betánga unporó aprokurí itiá babai ntí beró apoítien tieró eromí ñangabión. Akereké inuá Mpabia inuángobia, eróko mbóko ateténtabia Efori kankomusa ebongó músa ampamparaná, musa Obonekue mántogoyó Bóko eroko mboko anamusa nanbékue indianikué Ireme Nkanima afán sún yúgue abarakó Akanawán diré Efori Mútí mútí musagará otán kuri wanana kiko tán bira kiko tángóbia Baroko akámusae akuá Efor Mótemio Efori Motemio akoriantún Baroko Eroko Sisi Iyamba fímba aprokurí mafímba. Isunekue obí juraka mundí Apapáremó Mokongo Má Sause Esukué ebión ará Abasí aromiñán efotanké kéwá itiá yusóngo. Ibio borá Esisi Iyamba Iyamba Mosongo Abása Lorí.

La vela arde junto al agujero. Nasakó tomó del tambor de Ekueñón la cabeza de Mbori y la depositó en un jícara con agua, sangre y restos de las ofrendas. La elevó al cielo. Dijo: Ekoria tún baroko akamúsae Abasí akuá lilú Abasí aromiñán Abasí kesóngo bése keñongo umbarino Abasí Bomé...

Puso la jícara con la cabeza dentro de la fosa y la cubrió con hojas de plátano. Todos los Obonékues se arrodillaron en torno, tomaron un puñado de tierra, lo llevaron a los labios y lo arrojaron dentro. Cuando el sepulturero, el Ireme Anamanguí, cerró la tumba, de nuevo Nasakó y Ekoúmbre pulverizaron el alcohol y aspergaron la tierra amontonada con el hisopo de albahaca y el agua bendita por la virtud de Sangá Manirión, de Efóri Sánga Barán Ekue, de Ifán Mamukere, de Akánamú, de Akanamerulu, de Brandi, de Subrikama Yeneforí, (las yerbas sagradas).

A los noventa días una procesión regresó a la tumba. Nasakó desenterró a Awana lúma Molopó, la cabeza de Mbori-Sikán, y la llevó al Santuario, donde la lavó en una tina, con agua bendita y de coco tierno, aguardiente, hojas de ceiba y de albahaca. Purificada, salió con ella del Kufón Abasí, se la mostró a los Astros, que aunque no se ven siempre están mirando detrás del azul del cielo y de las nubes. Los Astros derramaron sus virtudes sobre ella, y volvió a llevarla al Santuario. Allí la cabeza permaneció un rato junto a Ekue. Iyamba se encargó de guardarla secretamente... Del cráneo de Mbori se extrajeron pedazos que se pulverizaron y que se emplearon para hechizar, y para castigar, como hemos dicho, a los malos hijos de Ekue.

No pueden sacrificársele a Ekue más de tres chivo anuales. Y siempre se hace, como entonces se hizo, —lo mismo que se hizo antes con Sikán,— el entierro de su cabeza. Sólo en el bakriñampe, el chivo que se mata para despedir al espíritu de un alto dignatario se entierra definitivamente, como veremos.

—"Como se hace con el Sese, y esto lo ven todos los Hermanos, se hizo con la cabeza de Mbori: presentarla al cielo para que recoja la fuerza del sol puro, de la madrugada y de los Cuatro Vientos, —de Antrogofó máko irén.

El Secreto se presenta siempre a la Luna. Esto se hace ocultamente. En un monte. Llevamos a Ekue en un saco. Se dice una oración para que la luna lo bañe, su luz lo moje, lo cale, le infiltre su fuerza. Así las estrellas del firmamento le destilan su Poder; así recoge la esencia del Lucero Nandiwára Mbémbe, tan adorado. De Nchenepón, el Lucero de prima, y de Ncheneneri, que aparece a las cuatro de la mañana. La fuerza de Béngue... Béngue, el estrellón que raja la medianoche.

Cuando hacíamos carbón en el horno, los viejos tan pronto veían allá arriba a Béngue, más brillante que ningún brillante de la tierra, le hacían cortesías. Lo saludaban; le hablaban no se qué cosas. Luego decía Takuayó de Uriabón:

—Ya la noche va para la una...

A las nueve se veían bien siete estrellas que son muy puntuales, —se les decía a los niños que eran siete peces que había en el cielo,— las Siete Cabrillas, y salían las arrias con los sacos del carbón.

Ocho caballos cargados. El arriero va delante en el suyo. Los caballos van amarrados de las colas, y el último, el más práctico, lleva colgando del cuello una campana, tánki tánki, tankitán... advirtiéndole al arriero que no se han zafado las amarras.

No tenían reloj. Las horas de la noche se las decían las estrellas. Las conocían a todas; no se les perdía ni una... Los carboneros y los pescadores, son buenos estrelleros. En esto, son sabios que entienden a la noche.

Partían los carboneros con la ensarta de caballos. Andaban el mismo andar de las estrellas, calculando por ellas la distancia, para llegar al pueblo antes de madrugada o cuando ya no quedaban estrellas en el cielo.

El día lo dividían en tres partes. Ebión alalá, que es la hora del sol nuevecito de la mañana. A las doce, Ebión era Ebión, fuerte en medio medio de Nseniyén, —del cielo.

Se descubrían entonces, cuando sonaba la campana, ¡Ekón Abasí yaberomo! decían. (¿Hábrase visto que al sonar las doce del medio día son pocos ya los que nos descubrimos?)

Por la tarde, cuando el sol empezaba a perder fuego, y a bajar, a bajar, era Ebión Apotolá...

Pero como le iba diciendo, en las Piezas Sagradas, debe haber Fuerzas del cielo. Lo primero que hacemos los ñáñigos, al Plantar nuestro juego, es rendirles un tributo de adoración.

Los Astros comen cuando comen los Espíritus. Al Sol le pagamos su derecho cuando le mandamos a la ceiba a Sikán una tinaja, —debía ser un güiro,— con una vela a cada lado, una gallina blanca, blanca como el gallo que se le sacrifica a Ekue, con tres huevos y un pescado, que se le ponen en la parte que da al naciente. En cuanto sale, el Sol también coge ese tributo. El Sol come por la mañana. La luna por la noche. Participan de todos los sacrificios."

En fin, se explica que el tambor de Ekueñón, que recibió la cabeza de la víctima inmediatamente después de decapitada y la sostuvo hasta que Ekueñón la trasladó a Ekue, "—para que éste la viese y se convenciera de que se la habían dado"— tiene potestad para atraer y conducir a los Espíritus del monte al Secreto, en el Iriongo; y que su dueño, Ekueñón, el Ejecutor de la Sentencia y servidor de Ekue, realice tal operación en la Potencia cada vez que se celebraran los ritos.

"Ekueñón butairá mbára eróko fembé: y Ekueñón con su tambor en las manos, se internó en lo secreto del monte, en busca de la Voz. Es natural que los Espíritus acudan en cuanto oyen su llamada, ya que Sikán va buscando su materia en el tambor de Ekueñón, que se impregnó de su sangre y su sustancia cuando la mató, y que "en pos de la sangre de Sikán va Tánze"; ("por su sangre, Sikán se unió a Tánze: se unieron los Espíritus, y los ñáñigos se unen a ellos.")

—"Ekueñón fue en busca de la Voz con Nkríkamo y dos Obonekues más. Iba delante de él, (como va hoy), un obonekue con una vela encendida, para alumbrarle el camino a los Espíritus, y otro con una copa llena de agua bendita y un ramo de albahaca —Brandi Mosongo— para purificar el sendero y los aires.

Nkríkamo lo seguía moviendo el Ekón Ndibó.

Cuando echaron a andar en busca de los Espíritus, Mokóngo, lejos del Fambá, estaba parado bajo la sombra de un árbol. Pasaron junto a él, Ekueñón entonando la oración en la que anuncia que va a invocar a los Espíritus y que volverá con ellos para dar comienzo al Baróko.

Hicieron un largo recorrido, y en lo intricado del monte, los Muertos acudieron a la llamada de Ekueñón: Tón-tón-tón... Tin-tín-tín, sonaba Ekón kribia Ndibó, el cencerro que agitaba Nkríkamo. Y Ekueñón decía, mientras invocaba a los Espíritus: Awana kere iroña erebetó boko amiñaró makarará ibio tamo...

La Voz Divina se dirigió al tambor. La recogió entonces el Ekón, —que había captado en los orígenes la Voz de Iyá,— y Ekueñón y Nkríkamo volvieron del Monte con Tanze y Sikán.

Ekueñón entró en el Santuario; dio tres golpes en su tambor ante la cortina del Iriongo, anunciando a Nasakó y a Iyamba que con él habían venido los Espíritus.

Dijo a Nasakó, —Nasakó unpabio, Nasakó kundimayé, Nasakó sáku-sáku efori obia, efori ika, ¡obó Yamba! Kopo eriero, que prendiera Ekún, la pólvora que limpia y arrasa con el mal, para que los Espíritus penetraran con toda pureza en el Santuario y tomasen posesión del Fundamento. Nasakó kundimayé ekún balori abása lori munanga Ekue Mbori...

Que hable Ekue: ¡Abasí lori! Al terminar su oración y estallar la pólvora sobre el signo mágico, pasó la Voz instantaneamente, es decir los Dos Espíritus' se introdujeron en el Secreto. Abasa lori, musitó Ekueñón, y los Espíritus respondieron.

Mokongo ya pudo pasar al butame.

Como él condujo engañada a Sikán al Monte para que Ekueñón la matase, cuando el tribunal la condenó, teme el rencor de su víctima, y jamás asiste al sacrificio de Mbori. Hasta que la Voz no se manifiesta, Mokongo se aleja del Santuario. De ahí que a lo largo del tiempo transcurrido desde el sacrificio de Sikán a nuestros días, los Mokongos no penetran antes al Irióngo, ni permanecen junto al Fundamento.

—"Una vez que Ekueñón trae del Monte a los Espíritus ¿sabe Ud."— me pregunta el Mefémbre naberetó obonékue, el más sabio de mis colaboradores— "sabe Ud. cómo entran en el Ekue.

Podría pensarse que los Espíritus van a plantarse arriba del tambor, pero no es así. Entran por el gandó a posesionarse del parche, por debajo, por entre los espacios que median entre las patas del Ekue.

Suben y se van por el Sá-Ekue, cuando terminan las ceremonias..."

—"Cuando Iyamba comenzó a fragayar, —manamba mananbere yin,— Ekueñón se sentó colocando su tambor junto a la cortina, a cuidar del Secreto, y allí permaneció hasta que dio gracias y despidió a Tanze y a Sikán y a todos los demás Espíritus que los acompañaron en el Plante.

Así se invocó y se trajo la Voz al Baróko; y tal como lo enseñó en Africa el primer Nasakó, y lo hizo el primer Ekueñón, en Usagaré, —Ekueñón Ireme Eforisisi Iyâmba— la invoca hoy con su tambor y la lleva a Ekue, en Cuba, el Ekueñón de la Potencia."

Dicen que Ekueñón era obiáña ifonkoró iruá, bizco o tuerto. Algún ñáñigo me asegura que era tanfañón: sordo. Se dice también que hizo traición a Iyámba, que éste desconfiaba de él; que Iyámba después de confirmar en su cargo a Ekueñón, lo encerró en una cueva llamada Afasibielu.

—"No. El Iyamba desconfiaba de Ekueñón por su rango. Porque Ekueñón también era rey. Aquella desconfianza se disipó cuando Ekueñón le juró ante el Fundamento fidelidad eterna."

Los títulos de Ekueñón: Ekueñón Arafembé: valiente. Ekueñón Tankéwo: cuando sacrifica. Ekueñón Ararisún: en el acto de dar la mokuba. Ekueñón Asokobó Iyámba: alcanzando algún utensilio al Iyámba. Ekueñón Sángana kerombián: al abdicar para entrar en religión.

Ekueñón-Nasakó-Iyámba: cuando, mientras Nasakó termina su oficio e Iyámba espera que sacrifique el gallo para ofrecerle la sangre a Ekue, Ekueñón tiene el ave en sus manos.

Ekueñón Efión Balóri Kondó: derramando la sangre.

Ekueñón Yagasigámá: ante Ekue.

Ekueñón Nkanima: en el Monte.

Ekueñón Tiré-Tiré: cuando cazaba leopardos para ofrendarlos al Fundamento.

Ekueñón Biakonsí: en el "nacimiento"; al congregarse.

Ekueñón Chenguenekefámba Chenguenekerombia, el Rey que era Ekueñón, al entrar en religión.

Ekueñón Mokábia Mekondó Asogóbia: cuando se reviste de Ireme para el Sacrificio.

Oyímale, el Espíritu del antepasado Ekueñón junto a Ekue.

ABASONGO

Abasongo Eró Iyámba; Abasongo es inseparable de Iyámba.

Abasongo Otawañe efimeremo ororó awán fumio Ireme Akondó meta Abasongo ñúaka makaterere Eforisisi Iyamba.

Abasongo guardó la caña que contenía la magia, el Secreto de Iyamba. "Era el auxiliar de Eforisisi Iyamba".

Cuando se consagró a los Iyámbas sucesivos, Abasongo, vistió de Ireme y ofició con el Ireme Nkóboro, de quien nos dicen muchos ñáñigos que es hermano. (En la tierra Orú en Mbremerínsun.)

"Desapareció de Efik por el río que separa a Usagaré de Obane [1] y durante un tiempo le creyeron muerto, devorado por las fieras de la selva, pero estaba en poder de los Efor."

Se nos ha dicho que por Otowañe, (su nombre antes de ser Abasonga), hijo del rey de Efik, se realiza la alianza de Efor y de Efik, poniéndose así fin a la guerra que Efigueremo sostenía con los Efor. (En su lenguaje secreto los iniciados entienden que las palabras: Ekue ntún ntumaó úbio Efik bayumbáo, designa el período anterior a la captura del futuro Abasongo de Efik).

El Iyamba de Efor le mandó a buscar y le dijo que llevase las ofrendas rituales y las entregase a Nasakó: (Otowañe otowambeke yuansa nkanima efimeremo eróko fimba awán fúmio mbokofia erumé berekondó enefé enefé inuá Efor ndibó erógo téte eretún Ekue isán isán kendeme bó tero makotero Nkanima enéwe eretún Ekue Eforisisi Iyamba akuri mikó inán borotindé Mámba Ireme Otowañé).

Y así se hizo; Nasakó lo purificó, y lo presentó a Iyamba con todos sus derechos: (Atataribe benkamá eresune erikundi Ireme Kondamina nandibá Ekue neri neri okawambóko).

Otros ñáñigos nos dirán, que Otowáñe, —Abasongo— era un rey "de tierra lejana" que forzado por la guerra que sostenía con Efik Efigueremo, se ocultó en el monte. (Otowáñé Otowambéke mbékere moruá mbekere erikúndi awán téte mbowánfumio namboró tindé).

Es muy corriente la siguiente versión: "Fue cuando Efietete y Efik Efiguéremo estaban en guerra, y al oscurecerse el día, Otowambéke se perdió en el territorio de Efigueremo, en el monte, ñóngo kabia.

(Ireme Otówané Otówambéke moruaribó ngómo mbékere erí erié erikúndi awánatete efietété mbán mbayé awána fúmio inabonerón tindé).

Moruá lo buscaba por las malezas, al terminar la guerra. Lo llamaba tocando una maruga, (erikundi) ¡yaborobó, yaborobó! gritaba, anunciándole que habían terminado las crueldades de la guerra. Soy Moruá, ven conmigo, te presentaré al Rey, no te harán mal. ¡Soy Moruá! Pero Otowáñe no aparecía...

[1] Aborike fiene otan Nkanima erubé berekondó baroko unkorán atere munanbiro musagará? ¿Qué rumbo tomó Abasongo? Fue por la orilla del río que se llama Musagará.

Unsankemio awana ñóngo unpón Abasonga fiuá makatereri momi fianguiriri Mosongo eforisisi Iyamba. Abasongo sólo fue al monte a buscar una pluma para Iyamba.

Pasado mucho tiempo, al llamarle con un pito, —el famoso pito de Biabanga okókue,— Otowañé acudió. Traía un palo en la mano. Ese palo se forró como un Itón Abasongo.

Lo llevaron por los montes, cruzaron un puente movedizo. El iba con todos sus derechos, y al ser presentado a Efik Efigueremo le dijo: Otaribé kamá uñé uñé erié erikúndi nandibá Ekue onkrí onerí otán kawanbóko...

Y el rey de Efik pidió un derecho vivo a Efietete por la devolución de Abasongo. En el baroko juró con Nkóboro cuando en el Fambá maniriongo [1] Efí Efigueremo consagró la primera cabeza de Orú."

Como el cargó de Abasongo "es el último que se jura", [2] recibió el título de Tindé anarukié Abasóngo Erukembán.

No olvida nuestro informante de precisar que "biokóko nyibe biorama", el yeso con que Mpegó trazó los signos en el cuerpo y en la cabeza de Otowañe, fue sustituido por unas piedras, mumiremo nyibe biorama, que el propio Otowáñe recogió en cierta loma de tierra Orú, que tenían la cualidad de pintar como el yeso.

Hemos de advertir que estos datos se refieren al Abasongo de tierra Orú. No le confundamos con el Abasongo de Efor, y el primero de Efik.

En fin, Abasongo fue el depositario del bastón o cetro, —que en el momento de infudirle Iyamba el Espíritu, se llamó Itón Benene— símbolo de la independencia, "mayoría de edad" de la Potencia.

Por ser Abasongo el custodio de este Itón venerable en el que un abanekue ve representado el "gobierno propio de una nación", Abasongo Afremené, sus plenos derechos y deberes, el Abasongo pudo decir, repetimos: Momí Abasongo nkáwa Efor, nkáwa Efik. Soy grande en Efor y en Efik.

El indísime o neófito, los ojos fuertemente vendados, juró sobre este cetro que Abasongo después le dio a besar...

"Jeyéi benkáma obón Iyámba", dijo Abasongo", krikarika afokó minuá etíe nomí kobio ñene abakuá. Monina chekereké atayagasigabón itén Mbara itón Wambéke Abasongo ñuámakaereré krikariká ura Abasongo."

(Los demás oficiantes cantaron: krikariká ura Abasongo). O de otro modo: krikariká urá Ñongo Temio.

Abasongo advierte que si traiciona la palabra de fidelidad empeñada a la Sociedad, el perjuro pagará con la vida: Jeyéi bario

[1] Manirióngo. Otro nombre, como Muñabré, que se da a la cortina que en el fambá, oculta a Ekue.
[2] Se refiere a que una nación hasta pasados varios años, y de acuerdo con una conducta meritoria, no recibe el Palo Abasónga.

bakondo. Yambá o etié ekrikaria obijuraka ekón Abasí aromiñán ekufón yambaó asabianaka Abasí inú nanbejeyé saroroko saroko ndemesongo ndeme ñóngo.

Se le llama Abasóngo Barindí, Abasóngo Añua Makatéreré, Amoringuí, Téte Ñón Akuá, Eru Kémbán, Nkawe Efor, Nkawe Efik. [1]

Abasongo Barindí (o Baringuí Fabáka) y Amoringuí: en el momento en que frica el saekue y produce la Voz Divina. Abasongo Barindí Bakué: al presentar el cetro en la consagración.

Abasongo Añuá Makatereré: cuando por primera vez en tierra de Efik, en la que él introduce el culto de Ekue, sacrificó al gallo propiciatorio.

Abasongo Téte Ñón Akuá: en el instante en que sacrificó un gallo en tierra de Efik.

Nkawe Efor, Nkawe Efik: grande en Efor y en Efik.

Obobaniten Efor es el espíritu del antepasado Abosóngo de Efor junto a Ekue.

MOSONGO

Fue en vida, nos dice Saibeké, un traficante de esclavos. [2] Vendía africanos a los blancos. "Como Bonerón". Bonerón que ha pasado a ser sinónimo de sabio, inteligente, "era un carabalí del pasado", que se dedicaba al mismo tráfico. Sabio... "porque sabía entendérselas con los blancos en la costa, hablarles y comerciar con ellos."

Mosongo awana Sése saékue Mosongo Obón Iyamba. Es "la confianza de Iyamba". Depositario del cetro, Aprokambambá Sése, [3] que encierra las esencias de la magia de Ekue y el saékue, productor de la Voz Divina.

Cuando el neófito ha prestado juramento sobre el cetro de Mokongo, la Vara de la Justicia Suprema, se pone después en sus manos el itón de Mosongo, "padre" "depositario de las cabezas Abakuá", símbolo de la omnipotencia de Ekue.

[1] Se dice de Abasongo que "fue la madre del culto a Ekue en Obane, Efik; que creó al Iyamba de Efik; Iyamba akekeré ateremi Obane Iyá Abasongo."
[2] Mosongo moto efiméremo Ekueñón iria monina batanganbére. Mosongo: capturador, vendedor de esclavos. Moto: hueco, agujero. Efiméremo: categoría. Ekueñón: un verdugo. Iria: comida. Monina: un semejante. Batangámbére, (de batán, bruto y de mbére, congo) vendedor de congos.
[3] Aprokambambá Sése, "el palo", —vara o cetro— mas antiguo y sagrado.

Isué se dirige al Misterio y le comunica que el indísime ha jurado: ¡Jeyéi baribá bario! Obón Iyamba Nkrikariká ntume itiá aprosemémbá mbára Itón itongobá Mosongo moto akambámba ndibó aprokamán ndibó Ekue Iyamba nandibá abasarorí: el hijo, de hinojos, y con el bastón divino en la mano le ha jurado al dios viejo y Todopoderoso de quien escucha la Voz.

Por fin, después de sacramentado por el Sése y de haber trazado en la parte exterior del parche del tambor Mpegó con el trocito de yeso amarillo que Isué pone en sus manos, el signo Unarobia, signo de la vida, del nacimiento místico, y con el yeso blanco, el signo Sanganarobia, de la muerte, se le administra la mokuba, —¡Obonekue abakankubia, Obonekue mokuba yanyaribó! ¡Ya es un obonekue, ya ha bebido la mokuba, el vino de sangre de la comunión con Tánze y Kasikanekue!— es conducido ante el Fo-Ekue. Se le acuesta boca abajo sobre el trazo Eñón sambaka gandoríkuá, el pecho dentro del Iriongo, de guisa que entre las piernas del Iyamba, sin que lo sospeche, roce el Ekue que Iyamba sostiene sobre su cabeza.

Mokóngo, Iyámba, Isué, uno a uno le preguntan su nombre y el indíseme lo pronuncia tres veces, escuchando cada vez la enorme y aquiescente Voz del Secreto, "que se nos entra en el cuerpo."

(De aquellas horas místicas vividas en el antro mismo del Misterio, frente al Espíritu invisible, nos dice este mismo obonekue: "no vi absolutamente nada. Se está a oscuras. No me sentía en este mundo. El tiempo no me parecía corto ni largo. No puedo decirle que tuviese miedo. Es otra cosa el miedo. Lo que sentía era una emoción muy grande, muy grande que yo no sé explicarle...")

Mosóngo fue encargado de recoger y conservar dentro del cetro la sangre del sacrificio, un fragmento de la cabeza del chivo, de la lengua del gallo, de todas las ofrendas y del yeso sacramentado, después de cada iniciación: Mosongo Akeréké. Mutiá Mbóri saékue mofé eforiamá merulaye.

Mosongo Iyá mifé amanisón eriéro: trajo en su itón, rezan los textos, las sustancias que componían la brujería que atrajo el Espíritu del Pez, la Voz que vibra en el tambor sagrado.

Pangana mana mbori yin mofé mana yuao bere itón moto kere mbori Abasi kuri itón ndubuteyín efori mofé: la oreja del chivo que oyó el juramento, la oreja que oirá el perjurio, está en el itón poderoso, para castigar al traidor con sus propias palabras.

Mosongo guarda en su vara el Yin, —la caña de Castilla: ntiekurí Mosongo itón saékue mofé efori amá. Repitiendo el gesto del primer Mosongo, lo entrega al Iyamba al iniciarse el rito: Mosongo moto akambamba sése umón nitongó asende ntumeyín namuto bongó. Para que "fragaye", oficie, Iyamba. Mosongo presencia el sacrificio: Mosongo Akerefión Añóngo Fembé.

Ayuda a Iyamba y a Ekueñón en el acto de alimentar a Ekue: Mosongo moto akambamba Ekue botubá nene botubá beyó.

Algunos "tratados" aluden a una discusión habida entre Nasakó y Mosóngo apropósito del Itón de Mokóngo, que Mosóngo no conocía...

(Mosóngo bia sokaka nkaníma beré Nasakó iria erike najebia irén tacho umbenkeré umbaírán brasimañón pabio.)

Se recuerda que Mosóngo y Mokóngo, le agradecieron a Yuansa que escondiese la caña de Abasongo en el Itón de Mosongo, al que Yuansa llamó Teteñón akuá...

(Nkaníma Sése kondó Yuansa Mosongo awaririkán beré macheberé Mokongo erendió awana Bekura Mendó.)

El antepasado Mosongo, junto a Ekue, es Amuriansun.

NKRIKAMO

En la terra mystica de Usagaré, se hizo a Ubio, Nkríkamo Unigué Awandochá atarisún Nkríkamo Unéke, —primer Nkríkamo de Efor, Jefe de los Iremes. Moruá; "Llamador y conductor de los Espíritus de los Antepasados". ("Capataz de los Muertos").

Cruel e implacable como la misma muerte, —había sido un hechicero, un kunansa tenebroso, y un espíritu maligno a quien podemos comparar, nos explica Saibeké, al Eshu de los lucumí, por la índole y el dualismo. Maléfico o benéfico, según las circunstancias, aunque empleando los mismos términos de nuestro informante "más inclinado al mal que al bien; lo mismo miente que dice la verdad, que salva o mata. No se compadece de nadie, nada lo conmueve y a nadie perdona. No tiene amigos, ni escrúpulos. Jamás guarda luto. Es el único Ireme que puede hablar mentiras". Tiene potestad, por sus relaciones y manejos con los muertos, para llamarlos, y dominarlos con su palabra y su tambor mientras ofician y bailan en las ceremonias de la Sociedad. Y no solamente puede atraerlos, guiarlos y mandarlos, —el Ireme hace todo lo que él le ordene,— con su voz, o su tambor. Para hacerse obedecer utiliza también un ñame, un nkaniká, o un erikundi, sin contar, desde luego, el pedazo de yeso bendito, cuyo poder avasalla al espíritu más indómito. Amansa al enfurecido con sólo mostrarle el Cuatro Vientos, —la Cruz amarilla trazada en la palma de su mano. Por esto se dice: Osoiro nkereke Fambá Abasí awana Nasakó Nkríkamo erúwamá: [1] porque en el monte invocó la Voz: Nkríkamo Nkanima Oteté Nkifé; y luego conminó a los Iremes a seguirle al Batamú; los hizo desfilar en la procesión, precedida por el Ireme Eribangandó, espíritu del río, que unos metros delante del cortejo fue con un gallo colgado de la cintura y un ramo compuesto de albahaca, anamú y escoba amarga, —akanamú, brandi, ifán namukere— purificando el camino para que la procesión, con los sagrados atributos, avanzara pisando descalza un suelo inmaculado.

—"Cuando Nasakó hizo la primera brujería, (transferencia), nos refiere el iniciado de una Potencia Efik, "Nkrikamo, que había nacido en Uneguí y cuyo nombre es Atanáiro Erima Mambére, vio el Secreto y perdió la vista de un ojo".

Nkrikamo úña úña afokankoró: se dice que la percepción del Misterio, vedado entonces a sus ojos profanos, lo dejó ifonkoró, tuerto. (Asóiro mako bikó Mañongo Pabio amakó Ireme Nkríkamo). Lo que discuten algunos que pretenden que el ojo lo perdió en una guerra. [2] Pero en este punto, no hay discusión posible para los que afirman:

"Nkríkamo se atrevió a mirar al Secreto y su ojo no pudo resistirlo."

(Fue en Bunekue, explican algunos, donde Nkríkamo, por Ekue, cegó de un ojo.)

Después de esta experiencia, continúa el ñáñigo de Efik, fue consagrado Obón, entre dos palmas, en una de las cuales había un majá: rúkurubé ñangabión otán dukié— y cuando recibió sus títulos y su atributo fue necesario sacrificar un venado, —arogotié— que fue a buscar al Monte: Obón Nkríkamo asóko Arogotié, cuya sangre ofrendó a los espíritus malignos del río. (Nkríkamo Arogotié efóri ibasai anandibá músia efori nandibá efike bútón nandibá bioráma).

Le hemos visto acompañar a Ekueñón cuando éste, en plena selva, invoca a Tánze y a Sikán y llevar sus espíritus al Santuario. Escuchemos ahora a Saibeké explicarnos las funciones que desde el primer baroko debe realizar Nkrikamo, el Jefe de los Iremes.

—"Para traer a los Iremes al baroko, tomó uno de los derechos de Ekue. Un plátano, un ñame, o una caña, en el que dibujó con el yeso bendito la cruz y los cuatro puntos. Una de esas

[1] "Nkrikamo sacó del Monte al Ireme."
[2] "Ocurrió aquí, en Cuba, que el Nkrikamo muy valiente de una Potencia que estaba jugando, al presentarse por sorpresa la autoridad, se lió a defender el Fundamento y en la refriega, de un bofetón, perdió un ojo.
Esto ocurrió hace muchísimo tiempo, pero se recuerda: Batá úña úña afonkóró, achángana ká kué kué..."

ofrendas es lo que hoy llamamos awándócha. Lo que faculta a Nkrikamo. Es el derecho para atraer y dominar a los Espíritus.

Con él se internó en el monte ceñida la cabeza por una cinta o pañuelo —no sé de que color sería en Usagaré, aquí los viejos nos enseñaron a usarla de color amarillo— y a un lado, ajustada verticalmente, una pluma, —el gallardete o checheré de gallo. Un Afotamban, un pantalón sumamente corto, de fibra de palma. (Ahora, de henequén, y en mi tiempo de tela de forro de catre o de saco de arroz.) Desnudo el resto del cuerpo, y dos cuernos, uno, su resguardo, que se llama Atairioko y otro, Efori Nkari, o Eforimeró, donde tiene el Poder para dominar a los Muertos, ambos colgando de cada lado, de dos bandas amarillas que se cruzan sobre su pecho. En una mano, su tambor, y en la otra el derecho. Y así se viste hoy el Nkrikamo, como entonces se vistió. Ñána irotán, se llama este vistuario.

Antes de marcharse Nkrikamo le anunció a Ekue: ¡Jéyéi báribá bá bario bakóngo. No mi Obón Nkrikamo asanga nkanima akamanyeré butame Ireme Eribangandó! (Atención! ¡Escúchame! Voy al monte a buscar al Ireme Eribangandó.) Allá en el monte invocó a los Iremes con su tambor.

Les presentó el derecho awándócha, —la ofrenda signada y dijo: Amako ngomo nyugue no mí." Mira el poder del yeso que está en mi mano". La fuerza irresistible que emana y actúa en el trazo mágico.

El Espíritu invisible, obedeció, siguió sus pasos. "Así lo sacó del monte."

En tanto los adeptos que iban a cumplir los ritos que incumben al Ireme Eribangandó y al Ireme Nkóboro, esperaban que Nkrikamo trajese las ánimas de estos dos, ya vestidos con los trajes sacramentados por Ekue, que luego en Cuba se llamaron de Diablitos. Ya Mpegó [1] había dibujado sus emblemas en las máscaras —Insun— que cubren el rostro del obonekue transfigurado en un antecesor Abakuá al posesionarse del Akanawán su espíritu.

"Los Espíritus van al saco", dice S. "El saco es imagen y semejanza del Antepasado."

—"Comprenda", también trataba de explicarme hace años un Ireme famoso de la Potencia Usagaré, "y aquilatará el valor (sobrenatural) del saco del Diablito si piensa que así como el espíritu de Sikán va a Ekue, un nfúmbi a buscar su kiyúmba en una ngánga, [2] va un Ireme a su traje, y se manifiesta."

[1] O el Moruá, (Nkrikamo). "Moruá Akairósa Ngómo akanapó Ireme Akanawán", dirá al marcar los signos.
[2] El alma de un muerto va a la cazuela mágica —nganga— del hechicero, cuando éste le invoca, a buscar su cráneo. (Kiyumba).

"El efómirémo [1] es sagrado". Su santidad envuelve al adepto de pies a cabeza.

—"El cuerpo del abanekue, por la fuerza que le da el juramento, por la mokúba", (la comunión con los Espíritus) "y las limpiezas, está preparado para revestirlo. Sólo un cuerpo humano sacramentado por el Sese y confirmado por Ekue, puede servir de esqueleto, de armazón, a ese vistuario en que se está dejando ver un Espíritu; que es un Ireme. A un hombre judío", (profano) "vestir ese traje le costaría la vida... Mientras el efómirémo, un Akanawán konipio, que quiere decir, todo el traje del Ireme, cubre a un abanékue, ese abanékue no es un mortal. Por eso se dice cargar un Ireme, por vestir al monina con un traje de estos que están cargados de fuerza, y porque el monina, al ponérselo carga con un fantasma. Es un muerto mientras cumple la misión que le imponen sus deberes en la Potencia."

De ahí que un gran respeto rodea a los Iremes. A su paso todos se apartan por temor a tropezar con él. "No hay culpa ni castigo si por sus movimientos, a veces por falta de espacio, es el Ireme quien tropieza con un hermano. Si al contrario alguien se atreviese a empujarlo deliberadamente, o por una casualidad difícil de imaginar, un obonekue pegase al Ireme, o le pisase los pies, quedaría para siempre, excluido de la Potencia.

—"Nkríkamo después de hacerles saludar al cielo llevó a estos dos Ireme ya vestidos al Butame y les mandó a entrar. Les dijo: Ireme akurí achoko wana biá afomako Ngomo Iyamba. Ireme entra, para que Iyamba raye tus pies. (Dicho con otras palabras, que tienen el mismo sentido: Ireme arogobio bio aprosemeñón méta Iyamba ndokobio aprokurí ndobiko ntomiñán sarorí Ngomo. O sencillamente, chokó wanabia...)

El Ireme se volvió de espaldas ante el Maniriongo, la cortina del Fó-Ekue, dobló la rodilla y le presentó a Iyamba la planta de un pie.

Se les marca la cruz, y los óvalos en un solo pie, indistintamente en el izquierdo o en el derecho. El Ireme queda así autorizado para oficiar y bailar en la fiesta Abakuá.

Un majá, —vivían libres en los santuarios— se deslizaba por el suelo, en el Fambá.

Ñána Ubio arogobiobio errukurrubé Ñangabión ké abutindé karabá butindé erié Fambá sekesón erié Fambá sekeñón Abasi Obón Efor...

Nkríkamo le ordenó al Ireme que lo tomase y lo colocase sobre Ekue.

[1] Traje litúrgico.

("Todas las Potencias en el Calabar tenían un majá que veneran los Abakuá. [1] Aquí en Cuba, también los tenían. En la de Biabanga había uno que conocí. Al morir su dueño, Marcelino Schmit, Abasongo, quedó abandonado. Andaba perdido, pero nadie al verlo se atrevía a hacerle daño. Sabían que era sagrado. Un día no se le vio más. Desapareció. Se fue al mar seguramente. Cuando el majá canta, se hunde en el mar y no vuelve a la tierra.")

—"Son estos dos Iremes que he nombrado, Eribangandó y Nkóboro los primeros que Nkríkamo llevó al Butáme. Porque Eribangandó tenía que estar a la puerta del Santuario, y justo en el momento en que llegase la Voz, arrojar el agua que en una jícara le dio Nasakó, y refrescar a Uyo; y a tiempo en que el guardián de la puerta del Santuario, Fambaroko, dijo: Umón nandibá okámbo nyorosí, sin que el Nkríkamo se lo ordenase, Eribangandó derramó el agua, y el Espíritu, (La Voz) fresca, penetró en Ekue.

Nkóboro, se hallaba dentro, junto al Misterio, ante el Fó-Ekue, introdujo un pie por debajo de la cortina, que apoyó en la cuña del tambor, sobre la pata de Ekue marcada con el emblema de Iyamba. De esta pata parte un gandó trazado por Mpegó, (una raya que termina en forma de flecha, erikuá), "sobre la cual Nasakó extendió su pólvora. Simultáneamente, cuando Eribangandó, en la puerta, derramó el agua, Nasakó prendió la pólvora y dijo: Ekue balorí Ekue asarorí. El Espíritu penetró por el gandó. Nkóboró, en el colmo de la alegría, porque la Voz había venido, ya lo divino estaba en el Fundamento, retiró el pie y salió zarandeándose, sonando los cencerros del loribá, [2] haciendo las murumacas de los Iremes, a encontrarse con Eribangandó, que corría hacia él."

Los dos Iremes se abrazan. ¡Se ha reproducido el milagro! Tanze y Sikán están presentes.

—"Sólo Nkríkamo tiene potestad para dirigir la palabra y mandar a los Iremes. Otán umpabio Abasí miñón efokó ké awarantán: Ireme, te hablo por mandato de Dios. Pero los Iremes no le responden". Se expresan por medio de gestos y de actitudes prescriptas. Componen una frase determinados movimientos del brazo y de la mano izquierda, en la que sostiene un ramo de albahaca o una escobilla de millo; de los pies y del pompón, (capuchón); del brazo y la mano derecha en la que empuña una caña de azúcar de unos cuarenta y cinco centímetros de largo. Si extiende el

---

[1] Obsérvese en los nkámes y frases rituales las numerosas alusiones a este animal, "guardián del agua y santo".
[2] Loribá: cinturón que ciñe la cintura del Ireme.

brazo izquierdo y dobla el derecho haciendo ademán de disparar una flecha, el Diablito desafía, "pide guerra".

En guardia, retrocediendo varios pasos, como para tomar ventaja y atacar, manifiesta su enojo, hace evidente su hostilidad. Muy erguido, marchando con naturalidad pero solemnemente, los brazos cruzados atrás, proclama su alta jerarquía, "quiere que se sepa que es un gran personaje". (Ebión ndabión antrogofó makoirén Ireme ekrúko mafogoyó: soy más grande que el viento.")

Para enaltecer la "firma", —el emblema de su Potencia— adelanta un paso, golpea tres veces la tierra con el pie derecho y describe un círculo con el dedo gordo. Al mismo tiempo, alza los dos brazos y cruza en alto el ramo de albahaca y la caña. Esta actitud del Ireme significa: "Dios en el cielo, y en la tierra mi Potencia."

Breve. Ninguna posición de las que adopta, carece de sentido para el iniciado que tiene la clave de este lenguaje misterioso que hablan los Iremes con brazos y piernas, danzando y agitándose continuamente.

Las órdenes que dio Nkríkamo, después, a lo largo del tiempo, en frases previstas, los Nríkamo continuaron repitiéndolas, sin alterarlas. Como, ¡Ireme Ntrefogoró irénkaño! "que así llamó Nkríkamo al Ireme en el momento en que los neófitos introducidos en el butame para ser iniciados se arrodillaron ante el altar. Y el Ireme entró, se recostó en la pared y se quedó contemplándolos". Y antes, para que aquél los limpiase con un gallo, de todas las máculas de la vida profana, —"judía"— y accedieran puros al Santuario: Ireme Nkiko ndina ndina sánga nawó awanekón. Ya después de prestar juramento Nkríkamo le dijo al Ireme: Obón Abakuá Ireme ndiminifán Koúnko, —es el comienzo de la larga oración que en este momento le dirige,— y el Ireme volvió a purificarlos, "a darles rama". (Una vez más, en el interior del cuarto de los Misterios, el Ireme renueva las limpiezas con su rama de albahaca. Ingerida la mokúba y confirmados los ndisime por Ekue, el Ireme los saluda y agasaja, expresando el Antepasado con sus jeribeques, sacudidas y el ruido de sus cencerros, la alegría que le produce el "nacimiento" de un nuevo hijo de Akanawán.)

La función principal de los Iremes es la de purificar (y castigar) a los miembros de la hermandad. Instigado por Nkríkamo, lo veremos continuamente prodigar sus benéficos escobilleos e hisopazos de albahaca.

—¡Umón keñene ituá umón keñene ituá mafagoró: Diablito, moja la rama y rocía el altar. A los atributos y a los hombres...

—¡Ñaitua monina yeneká akerepó mutié kanimán biral [1] le ordena a veces Nkríkamo para que "despoje" a algún ñáñigo, particularmente necesitado de estas limpiezas.

A los invitados, los Ekisón y Ekiñón de otras Potencias, que presencian la fiesta; a los Munane, [2] a los dignatarios, al Moni-Bonkó que fuera del Fambá toca el tambor: aprokié iro mañongo unpabio ñangandó aprosemene infán tereré nchimiyá bonkó. (Diablito, mira, saluda al Majá que ondula y purifica el bonkó: ñáña urió orogobíobío itiá makobikó errukurrubé ñangabión pón pón weré kembán abairemo Bonkó.)

Y a cuanto le rodea, al cielo y a la tierra: Anandió amányurubé osokomino núnkue oso kominón kaño keamanantión dirá: persígnate, contempla el cielo, dá rama a Dios. Pón pón mañón sése ndafia boro kembán Abasí Obón Efor: Diablito, arrodíllate y da rama (purifica) al suelo. A la palma sagrada, donde lo conduce el Nkríkamo para que le rinda homenaje, o a la ceiba, origen, "madre de nuestra religión que a su sombra nació": Akanawán konipio Ukano bekonsi ntomiñón sanga Abakuá Akanawán dibé.

Y al mismo Ireme, antes de salir al ruedo de los demás bailarines: akuá berá kanawán awán boribó chichinaina afokankoró: "date rama en los pies y ve". Es decir, purifícate los pies y anda a bailar.

Ñáña itá musón paranamuto: "Dale rama a la sombrereta". La sombrereta, sombrero redondo, chato, adornado caprichosamente, que se aplica detrás de la máscara, en la nuca, cosido al capirote de forma triangular —pón pón— que simula el cuello y la cabeza del Ireme, y que en toda propiedad, recibe el nombre de aberí kamán díogo, "por mucho que se la llama musón", —o etán musón, que significa parasol, paraguas. ("Una yagua les servía de paraguas a los bríkamos de la finca cuando llovía a chorros, y ellos la llamaban su itán musón paranán béke, su paraguas.")

Al Ireme que sale azorado del kufón, titubeante, desconfiado o temeroso de encontrarse entre los hombres, Nkríkamo le dice, como dijo el primer Nkríkamo en el primer baroko completo de Usagaré al primer Ireme que sacó del Monte: ¡Beriyikuá ikuá Táta sugueremó Ekue eruñandió: Ven conmigo, que donde vayas, iré yo.

Efori mutié mutié ñangántete keñeñerí sobé osoberikuá ikuá oteté sugueremó Ekue ruñandió: "Ven conmigo: ¡dónde dejes tus pies, yo dejaré mi cabeza!"

[1] "Diablito ve a ese hermano que le van a dar garrote, está sucio", (en peligro, por acción de alguna brujería) "límpiale los pies", —que han pisado unos polvos maléficos, origen de su desgracia, o "atraso".
[2] Munané, cofrades.

Si el Ireme no presta atención, o no entiende al Nkríkamo, a veces lo reprende con estas frases, en las que hay una alusión a un Iyamba muy joven, Ndúgo, que era, pudiéramos pensarlo, un tanto aturdido o distraído: Eforí musi musi eforí musá musá Táta Ndúgo Ndúgo Ekue sánsuwero...

(Literalmente traducidas estas palabras por Saibeké, ya sabemos que eforí musi musi es "la brujería" y el traspaso del Espíritu, —la Voz,— de un parche de tambor a otro, o la acción de producir la Voz, —"de fragayar";— eforí musá musá, la parte estrecha y tubular del tallo de yagua que se utilizaba antiguamente, "en el Calabar" para quemar la yerba aromática que hoy sustituyen los polvos de incienso en la teja, la teja que aquí sustituyó a la yagua. Táta Ndúgo Ndúgo, nombre del Iyamba mozo; y Ekue sánsuwéro, —sánsuwéro, loco,— se dice del Ekue cuando suena sin cesar, —se "fragaya" atropelladamente.

"Aquel Iyamba fragayaba como un loco y con el ronquido de Ekue no oía lo que decían..")

El Diablito más furioso se rinde a la autoridad de Nkríkamo, que le recuerda: Ireme, Nkríkamo Ekue orofía erendió no mí Moruá; Ireme, después de Ekue, yo, Nkríkamo, mando en tí. Y no deja de advertirle: Ñaña Iremo somokisón moruá mañongo mpabio atere moruá ñéne bibí: no hagas caso de nada más que de mí.

O lo exhalta, aguijoneando su amor propio: ¡Akuábera kanawán awantibiro ikuriwana unpabio ungobia chánganá echenefión echene nerí Iremo aborobó: anda, embravécete, que te esperan para la guerra, no le temas a un mal cuchillo, ni a nada...

Diablito, aunque se ennegrezca la luna, aunque tiemble la tierra, hazme caso, obedéceme: keretén yambuni Betongó támba bakondondó akuá monina batamú ténte ñaña akereké.

En una leyenda que aparece con mucha frecuencia, seguramente deformada, en las libretas de los ñáñigos, tan numerosos aún, en la villa de Guanabacoa, se nos ofrece una muestra del poder que ejerce Nkríkamo sobre las almas de todos los muertos. Es curioso que allí se habla del Nkríkamo y del Moruá como de dos personas distintas, cuando "Moruá es el mismo Nkríkamo. Pues Nkríkamo al llamar con su palabra o con su canto melodioso a los Iremes, es Moruá. Moruá es hablar, es cantar. ¡Moruá, moruá! gritan los abanekues en el "plante", pidiendo que se cante. El cantador que encanta con su palabra a los espíritus, es Nkríkamo." [1]

[1] No confundirlo tampoco con el Moruá Eribó, ayudante de Isué, ni con Moruá Ngómo, ayudante de Mpegó. No cree N. que en la leyenda a continuación se trate de Yuánsa, Moruá Yuánsa, que es un alto consejero de la Potencia. "Pues esta Plaza no se creó en el primer baróko de Usagaré con Munambori, sino después, en el transcurso del tiempo."

Cuenta esta leyenda que habiendo salido un día Nkríkamo con Moruá, —que pudiera ser Moruá Bonkó— tomaron en el monte dos tibias de un esqueleto que yacía entre los matojos. Eran los restos de un muerto cuya ánima andaba penando por haber maltratado brutalmente a su madre. Entonado el Moruá, y acompañando su canto con el son acompasado que hacía con las dos tibias, —akoromina nangandó adoromina tentén mbariyén,— se les apareció el espíritu atormentado de aquel muerto. Moruá arrojó las tibias y echó a correr. Se escondió tras un árbol que había a la entrada de una cueva donde vivía Kundiabón.

Aquel Espíritu maldito y desesperado, espantosamente amenazador, Nkríkamo lo dominó con su tambor, y lo obligó a seguirle. Pasaron frente a la cueva de Kundiabón, y el aspecto del fantasma quedó grabado en las pupilas de Kundiabón que lo vio, mientras el Moruá lloraba...

El Nkríkamo con su tambor de honor, en el Ekorio Ibá Ekoi, [1] dirigía a los Siete Iremes de las Siete Tribus de Ekoi. Hoy dirige, en "tierras" de Efor y de Efik a los Siete Iremes, que en algunas ocasiones suelen salir en los beromos —procesiones— y que danzan en las fiestas, visibles al público que asiste a ellas y puede contemplarlos situándose a cierta distancia. Urrutia nos explicaba: "el abakuá que lleva puesto un saco de Ireme está dominado por la fuerza del misterio, pero no pierde el sentido. Tiene que estar, al contrario, muy en guardia, protegiendo continuamente su espalda con la mano en que tiene la rama. ¡Cuidado con quien toque su espalda!"

La espalda del Ireme es sagrada y no puede ser profanada. Es su punto vulnerable, (otros ñáñigos me dicen: "el honor del Ireme está en la espalda.") Si un rival, otro Ireme de una Potencia enemiga, llegase a él y con un yeso blanco que esconde entre los dedos del pie [2] rayase su espalda, quedaría para siempre invalidado; jamás podría volver a vestir el "Saco", ni servir a la religión de Ekue. "Deja de ser abanekue." Es muerto. Se le echa de la Potencia. "Se convierte en mujer." Se considera la mayor desgracia, lo más trágico que pueda ocurrirle a un abakuá.

—"De ahí que los viejos, aparte del saco de Fundamento, que se coloca en el batamú al lado de Ekue, sobre la firma de Sikán, representándola, y otro de Fiesta y el del Ireme Anamangui [3] para la despedida, no querían más sacos ni gustaban de

[1] "Miembros del Ekorio más viejo de Usagaré."
[2] Esta operación que exige una gran rapidez no puede ejecuarse más que con el pie. De hacerse sosteniendo el yeso en la mano, el efecto es nulo.
[3] El Ireme de las ceremonias fúnebres. Despedida del alma del obonékue que ha expirado.

fiestas con muchos Iremes de otras Potencias bailando juntos. Además de que cuando la Autoridad sorprendía el Plante, se llevaba los sacos y los quemaba, siempre había algún serio disgusto, pues querían los Iremes contrarios rayarse mutuamente la espalda. Esto sucedió muchas veces. Y puede suceder siempre en tales circunstancias. De semejante profanación, de la muerte en vida de uno de los okobios así inutilizados, —sambáka pomponó obón bomikó, "salado," desgraciado,— sus hermanos tienen que vengarse. Ni le queda otro camino al ñáñigo, deshonrado para el resto de su vida, rechazado de su propia Potencia y de las demás, que matar o dejarse matar...".

Sin duda hemos debido repetir ya muchas veces, que los nkuniñón sanga abakuá, los adoradores e "hijos" de Ekue, con la sola excepción del Isué, que jamás se viste de Diablito, son Espíritus, por lo que cualquier simple iniciado puede "cargar a un Ireme". Que en éstos, y en todos los sacerdotes o dignatarios abakuá, continuadores de los fundadores de la Sociedad, en la tierra madre de Efor y en Efik, cuando visten el akanawán, se encarnan los espíritus de aquellos remotos antepasados en la religión, y aún otras fuerzas de la Naturaleza, del río y de la selva, como Awana chukurukú kendeke ñóngo, espíritu montaraz que no se acerca al poblado, y que es, como Nkanima, a quien nos comparan al Osaín de los lucumí, un "Dueño del Monte". Nkrikamo, conjurador de los Espíritus, vistió a los Obonekues con los trajes sagrados. Mpegó trazó con el yeso de vida el signo de indiabakuá en sus manos, en sus espaldas desnudas, para protegerlos "del alma que van a cargar, pues el yeso amarillo los aisla de los muertos, la vida rechaza la muerte"; y en el Insún, en la máscara. En las sombreretas Nkrikamo colocó la albahaca profiláctica. Imperioso a la par que atento, —si presume que el Ireme se ha acalorado le dirá: ¡Ireme mofé urana! ¡recuéstate y refréscate! o al menor signo de cansancio: Ireme, kuri anabusi, —¡Ireme siéntate! (y el Ireme se sentará siempre de espaldas, contra la pared en el Fambá; de espaldas al público en la fiesta, "porque los muertos jamás dan la cara", no se muestran de frente.) Así los cuida y vigila en todo momento, —¡Ireme! osoiro makobiko morumé mañongo pablo... A tiempo le previene de algún peligro, como el de pisar una moruba o morumé, una brujería, unos polvos maléficos esparcidos en el suelo— hasta que los Iremes se marchan, esto es, hasta que los lleva al Kufón efomirémo, al cuarto destinado a los "sacos" o trajes de diablitos, y el obonekue se desviste, recibiendo una abundante rociada de aguardiente y vino seco.

Algunos Iremes sólo se han mostrado de lejos. Iñafia Foyiké, se vio a distancia en la loma de Ibondá Efor. ("Anabetán betán aprosemiñón abakuá Ekue Usagaré Ibondá: cuando Usagaré le entregó a los Efik el parche del Secreto.")

J. U. y Saibeké nos han hablado de Awarandária y Kusundária, Iremes de Efór. Awarandária o Ndária, a quien faltaba un brazo. Kusundária, a quien le faltaba un pie. Son los dos fantasmas que se aparecieron en Ubani cuando los Efór consagraron a Efiguéremo, primer rey-sacerdote de Efik.

Los Efik quisieron apresarlos para meterlos en el Fambá. Los dos espíritus huyeron por el camino de Mbemoró. Los siguieron, y los dos Espíritus se lanzaron al río; desaparecieron bajo las aguas.

Del Ireme Makobiko: que "tiene un solo ojo espantado en mitad de la cara."

De Okanko Umbiro, — el Espíritu de Abasongo.

De Ñáña Obé: que es el mismo Ireme Nkanima, dueño del Monte, de quien se nos hablará más adelante. "Cuando fue menester cortar la madera para hacer los tambores, Nasakó le dio su verdadero título. Ñáña Obé Kanima wana ñóngo Ekue yambaoré... Ñáña Obé, dueño del Monte, (Nkanima).

Son numerosos los Iremes que se manifiestan y bailan en los Plantes; almas de los reyes y jefes Ekoi, —"que eran los mejores bailadores de la costa"— venerados por los Efor y los Efik, como Aberebisón Efik, padre de Awaramayo Efik Kondó, que adoraron como a un dios. Sacerdotes de Ekue que ejercían los mismos oficios en la Sociedad que los actuales obones. "Cada tribu tenía sus Iremes, sus antepasados, pero a "los Ekoi en todas se les consideraba los más antiguos." (Ekoi, se le dice al corazón... "Ekoi es corazón del Abakuá, como Kamaroró el Río.")

Los hay que "no van a los Plantes". Son los "espíritus malos", muy peligrosos y se evitan; malos como el Ireme Akurumina Atére Ngóngo Iyá, —o según le llaman otros ñáñigos, Kuara Minangó Gúngo Tére Gongoyá, que está dentro de los pozos cercanos a una ceja de monte. Asciende del fondo, se interna a vagar por el monte y vuelve a la oscuridad del pozo. Se mantiene con biajacas, guajacones y demás pececillos vivos.

Aunque alguno, tan deforme y pavoroso como Mbéma —"horrible de ver, tiembla y hacen temblar sus dientes largos, su cara espantosa", va a los Plantes. Se cuida entonces de no tocar su traje, pues su contacto, lo mismo que el del traje que cubre al "caballo" o medium de un Orisha lucumí, Somogágá, cuando lo "monta" o penetra en él, transmite algún mal que deforma los huesos o pudre la carne.

IREME ERIBANGANDO

Eribá, lo llama algún obonékue. Era uno de los pescadores, que oyó, como Insuá, (Isunékue) y otros, bramar a Ekue en las aguas de Fokondó.

"Eribangandó mutu chekéndéke. El que tuvo valor. Pues cuando Nasakó hizo sacrificar a Sikán y el Espíritu de Tánze chilló en el Secreto unido al de Sikán, —la piel de Sikán sobre la piel de Tánze— todos los restos de las ofrendas, las sangres, cuanto se utilizó para la obtención de la Voz, fueron llevadas por Eribangandó a una cueva sagrada, a orillas del río. Cueva profunda, negra como boca de lobo, inspiraba tal terror, que nadie se atrevía a acercarse a ella, ni al árbol wamá que crecía a la entrada. Allí en lo hondo, vivían unidos el Majá, —ñangabión— y el Cocodrilo —mokombé— que salían juntos a comer." (A recibir las ofrendas).

—"Y esos animales eran los guardianes de Erión, del Secreto, del Poder que vino del agua."

Eribangandó no temía a estos seres misteriosos, que son materializaciones de fuerzas ocultas, de Espíritus fluviales, y no hacen daño a los que están iniciados en los secretos, "saben de las cosas del otro mundo, han hecho alianza con los espíritus."

Dos enormes serpientes se adelantaron al encuentro de Sikán, cuando tornaba del río con el hallazgo divino. Eribangandó las apartó y dejaron el paso libre a la Sikanekue. [1]

Eribangandó, ya se nos ha dicho, purificó la senda que en busca del árbol sagrado Ukano Bekonsí, junto a la corriente del río Santo, Umón Abasí, recorrió la procesión de los primeros adeptos; y en el umbral del santuario, quien derramó el agua que refrescó los Espíritus de Tánze y Sikán.

Desde entonces, en el seno de la Sociedad desempeña los mismos oficios; continúa purificando el camino y llevando al río las ofrendas a los Espíritus; los restos de velas y comidas y las

---

[1] "Ireme Sánga Unkuaromá amako aruma Ekue. El Ireme Eribangandó acompañó a Sikán por el sendero donde Nasakó envió dos majaes para que le cerrasen el paso y ella arrojase la güira", nos dice una versión. (Ekerewá).

yerbas que se han utilizado en las operaciones de magia depurativa. Se llama entonces Eribangandó Eponá Musagará.

Cuando terminan los ritos, Eribangandó Sawáka Tayúsongo, desata los cáñamos que quedan muy tensos después de la función, le quita las cuñas al Ekue. (Sawáka Tayúnsogo: aflojar a Ekue).

Otra de sus atribuciones, —Eribangandó Iyá Iyá Ireme Obonekue Iyá Yambáó— consistía en ir al río en busca de un pez para ofrecerle la sangre a Ekue: efión efori muna Tánze. (Y aún, en algunas Potencias, "como se hacía en Africa", Eribangandó trae un pez, un mapó, que arroja una gran cantidad de sangre por las agayas, —"sangre excelente para Ekue". Y antes de sacrificar al gallo, con cuya sangre se prepara la mokuba para la iniciación de los neófitos, la del pescado se le vierte al tambor sagrado. (Aún los ñáñigos de Biabánga en Matanzas, hacen una libación de sangre de mapó sobre su Ekue, "que gusta mucho a Uyo".) Y a veces alguna Potencia, (Efik Abarakó Bongó Kransio) coloca sobre el Secreto una cabeza seca de pescado ya preparada al efecto y el Iyamba "fragaya" teniendo en el parche este símbolo de Tánze.

A Eribangandó, cuando llevó al Fambá la tina con agua de río dentro de la cual Nasakó metió y lavó el Secreto con sus yerbas buenas, se le dijo: Eribangandó Ireme Méta.

Ireme Taipó se llamó cuando fue de Efor a tierra de los Eforínsún a llevarles la Ley, es decir el Ekue Mpegó. Ekue Ñáña Ireme Etá Epó Eforián Kómo: "el que llevó el tambor de Orden y Mando". Adornado con huesecillos humanos, aquel tambor se nombraba Korokó Mendó Afia Aweremi.

(En tierra de los Eforínsún, los dueños de las lagunas, los grandes hechiceros que hicieron alianza con Efor, Eriganbandó pasó a ser el Ireme Isunaka. Marchaba a la cabeza del séquito que acompañaba al rey Erofá, cuando aquél recorría sus dominios, llevado en andas por cuatro esclavos. Isunáka era como un jefe de ceremonias, ocupado todo el tiempo en ensalzar espectacularmente al rey. Fue guardián de Eforínsún. "Y llevaba en su cabeza a Korokó Mendó". (Korokó Mendó afiána afiána bekó ndíke Moruá nfúme itiá erominán mekondó afiá Eforínsún).

Eribangandó es uno de los trece dignatarios de la sociedad, cuya jerarquía corresponde a la que llaman los abakuá de "plazas secundarias". Es auxiliar de Isué, y "nace del Sese".

Se cuenta que hallándose reunidos todos los grandes hombres de Efik en Usagaré en el Baróko en que los Dueños del Secreto, los Efor, iban a transmitirle la Voz Divina al Bonkó, —Fundamento de los Efik— que se hizo en Nchimiyá, **en el momento** de la consagración, Mokóngo vio una paloma —erómisón— y preguntó a Nasakó si era un espíritu. Venía aquella paloma de tierra Orú, y era blanca, y estaba en ella el Espíritu Santo, Abasí Bomé. Ekueñón la tomó, la presentó al Sése y la dejó partir en libertad. La paloma voló sobre el Sése en la procesión en que desfilaba Yambéke, el príncipe de Efor. Y Eribangandó, en vano quiso apoderarse de la paloma. ("Esto sucedió en Efor".)

Aquí, en Cuba, el día de año nuevo, en tiempos de la colonia, el Nasakó purificaba la Potencia y a los hombres que la integraban, para entrar puros en el nuevo año. Terminada esta operación en la forma en que se hace habitualmente, Nasakó tomaba una paloma y cuidando de no estropearla, la pasaba por los Sagrados Atributos y los limpiaba una vez más. Entraban después al Fambá los obonékues que esperaban en la puerta, donde Eribangandó ya los había despojado aspergándolos con el gajo de albahaca que mojaba en el agua depositada en un lebrillo que, para ese fin, había en la puerta del butáme, y Nasakó volvía a purificarlos.

Nkríkamo permanecía en la puerta, aunque también se había purificado. Cuando no quedaba un solo obonékue por limpiar, Nasakó se adelantaba y le entregaba el ave.

Este salía a la calle, o a un baldío teniéndola cuidadosamente en sus manos. Eribangandó lo seguía, ansioso por apoderarse de ella, tratando de sorprender a Nkríkamo. Sin embargo, Nkríkamo consciente del deseo de Eribangandó, que marcha a su lado acosándole, lo evita, y de pronto lanza al aire la paloma que remonta el vuelo y desaparece. La mímica de Eribangandó expresa en aquel instante la desesperación que le produce la huida de la paloma que tanto ha codiciado. A desesperación tan viva, sucede un gran abatimiento. Todos sus gestos traducen la decepción y la tristeza, el arrepentimiento del Ireme que retorna al Santuario a hincarse de rodillas ante el Sése a implorar su perdón por haber querido apoderarse del Espíritu Divino encarnado en la paloma: Erenisón Ndibó.

(—"Moruá yuansa. Sése Moruá erikúndi awána batintín Eribangandó Ekue Mbára Insún Sunékue iguerefé fembé Ekue surubiañé Ekue nanúmbre osairó iró Eromisón Tereré awánfumio: Cuando Ekue sonó, Moruá, —el Nkríkamo— trajo al Fambá a Eribangandó y el Ireme saludó al Sése. Entonces Moruá salió del Fambá con una paloma y la soltó. Eribangandó corrió tras la paloma. No pudo atraparla; ¡ay! la paloma voló al cielo. Volvió abatido y triste y Moruá le dijo: ¿cómo has dejado escapar a Eromisón Tereré, la paloma sagrada, — "hijo del Santísimo.")

Aunque un informante nos hable de estas tradicionales limpiezas con palomas blancas, las más beneficiosas, como si ya no se practicasen, éstas se repiten todos los años, y cuantas veces una Potencia lo considera necesario.

("Cuando a una Tierra, —agrupación— le cae encima la salazón: [1] pobreza, tiene líos con la Justicia, sus okobios se le enferman, sus Plazas están vacantes porque han muerto los que las desempeñaban, y los muertos piden, están siempre ahí, aferrados como vivos, hay que limpiar con la paloma.

"La pasamos sobre todos los Fundamentos y las cosas", —objetos litúrgicos.— "Por las paredes, por las esquinas de la casa. Despojamos a los moninas, y después la soltamos viva, para que se lleve al espacio lo malo que recogió. Se lo lleve bien lejos, sí, al cielo, donde el mal no contagie a nadie.")

Símbolo del Espíritu Santo, la paloma ha pasado no sólo entre los ñáñigos, en todos los cultos africanos de Cuba, a serlo de las grandes divinidades que en éstos se adoran. De Obatalá, de Nsámbi, (Mamá Kéngue), de Abasí. [2] "Le pertenece a Dios". Así los despojos que se hacen con palomas, "con Espíritu Santo", son de una eficacia incontestable.

Babalaos, Ngángulas, Nasakós, están de acuerdo en afirmar que Olorún, el Ser Supremo, de quien es Obatalá el brazo derecho, "el hijo"; Nsámbi el dueño del mundo, y Abasí, el Dios Omnipotente, "son los más fuertes". Los óchas, los mpúngos e inkisos están por debajo de Dios. "El manda en todos".

La influencia católica se revela fuertemente en estas definiciones de Olorún, Nsámbi y Abasí, que están por encima de los dioses —orishas— que adoran en sus cabildos los descendientes de lucumí; de los genios —nkisi— de los congos y de las fuerzas de los carabalí, —abanekues. En ellos se reconoce al Dios Unico, creador del cielo y de la tierra. Pero muchos etnólogos y misioneros sostienen que los africanos fuera de todo contagio religioso islámico y cristiano, son monoteistas. En este caso, si los antepasados de nuestros babalorissas nfumos y nasakos ya sabían de un Ser Supremo, les fue fácil aceptar aquí la Suprema divinidad y unicidad del dios de sus amos, e identificarlo automaticamente

[1] Desgracia. Mala suerte. Se dice aquí "estar salado" por hallarse en desgracia.
[2] Obatalá. Orisha yoruba, creador del género humano, que identificaron los esclavos a la Virgen María y a Jesús, —Nsámbi para los congos— Dios. Abasí para los carabalí. Mama kengue, equivalente de la Virgen en algunas casas de Mayombe.

a su Olorún, "que no comía, pero se respetaba y se saludaba, —moyúba Olorún, moyúba Oludumáre— antes que a los orishas" a su Nsámbi que también "hizo al mundo: ¡Nsámbiampúngo no es más que uno! ¡Sámbia arriba, Sámbia abajo, Sámbia primero que todas las cosas"; a su Abasí, —"sin Dios (Abasí) no hay Ekue". [1] Y los símbolos del Espíritu Santo se instalaron de buena gana en los chubú, (altares) de las casas de santo, iléorishas, y en las Potencias de los carabalí. La paloma, en talla de bulto, o en bajo relieve, aparece en los primeros como un atributo de Ólófi y de Obatalá —la Virgen de las Mercedes que además las exige como ofrendas;— en los segundos como la representación de Abasí Bomé, [2] que es mayor que Abasí: Abasí viene a ser Jesucristo, el hijo de Dios, que también es fuerte como Dios."

Pero mejor oigamos a un informante abakuá: "la paloma es de Dios, de Abasí. No tiene hiel, por pertenecerle al Espíritu Santo. La hiel es la maldad que fabrican las malas pasiones. Dios sólo quiere el bien, y no tiene hiel. Donde está el Espíritu Santo, que es la paloma blanca, no puede estar el Diablo. Porque Dios puede más que todos los diablos juntos; Nyóqoro se va en cuanto lo ve." [3]

Y esta curiosa explicación: "Dios también es brujo; es el primero de todos, sabe más y puede más que todos los brujos: itia sabaróko, oreja no pasa cabeza. Su poder acaba con todas las brujerías. Por eso la paloma, con la virtud del Todopoderoso, arranca del cuerpo el peor daño que se le haya pegado, y por eso los lucumís y los ñáñigos, siempre que hace falta, se limpian con palomas blancas del Espíritu Santo."

A Eribangandó le llaman Monína Bémbe, porque cuando planta una nación ha de estar junto al Bonkó, en el río, como estuvo en el río sagrado, en el lugar en que sacrificaron a Sikán.

En las procesiones lleva un gallo colgando del cinturón.

En las manos un palo de cedro o de caoba recordando que Ekueñón lo empleó para estrangular a la Sikanékue,— y una rama de guano cano, o de millo, recuerdo de la que utilizó para limpiar el camino de la primera procesión.

[1] "¡Fiaberokái sánga lamaribó!"
[2] No se le rinden sacrificios.
[3] Exactamente lo mismo nos dirán los devotos de los Orishas y los —mayomberos— "cristianos".

En estas ramas, —koifán— escondían los ñáñigos antiguamente un estilete para vengarse de algún enemigo.
Junto a Ekue, Imoserimó, es el Eribangando de los orígenes.

NKANIMA

Ireme Nkanima Ñáña Obe Kanima wána ñóngo nantiberó Ekue. [1]

Espíritu Amo del Monte, Nkanima recibió el tributo que se pagó a la Ceiba, junto a la que se enterraron restos del cuerpo de Sikanekue y de la que se tomó la madera para fabricar el tambor inefable (Ekue) que recibió el título de Tansiro ñangué.

En el indianikué [2] de Bekura Mendó, donde los Trece juraron sus cargos sobre Eróbe Efor, [3] Iyamba entregó a Nkanima el tributo que llevó al Monte. Una jícara con la cabeza del gallo, los testículos de Mbóri, siete gotas de la sangre que brotó al cortarlos Aberiñán; las sobras de la comida ritual, restos y espermas de las velas, yeso y carbón. Y como ofrenda al Espíritu de Sikán, que recibe en una Ceiba o en una Palmera, una gallina blanca, viva, tres huevos y dos velas.

(—Ñáña Obe, Ñáña Nkanima wana ñongo Ekue Yambaóre: hoy canta el Iyamba en recuerdo del primer Nkanima que recibió del primer Iyamba de Usagaré Nandió, aquellos tributos).

La cabeza y los testículos los depositó al oriente de la Ceiba, las demás ofrendas al poniente. Asfixió la gallina y la dejó en las raíces del árbol, con los tres huevos, entre las dos velas encendidas. Y se marchó, sin mirar hacia atrás...

Así, la función ritual del Ireme Nkanima se limita a llevar una ofrenda a la manigua y en ir a cortar madera, si la Potencia lo necesita, y pagarle al árbol su derecho.

"Cuando se resquebrajó el Kánko de Ekue, Nkanima trajo del monte un trozo de madera sagrada, para sustituir el kankómo roto por uno nuevo.

[1] "Nkanima es como el Osain de los lucumís", —el dueño de la selva— Nkanima Ñáña Obe, el Ireme que entra o que está allá (wána) en la espesura (ñóngo). Nantiberó: profundo. En la profundidad en que está Ekue, el Misterio."

[2] Indianikué: nacimiento. Consagración de los cargos directivos de una Potencia.

[3] Eróbe Efor: el primer cuero de chivo que selló al Tambor Sagrado.

Iyamba le dijo: Iyá, iyá itongó, Kanima wána ñongo Ekue yamba ó re... oré... y hasta el sol de hoy, (¡que Dios no lo quiera, pero esto ocurre de tiempo en tiempo!) cada vez que se raja el cuerpo (kankomo) del Fundamento, Nkanima va al Monte a buscar un tronco que sirva para Madre.

Iyamba le canta: Garogamá, garogamá, garogamá, [1] kanima wana ñóngo Ekue yambaóre.

Se reúnen entonces sólo los Jefes de la Potencia y se sacrifican un gallo y un chivo. ¡Hay que rehacer el cuerpo de Ekue!...

Nkanima ha cortado la madera, ha pagado su derecho al árbol, y, ya ahuecado y pulido el tronco, se lo ha entregado al Nasakó.

Ante los jefes de la Potencia Nasakó lo introduce en una palangana blanca que contiene agua de coco, aguardiente, vino seco y albahaca.

El agua de coco lo refresca. El aguardiente y el vino seco lo reconfortan, la albahaca lo limpia...

Nasakó lo frota con esta composición por dentro y por fuera.

Sobre el parche del Ekue roto ya están puestas las ofrendas trituradas y vertida la sangre del gallo y del chivo. Levantan el parche, —Erón Eromé— Mokongo, Iyamba, Isué, Isunékue y lo depositan en manos de Nasakó que lo pone sobre el nuevo kánkómo. Isunékue le entrega las cuñas, (hasta cinco) y Nasakó las atesa. Hecho lo cual, Isunékue toma el Palo Mosóngo que le ofrece Mosóngo, y lo abre y retira de éste un güin —saékue— que entrega a Nasakó. Nasakó frica —fragaya— el yin o el güin, hasta que se escucha a Naúbomia, (la Voz). Entonces Nasakó le alarga el yín a Iyámba, y llama a Ekueñón y a Mosongo para que den fe que Ekue ha respondido sobre su nuevo pedestal, —kánkómo.

Pueden "fragayar" por sus grandes merecimientos, esto es, producir la Voz Divina, Mosóngo, Abasóngo, Mpegó, Ekueñón. En ese momento, cuando "Ekue habla", el Mokóngo pregunta a los dignatarios: —¿Estáis conformes con los resultados de esta operación?

Si todos están de acuerdo, Mokóngo autoriza a Nasakó para que vuelva a dar posesión a Iyámba del Secreto; Iyámba a su vez da posesión a Isunékue, Isunékue a Ekueñón y a Mosóngo, que son los que directamente, con el Iyámba, atienden a Ekue.

Más tarde se comen el gallo, el chivo y las demás ofrendas. Del sacrificio, a Isunékue le pertenece el gallo y un muslo, el izquierdo, del chivo. A Iyámba, el derecho. A Mokongo la pata derecha. A Isué, la izquierda. La nuca, a Ekueñón. El lomo a Nasakó. El costado derecho a Mosóngo, el izquierdo a Aba-

---

[1] Garogamá: madre. "Iyámba la recibe del dueño del Monte."

sónga. [1] El cuero, a Mbákara. Los cuernos a Nasakó. El rabo a Nkríkamo.

El resto del chivo se reparte entre las demás Plazas, y si hay algunos abanékues presentes, pues el sacrificio y descuartizamiento se practica fuera del Fambá, en el río, —o en el patio de la Potencia adonde la magia del gandó lo traslada,— estos también reciben su parte.

El cuero se le dio al Ireme Mbákara cuando fue creada esta dignidad.

Omale Efor es el Espíritu del primer Nkanima que acompaña a Ekue en el Iriongo.

NKOBORO

Mukundú burukaka nambiro nyínaká Nkóboro Ekoi... Es el Ireme más imponente, más temido y antiguo del Calabar. El Ireme de la Consagración.

Nkóboro Ireme ntémesóro: [2] "El sólo Ireme Necesario", porque unido a Ekue por el signo, presenció y dio fe de los juramentos de los Abanékues.

Ekue Nkóboro Biurá Kambori: "ve el nacimiento de un hombre en el cuero del chivo.

Apareció en la aurora de la religión y de las iniciaciones, cuando los primeros Munánsa juraron sobre el cuero de Tánze. Cuando en Usagaré, en lo secreto de una cueva, colocaron a Ekue sobre el trazo sacro mágico, —o juraban su fe en una loma— yugüe barankón kiko une ebión baruká ekóbio Usagaré Abasi lori kamá ñéne Ekoi;— en todos los lugares donde los Efor, dentro de su territorio, iniciaban en Sanga Abakuá a las tribus que venían a buscar a Ekue y lo recibían de sus manos.

Nkóboro fue el Testigo. Los ñáñigos le llaman "Testigo de Vista", y lo es en el sentido estricto de la palabra: el único que testimonia, y, —Nkóboro kabúyo Ekue— que se constituye en vigilante para observar religiosamente lo que se hace. Censor de la liturgia.

A través del tiempo, este gran Espíritu de Nkóboro Amogoró Tindé, ha cuidado que los ritos se cumplan de acuerdo con lo

[1] El redaño le pertenece a Abasóngo, nos dicen algunos ñáñigos. "El mondongo a Moruá Yuánsa. El hueso a Eribangandó, el excremento a Nkanima, la yerba a Mokuirémo y el pelo a Akoúmbre." (Ekueúmbre).
[2] Vigilancia de Ekue. "Nkóboro", nos dirá un ñáñigo "es el Panki del juramento", —el policía.

establecido por los Antepasados, los Erume Efor, los Ndibó Efor, sin apartarse un punto de los cánones en su pureza inviolada.

Con este fin presencia todas las ceremonias, plantado ante la cortina del Fo-Ekue, su pie desnudo y marcado con el yeso bendito, apoyado en el Secreto. "Conectado por el signo del Iyámba al Fundamento." [1]

Si Nkóboro, durante una iniciación retira el pie, Ekue enmudece de pronto. Se ha cometido un error y el Ireme denuncia la invalidez del rito.

Este testigo único y sagrado, celador de la verdad, no abandona el Santuario hasta que no terminan los oficios trascendentales de una iniciación o una consagración de Plaza. Cuando el neófito es confirmado por Ekue, —"y Nkoboró ve el nacimiento del hombre en el cuero del chivo",— el ruido ensordecedor de sus cencerros al mover frenéticamente los hombros y la cintura, proclaman su júbilo.

En ausencia del Isué, Nkóboro guarda el Altar cuando ha sido imposible instalarlo en la misma habitación (fambá butáme) en que ocultamente se desarrollan los ritos.

Amenazador, inquisitivo, permanece junto al altar e impide que nadie se acerque a los atributos sagrados, los tambores e itones.

("No falta un enemigo que lleve una brujería, o que se robe algún itón; que profane el altar.")

Nkóboro recibe los siguientes nombres. Mientras tiene el pie apoyado en el Secreto: Nkóboro Kiyámba. Nkóboro Ireme Inoko ntémesóro: cuando oprime el yeso metido entre los dedos del pie que apoya en Ekue. Cuando cuida el batamú: Nkóboro Kabúyo, o Afiana Meró.

Okolobá es el antiguo, el primer Nkoboro, cuyo espíritu acompaña a Ekue durante las ceremonias.

ABERIÑAN - ABERINSUN

Abére, los mellizos. ("Kasikawawi, se les decía en Efik.") Para diferenciarlos, a los Abére, a uno se llamó Aberiñán y al otro Aberinsún.

[1] El signo que se le traza en la planta del pie, que apoya sobre el signo del Iyámba, lo unen al signo sobre el que se coloca a Ekue, es decir: "conectan a Nkóboro con Ekue."

Fue Ekueñón, se nos ha dicho siempre, el verdugo de Sikán. Después de darle muerte, Ekueñón jamás volvió a ejecutar con sus propias manos a las víctimas de los sacrificios. Les corta la cabeza cuando han expirado y recoge la sangre.

Aunque nuestros más viejos informantes afirman que en el sacrificio de Sikán sólo actuó Ekueñón a solas con Mokongo, Abere, Aberiñán, aparece en la mayoría de los relatos matando a Sikán de un palazo en la cabeza, mientras la sujeta su hermano Aberinsún.

—"Es un error", insiste S. "Aberiñán, —Aberiñán Ñáñareke— reemplazó a Ekueñón cuando Mbori fue escogido por Nasakó en sustitución de Sikán, y lo mató". Y se le dio entonces el título de Aberiñán Sanga bekondó molopó afoko tén tén Ekueñón ará mofé Ireme Aberiñán.

Palabras que traducidas una a una por nuestros sabios, —sanga bekondo: allá, donde se va, lugar lejano y secreto; molopó: cabeza; afokó: facultad, inteligencia; tén tén: acercándose; Ekueñón ará mofé: ará, patíbulo, sacrificio; mofé, plantado, sentado, lugar,— tienen para ellos este sentido: que Aberiñán fue al lugar lejano donde se hacía el sacrificio. Y allí estaba sentado el verdugo, Ekueñón, que iba a cesar en su cargo. Y Aberiñán que tenía las dotes, la facultad necesaria para desempeñar ese oficio, lo relevó.

Aberiñán, revestido de Ireme, desde entonces mata al chivo, y Aberinsún, desde entonces, lo aguanta para que su hermano cumpla su deber. (O viceversa.)

Pero si Aberiñán, —o Aberisún— armado de un palo, del Itón Berefiá, sacrifica a Mbóri, es obligado por el poder mágico de su awána, jefe, Nkríkamo, que lo conduce engañado al Eñón suáka. Cuando mostrándole el chivo le ordena: ¡Akuá Mbóri! ¡Akuá! (¡Mátalo, mátalo!) Aberiñán hace un gesto de espanto y huye. Nkríkamo lo llama con el tambor que atrae irresistiblemente y domina a los Iremes, le ordena con su palabra: ¡Akamanyeré, akamanyeré! ¡Amáko Mbóri! ¡Akuá! ¡Ven, ven, mira a Mbóri y mátalo!

Dos veces más rehusa, o se muestra remiso a cumplir su mandato. Retrocede, escapa, torna, a pesar suyo, dócil al Nkríkamo: ¡Akamanyeré! ¡Mapá Mbóri! ¡Akuá!

La primera se aproxima atemorizado, tembloroso. La segunda, conminado por la voluntad de su jefe, avanza enfurecido, el palo en alto, y pura simulación, lo patea, lo maltrata, y lo amenaza con el palo, mas no se atreve aún a asestarle en la frente el golpe definitivo, y al fin, huye. Pero, firme, Nkríkamo manda; Aberiñán ha de obedecer. Vuelve y baila ante el chivo. Aberinsún mantiene erecta la cabeza del animal, a fin de que reciba el palazo entre los cuernos. Nkríkamo repite la orden: ¡Akuá! ¡Itón akayén moropo mbori!

Rapidamente, el Ireme danzante, al son de los tambores y del coro lo mata de un solo golpe y desaparece a todo correr como un delincuente. "Ha cometido un crimen: ¡ha matado a Sikán".

El coro se lamenta: ¡Akuá Mborí borokí ñángue, ¡á á! ¡Mborí ñangué! (Ya ha muerto el chivo).

Ekueñón corta entonces la cabeza: ¡ay! ¡tún mofé! ¡tún mofé yáberesó! (¡Ay, la cabeza se ha separado del cuerpo!)

Inmediatamente después, uno de los Abere, (mellizos) o entre los dos, cortan los testículos, y de cada uno dejan caer siete gotas de sangre en sendas jicarillas, una de las cuales la lleva al Monte el Ireme Nkaníma y otra al Río el Ireme Eribangandó, — como tributo a Tanze.

Es necesario que con la cabeza de Mborí, Ekue vea los testículos y quede plenamente convencido de que se le ha dado un varón. Nada que sea o que pertenezca a las hembras es aceptado por la religión.

"Las mujeres no pueden pertenecer al Abakuá. Ekue no las soporta. Es verdad que Sikán encontró el Poder y que ella es nuestra Madre, pero el Poder pasó a manos de los hombres, y sólo los hombres estamos preparados para acercarnos a Ekue. Por eso Nasakó escogió al chivo y no a la chiva."

—De todos modos,— preguntamos a nuestro informante: — ¿el chivo no es la materialización de Sikán para los efectos del sacrificio, y el sacrificio no es el sacrificio de Sikán?

"¡Claro que sí! Y por eso se le hacen al chivo las ceremonias que se le hicieron a la Sikanekue. Mborí representa a un cristiano, a un ser humano como era Sikán. A Sikán. Es ella, pero en cuerpo de macho, porque así tiene que ser, y no sé más sobre este punto. Ekue es macho, no quiere hembras, y hay que enseñarle los testículos del chivo".

Cumplido el sacrificio, la música ejecuta la marcha de Ekue, Ekue chabiaka Mokongo má chebere, y se canta en son de fiesta.

Aparece otro Ireme, —"¡quizá el Espíritu de un Mokongo!"— esta vez para bailar, pero antes, el Nkríkamo le muestra el lugar en que ha perecido Mborí.

En ese instante, con vehemente dramatismo la mímica del Ireme describe la intensidad del dolor que experimenta. Los gestos de desesperación y conmiseración, suplen, elocuentísimos, su silencio. Lo vemos arrodillarse, alzar los brazos e imprecar al cielo, cruzarlos ante el pecho, temblorosas las manos que crispadas oprimen los codos, como si entre ellos, estrechara a la víctima en un impulso de compasión profunda...

En ausencia de Aberiñán, Aberinsún, su auxiliar "cargando saco", es decir, vestido de Ireme, ejecuta al chivo. Aberinsún recibió el título de Aberinsún tán tán bóko mofé Mbóri akuá ntún ñáña Aberinsún ndibó mokabia Ekue. (Tán tán: caer, algo que cae. Bóko, la Voz, que va a emitir el cuero. Mofé, puesto. Akuá ntún: akuá, matar. Ntún, cabeza. Matar cabeza. Ñáña, Ireme. Ndibó, poderoso. Mokábia, sangre. Ekue, el tambor sagrado. Esto: el Ireme que mata por la cabeza al chivo en cuyo cuero, bañado en la sangre, hablara el Ser Poderoso, Ekue.)

Ekueñón, que recién matado el chivo, le corta los testículos y la cabeza, como hemos visto, recoge la sangre y la lleva caliente al Secreto.

Entre Aberinsún, y Aberiñán, a quien llamará Nkríkamo para dar fin a su labor, lo descuartizan.

Cuando el chivo ha sido enteramente despedazado, Aberiñán carga en una canasta con todos los pedazos de Mbori, la lleva al batamú y la coloca ante la cortina del Fó-Ekue para que el Gran Espíritu los contemple durante un rato y aspire la esencia alimenticia. Allí queda, hasta que esa carne la cocine Nkandembo y la coman reunidos todos los hermanos.

Si no se cocina, como en el caso de una reparación o sustitución de la caja de un Ekue o de una pieza rota por otra nueva, y en ocasión del juramento o confirmación —Efión kima— de una sola Plaza, para la que hay que pagar un "derecho grande" —Nyúgue erebetó— es decir, un chivo, la carne se reparte entre los obonekues de la Potencia y los invitados de otras "naciones", quienes se llevan su porción, en testimonio de la función realizada.

Mientras Aberiñán porta al batamú los pedazos de la víctima, Aberinsún permanece en el lugar del sacrificio, tapando con tierra la charca de sangre, para que el Sése no la vea luego, y cuidando el Muna amanáwa [1] o cuero del chivo, tendido en la tierra, en espera de la procesión que vendrá a recogerlo.

Esta sale del batamú y se dirige al eñón suaka. El Ireme Eribangandó, al frente. Y de tres en tres, Isué, Mbákara y Mpegó. Mosongo, Mokongo y Abasongo. Detrás de éstos, los tres Nkomos o tambores, el Bónko y el Ekón, seguidos de toda la asistencia. Eribangandó lleva al dignatario Mbákara, desnudo hasta la cintura, que marcha entre Isué y Mpegó, y lo conduce junto al cuero.

Aberisún lo levanta del Eñón suaka, (del símbolo patibulario, pintado en el suelo) y lo pone en la espalda de Mbákara. La procesión regresa al Fambá, donde el Isué recita la oración que comienza con el acostumbrado ¡Jeyei bari ba bario! Isué Sése biuraka, tinde Munanga Mbóri etc. En el instante en que se retira el cuero de la espalda de Mbákara y se extiende ante el Muñabré o cortina del Iríon. Mokongo pregunta a los invitados,

[1] El cuero todavía "judío", es decir, antes de ser consagrado por el Sése.

obonekues de otras Potencias: —"¿Quiénes de los presentes están facultados para contemplar el Secreto?"

Aquéllos que no pueden verlo sin cometer un sacrilegio en el que arriesgan la salud o la vida misma, se retiran del Fambá. Quedan sólo los que por su jerarquía gozan de tal privilegio: Iyamba, Isunekue, Isué, Ekueñón, Mpegó, Mosongo, Abasongo, en fin, los trece que "nacieron" en el Baroko.

Mokongo manda a Iyamba que saque a Ekue del Irión y lo coloque sobre el cuero.

Mpegó traza en el cuero la firma de Mokongo, la de Iyamba, Isunekue e Isué. Acto seguido, Iyamba "fragaya", hace bramar a Ekue, y pasa al cuero —le transmite— la Voz Divina.

Así éste queda sacramentado. Se convierte en el Koko Munandiaga, el parche de Ekue que se hizo con la piel de la espalda de Sikanekue.

Los abanekues nos hablan de otros "iimaguas" —Nakibiorama— que como todos los mellizos, eran "prodigiosos".

Obane Nakibiorama Otá Jerobia. Eran de tierra Efik; uno se llamaba Otá [1] y el otro Jerobia, y su padre era el rey Bakoroso, de Obane.

Osamio Efor y Olamio Efor, son los Espíritus de los antepasados Aberiñán y Aberisún, que rodean a Ekue en el Irión.

IREME MBOKO

Ireme Móko Eróko Móko arakankúbia Ekue nyugué erebetó Ireme sokóbia otongobia Mañóngo Pábio.

Móko llevó como tributo a Ekue, caña de azúcar de la cueva de Bóko Bebá, —en el territorio de Betongó, Eforinsún,— y el dulce zumo lo empleó Nasakó en la preparación de la mokuba. De la caña habría de servirse también la Justicia de la Sociedad, a través de los Iremes, para castigar a los iniciados delincuentes.

Ireme sokóbia otongóbia Mañóngo Pábio: Espíritu Guardián (sokóbia) de aquellas sustancias (otongóbia) que alimentaban la magia del Nasakó en Mañongo Mpabio, y los utensilios que aquél empleaba.

Cuidó el total de los "derechos" —nyugue erebetó, ofrendas— que en la primera gran consagración se expusieron bajo el árbol sagrado.

[1] "Otá, nombre también de un pueblo."

El gallo blanco para Ekue, "blanco porque blanco es el color de lo perfecto y de lo puro, y el ñame que llevó Iyamba. El gallo indio, —Akabiandé— que llevó Isunekue.

Los dos chivos que llevó Mokongo. (Uno para Ekue, el otro para consagrarse, y que continuará viviendo cuidado por la Potencia).

El coco verde, la tinajuela con agua de río, el aguardiente de palma, —moíngo— color de sangre, y la cera, que llevó Isué.

El palo que llevó Ekueñón.

El maní y el cuerno que llevó Nkríkamo.

El yeso que llevó Mpegó.

La caña de Castilla que llevó Abasongo.

El pez ahumado que llevó Mosongo.

La güira, la pólvora y el traje de Ireme que llevó Nasakó.

Las yerbas que llevó Ekoumbre.

La jícara, los plátanos y la leña que llevó Nkanima. ("El plátano que amarra; fortalece el pulmón de los iniciados cuando chilla Ekue.")

Las pencas de guano, el pez vivo y el agua que llevó Eribangandó.

El maní que llevó Aberisún.

El ajonjolí que llevó Aberiñán.

El jengibre que llevó Bibán Ekue, el ayudante de Mpegó.

La sal que llevaron los Efik.

La cazuela que llevó Nkandémbo.

La escoba que llevó Koifán.

Los huevos. Pero el gran valor simbólico del huevo en la religión de Ekue, S. nos lo va explicar a su manera.

—"Detengámonos un poco", dice, "porque el huevo es un tributo importantísimo. Y lo que significa es muy profundo. Lo mismo que del huevo, de la yema que lo forma, nace el pollo, nace el obonekue del parche redondo de Ekue, redondo como el huevo. ¡El obonekue es como un pollo que nace! La yema amarilla que lo creó, la yema que se transforma en pollo, viene a ser el yeso amarillo que convierte al judío en cristiano", —es decir al profano en obonekue, en un iniciado.

"La cáscara que encerraba el germen que dio vida al pollo, es como el círculo que es el universo con la cruz del nacimiento. Así es que con el cascarón del huevo hecho polvo se le pinta la cabeza al que será ñáñigo, diciendo: Yambumbé nsénune. Yambumbé: Voz. Nsénune: huevo. Y la Voz, Yúyu hablando, que él oye al nacer, se le entroniza, (sic) como la yema que dio vida al pollo dentro del huevo, en medio del redondel que se le ha pintado con cascarilla en la cabeza.

El trazo de la cabeza, —Ngomo Sarorokó akurí Moropó— no puede hacerse más que con cascarilla de huevo, porque del huevo nace el pollo, y de este signo el abanekue. (La yema del huevo simboliza el yeso que da vida y la cascarilla es el yeso de la muerte.)

En cuanto a la clara del huevo, sirve para limpiar al indiseme. Se echa en la tina, con la wémba.

Por lo demás, el huevo, tres huevos, se le ofrendan a Sikán con una gallina blanca y dos velas."

Cada una de las seis tribus, llevaba un tributo a Bekura. Cuando los Efor iniciaron a los Efik, Mboko, en el Embarcadero de Efor, recibió las ofrendas que éstos le entregaron y las que llevaron de Obane los Efik a Usagaré. (Por esto su emblema reproduce los perfiles de una canasta invertida, las que utilizaron para cargar los tributos en aquel memorable baroko que unió a las dos tribus hasta entonces enemigas).

El Nkuniñón [1] que ostenta la dignidad de Mbóko en las Potencias, continúa vigilando los derechos de Ekue. Verifica si están completos y se obliga a custodiarlos.

—"Cuando la nación planta, los derechos y el gallo se traen de mañana y Mbóko los recibe. (El chivo se trae de noche). Al sonar Ekue, Mbóko los coloca ante el muñabré, —cortina— del fambayín. El obón que necesita alguno, debe pedírselo a él.

Si se condena a un hermano a sufrir castigo, se pide al Ireme Mbóko uno de los trozos de caña seca endurecida que guarda para pena de los delitos, y se le pega al obonekue con esa caña que pertenece a Ekue, y es atributo de los Ireme."

Nos advierte un ñáñigo viejo: "sería una falta muy grave y contraria a la religión pegar a un monina con un palo, o con un látigo. En toda justicia se pega con la caña autorizada para esas represiones de culpas menos graves y el que castiga a su hermano no peca teniendo en la mano la caña sacramentada que es un derecho de Ekue."

Así lo había determinado Nasakó al crear la nación de Efor.

EKUEUMBRE

—"Ekueúmbre, le oía yo decir a los viejos. Ekueúmbre como ellos decían o Akoúmbre, como decimos los criollos, era el botánico, el boticario de la nación.

[1] Nkuniñón: iniciado, Nkuniñón Sánga Abakuá: adorador de Ekue.

Baróko kunánsa únpábio esísi kondó Nasakó Ekueúmbre. El ayudante principal de Nasakó cuando con Ekueñón y Eribangandó, aquél hizo la Primera Brujería. Los restos de la sangre y demás ingredientes Eribangandó los echó en Erobanduma mitankéne Efor."

Donde quiera que iba Nasakó lo acompañaba su primer auxiliar, llevándole su cuerno mágico, adornado con plumas y para el que había tomado Nasakó, a guisa de cordón, parte del intestino de Sikán.

Ekueumbre conocía las propiedades medicinales de las buenas yerbas, las que quitan la fiebre, cicatrizan las heridas, ablandan los tumores, calman un dolor; y las malas, las que envenenan, enferman, destruyen la vida, como el guao y otras que emplean para dañar los abakuás; "y ayudaba al Nasakó a preparar polvos y amuletos. Botánico, boticario y brujo... viene a ser lo mismo."

Ekueumbre "era el brazo derecho de Nasakó. Estaría siempre a su lado, y en la consagración de una nueva Potencia lo veremos "nacer" en el divino cuero junto a Nasakó.

—"Cuando Efor repartió el Secreto entre las tribus", nos dice X, "Ekueumbre de Efor ayudó al Nasakó de Efik, y llevó a Efik las instrucciones de Efor."

Los sucesivos Nasakó, nos dice T. no tuvieron el mérito que el primer Nasakó.

"Iyá aromino Abasí téte wiri fembé: cuando el Pez murió, existió Ekue... Sí, pero existió gracias a Nasakó. Aquel primer Nasakó de Bekura, hizo a los demás Nasakó, y lo mismo puede decirse de Ekueúmbre, su compañero. Los seis Nasakó y los seis Ekueúmbre de las restantes tribus, fueron enseñados por ellos...

—"El Nasakó que sustituyó al de Bekúra", opina S. "era tan sabio como él... Pero el que le hizo la brujería al Pescado, sí, el viejo, viejo, lo era mucho más."

KUNDIABON

Se le encomendaron los bienes materiales de la Sociedad. Recibió los dineros de las recaudaciones, dinero que era de todos los cofrades, y que él administraba. Es el Tesorero. "En tiempos de España, cuando los ñáñigos el seis de enero iban a bailar y a buscar su aguinaldo, vestidos de Iremes, al palacio del Gobernador, el Kundiabón era quien recogía y guardaba las monedas que le entregaban a él. En cada casa rica les daban dinero. Luego, legalmente, las monedas se repartían entre todos, o de acuerdo general, Kundiabón las retenía para afrontar los gastos de la Potencia o resolver las dificultades porque atravesasen los moninas. (Multas, deshaucios, enfermedades, muerte).

"Kundiabón es el Ireme que auxilió a Mokóngo y cuidó de sus derechos, cuando éste se consagró en la Palma. Ireme Nkudia gemi yofán asokó mbarino achabiaka Mokongo". Mokóngo lo consideraba su primer ayudante...

Kundiabón tiene plenos poderes para cobrar, extendiendo recibos, las cuotas de los cofrades, que han de pagarse mensualmente. La puntualidad es de rigor, pues estas cuotas engrosan la reserva de la que se benefician en casos de necesidad, todos los individuos de la Potencia. Kundiabón se ocupa de enviar el médico a los enfermos y de pagar las medicinas que ordene y si mueren de enterrarlos; la habitación, cuando se encuentra imposibilitado de cubrir el alquiler; o la multa, o el defensor si el monina se ve envuelto en líos con la justicia...

"Pero antes demostraban los ñáñigos ser más formales en los pagos y más unidos en la desgracia."

"Antes" se refiere a los últimos años del dominio español. "Cuando en una Tierra moría uno, recuerdo que se enlutaba con un lazo negro el Tambor Mpegó, y se colocaba sobre una mesa. Todos los jefes llegaban y dejaban en la mesa una limosna. Cada uno de los hermanos del caído, entregaba un peso. A eso se decía: dar un derrame. Con lo que se recolectaba de derrames, se le enterraba. ¡Buen ataúd, buen entierro! Y todo se gastaba en el entierro. Ya no se hace esto... Ya el sentimiento de hermandad no es tan sincero."

NKANDEMBO

Terminados todos los ritos de la "entrada" o del "nacimiento", renacimiento, que diríamos nosotros, se consume la comida de comunión que se prepara con los tributos que los indísimes están obligados a pagar a Ekue al iniciarse en sus misterios o al ser promovidos a los altos cargos de la orden.

A la muerte de un adepto los mismos "derechos", —nyúgue— las mismas ofrendas se le tributarán en el Iriampo ñámpe o Iriampo sanko meñón bira, el día que su Potencia "separe su espíritu del cuero del Secreto y lo lleve a la tinaja llena de agua, porque el agua es madre de los espíritus, y el del Abakuá vuelve al agua", y le pague sus derechos como a un muerto... "para que se marche satisfecho y honrado."

La comida ritual del juramento consiste en la cabeza de un pescado que simboliza a Tánze, en el gallo y en el chivo que representan a la víctima, ñame, plátano, jengibre, ajonjolí, maní, todo machucado y cocinado con la sangre de los sacrificios, zumo de azúcar de caña dulce, aguardiente y vino seco. Sazonan este "ajiaco", al que da el maní, según dicen, un sabor muy gustoso, la sal y la pimienta.

La primera la hizo Nasakó.

Nkandémbo se llamó al hijo de Ekue encargado por Nasakó de guisar la anapijáwa, el awaririámpo o comida litúrgica de los misterios.

"Cuando Nkandémbo tuvo lista la comida de los okóbios, Mpegó trazó los signos en la tierra para que sobre estos se pusieran las tres piedras sagradas y se colocase la cazuela.

Y llegó la procesión de los okobios con los tambores e itones y se situaron en redor de la cazuela —krikola waririámpo— sobre sus respectivos gandós, (emblemas). Nasakó y su ayudante ya estaban allí, cuando llegó el beromo, Isué al frente, que llevaba al Sése engalanado con los cuatro plumeros, y a su lado Mpegó con su tambor. Mokóngo, Abasóngo y Mosóngo con sus Itones.

Nkandémbo tomó una jícara, la llenó de comida y la presentó a Nasakó. Nasakó comió el primero, ante los dignatarios arrodillados para demostrarles que la comida no contenía veneno. Uriampo afonó: era sana, pura, benéfica. Comió Mbákara después y Nasakó autorizó a Nkandémbo que entregara al Ireme Ibiandi las ofrendas que les están reservadas a los Cuatro Vientos.

El Ireme corre y va a lanzarlas al Norte, al Sur, al Este y al Oeste.

Nkandémbo escogió una pechuga del gallo, y se la envió con un kunánsa a Iyámba, que no podía abandonar el Fambá.

Regresó el kunánsa con la jícara vacía, y Nkandémbo, le mandó su porción a Isunékue, luego a Ekueñón, y por último a Fambaróko. (Iyámba, Isunékue, Ekueñón y el Fambaróko no salen del santuario y comen junto a Ekue).

Luego Nkandémbo sirvió al Isué. A Mokóngo, a Mosóngo, a Abasóngo, al ayudante de Isué que sostuvo al Sése mientras aquél comía. Después sirvió a Nkrikamo, a Nkóboro, a Nkanima, a Aberisún y Aberiñán.

Ya todos servidos, a medida que comían iban echando los huesos en una jícara. Y un kunansa trajo del Fambá los huesos que habían apartado Iyamba, Isunekue, Ekueñón y Fambaroko; los reunió todos con los restos de la comida, y los llevaron a enterrar, en una fosa. Isué recitó una plegaria. Cada uno tomó un puñado de tierra, lo llevó a la boca, y lo lanzaron sobre la jícara que guardaba los huesos mondos y las sobras, hasta cubrir la fosa. Isué entregó al Ireme un ramo de albahaca y una vela encendida. La vela quedó ardiendo sobre la tumba y la procesión volvió al Fambá. Luego los okobios bailaron y cantaron, y al ponerse el sol se despidió el Espíritu."

Cuando Efor inició a los Efik, fue Nkandémbo, Ndana obón kuríko, quien aderezó la comida en que comulgaron ambas tribus en Ndana, después del sacrificio.

(Nkandémbo anapijawa nandió ni óbia akamá ñéne kondó awaríriámpo anapijawa Nkandémbo eñón Ekue untokó unguáneme unketá, Efor.

Anapijawa: la comida sazonada. Nandió: la tierra de Usagaré; ni óbia: los ingredientes; akamá ñene: es decir, la carne de la mujer, —Sikán— que después de matarla se cocinó y se comió; kondó ún valor sagrado; eñón-Ekue: valor, algo sagrado, anhelo; untoko, unguaneme unketa: las tres piedras sagradas sobre las que se puso la comida de comunión.)

IREME FAMBAROKO

Fambaróko, es el guardián del Santuario.

"Al nacer el primer juego, terminadas las consagraciones de las piezas sagradas y de las personas a quienes se destinaban, cuando ya los obones habían colocado los Siete Muñones, —penachos— de los Siete Jefes Antepasados, Nasakó lo levantó del baróko donde estaba arrodillado y para darle su cargo lo llevó a la puerta del Fambá."

El Ireme Fambaróko es el dueño de los umbrales del templo. Del Babusé: la entrada. "Es el Elégua [1] de la casa de Ekue. Nadie, sin su permiso, —asére Fambaróko Temeroko fambá— puede penetrar en el templo. Ni el Iyámba ni el Mokóngo. Nadie."

Fambaroko permanece continuamente en guardia ante la puerta.

—"Múni Fambá", nos advierte N. "que significa abrir el cuarto, múni, abrir: el que abre el cuarto, fue cargo creado en Cuba por los Efik.

Como la de Fambá-Nitangá, la de portero del fambá durante el bakrí ñánkue. Encargado de cuidar del cuarto de los asuntos prietos, quiero decir de los trapos negros de duelo, de los ingredientes y utensilios del ñánkue. De los corchos que se queman

[1] Orisha del panteón lucumí (yoruba) que defiende las puertas de las casas.

para matizar las firmas que con yeso blanco se le hacen al cadáver del obonekue.

¡Estos corchos que hoy usan los ñáñigos no tienen la virtud del carbón de leña que empleaban para eso los africanos y los viejos!".

El Íreme Fambaróko en fin "es el llavero del cuarto sagrado", que recibe a los indiobónes y obonékues, e impide al enemigo la entrada al recinto del misterio y a los que no han sido consagrados por el Sése y confirmados por la Voz de Ekue. Y lo mismo está, centinela siempre alerta, cuando en el Kufón se celebra con alegría el nacimiento de un nuevo hermano, o cuando la muerte enluta sus paredes —¡akamá nibá abakuá! [1] y es entonces, el Muñabré Kufón erenobón o Kufón ñóngo kabia— (la cámara mortuoria) en que Ekue llora, —¡Jími, Jími!— al que se va de este mundo.

"Usagabiá se llamó el guardiero de Bakokó.

Usagabiá contemplaba desde la loma, la consagración de los primeros obones de Usagaré cuando lo vio Nasakó, y preguntó a Iyamba quién era aquel hombre que los miraba.

Iyámba respondió: es el guardián de la loma de Bakokó, y me mostró el camino cuando venía de Orú, con Isué. [2] Nasakó le ordenó entonces a Nkríkamo que lo apresara y se lo trajese. Mandó que trazaran en su cuerpo los signos sagrados, que lo llevasen junto a Ekue y le diesen a beber la Mokuba. [3]

Así recibió el título de Indiobón Muna Fambá eriongo betán el único hombre que no habiendo ido al baroko lo había visto todo..."

IREME IBIANDI

El Ireme Ibiandi, —"con el que no se puede jugar", nos advierten— ofició en la primera comida de comunión con la víctima humana. "Cuando se comió la carne de Sikán". Al sustituirla Mbóri, Ibiandi continuó desempeñando los mismos oficios. "Nada cambiaba en el fondo. Mbóri era la Sikanékue."

Cuando estaban hincados los adeptos en torno a la cazuela montada sobre las tres piedras que hoy se llaman inketá unwetá,

---

[1] "Exclamación que los ñáñigos traducen": ¡Maldita sea la muerte! y que se aplica a toda contrariedad y se dice en circunstancias desgraciadas.

[2] Fambá nankairo ñóngo Usagaré arama yúmba Efor Baroko otanairo nkuma mayerikai Usagabiá fambá bekobó munayín ñóngo efor otan muna yara moní fambá fambá Isué nantiberó Isán Bekó Ñameiró okobio Bakokó fambá Iyamba aberi kamá esumeró Ekueñón Usagabiá Efor.

[3] Tun Baroko awána Bakokó Ekobio Usagabiá Efor Nasakó, barana inuá Ekueñón enisún ngomo Mokuba natobia Kiñongo Iremo Nkanima otán Efor. Yuansa nkaniká indiobón fambá Usagabiá.

akamakuá, y entonces se llamaron obonekue orifá, tanfión, orifafá, antes de ser consumida la sagrada comida, el cocinero, —Nkandembo— autorizado por Nasakó, entregó a Ibiandí una mano de la víctima. El Ireme se alejó corriendo y arrojó la mano al Viento Este: a Antrogofó. Volvió, para tomar la otra mano, y la lanzó al Viento Oeste: Amakoirén. Inmediatamente recibió un pie, que le ofrendó al Viento Norte: Aserémiyá otón, y después el otro pie, para ofrendarlo al Sur, a Aseremiyá abakuá.

Recogió los huesos que los abanekues iban depositando devotamente en una enorme güira, y cubiertos con una yagua verde, fue a enterrarlos con la procesión de los sacramentados y sus atributos. Y fueron estos huesos el derecho que se pagó a la tierra, a Itiamogó.

IREME MBEMA

Ireme Mbéma Sanga Kondo amako ñéne Nkanima.

Fue el primer Espíritu que se presentó a contemplar el sacrificio de Sikán. El que vio la gallina blanca y los tres huevos que se le ofrendaron a su ánima: Beróko Iyán senúne. Con estos huevos se hizo, por primera vez, la cascarilla con que se trazó el signo de la iniciación en la cabeza del neófito.

Mbéma espera en el río, o en el monte, que le paguen su tributo.

Con excepción de la Potencia Efik Abarakó, como hemos dicho, no viene al Plante.

Es un Ireme legendario, que permanece en la soledad del monte, o en lo profundo del río. Como Angongoyá.

KOFOMBRE

El primer traje de Ireme fue confeccionado por el primer Nasakó de Usagaré, con las fibras de la palma sagrada. "Veía como eran los fantasmas", y fijó las imágenes espectrales en patrones que continuaron reproduciéndose a través del tiempo, al disponer Nasakó que esta labor la realizase el abanekue a quien otorgó la dignidad de Kofombre, que los matanceros llaman Akanawán: el sastre.

"Cuando Kofombre terminó el efomiremo lo llevó a Nasakó el día de la gran Consagración y éste trazó un círculo con yeso amarillo en el suelo del batamú, el signo de la limpieza, —Oruna ákua— y sobre el círculo colocó una tina con agua sagrada de río y todas sus yerbas. Dos abanekues sostuvieron el traje en forma que presentase la apariencia de un hombre arrodillado. Nasakó mojó un mazo de yerba y lo purificó, Añore kimia murasi añongrí umbrasi Íreme: dijo Nasakó mientras lo purificaba. Levantaron el traje, que entonces tomó el aspecto de un hombre que está de pie, y Nasakó lo purificó de nuevo pasando la yagua incensario en torno a la máscara, los hombros, las mangas, la cintura, el faldellín, los pantalones. Rociado de aguardiente [1] de arriba abajo, lo llevaron al Fó-Ekue, donde bramaba el Espíritu. Ekueñón tomó la mokuba, alzó el belefé, —o la mpitá, la "barbá", como le llaman más corrientemente los ñáñigos,— el ancho borde de fibra vegetal que termina la parte inferior de la máscara, que cae sobre el pecho del Ireme, y a la altura de la boca, en la parte interior le trazó con sangre una cruz. Fue introducido en el Iriongo, como un neófito, y lo acostaron boca abajo al pie de Ekue. Preguntó tres veces el Isue:

—Afómako Akanawán.
Afómako Akanawán.
Afómako Akanawán.

Y Ekue, sobre el traje respondió tres veces.

"Confirmado", sacramentado por la Voz divina, lo sacaron del fambayín. Lo alzaron, lo pusieron de frente al butame y Mpegó trazó en la máscara el signo del Íreme que había de representar en Sanga Abakuá.

Cuando Ekue fue adorado en Cuba, nacieron aquí las Tierras o Juegos que reproducían con la mayor fidelidad posible el ritual y la organización de las del Calabar, Kufombre recibió la encomienda de fabricar estos trajes de la liturgia abakuá. Hoy cualquiera puede hacerlos. Las mujeres, por lo general. Las mujeres de los ñáñigos, aunque después de sacramentado no podrán tocarlo. Y hoy Kofumbre o Akanawan no es, específicamente, un sastre. El Sastre de la Potencia. De las funciones que le estaban encomendadas, la fabricación, conservación y vigilancia de los "sacos", sólo desempeña la última.

La famosa estampa del Diablito y otros dibujos del pintor costumbrista Landaluce, que vivió la edad de oro del ñañiguismo y observó tan detenidamente a los abanekues, han dado a conocer a quienes nunca han asistido a las fiestas ni han visto desfilar por la calle las procesiones de las Potencias, el vistuario impresionante de los Iremes.

Capuchón y traje son enterizos, abierto solamente al frente, a fin de que el obonekue pueda introducir primero las piernas y

---

[1] "Los criollos mezclaron el aguardiente de caña con el vino seco para rociar a los atributos y a los okobios. Allá, era aguardiente de palma."

los brazos y después la cabeza en el capuchón que le cubre rostro y cuello.

Para darle consistencia al traje, éste se forra con un género burdo. La tela del exterior, con los dibujos que lo adornan, geométricos los más típicos, y las combinaciones de color, quedan a elección del obonekue. La calidad depende de su capacidad económica. Zaraza barata, o algodón; pana o el mejor terciopelo, como exigía para sus trajes, de un gusto tan seguro Juan Urrutia de Usagaré.

El Insún, máscara, o parte del capuchón que corresponde a la cara, es forzosamente de henequén o de algún otro tejido grueso y a la vez transparente que permita ver a través. Se tiñe de negro, rojo oscuro, amarillo o marrón.

Una ancha y espesa franja de hilos de soga bordea el Insún y cae a mitad del pecho. Los puños de las mangas, las rodillas y los bajos del pantalón, se adornan con el mismo material.

Al traje se ajusta atrás una faldeta muy corta de muselina, —o de chaconá antiguamente,— sobre la cual se pone el ancho cinturón de cuero del que cuelgan al frente tres nkanikas, cencerros; y si son pequeños, hasta seis.

En toda propiedad, también en las mangas y en los tobillos deben ponerse los nkanikas. Tres en las mangas y tres en los tobillos. Tienen por objeto "espantar lo malo", ahuyentar a la muerte.

Estos elementos se conocen por los nombres siguientes: poúmpo, pónpón: toda la parte superior del capuchón o "capirote" que remata en su extremo una moña —ponpon— de hilo de soga de henequén, que representa a Tánze; o dos, que representan a Tánze y a Sikán. Tres moñas simbolizan las tres primeras tribus que "tuvieron Ekue": Bekura, (Usagaré) Bakokó y Eforinsún, que unidas llaman los ñáñigos, Monina Sankobio.

Cuando un Íreme "despoja", purifica a un abanekue o lo saluda inclinándose ante él, el abanékue correspondiendo a su cortesía, toma la punta del ponpón con su mano y sopla largamente sobre éste, en acción de gracias.

"En ese momento se le da a la cabeza de Sikán, Insún Nankóbia, que representa el capirote del Íreme, lo más precioso de nuestra vida: el aliento."

Insún: en las máscaras o caras de Íremes, con excepción de alguna que aquí representa en la Potencia Abarakó de Matanzas a la Sikanekue en el instante de morir estrangulada y muestra una larga lengua escarlata pendiendo entre dos blancas hileras de dientes afilados, las bocas no están figuradas. Si el traje pertenece a un dignatario su firma la dibuja el Mpegó en mitad de la máscara.

Ere níyo u obieñé: [1] se llama a los ojos. Cuando vemos un solo ojo estupefacto de cíclope estampado muy alto en el Insún, nos encontraremos en presencia de algo más que un Íreme: "de un dios".

Belefé, se llama la "barbá", o "collera" que dicen también los ñáñigos, el espeso vuelo de henequén que adorna al frente el borde de la máscara.

Belefé Mbára: los puños de las mangas.

Belefé ntomiñón: el que se pone en las rodillas y en los bajos del pantalón.

Las hilas de soga que se emplean para hacer estos vuelos tan característicos que adornan el pecho, los brazos y las piernas del vestido de un Íreme reciben el nombre corriente de mpitá. (Belemé mpitá, según T. pues simbolizan el rodete —wewereme— que Sikán, —Beleme,— ponía en la cabeza para soportar el güiro en el que llevaba agua del río a su choza.)

La faldeta: ñónga. Ñongaura.

El Cinturón: Akaníka. Akaniká o nkaniká loribá, el cinturón y los cencerros;

Las mangas: membara.

Los pantalones: kofombre.

La camisa: senisé.

Los calzoncillos: efómiremo. [2]

La espalda del traje: ntara.

Termina esta indumentaria, la "sombrereta", el itá musón, [3] o aberí kamaúndiogo, como se nos ha dicho, que se ajusta en la nuca, y se marca también con el signo del Íreme.

Una vez que se les ha infundido el Espíritu, ("jurado") los trajes de Íremes se convierten en objetos sagrados que deberán ser religiosamente custodiados por el Ekofumbre.

De lo contrario los abanekues que los revisten están expuestos a ser víctimas de sus enemigos. ("Nasakó sabía hasta dónde es capaz de llegar la maldad de los hombres, malos por naturaleza. Sabía que la envidia que un hermano sintiese por otro, se aprovecharía de todo, para perderlo.")

Los efomiremos se embrujan, especialmente el ponpón y el Insún, la máscara.

Son muchos los que, excelentes bailadores, han caído abatidos por los celos rabiosos de otros bailarines rivales que pudieron

---

[1] Ereniyo, para un viejo consultado, "es más que ojo, mirar". También puede significar escribir y visto.
[2] Efomirémo: "son los calzoncillos del Ireme, pero efomiremo son los calzoncillos de cualquier persona que los lleve puestos."
[3] Ita musón: "fue la primera sombrereta del primer traje."

introducir en el ponpón, los polvos o el líquido de una wémba [1] poderosa.

(Citaremos un caso entre muchos. El del obonekue Makakafuá, de la Potencia Nseniyén de Matanzas. Era un extraordinario bailarín, a quien todos los ñáñigos admiraban sin discusión. Invitado a un "plante" en Guanabacoa, Makakafuá allí fue a lucir su arte, a disputar la palma al mejor bailador.

Pero Policarpo Semanat, "que era un gran wembero" y no podía sufrir las alabanzas que llovían sobre Makakafuá cada vez que salía al ruedo, aprovechó aquella oportunidad para incapacitarlo y le preparó un saco, de modo que apenas aquél desembarazó la cabeza del pónpón y se quitó el traje, quedo completamente ciego. Ciego le llevaban después a las fiestas y él se lamentaba —"¡Miren en que estado me dejó Semanat, ciego sin remedio, para que no pudiese bailar!")

J. U. sufrió también, según me dijo, las consecuencias de la envidia que su destreza y el lujo inusitado de sus trajes de terciopelo, con los que no podía competirse, encendió en un monina. La wemba no lo cegó como a Makakafuá; el efecto, sobre el pecho, se reveló a las claras, en aquella primera crisis de disnea que entonces le acometió repentinamente, al desvestirlo el kofumbre. El daño actuó lentamente, pero los ahogos le impidieron continuar bailando y estrenando un efomiremo cada vez que salía a danzar ante las concurrencias numerosas que acudían a las fiestas atraídas por el prestigio de su nombre.

Kofumbre es el responsable de que ocurran o no, estas desgracias.

Un viejo nonagenario nos describe los trajes de los Diablitos [2] de su tiempo, para los que se empleaba un material, dice, "más salvaje pero más bonito"; pintoresco, si podemos interpretar en este sentido lo que él llama "bonito". Entendamos, más africanos. "Los criollos los hicieron lujosos."

Los actuales efomiremos, según él, han sufrido muchas modificaciones y "más o menos todos se parecen, mientras que en otros tiempos había muchos tipos diferentes. Adornaban mucho las güiras, las quijadas de animales, de ternero o de buey, de chivo y de caballo, que se colocaban en la máscara, y venían a quedar por debajo de la mandíbula del que cargaba el saco. Las articulaban con alambres y se formaba la cara de un animal. Las de

---

[1] Wémba: brujería.
[2] Hemos oído dar nombres específicos a algunos de estos trajes, comprendidos en el término génerico Akanawán. Por ejemplo, al del Ireme Eribangandó llamarle Akanawán Konipio; al de Nkanima, Akanawán Dibé; al de Ekueñón, Akanawán Amefiána, etc.

caballo y las de buey, solían recortarse. Un carpintero hacía ese trabajo, o el mismo ñáñigo con un serrucho."

Como era costumbre en la costa del Calabar, nos cuenta un adepto matancero, el "saco" de Mbéma, muy antiguo, en la Potencia de los Efik Barakó, está hecho de hilachas de henequén, de cordeles de majagua y de cuero de chivo. Este, con su pónpón y espectacular Insún, grandes ojos bordeados de blanco, una enorme boca negra monstruosa, con cinco dientes tiburonescos en total: tres en el maxilar inferior entre los que avanzan los dos colmillos agudos y volados del maxilar superior.

Digna representación de un Ireme como Mbéma que sólo baila una vez al año. "Asusta mucho", comenta el informante.

Cocodrilos disecados, adornaban con frecuencia la espalda de los "sacos". Una jicotea simulaba el rostro. Se empleaba mucho también, —"era lo más propio del Abakuá"— la piel de leopardo. ("La piel de leopardo que adornó al Sése de Efor, y luego, pues todo se hizo en Efik a semejanza de Efor, al Sése Eribó de Obane: Mayira aferunkuo nawé Sése Obane.") Muchos sacos en la Habana, ostentaban esta piel, "que era lo fundamental en Guinea". De piel de leopardo era el traje del Ireme Otún que Ekueñón llevó a la consagración.

"Hace tiempo, —fue en tiempos de España— se puso a un efomirémo una cabeza de tigre que se trajo de Africa y que conserva la Potencia Obane, en Matanzas. Esta Potencia tiene todos sus atributos forrados con piel de tigre.

Había isleños", (naturales de las Islas Canarias) "que se dedicaban a traer de la costa lo que necesitaban los Abakuás y los Santeros de Regla de Ocha."

También los Irondó se ufanan de poseer su Sése, el Tambor Mpegó y los Itones, forrados en piel de leopardo.

Así es el verdadero efomiremo de Nasakó: el pónpón o capirucho no termina en punta. Un casco redondo hecho de una güira y forrado exteriormente con pedazos de esponja queda ajustado en la cabeza. En torno a este casco un majá, la cabeza erecta al frente, y la cola pendiente detrás. Una jicotea por cara, cosida al saco con dos agujeros muy redondos por ojos; de piel de tigre el paño de la espalda adornado con semillas de mate (Eromé) y en vez de ñongá, la vuelera faldeta de muselina u otro género ligero, una de fibras de majagua. Los frentes de los pantalones hasta las rodillas, de cuero de chivo.

Los "sacos" hechos de hojas de plátano, sogas y cueros de animales, —leopardo, carnero, chivos— se llamaron en Efik Akanawán Yoyámbio. Los que se adornaban con escamas de pescado, jicotea, y majá, en Efor se llamaban Nalóngo nantán Musagará."

Este traje del Nasakó aún lo conserva la vieja Potencia matancera, Éfik Abarakó, que hemos citado. (Un Íreme importante de esta Potencia, integrada en el Calabar por cultivadores y comerciantes de güiras, —miyunsún,— es Erufián Kéwe).

El pónpón con dos Insún, es decir dos caras como un Jano o cierto Eleguá bicéfalo de la Regla Lucumí, era muy usual en la época de las grandes rivalidades entre los Abakuás. Además de representar a un Íreme muy guerrero, cuyo nombre escapa a S. tenían por objeto despistar de lejos al enemigo, cuando el Íreme estaba de espaldas. Recordemos que los Íremes corrían el peligro de que un rival con el yeso blanco con que se marca a los muertos, que se escondía entre los dedos de un pie, le rayase de improviso la espalda.

Es muy bello, dicen, el blanco efómirémo de un Íreme que baila en Matanzas algunas veces, todo tembloroso con un bastón y siete plumeros blancos, y a quien se le canta:

Kánko Mbára kánko erufiága akuá robeña isán bengué Yarína mabón ke akanapón...

Cuando el Íreme termina su actuación en el drama litúrgico abakuá, Kofumbre pone a orear el traje, siempre empapado en sudor. Si la casa en que se ha desarrollado el "plante" pertenece a la Potencia, los cuelga después en la pared de una habitación destinada a ropero, en la que él dispone a su guisa. De lo contrario, los empaqueta y los lleva a la suya, que se reduce a veces al cuarto de un "solar" o casa de vecindario.

La reparación de los efomirémos queda también a su cargo.

Kufómbre, nos advierte otra vez Saibeké, "no es el sastre de la Potencia. Porque hacía trajes de fantasma, al que los hacía se le llamó Akanawán.

Kufómbre es un abanékue de categoría que acompaña siempre a Iyámba. Un amigo del rey."

MBAKARA

Erendió Abasi Mbákara Sése úbia unfentón echecheribó ngomo Mbákara Sése.

Íreme de la tierra de Sina Manankorobé, de la tribu de Muñanga.

Esta Plaza, que fue creada después del primer baroko de Usagaré, no nació con los Trece Okobio de Efor.

No había Mbákara, se nos dice, "cuando Mokongo llevó al Embarcadero el primer chivo que trajo de Bakuruamá Nóngobión Banaká, y se lo dió a Ekueñón."

Más tarde, en el mismo territorio de Usagaré, —¿cuándo? —mis informantes no pueden precisarlo,— se confió a Mbákara la custodia de Mbori vivo, y de su cuero, después de muerto. Tan pronto el chivo escogido por Yuansa llega al santuario se le entrega a Mbákara, que lo ata al tronco de una ceiba, —o de una palma—.

Para sacrificarlo, es menester pedírselo a Mbákara. Es Ekueñón quien va a buscarle, y antes de obtener de Mbákara el permiso de desatarlo del árbol en cuyo tronco se destaca el signo Bunekue, [1] se encomienda al Ser Supremo, no sin antes solicitar su atención con el consabido ¡Jéyei bari bá bario! Jéyei baribá bario osoiro nkaño Abasí! Porque invocando Ekueñón a Abasí y a las fuerzas sobrenaturales, ante los indiobones o grandes de la Potencia, se lo entregó Mbákara nanboró kinsún, el Responsable del chivo. Y Ekueñón lo desamarró y en unión de Mbákara, asiendo cada uno un cuerno del animal, lo condujeron al santuario, donde fue purificado, signado y presentado al Sése y al Ekue.

Mbákara, con autorización de Mbóko, guardián de las ofrendas, tomó un fragmento de cada una y con tres granos de maní, las dio a comer a Mbori. Le abrieron la boca y Ekueñón le obligó a tragar el aguardiente, el vino seco y la sangre del gallo que bebe el neófito. "La hostia", que dicen los abanekues.

Luego le metieron entre los dientes un gajo de albahaca. (También se taparon con albahaca los ojos del chivo decapitado. "Cuando Ekueñón le cortó la cabeza, levantó sus párpados, cubrió sus pupilas con hojas de albahaca y los cerró para que no viese a los que habían jurado sus Plazas en el baroko. En su nacimiento la mirada de un muerto les haría mucho daño.")

Lo llevaron en procesión al "patíbulo", a la orilla del río, donde esperaban Mpegó y Mosongo, Ekueñón, Aberiñán, Aberisún, Mbóko.

Cuando Mpegó pidió a Ekueñón que recitase la sentencia, Mbákara se situó a la cabecera de Mbori, y presenció la ejecución que el Nkríkamo hizo cumplir al Ireme Aberiñán...

Una vez el chivo desollado y despedazado vuelve la procesión con el Sése y todos los Atributos para recoger el pellejo y los pedazos que en una canasta se llevan al Fambá. Con ella viene Mbákara, a recibir el cuero que el Ireme Aberiñán cuelga de

---

[1] "El signo de la Ceiba Sagrada, se llama: Kondafia" — Kondafia se llama, además, la Ceiba. Atafia Kondafia, reverencia a la Ceiba.

sus hombros. (Boko kamá ubia koibá ayarantén Mbori Mbákara Sése Ekoi néwe ayarantén Mbori Sése Ekoi).

La procesión regresa al Santuario, donde Ekueñón, o Aberiñán, Aberisún o el Ireme Mboko están todos facultados, "inclusive Koifán" para quitar el cuero de los hombros de Mbákara y extenderlo en el suelo, ante el Fó-Ekue. Mpegó le traza el símbolo del Baroko-Ninyao, —el signo fundamental arakasuaka o ayonanbáe,— círculo en que se encierra el Poder de Ekue, dividido en cuatro espacios por las líneas —asiamá, asiamé— de una cruz en cuyos extremos, fuera del círculo, dibuja los emblemas de los cuatro jefes, Mokongo, Iyamba, Isué e Isunekue.

Iyamba lo sacramenta, (lo "bautiza"). Y se le confía a Mbákara, quien lo pondrá a secar durante unos días a sol y sereno y lo limpiará después sumergiéndolo en una vasija con agua, lejía y ceniza. Cuando la nación necesita un pedazo de cuero bendito para acorar una nueva pieza, o resellar a Ekue, se la pide al Guardián de los cueros, a Mbákara. [1]

Se lo pide Isunekue, —quien, recordemos, a título de "heredero del de Munanga-ngarabanú", (de la piel de Sikán, su mujer), tiene derecho de propiedad, sobre los parches de Ekue, derecho puramente simbólico,— pues en "una nación abakuá todo es de todos". Isunékue forra el Tambor Sagrado. Pero Iyamba y Ekueñón también realizan esta delicada labor, de la que no se excluye a los otros dignatarios de la Potencia.

Mbákara es auxiliar de Isué, —"Mbákara era hijo de Isué"— y los ñáñigos comparan su oficio al de un sacristán.

Cuida también del Plumero de Isué y de los demás que ostentan los Tambores de Honor, que se colocan en el altar.

Cuando Isué sacramenta la Mokuba, al tiempo de bendecirla con una oración y santiguarla con una ramita de albahaca, Mbákara sostiene el Sése sobre la mezcla de sangre que beberá el iniciado para unirse a Ekue. Mbákara está autorizado para cargar el Sése.

Se le llama Mbákara Anaborokisún: cuando amarra al chivo. Mbákara Akúbia Anakambóri, cuando lo desata del árbol y lo conduce hasta la puerta del Fambá.

[1] El parche del tambor Ekue que se rompía o que ya resultaba inútil, —nos dicen— se reducía a polvo y mezclado a los alimentos era consumido por los abanekues. "Esto, un secreto que no se divulga, continua haciéndose ocultamente en consecuencia con lo que se hizo en Africa, donde se comieron con ñame las cenizas de lo que quedó de Sikán y se comían también las de los Mayores. Lo que no pudo hacerse en Cuba... pero el chivo cuando se raya y se consagra, es una persona."

DIABLITO *(Foto: Pierre Verger)*

DIABLITO DE LANDALUZE

Junto a Ekue, Unwale Efor es el Espíritu del antepasado Mbakara.

YUANSA

Al correr de los años, "allá en Guinea" se crearon otros cargos o —Plazas en las "naciones", ya para atender a las exigencias del culto, ya para recompensar los méritos de algunos adeptos ilustres, como el de Yuansa, con que se honró a un sabio anciano de Efor, cuyos profundos conocimientos lo elevaron a consejero de los jerarcas de la Sociedad.

En todo asunto concerniente a la religión se le consultaba y su opinión era acatada invariablemente con respeto.

Acompañaba a los jefes cuando hacía falta escoger un cuero, una madera para la fabricación de una Pieza Sagrada, un cáñamo, o algún ingrediente de los que necesita la magia que hace "conversar" a Ekue y que él seleccionaba.

Era el único iniciado que podía permanecer en el butáme con la cabeza cubierta.

Mantenedor severo del orden, Yuansa estaba siempre en el fambá y reprendía a los que no se conducían en el Templo con la debida compostura. Hacía respetar la disciplina, observar las leyes de la "nación", los mandamientos de la religión. Lo mismo requería al Iyamba o al Mokongo que a un amanisón, candidato, o a un obonekue recién nacido.

Una infracción cometida por el hombre jurado de corazón —mútu achekereké— sobre el cuero del chivo, era injustificable para Yuánsa, y él estaba allí para recordárselo. Y estaba para apaciguar las cóleras, hacer bajar el diapasón de una discusión, amigar a los hermanos que olvidando la fe jurada, se habían enemistado por algún motivo.

Yuansa, el viejo consejero, autoritario y paternal, tiene además a su cargo la compra de los "derechos" de Ekue.

YUANSA NA MORUA, O MORUA YUANSA

El cargo de Yuansa Ná Moruá, el cantador, obedeció a una gran necesidad, nos explica Saibeké.

—"Yuansa es el compañero inseparable del bonkó, el tambor que alegra la fiesta.

Pero Bonkó es sólo un objeto, una cosa inerte de por sí, que no puede contestar con palabras, a las palabras de los que van a cantar a la fiesta. Era necesario un hombre, y ese sería Moruá Yuansa, el cantador, quien al plantar una Potencia, "levantase los cantos, y junto al bonkó, cuando el obonekue de otra Potencia disparase una puya ofensiva para su nación, el Moruá Yuansa, que en ese momento se llama Yuansa Ná Moruá, les respondiese como se merecían."

De manera que Yuansa Ná Moruá "representa a su nación ante la música", y defiende su honor, muy quisquilloso e inflamable.

Su función se limita a escuchar los cantos de los visitantes, y si éstos son satíricos, a devolverlos con redoblada mala intención.

N. nos recuerda que no debemos confundir Moruá, a secas, nombre que se da con frecuencia a Nkríkamo, con Moruá Yuansa, —o Moruá Ná Moruá,— el Moruá Yuansa en funciones, al lado del Bonkó.

ABASI

—"En cuanto a la Plaza de Abasí, fue inventada en Cuba. En hacer a uno Abasí no pensaron los africanos. Abasí es Dios, nada menos. Dios nos creó, y nosotros no podemos crear a Dios. Pero los criollos se atrevían a todo."

Con este cargo, "cargo honorario, que no obliga a nada, el Abasí no hace nada", nos explican, "se recompensaban los méritos de un obonekue ya viejo y respetable que se hubiese hecho estimar y querer en su Potencia. Era una deferencia. El obonekue que recibe ese honor, debe ser un viejo, porque Dios es viejo".

—"Lo del Abasí, se sale de la regla... Como Abasí Mpana, Abasí Konetámbre, el crucifijo, que no era carabalí. El crucifijo nosotros lo adoramos, lo llevamos en el beromo, lo ponemos en el altar, lo besamos al jurar, —es lo primero que le damos a besar al indísime,— pero nada de eso es carabalí...

Es una adaptación criolla, ya se sabe, de mucho valor para Abakuá, que vino a acompañar al Sése y a reforzar los Poderes de nuestra religión."

OBON PALITO

Otra "plaza" que aquí hicieron los criollos, "para explotar al prójimo. Innecesaria, porque cualquier obonékue puede tocar los palitos."

ITON BANA

El que lleva el crucifijo cuando sale la procesión. A eso se reduce las funciones de su cargo. "Al menos Obón Palito toca los palitos"...

—"Mandrí no admitía la legitimidad de esos cargos; el viejo despreciaba a los que se dejaban engatusar y los aceptaban."

KOIFAN

Cuando terminado el baroko enmudeció la Voz y se marcharon los Espíritus, Iyamba retiró a Ekue del Iriongo, y Koifán con un manojo de escoba amarga y albahaca barrió el lugar sagrado, borró el signo en que reposa el Secreto, y pulverizó sobre la huella Moingo akorowá nyenisón, —el aguardiente— y el vino seco, —okoróbesúao. Fue al río y arrojó el manojo de yerba.

Koifán es el obonekue que barre el Fambá.

Lo barre de adentro hacia afuera para que no quede en el interior la menor suciedad, y que arrastrado, barrido, algún intruso espíritu maléfico, escape impelido por la escoba.

Terminado el Plante, Koifán lanza a la calle el gallo destinado a la purificación de los indisime y de todos los hombres de la Potencia.

—"Hay que cuidar, y esto es muy importante, de taparle bien los ojos a ese gallo de las limpiezas, metiéndole la cabeza debajo de un ala; que no vea los daños, las suciedades, las malas sombras de que va a impregnarse, porque no las recogería...

Koifán lo lleva a un rincón, cuando todos los moninas se han limpiado, y allí lo tiene apartado hasta que todos se marchan. Entonces lo agarra, se para en la puerta y lo echa a la calle."

Y al lanzarlo fuera, le canta: Ndina, ndina Mokiré.

Si alguien se apoderase de ese gallo cargado de máculas, enfermaría y acaso perecería de uno de esos males misteriosos que no aciertan a curar los médicos. Por suerte el pueblo sabe a que atenerse y evita el contacto de esas aves que no tienen dueño, y que sirven para que los hombres les traspasen los maleficios que los afligen, sus dolencias, desgracias e impurezas.

Remontándose a los orígenes de la sociedad, un ñáñigo viejo nos dice que el gallo sustituyó para depurar a los iniciados, a un pájaro, "de espíritu muy fuerte llamado Ruñandió."

Nasakó hacía las limpiezas con Ruñandió hasta que utilizó a Nkiko.

Ruñandió sólo se utilizaba para despojar. Su sangre no se le daba al Fundamento.

—"Nkiko no se comía, no se le mataba para dar su sangre a los muertos y a los santos. Así fue durante mucho tiempo, cuando los animales hablaban, por los principios del mundo. Pero llegó una época muy mala para todos, y Nkiko, anda que anda buscando que comer fue a dar muy lejos, lejísimo, a una siembra de maíz que era de los Muertos. Y los muertos al ver aquel individuo lleno de plumas que les robaba su maíz y pregonaba el robo lo cogieron y se lo comieron. Les gustó mucho". Lo que dió lugar a que el gallo sea la ofrenda que recibe los antepasados los Espíritus y los Dioses. ("Todos quieren sangre de gallo".)

EFIMEREMO OBON NTUI. EL CASTIGADOR.

Constituída originalmente la Potencia, ¡como la Orden de Santiago! por los Trece Dignatarios que nos han dado a conocer nuestros informantes, se designó a Nkríkamo, con el título de Efiméremo Obón Ntuí, para hacer cumplir los castigos decretados por los Efiméremo Munán Chui, —los siete okobios,— que reunidos en Consejo de Justicia, juzgan y sentencian.

Especie de cacodemón, de Malus genius, el primer Nkríkamo fue cruel, y el hombre que se destina a este cargo, debe destacarse por su dureza.

—"A Nkríkamo, el Castigador, nada puede conmoverlo", nos dice Saibeke, "castigo no tiene corazón".

El viejo Calazán, como Manuel Platanal, alias Puñales, también opinaba que las Plazas debían ser siempre desempeñadas por hombres de caracteres y sentimientos afines a los de los dignatarios que fundaron la Sociedad Abakuá. Un Iyamba ha de ser un hombre reposado y grave, que inspire respeto. Mokongo, enérgico, justiciero, valiente hasta la temeridad. Los Isunekues, —debían ser de poca estatura o delgados, para que quepan cómodamente en el Fó-ékue,— de trato agradable, competentes en la liturgia, muy versados en la lengua sagrada y atentos a lo que dicen los visitantes cuando vienen a saludar a Ekue. Suelen los enemigos deslizar en sus discursos palabras ofensivas para la Potencia, y a las que no puede responder el Fundamento. Los Isué, clementes, de probada cordura, buenos consejeros y conciliadores, enemigos del crimen y de la violencia. Al Ekueñón, al contrario de Isué que se abstiene de presenciar los sacrificios, le agradará la sangre; debe ser capaz de cortar una cabeza sin alterarse, y de acostarse a dormir después tranquilamente.

De Nkóboro, a quien se confía la vigilancia de la nación, se exige la inflexibilidad y dureza necesaria para reprimir con mano inmisericorde cualquier alteración del orden. Por su sola presencia Nkóboro se dará a respetar. No se concibe que el continuador de las funciones del implacable vigilante Mukundu Burukáka Nambiro Nyinaka, "que imponía terror en las costas del Calabar" no haga temblar aquí, en Cuba, a los abanekues.

Es el Ireme Ntuí, y Ntuí lo mismo que Nchuí, que se le dice a Nkoboro, significa malo. Es el único que en los Plantes, —"eso demuestra su naturaleza"— empuña su nkóbe, — su sable, para bailar y guardar el fambá.

Sanguinarios, de malos instintos, Aberiñán y Aberisún, que sustituyeron al Verdugo, Ekueñón.

Hechicero perverso, como Nkríkamo, que no titubee al preparar un veneno letal ni el maleficio más maligno, deberá ser un Ekoúmbre. Y de gran experiencia, con profundos conocimientos de magia, y "ojos claros", es decir, dotado de natural clarividencia, el Nasakó ideal...

Se nos propone como un buen ejemplo de afinidad con el Nkríkamo legendario un "accomplished Nkríkamo", el que se honraba con este cargo en la Potencia Odán Efik, un tal Claudio Chávez.

—"Malvado. No sentía lástima ni remordimiento. Tenía dentro el espíritu del brujo Nkríkamo. Este ñáñigo no enamoraba más que jovencitas que podían ser sus hijas, y tenía varias en su casa. Las amarraba", —encantaba— "y ninguna podía alejarse de él. A los hombres, después que les quitaba las mujeres, los mataba. Cosita Mala, le decían a Chávez, y merecía el apodo.

Sus compañeros me contaron cómo llegó a ser Nkríkamo. Había en su Potencia un mulato, Oliveya, que cumplía sus obligaciones como nadie; era serio, recto, un esclavo del deber. Por esto, los okobios lo propusieron para el cargo vacante de Nkríkamo y fue aceptado por unanimidad. Pero Chávez codiciaba aquella Plaza y el mismo día, un día de San Juan, en que Oliveya iba a prestar juramento, enfermó y murió.

Chávez lo destruyó con su brujería. Estaba claro. Y él nunca lo negó. Poco después lo nombraron, y como Nkríkamo Chávez se portó divinamente.

A todos los que juraban en Odán Efik, les echaba unos polvos en la mokuba, y aquellos hombres lo obedecían ciegamente. ¡Daban la vida por Cosita Mala! Cuando hacía castigar a un monina, daba gusto verlo. Era Nkríkamo de una sola pieza.

A los ntiero, (culpables), les amarraba los brazos a las piernas, y cañazos a llover! A cantar, y a pegar el Diablito: ¡nyeyé akayén abarondó!

El reo, a cada golpe, tiene que responder. Cuenta. ¡Uno! ¡Akayé barondó! ¡Dos! Akayé barondó ¡Tres! y así sucesivamente, hasta que les sean dados, por orden de Nkríkamo, en presencia de los Obones, todos los golpes que merece su culpa."

Depositarios de la ley, administran la justicia, atributo de Ekue, y en su nombre, sus cuatro grandes ministros, Iyamba, Mokongo, Isué, Isunekue. Juzgan los delitos cometidos por los cofrades y en consecuencia ordenan los castigos que Nkríkamo hace cumplir.

La contravención de algún precepto de la ley abakuá, que fundamentalmente mis informantes reducen a siete, no puede quedar impune.

Toda transgresión es delictuosa, mejor dicho, sacrílega, porque el iniciado que quebranta los mandamientos, delinque directamente contra el Gran Poder, traiciona con sus obras la palabra que empeñó a las Fuerzas sobrenaturales, mediante el juramento y la comunión.

Leves o graves, las culpas que comete el obonekue "son pecados".

Pero es preferible, para mayor exactitud, que sea un ñáñigo quien nos explique el derecho que ordena la vida de la mística agrupación.

Tankéwo, respetuosamente salvando las distancias, doctor sutilísimo en teología abakuá, nos ilustrará. Así tendremos también una idea más precisa de la ética abakuá. Contra las repeticiones, en una recopilación de esta índole, ya estamos prevenidos:

—"Antes de Abakuá, nació la ley para que hubiese Abakuá. Para matar a Sikán, antes había que condenarla. Sin ley, no vale sentencia. Y se hizo Mpegó. Porque la ley la ordenó el Gran Poder, para que naciera la Justicia, y con Ley y Justicia, naciera la Potencia y pudiera ser fuerte, prosperase y viviese conforme a la voluntad de Ekue, que la dio a conocer por Mañongo Pábio al Adivino.

Cumplir, y hacer cumplir hasta morir los mandamientos de esa Ley, eso es lo que jura el individuo que va a consagrarse, y le jura al Fundamento, al mismo Fundamento. ¡Es un juramento tremendo, que no se pierde! Lo recoge Ekue. Se queda en Mosongo...

No es lo mismo faltar a la palabra que se empeñó con un espíritu, con un santo, que traicionar o no respetar lo que es cosa de hombres, cosas de la tierra, y no del otro mundo.

Como ñáñigo, yo no quiero decir con esto que todos los hombres que se consideran hombres, y esos somos nosotros en primer lugar, no se crean obligados a cumplir lo que prometen cuando dan su palabra. Lo que quiero que se comprenda es que sobre todas las cosas, está el compromiso religioso. A ése no puede faltársele. ¿Por qué? Un ejemplo. La autoridad... Un soldado con un rifle, un policía con su revólver. Tienen facultad para matarme. Pero me matan si reciben de un superior la orden. Si me matan por gusto, los castigan. Un espíritu, no tiene revólver, no tiene puñal. Nadie lo ve, y si se le antoja, me mata. Y mata al general que le ordena al soldado que mate, y nadie lo puede castigar a él, y como dice el refrán: Dios castiga sin piedra ni palo. Los espíritus son más fuertes que los vivos, y jugar con ellos es más peligroso que jugar con los vivos.

Entre el hombre y el Secreto está su juramento, que lo amarra a lo sagrado, ¡más fuerte que la autoridad!

Otro ejemplo, para que esto se comprenda. ¿De qué se forma la palabra? De aire. La palabra no tiene cuerpo. La mano no la coge. Y el Espíritu, tampoco se coge con las manos. La palabra salió del espíritu del hombre, y cuando el Poder lo recibe se apodera del hombre que se lo entregó y aceptó sus condiciones.

A la autoridad no se le entrega el alma, aunque se le jure lo que quiera. No amarra el espíritu de las personas vivas o muertas.

Por eso el Isué, antes de consagrar al hombre y tomarle juramento, antes que éste deje en el cuero su palabra, le advierte que está a tiempo de arrepentirse, porque si traiciona, tendrá que sufrir la severidad de esa fuerza que es todo poderosa y de la que no se puede escapar, porque ya le digo que Dios castiga sin piedra ni palo. Y el castigo es duro si la falta es grave.

No es lo mismo que un ñáñigo deje de pagar su cuota, a que venda el Secreto.

Eso de pagar la cuota, aunque es muy importante, es cosa de administración, de recaudación. Pero, vamos a lo fundamental. Y es que la Ley de la Potencia es una, y la Ley del juez, de la república, es otra. Las faltas, las peores que cometa un ñáñigo fuera de la Potencia, a la Potencia no le importa. Ekue no se mete en eso. Allá él. Malo es lo que Abakuá considera malo, dentro de la religión, y culpa tiene ante lo que adoramos nada más que lo que nuestra religión condena. Una cosa es culpa de religión, y otra, de juzgado. Son muy diferentes esas culpas.

Pecado no tendrá el ñáñigo que no peque contra Ekue, ya sea ladrón o asesino. Si peca como ñáñigo su justicia lo condena. Esa es la esencia de la ley abakuá.

Los mandamientos de la Ley son pocos. Se reducen a siete como le he dicho, aunque algún nteñenebón (Isué) hable mucho, y se repita...

Los principales: guardar el Secreto de la religión. No hablar de ella. Ser buen hijo, buen padre, buen hermano. Defender a Ekue hasta morir. Matar por Ekue si es necesario, sin distinción de persona. Fíjese bien: sin distinción de personas... Vengar las ofensas que se le hacen a la Potencia y a los hermanos" —cofrades,— "compartir lo que tenga con ellos, cuando sus hermanos carecen de lo necesario. Asistirlos en sus enfermedades, y pagarles el entierro.

Si enamora a la mujer de su hermano, cometerá un gran pecado. Esta será sagrada para él.

Los ñáñigos deben ser unidos, porque es Ekue quien los une... Mosongo es el Padre. Akanarán es la Madre, los hijos son los abanekues.

Y por eso, porque los antiguos estimamos que el hombre que es buen hijo merece ser abanekue, sabrá de antemano comportarse como un buen hijo de Akanarán, obediente y respetuoso, la Potencia, cuando se presenta un candidato, indaga, le sigue la pista durante unos meses, —en tiempos de España, aunque los hijos respetaban más a los padres, esa investigación duraba no menos de dos años— hasta tener la seguridad de que no le ha faltado en obras ni en palabras a su señora madre. El hombre que ofende a su mamá, no puede ser obonekue. Ese es un pecador. Está sucio y la Potencia, la ley de Ekue lo rechaza. Si después de jurado, al abanekue le cambió el corazón y se sabe que no cumple sus deberes de hijo, se le echa de la Potencia.

Ofendiendo a su madre, ofende a Iyá, la Madre de todos los ñáñigos. Eso es Pecado mortal, pues las Madres son sagradas. Yo era un hombre de cincuenta años y mi madre me pegaba. Cuando me regañaban mis padres, y ya tenía hijos, no levantaba la vista del suelo. Sin ese sentimiento las religiones se pierden; los hombres son malvados y el mundo va a la ruina por falta de principios.

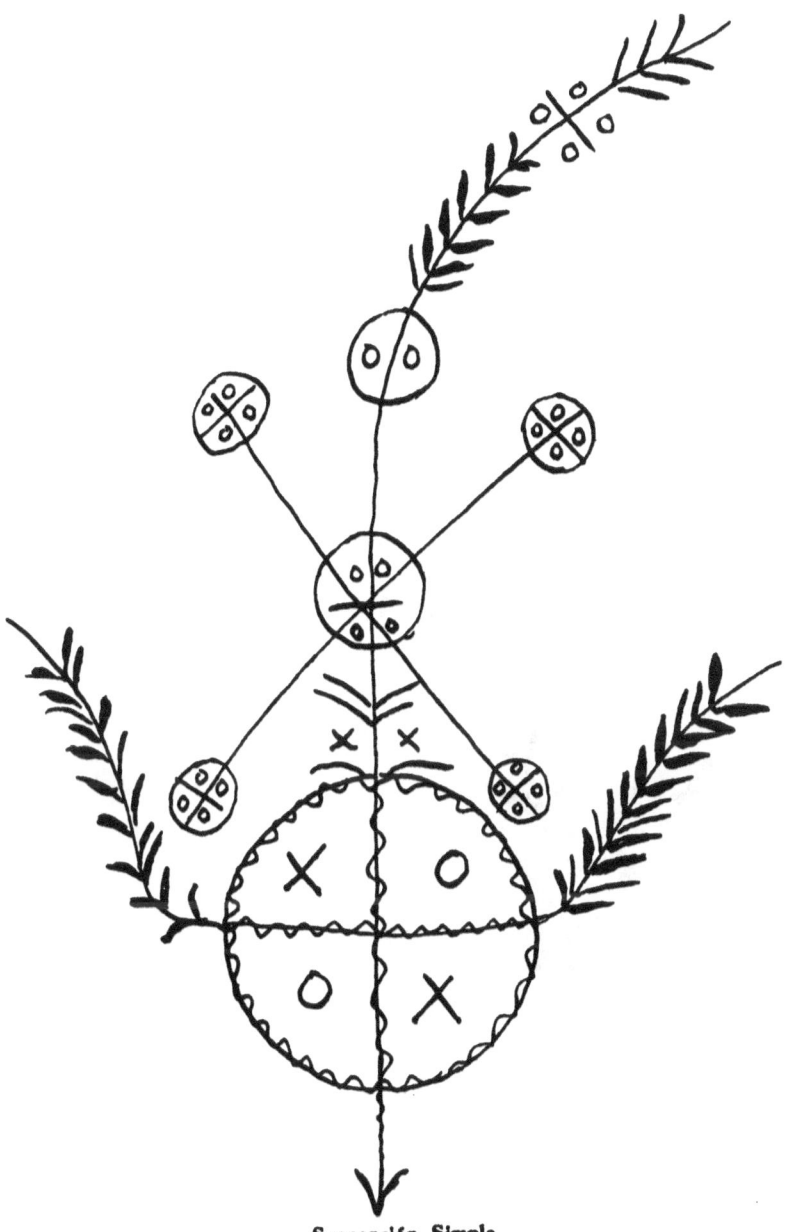

Suspensión Simple
(Gandó de la época colonial)

Plante para aplicar la pena capital. ("Eliminación, época colonial".)

De forma, que el que respeta madre, respeta a los hijos de su madre, que son su sangre. Cuando el Indíseme bebe la sangre del gallo, bebe la sangre de Sikán. Todos los que beben esa sangre, —la Mokuba— hermanan, y la unión de los hermanos, es la fuerza de la Potencia, la vida de la religión y su prosperidad y gloria.

El Indíseme jura también no ser afeminado. Ese es otro pecado muy serio". Sin remisión. "Ekue odia a las hembras. El Secreto es exclusivamente de los hombres. Los Makachao manankoleo, los maricas, o los ñánkuni, como les llamamos a estos desgraciados, no pueden acercarse a Ekue, como no pueden acercarse las mujeres.

Claro que ninguno se atreve a ser ñáñigo. Les da miedo. El ñañiguismo es para hombres muy hombres, y eso naturalmente no les gusta, pero en el caso que alguno se cuele, como ha sucedido, se le elimina con disimulo."

La curiosidad por saber cómo se elimina al makachao manankoleo, detestado por Ekue, nos hace interrumpir a Tankewo.

—"Se eliminan. Con discreción..."

Aunque Tankewo no parece muy decidido a explicarnos los medios de que se valen los ministros de Ekue, por mandato divino, para castigar a estos sacrílegos, "porque decirlo sería abrirles los ojos, y desconfiarían", al fin nos cuenta el caso de un ñánkuni que tuvo la insensatez de iniciarse.

—"No pudo comprobársele aquel vicio, y lo juraron. Pero tiempo después se supo lo que era, aunque no lo parecía. Sin que él lo sospechase, los grandes se reunieron y lo sentenciaron a muerte.

Lo reglamentario en estos casos, cuando se va a aplicar la pena mayor, la de Eliminación, así se llama, es guardar la mayor reserva, y en el primer plante, se le da a beber en aguardiente un veneno a base de curamagüey, [1] que se guarda aparte en una botella detrás de la cortina del Secreto. Podría emplearse también la semilla triturada del framboyán [2] pero ésta destruye el intestino, mata llamando la atención, y deja huellas en las vísceras. Lo hemos probado con los gatos. No conviene. Molidas con sardinas el animal muere retorciéndose a las pocas horas. Le abrimos el vientre y comprobamos que tenía partidos los intestinos. Con el curumagüey, con unos dolorcitos ligeros nada más, y que despacha a los cuatro o cinco días, no hay peligro.

Lo experimentó la Potencia Biabangá Muñó en Matanzas, con un afeminado, Agustín Bonilla, que juró en ella, y con otro, la Potencia Osangri Moto de la Habana.

[1] Marsdenia clausa, R. Br.
[2] Delonix Regia (Bojer.) Raf.

Primero hicieron las pruebas con animales, y luego el resultado no pudo ser más satisfactorio en los hombres, pues los dos ñánkunis murieron como una semana después de haber bebido el veneno de curamagüey y no hubo recelos por parte de sus familiares ni de nadie. Es muy buen veneno, y muy discreto, el curamagüey.

Cuando se tiene la seguridad de que un abanekue es amujerado, los obones se muestran muy atentos con él. Esa es la regla. Se le ofrece aguardiente del que habitualmente se guarda en el Fó-Ekue para los jefes, como una gran deferencia, y él se siente halagado, seguro, y no puede imaginarse que precisamente, en esa botella, está su muerte.

Una semana después, se muere el monina en nyerimá, en su cama, y de muerte natural. Esa muerte es justa, de Justicia divina." Sic.

—"Awana teni tenitén: las mujeres no pueden ver a Ekue. Lo profanan. Por la misma razón los afeminados deben morir."

—"Los Mandamientos que se juran, son los artículos de la Ley", nos dictará otro ñáñigo, "y en ellos está toda la ley. La manera de decirlos puede cambiar, el fondo es el mismo.

"Mokongo, al iniciarnos, nos pone la Vara de la Justicia Suprema en la mano.

—¿Sabe lo que tiene en su mano?, nos pregunta.

No. (Antes no lo sabíamos. Hoy todos los saben).

—En su mano está la Vara de la Justicia Suprema de la Religión que Ud. va a jurar. Está Ud. a tiempo de arrepentirse.

—¡No me arrepiento!

Jure que respetará y obedecerá siempre a la Ley, simbolizada por esta Vara y por la Pieza de Orden. (Mpegó).

Jure que será fiel a la Potencia y que no traicionará su Secreto.

Jure que respetará a los Cuatro Jefes Mayores, Mokongo, Iyamba, Isué, Isunekue y a las demás Plazas.

Jure que será un buen hermano, y que como tal socorrerá a sus hermanos. Al que esté enfermo lo acompañará, si muere lo enterrará. Y al que no tiene, si Ud. tiene, le dará lo necesario para sostenerse. Y jure que respetará a sus mujeres. Abakuá es fraternidad y reciprocidad. Dinero y más dinero, todos los meses: que tendrá Ud. que pagar sus cuotas escrupulosamente.

Jure que será Ud. un hombre. No queremos guapetones ni cobardes, pero hombres valientes sí. No se dejará pegar por nadie, y mucho menos por mujer.

Jure que no se arrepentirá de sus juramentos en el mañana. Si Ud. no cumple su juramento, queda Ud. advertido de que le pesará."

—"Ateniéndose al pacto", continúa Tankéwo, "y comprometido con Abasí Bomé, que es el Todopoderoso, que lo consagra con su atributo el Sése, comprometido con Ekue, con los Muertos, el abanekue será culpable, les deberá reparación, cuando falte a cualquiera de esos Siete Mandamientos. Conocido el delito, los Efiméreme Munán Chui, lo declararan simple o grave.

Faltas simples, por ejemplo, una discusión violenta entre hermanos que acabaron por darse de trompones. Si los golpes que se dieran no hicieran salir la sangre, la falta no se considera grave. Borracheras en los Plantes, sin mayores consecuencias, etc.

Graves: si corre la sangre. Si la injuria provoca el crimen. Si un hermano le quita la mujer a otro valiéndose de la confianza o se comprueba que es su amante. Robo cometido dentro de la misma Potencia; fraudes; incumplimiento prolongado de la cuota. Negligencia en las atenciones debidas a los enfermos y hermanos en desgracia.

Estos pecados, y otros por el estilo, que merecen una corrección dura, se condenan con lo que llamamos Suspensión. El culpable durante el tiempo que se determina no puede concurrir a la Potencia. Si es un dignatario, —la Ley cae sobre todos, no repara en jerarquías— cesa en sus funciones. Se le separa de la religión. Se comunica la Suspensión del obonekue por un oficio a las demás Potencias y si alguna lo admitiese, sería castigada. Ninguna Tierra, puede negar lo que es un principio general abakuá: el pecado que se comete en un Juego se considera pecado en todas las demás. Se castigaría con la Suspensión a los cuatro obones de la que diera ingreso al culpado que ha sido separado de la religión."

He aquí el texto de uno de estos oficios:

10 de octubre de 1955.

Hermanos:

Por el presente oficio nos dirigimos a Uds. para notificarles que en Junta celebrada en los corrientes se tomó el acuerdo de suspender al hermano Mosongo de nuestro Juego, por tiempo indefinido.

Y para constancia se expide el presente oficio.

Mokongo...

El texto es casi idéntico a un oficio del 1868 de la Tierra Mobandu Efor.

—"Cañazos o suspensión más o menos larga para los pecadillos. Con unos cuantos golpes se liquida la pena y son preferibles a una suspensión. Suspensión por un tiempo, o por tiempo indefinido, para los pecados. Y para los pecados mortales, que no tienen perdón, Eliminación", — nos explica ahora Saibeké.

Son estos delitos inexpiables, repetimos por su boca: la profanación en cualquier forma de un objeto sagrado. Su venta o entrega cobarde o traicionera. El hecho de no defender a Ekue cuando un enemigo intenta con mala intención apoderarse de él. La divulgación de los secretos del culto, de la magia y de los misterios que se desarrollan en el butame; de las enseñanzas; de la lengua sagrada, del simbolismo de los signos. Los ultrajes y malos tratos que se hacen sufrir a los padres. Golpear a un Ireme.

Aunque un arrebato de cólera, humanamente puede arrastrar al obonekue hasta el extremo de olvidar que una vez que el efomiremo cubre a un okobio, éste es la representación sagrada y viviente de Sikán, o de un Antepasado, el arrepentimiento no será atenuante de este sacrilegio, que sólo se expía con la muerte.

La sabiduría de Nasakó, —la hechicería— se encarga de "eliminar" al ñáñigo impenitente. El arma segura de la hechicería es el veneno, que acompaña a otras sustancias mágicas y a la fuerza secreta que actúa en ella. A veces, para aterrarlo, se le llora en vida.

Con el tambor de Nkríkamo "se le llora como muerto". Se reproduce toda una ceremonia fúnebre, como se hizo en el caso de Anastasio Camacho de Akanarán Efor, quien por un disgusto con unos hermanos, ofendió a Ekue al intentar abandonar su Potencia para pasarse a la de Erón Efik.

Nasakó le fijó para morir un término de siete días. Y el ñáñigo, cumplido este plazo, exhaló su último suspiro.

No dejan de surtir efecto estos simulacros de bakri-ñampe y puedo afirmar que estas muertes... inducidas, también ocurren algunas veces entre los devotos de otros cultos.

—"Cuando a un hombre se le hace nlloró con el tambor de Nkríkamo", comenta Saibeké, "no se despide su espíritu. Cuando muere, Ekue lo llora, aunque sea culpable, porque Ekue no mata a su hijo. El espíritu, el nombre del hijo, queda en el Ekue, hasta que se le despide de Ekue. De todos modos, al ñáñigo se le hace ñánkue.

Precisamente porque ni Akanarán merefé ni Sése ndibó castigan, —ellos no se ocupan de esos asuntos,— se hizo otro Fundamento, (Nkríkamo) otro tambor activo, que castigase a los que pecaban contra ellos.

La suerte de Anastasio Camacho, Nkríkamo de Akanarán Efor, es la misma que pueden correr todos aquellos a quienes les cae encima la misma pena: la Eliminación. A veces no se la sospechan. Se les engaña con el fin de poder castigarlos por sorpresa. No se le hizo saber a Anastasio que estaba condenado por haber ofendido a Ekue al decidir abandonarlo, y muy tranquilo antes de ingresar en Erón Efik fue al plante a despedirse de su Potencia y del Mosongo.

El día en que el indiseme se consagra, se le pone en la lengua un montoncito de sal y se le da a beber, a pico de botella, un trago largo de aguardiente. Se le advierte que esto no se hace nada más que ese día porque es el de su Nacimiento. (Iniciación).

Cuando Anastasio fue a saludar a Ekue y a explicarle en voz alta, como es costumbre, —los ñáñigos siempre hablamos con él y nos descargamos la conciencia,— por qué razones se marchaba de su Juego, —Mosongo, Ud. me comprenderá, yo quiero evitar cualquier nuevo rozamiento con mis moninas, etc.— le pusieron en la lengua, como ratificándole su estimación, un poco de sal y le alargaron la botella. ¡Bebe que todos te queremos, eres nuestro hermano!

Nasakó había preparado aquel aguardiente. Nsóki mbiamé nsóki Iyamba indiminuá ekrúkoro erón Efik Efeméremo Obón Ntui, fueron sus palabras, cuando terminó de hacerle el mal, y fijó los días de vida que le quedaban a Anastasio.

Y ya Anastasio estaba trabajado (embrujado) por la Jefatura de Akanarán Efor... Cada uno le había llevado a Nasakó, para la munansa", (brujería) "una yerba mala: akanamú, subrikamá ñeni Iforó, barán Ekue, táfia kondafia, deitón mambariyé, yaba, maboa...

Bebió, y murió siete días después."

Y añade Saibeké: "pero el veneno es quien elimina."

Esto lo saben todos los ñáñigos y, en los Plantes, una terrible desconfianza suele apoderarse de ellos, aunque no se sientan culpables de ningún delito y en regla con el Secreto y el okobio.

La mayoría se abstiene de beber el vino seco que se guarda en el rincón sagrado, ni el aguardiente que otros prefieren. Y los que más desconfían son los viejos. Los vemos abandonar la fiesta, para ir a calmar la sed en la bodega más cercana.

—"Desgraciadamente", observa Saibeké, "a pesar de lo que marcan las tablas de la Ley, no siempre los okobios se quieren como hermanos, y dentro de su misma Tierra, se tiran a matar."

En muchos, los odios, las rencillas personales, y el deseo de venganza, pronto relegan a un segundo plano la santidad del juramento. No siempre el abanekue está a la altura de su dignidad:

—"El Iyamba de Nseniyén. La voz popular dice en Matanzas que mató a un ekobio, un mulato sastre, que le hacía sombra. Este Iyamba es muy brujero, y a la vez de poco [1] corazón. El sastre era valiente y lo tenía amenazado. Pero este Iyamba se lo ganó... Y cuando ya estaba seguro de su amistad, y el otro tan confiado, lo tumbó con su veneno. Aún

[1] Decir "hombre de poco corazón", significa no ser valiente. Llamarle cobarde a un ñáñigo es el peor de los ultrajes. Otros ñáñigos informantes, habaneros y matanceros, tachan de calumniosa la historia de este Iyamba.

hoy cuando se le dice, Vivián mataste a tu ekobio, se ríe. Pero llegó a oídos de otro obonekue de Nseniyén, de Polo, que lo iba a suspender porque no pagaba, y el tal Polo, que es hombre de pelo en pecho, un día en que plantaba Vivián, se apareció en el juego con una escopeta. Le mandó a decir que saliera, que tenía que hablar con él.

Esto lo oí yo, y todos los que estaban allí. Interián fue temblando; oyó sus amenazas y le juró que lo de la suspensión era un chisme. ¡El era su amigo! El otro le dijo: así y todo, el día que me sienta un dolorcito de cabeza nada más, te mato como a un perro."

J. T. entiende que "la Sociedad Abakuá fue fundada por brujos, y que es natural que los ñáñigos lo sean."

Siempre los ha habido famosos dentro del ñañiguismo. Lo era Petit, que resistió a todos los ataques de la brujería de sus ekobios negros, furiosos por el nacimiento de Akanarán Efor. De Kukuñungu obonekue de Mbemoró I, aún nos hablan los matanceros. "Le llamaban como al espíritu que tenía en su cazuela; kukuñúngu Diablo malo... Cuando juró abakuá, hacía tiempo que era un brujo que sólo se dedicaba al mal. Para enfermar, matar, tapar vista, conquistar mujeres, en fin, en todo lo que fuese obra de maldad, Kukuñúngu no tenía rival."

—"No tuvo rival hasta el día en que entró en Mbemoró II el hijo de un chino de Cantón que se llamaba Alái...

Aquel Orofia afoñiké afoñikó, así le decimos a los chinos que juran Abakuá, (y pagan doble derecho), era también brujo y se enfrentó con Kukuñúngu. Pero tan seguro se sentía Kukuñúngu, que a sabiendas tragó el brebaje que le preparó Alái."

Un kantión, —veneno— muy usual, y fue éste el que empleó Alái, se compone, con otras cosas, de polvos de sapo y semilla de pendejera" —solanum torvum, Sw.—

"Aquella guerra entre los dos se seguía con mucho interés...

Kukuñúngu se burlaba de los polvos del chino. Pero al año Kukuñúngu empezó a hincharse.

—Kukuñúngu, le decían sus amigos. ¡Cuidado — Bah! contestaba él, con Kukuñúngu nadie puede.

Y Kukuñúngu se volvió un monstruo. Lo llevaron sus ekobios al hospital. Allí lo deshauciaron. Lo llevaron a morir al solar [1] del Chinchorro, —de los africanos viejos. Lo sentaban en un sillón desvencijado, y entonces decía Kukuñúngu: ¡Ay Dió, Aláo! ¡Alái cabá conmigo!"

---

[1] En Cuba se llaman solares las casas de vecindad, que antes recibían también el nombre de ciudadelas.

Un tribunal al que asiste toda la Jefatura, las Siete Primeras Plazas, juzga los delitos, y decreta las Suspensiones.

Para que los dignatarios en un Baroko Bekusé, [1] pronuncien sentencia en los casos de mayor gravedad, es necesario **plantar.** Es decir, sacrificarle un gallo a Ekue. Traer la Voz Divina al Fundamento, pues la sentencia se le comunica al Sése; el Isué la trasmite verbalmente a Ekue, haciéndole saber que al ñáñigo fulano de tal se le aparta de la religión, e Iyamba, en señal de aprobación de Ekue, lo tañe tres veces.

Iyamba preside el Tribunal. Mokongo, Bibanékue, hace las veces de Secretario. Isué es un consejero neutral. Toda la Potencia está presente. Las Siete Plazas se sientan a oir y a opinar alrededor de una mesa en medio de la cual se coloca el tambor de Orden, el Mpegó, y a un lado de éste una vela encendida, y al otro lado, Mporomeko Masongo, una copa que contiene un poco de aguardiente y de vino seco con agua bendita, que se procura en la iglesia, ("los ñáñigos siempre tenemos agua bendita por el cura de la iglesia, pero si falta, el agua de coco también es sagrada".)

Se coloca dentro un crucifijo pequeño, y un trocito de caña dulce.

Esta agua, "tiene poder de Abasí", y el que la bebe no se atrevería a mentir.

—"Si se profana podría convertirse en un kantión, pues tiene virtud de sankantión. ¿Comprende el juego de palabra? Kantión: veneno. Sankantión: santo." [2]

El culpable ha sido citado por un oficio, y se sienta frente al tribunal. Están presentes, igualmente citados de antemano, los testigos de vista que pueden informar; y el acusador o los acusadores, que cumpliendo los mandamientos, denunciaron al okobio. Pues cualquier obonekue que sabe que un hermano ha cometido una infracción, está obligado por su juramento a acusarlo ante la Jefatura Suprema.

Mokongo toca tres veces el Mpegó.

---

[1] Baroko Bekusé: "la jefatura reunida para imponer el castigo más duro." "Todos los Jefes en contra de un culpable."

[2] —"Me contaban que allá en su tierra el brikamo que decía verdad cuando iba a un juicio, podía tomarse un veneno que le daban y ese veneno no lo mataba. Si mentía no resistía la prueba. Los carabalí tenían yerbas y brujerías para todo. Si a uno que era malo en el pueblo, que echaba daño, un chupa sangre, pero tan disimulado que nadie se había atrevido a sospechar de él, al fin lo agarraban y el Nasakó le daba un apreparo, aquel negro vomitaba todos sus secretos. El santo le hacía confesar la verdad. Luego le cortaban la cabeza." (Calazán Herrera.)

—Queda abierta la sesión para tratar del caso del hermano Fulano de Tal que ocurrió tal día y en tales circunstancias, etc.

El acusador se acerca a una señal y entrega la citación.

Iyamba le pregunta: ¿Jura Ud. decir verdad?

—Juro.

—Pues beba tres buches de esta agua y sepa que al beberla sólo puede hablar verdad.

Con la boca purificada, reitera el cargo. Bebe el testigo, y declara lo que sabe o lo que vio con sus propios ojos. (El que acusa, ha de llevar a un testigo presencial que corroborre verídicamente la denuncia hecha en contra de un hermano). El tribunal después de escuchar al acusador y a los testigos, escucha al culpable, o a los culpables. Mpegó anota las declaraciones. Se retiran todos y los Obones quedan solos para deliberar.

Y el fallo es una Suspensión. En extremo, una suspensión indefinida, que equivale a una eliminación de por vida. ¡Suspenso por setenta y cinco años! Los que no vivirá...

Para estos casos importantes, la Nación cita a los Obones de otras Potencias, para que integren el Tribunal y resuelvan de acuerdo con los Jefes de la Potencia del delincuente lo que juzguen pertinente. De modo que si condenado y despachado de la confraternidad, fuese aquel individuo a pedir entrada en otra, la misma pena de Suspensión recaiga en sus Jefes.

Muchas veces el tribunal sólo tiene que considerar infracciones de menor importancia. O mucho menos graves, una vez aclarado el caso, de lo que se esperaba.

¿Se trata de una trifulca entre hermanos, sin efusión de sangre como hemos apuntado? A lo mejor Iyamba propone seis cañazos; pero como Isunekue y Mokongo opinan que basta como castigo que le traigan en desagravio un gallo al Fundamento, Iyamba agrega: y todos los derechos con el gallo. Y los reos se libran de una paliza.

Los golpes son el mejor correctivo de tales delitos, opina N.

—"Los viejos pegaban mucho. Hoy, los jóvenes protestan; pero en Potencias que respeten los usos de los antiguos, se pega cuando se debe pegar. Y precisamente... a los jovencitos, que se emborrachan, escandalizan, o fuman mariguana les va de perillas. Muchas faltas se corrigen con golpes.

El indisime sabe esto antes de jurarse. De manera que si los jefes deciden que un obonekue merece el número de cañazos que tengan a bien fijarle, por la falta cometida, Mpegó, el Supremo Tambor de la Justicia, da la orden de Castigo. Mokongo llama a Nkríkamo Obón Ntui y se lo entrega."

Su tambor, nos será fácil recordarlo, "hace cumplir y presencia los castigos."

Obón Ntuí, le arremanga los pantalones, le quita los zapatos, le ata las muñecas a las rodillas. (Antaño, le quitaban los pantalones.)

—"En ese momento, en esa posición, la espalda arqueada, la cabeza baja, esperando el golpe, el reo es Mbori; es Sikán."

Obón Ntuí, toca su tambor. Llama a un Ireme y le da la orden de pegar. Y de pegar duro, pues "debe sentir que le pican los cañazos."

Ahora son los Muertos, que cumpliendo sus órdenes reprenden, maltratan físicamente al sentenciado. Pues un obonekue sin cubrirse todo con el efomirémo, sin ocultar la cara bajo el Insún, sin transformarse en "Diablito", no puede pegar a su hermano...

Sólo Iremes pueden ejecutar estas penas corporales. Ireme Mbóko, en las Potencias en que existe esta Plaza; en las demás, cualquier Ireme, al conjuro de Nkrikamo Obon Ntuí, funge de verdugo.

El Ireme impaciente, rápido, avanza de frente hacia el reo, y con la incesante movilidad que lo caracteriza, ejecuta los mismos gestos y pasos del baile, —"el baile de ceremonias", como dicen los ñáñigos— que le hemos visto al matar al chivo.

Esta vez, cuando el Nkrikamo suena su tambor y canta solamente: ¡akayén barondó! el Ireme le descarga al reo un golpe de caña en las nalgas.

Terminado el suplicio, el Ireme no huye espantado, como cuando mata a Mbóri. Se queda inmóvil y Nkrikamo Obón Ntuí lo despide.

La paliza se da en una habitación apartada del Butame, pues el reo podría apoderarse del Sése, de virtud remisora, y a su amparo librarse del castigo.

Inmediatamente después de sufrida la punición, se purifica al abanekue. Se asperga, se incensa y la mácula del pecado y del castigo se la lleva el gallo que por último se le pasa tres veces por el cuerpo. E Isué aparece entonces cargando el Sése. Lo entrega al okobio, "para que hable con él", y si son dos o tres los moninas que por haber reñido entre sí han sido castigados, Isué se los da a besar uno a uno. Hacen acto de contricción, le piden perdón, se reconcilian, juran no reincidir y todo ha terminado...

Saibeké, de la vieja escuela, advierte que no solamente después de castigados y antes de recibir el perdón del Sése que los absuelve y obliga a olvidar los rencores, el reo ha de ser purificado, ("ya algunas Potencias se olvidan de hacerlo, y esto es importantísimo",) sino que deben de mudarse la ropa interior y vestirse de limpio. Es perjudicial que se marchen con la ropa que traían puesta, "sucia aunque estuviese limpia", cuando no habían purgado la culpa.

A veces estos vareos tienen que darse idealmente. En lugar del reo los recibe un muñeco, imagen del reo, que se atemoriza o ensoberbece y no acude a la citación del Tribunal.

—"Sobretodo si sabe que por haberle faltado el respeto a un superior le tocan treinta cañazos de pena... Si le mienta la madre a un hermano, seis, si le llamó desgraciado, cuatro. Estos insultos son tan graves, que si en un Plante, el Íreme escucha a un okobio que le llama a otro desgraciado, u ofende a su madre, allí mismo lo castiga con la caña", —símbolo de la potestad justiciera de los Espíritus.

La "Eliminación", —por embrujamiento— se realiza con un muñeco en el que se dibujan las firmas correspondientes a la categoría del culpable. Se le hacen los cargos de su crimen y Obón Ntui lo condena a muerte con su tambor.

Un obonekue de toda la confianza de los Jefes, que cobra por esta comisión un derecho de setenta y cinco centavos, va a arrojar en un maniguazo los restos de la vela, el maní, el ajonjolí y otros ingredientes que han servido para el maleficio.

En fin, cumplido el plazo de una sentencia o beneficiando de un perdón, motivado por el esclarecimiento a su favor de ciertos puntos oscuros que pesaron en la condena, el obonekue, mediante un sacrificio a Ekue, se reintegra a su cargo, y si no desempeña ninguno, continúa, "limpio" de culpa, formando parte de la confraternidad.

—"Llega al Kufón, se le quita la camisa, se le arrodilla ante el Fó-Ekue, se le lava la cabeza con agua bendita, se le limpia con el gallo cantando kiko béra kanene. Luego: kiko béra kanene batiró eponé yenekán ayenepán. Se le da a besar el Sése, y en ese momento se le quita la Suspensión."

—"Llevé dos chivos", nos dice X, "uno grande para Ekue y otro chico; el gallo y todos los derechos. Se bota el chivito, vivo, y el grande se le presenta al Fundamento.

Se le pone el Sése en el lomo. El hombre le dice al Fundamento: yo pagué el mal que hice, aquí te traigo mi derecho para que me perdones...

En procesión, desde el patíbulo, me llevaron al Iriongo. Me hinqué de rodillas, descargué mi conciencia, le dije al Secreto que había cumplido mi pena, que me perdonase y le juré que no volvería a faltar."

Es decir, que se "planta", para recibir de nuevo en el seno de la confraternidad al okobio debidamente purificado junto a un árbol, con las yerbas de Nasakó. (En una tina, las Siete yerbas reglamentarias y en otra, las Cuatro Yerbas Blancas, —ceiba, artemisa, escoba amarga y albahaca de hojas blancas).

—"Cuando un okobio ha matado a otro, cumpliendo el juramento de defender a Ekue sobre todas las cosas y de matar él a quien fuere, está claro que no comete delito; pero sí debe reponerle esa vida con un chivo. Así se entiende, porque el Poder de Mañongo Pábio mandó a matar a Sikán y Mpegó la sentenció. Cuando Ekueñón la mató, los Jefes lo esperaban reunidos en un bohío y le preguntaron: ¿por qué mataste? Y él contestó: porque la Ley me mandó. En conformidad con esto, si el abanekue quita una vida la sustituye con un chivo. Vida por vida."

Para ilustrar con un ejemplo típico este principio de justicia abakuá, Saibeké insiste en referirnos el caso del hijo del Iyamba de Usagaré Mawán, Sebastián Hill y Domínguez.

—"Consecuente con la Ley Abakuá, la muerte de Hilario Aldama era justa. Pero de acuerdo con las leyes de los blancos, con Aldama se había cometido un asesinato y los jueces condenaron al matador, el Isué Sebastián Hill y Domínguez, a catorce años de prisión.

La conducta de Aldama no era buena. Había violado a su propia hija, y aunque tenía oculto su pecado, temía que un día se llegase a saber y lo eliminaran de la Potencia.

Sebastián Hill era Isué de Usagaré Mawán y guardaba el Sése en su casa.

Hilario Aldama, por su crimen, quiso apoderarse del Fundamento, porque quien tiene el Sése, es inmune. No se le puede castigar.

El Iyamba abrigaba sospechas de la mala acción cometida por Aldama. No era santo de su devoción. Desconfiaba de él.

Aldama, en buenas relaciones con Sebastián, quiso plantar y éste le pidió al Iyamba, su padre, que le prestara a Ekue.

Se negó el Iyamba la primera vez, pero al insistir más tarde Sebastián, instigado por Aldama le entregó a Ekue. Con una condición te lo presto, le advirtió. Lo llevas y me lo traes. No puedes volver sin él. Y Sebastián le contestó: Sí señor, mi padre.

Tendrían que matarme para que yo no le devolviese el Fundamento.

Y plantaron. Antes de terminar la fiesta, mientras iba por la calle la procesión, y Sebastián llevaba al Sése, Hilario, ¡era lo que él buscaba! robó el Secreto. Un obonekue corrió a decirle a Sebastián lo que ocurría y Sebastián se precipitó tras el ladrón, alcanzándolo al fin, en una esquina. Le pidió con buenas razones que le devolviese el Ekue. El otro se lo negó. Sacó un cuchillo. Sebastián tenía un revólver, disparó y lo mató. Cumplió condena; pero Abakuá Sánga Abakuá, no lo condenó. Había matado por defender a Ekue.

Muerto Aldama se descubrió su pecado. Estaba tendido, rodeado de moninas el féretro, y una jovencita abriéndose paso entre la concurrencia se acercó a la caja. Miró un rato la cara del muerto. Lo miraba con los ojos duros, duros, y después en alta voz, para que todos lo oyesen: ¡Canalla, así quería verte! El mal que me hiciste no te lo perdono...

Era su hija.

Cuando Sebastián salió de la cárcel su Juego plantó para recibirlo.

Puso sus manos sobre el chivo. Le pagó a Ekue la vida de aquel mal hijo que había perdido, y que él, ñáñigo responsable, por su juramento, se había visto en la necesidad de matar."

Saibeké, estima que con este ejemplo además de todo lo explicado, quizás nos daremos cuenta de la santidad del juramento promisorio del obonekue. Cumplir lo pactado con las fuerzas sagradas más que justifica, obliga al iniciado, ante la Ley Abakuá, a cometer, —siempre que ésta se produzca en circunstancias semejantes y responda a una exigencia religiosa,— una acción que el Código penal considera homicida.

Meruñabia es el Espíritu antecesor del terrible Nkrikamo, junto a Ekue.

IREME ANAMANGUI

Disun oukobio bira kokoriko.
(Ya nada existe para el abanékue. Todo acabó.
Los gusanos comerán su cuerpo. De él no quedará nada.)
A é é Ekue Kánika o, yawawá mi akuri kunánga.
(Ekue está gimiendo, van a meter a su hijo debajo de la tierra.)

Cuando expiró el primer abanékue en el seno de la confraternidad, Nkríkamo fue al cementerio a comunicar la nueva a los señores de la Muerte. A Yembémbé Nkairán que reina en el país de las sombras; y llamó al Íreme Anamanguí, que apareció entonces como delegado de Yambémbé Nkairán, y desde entonces oficia en los ritos de la separación del alma del adepto del sello de Ekue.

Yambémbé Nkairán, rodeado de todos los espíritus que gobierna, lo esperó a las puertas del camposanto, ("que era un monte, en el Calabar.")

Entregó su cuerpo a Yambembé Nkaisún, dueño de las sepulturas. Yambémbé Nkaisún lo metió en la fosa y Yambémbé Wasabengué, la cubrió con la tierra de ñángansène. [1]

(Este rey de los muertos, los ñáñigos lo identifican a "San Francisco de Asís, Patrón del Cementerio".)

Para atraer a Anamanguí, Nkríkamo toma una pequeña cazuela de barro, traza en el centro del interior de la cazuela con yeso blanco, esta vez con el yeso de la muerte, —ngómo muka-

[1] Tierra de los cementerios.

rará,— el signo correspondiente a la jerarquía del difunto, —kisóngo o ekiñóngo,— y en la base, el signo de Ekue, aróko mbóko. Todo el borde de la cazuela se blanquea. Coloca dentro los trozos de caña en cruz sobre el signo del obonékue u obón, y va con ella al cementerio, llevándola invertida sobre la palma de su mano. Lo acompaña cualquier individuo de la Potencia con una vela encendida.

Al llegar al cementerio, "si es posible", nos advierte Saibeké, "de ir al cementerio hay que andar con mucha discreción; va sin vestirse de Ireme. Nkrikamo recita la invocación y llama después repetidas veces haciendo són en la cazuela con un pedazo de caña: —¡Ibaribá ribá ribá ñánkou sokomeñón bira monína ítia mogó! ¡Akamanyeré yugué! ¡Akondó motié tié tié tié umbirá! Asokomoñón birá..."

El Espíritu acude, "se mete en la cazuela", y el Nkrikamo lo lleva al Muñabré Kufón Erenobón, al santuario enlutado.

Anamanguí besuáo berómo: el Espíritu de la muerte llega con una multitud de espíritus. Lo siguen todos los espíritus de abanékues fallecidos en las "naciones" de Efór y de Efík.

Pero Anamanguí sólo se presenta cuando muere un farán Ekue, un hijo de Ekue. No es un cargo que se jura. Cualquier iniciado que no tema el frío contacto de un cadáver, "al contrario, le agrade", puede oficiar en representación de la Muerte. Su presencia en el Llanto o Nlloró, —Angoró, le llaman los viejos ñáñigos al fúnebre rito,— es indispensable. Como lo es la de Nkóboro en la ceremonia de iniciación, de "nacimiento" o "entrada", que tiene toda la alegría de una fiesta, mientras ésta, el duelo de la despedida eterna.

Ireme Aweremi le dicen también. Algunos ñáñigos estiman que Anamanguí es el espectro de un gran iniciado de Efór, que fue inválido debido a una enfermedad deformante de los huesos. ("Aweremi, Espíritu dueño de los esqueletos.") Otros nos dan a entender que es la noción de la muerte sugerida por los huesos del esqueleto humano: que el emblema de Anamanguí, un cráneo entre dos tibias, que aparecen en su "fímba" o signo, y adornan recortadas en género blanco su negro efomirémo, simboliza el proceso de la disolución total del cuerpo: de la carne ya comida por los gusanos y de los huesos limpios que no tardarán en convertirse en polvo.

Renunciando por un afán de exactitud a dar de este enviado del hadés abakuá, otras definiciones tan embrolladas que sería difícil traducir sin traicionar acaso el verdadero concepto de mis informantes, retengamos por claras, éstas: "Anamanguí es un delegado del otro mundo". "El Muerto que manda el Jefe de los Muertos Yambembé Nkairán, tan pronto le avisa Nkrikamo que ha caído un Abanékue para que él lo prepare y lo cuide hasta ponerlo en la sepultura."

"El Policía del muerto."

"Guardián y responsable de los cadáveres en el santuario."

"El Diablito Muertero."

"Barbero de los Muertos."

"El Muerto que se lleva al Muerto."

Y por último, según el viejo brikamo Tá Ichanó, Anamanguí era en su tribu de Bekúra el encargado de guardar la sepultura del rey, para evitar que le robasen al cadáver la cabeza.

En general, contaba Ichanó, "cuando murí un grande grande, pone justicia pa cuidá molopó. Si brujo coge molopó de rey, hace mimito que ese rey ya murí." [1]

"Umpón Aweremí, compañero de los Iremes Akusundária y Awarandária, vivía en el lugar en que se guardaban los huesos de los muertos y Aweremí que está entre ellos, es vigilante de esqueletos. Donde él está, los brujos no se roban las cabezas para coger sus poderes..."

Consultado el centenario obonékue Andrés K., hijo de un Ápapa Ekoi, obtenemos estas noticias: Nasakó consultó su oráculo antes de ordenar el ritual de difuntos y su Fuerza le mandó ir al cementerio y tomar dos tibias o dos húmeros y un cráneo. Con estos huesos, hojas y pieles de animales Nasakó fabricó un "saco" —akanawán— que ennegreció con carbón y al que fijó los huesos. Vistió con este traje a un iniciado y le dio el nombre de Namanguí Besuáo. Y a otro, (a Nkríkamo) que debía mandarlo, Moruá Báni. (Anamanguí dicen los criollos, anteponiendo la A que no pronunciaban los antiguos). Besuáo, significa Espíritu Sagrado "pues hay espíritus que no lo son".)

Y Tá Mónico, otra reliquia del pasado que con optimismo cree no tener más de noventa años, cuenta: "Namanguí so píritu de lo muéto de ante, de lo rey Ekói; lo baró quitá to derecho a la mué que fue la río y jallá la suéte de lo rey Ekói. Divino entonce né mata mué y con ropa dé, y con cuero dé y pecá hace saco pá sacá é d'ahí, y ese mimo só primero saco que né usa pa ñamá Namanguí, píritu Ekói que dése beni religió que quita secreto la mué; Mbanekué morí, Ekói viene bucá pa llevá mundo la vedá."

(Esto es: Namanguí es el espíritu de los **muertos de antes**, de los Reyes Ekói, —¿o del rey de los Ekói?— los varones que le quitaron todo derecho a la mujer que fue al río y halló la suerte de los reyes de Ekói. El adivino, que entonces mató a la mujer,

---

[1] "Cuando muere un grande, un personaje, se pone un guardián para custodiar su cabeza. Si un brujo se apoderase de la cabeza del rey haría lo mismo, —sería poderoso— como el rey que dejó de existir."

con su ropa, su piel y la piel del pescado, hizo un traje que usó para llamar a Namanguí, al espíritu de Ekói, que de los Ekoi nació la religión, cuando le arrebataron el Secreto a la mujer. Al morir el Abanékue este Ekói viene a buscarlo para llevarlo al mundo de la verdad.")

Al abandonar esta vida el adepto tiene que emprender debidamente preparado el viaje al país de las sombras donde le aguardan los Antepasados de Sanga Abakuá.

Anamangui tiene a su cuidado el arreglo y la custodia del cadáver. Para cumplir esta misión Anamanguí obedece al conjuro del Nkríkamo, "ministro de las relaciones con belámo," [1] —con los seres del más allá. ("Con el mundo de la verdad", que decían los viejos).

La ceremonia del ñankue comienza "sin que Ekue sepa que hay un muerto en la Potencia, recibiendo el sacrificio habitual de un gallo blanco. No puede decírsele de antemano. Siempre que se llama la Voz es para fiesta, nacimiento; para dar vida. De manera que al principio, Uyo resuella normalmente.

En el nlloró empieza sonando como para un juramento, un nacimiento, que es alegría". En algunos casos el cadáver es trasladado de su propia casa a la de la Potencia. Tan pronto ocurre el fallecimiento del abanékue, el Nkríkamo, el Anamanguí y el Mpegó se instalan a su cabecera y antes que acuda la funeraria con el féretro para efectuar el traslado, preparan el cadáver. El Anamanguí, con una crucecita trazada con yeso amarillo en la frente, en la espalda y en las plantas de los pies, para evitar que el espíritu del finado "lo agarre", (y aún así, de muchos el espíritu se apodera y el obonékue que oficia de Anamanguí a veces cae privado), se viste el efomirémo y procede a la limpieza del cadáver. Lo afeita, le recorta el pelo si es necesario para pintar en su cabeza el signo Arakasuáka Báni Ñankue, —el signo de Ekue,— y lo lava con aguardiente, vino seco y agua bendita.

Los signos de Indiabakuá, los de la iniciación— los mismos que entonces se le dibujaron en el cuerpo con yeso amarillo para iniciarlo en los misterios y hacer de él un abanékue, ahora los trazará el Mpegó con yeso blanco. Las simbólicas flechas que en Bekonsí, al nacer en la religión, apuntaban hacia abajo, hacia la tierra, se invierten y apuntan hacia arriba, hacia el cielo. Se repiten las marcas comenzando por la crucecita de la frente; de Indiabakuá en los brazos, piernas, en el pecho y en la espalda, o las de su cargo, si es un indiobón, y por último, en la cabeza, —ntu mayé aberitón mogó,— [2] el signo de Ekue, Eróko Mbóko.

---

[1] Belámo: "el país de los muertos, de los fantasmas". Aún belámo kisún: irse al otro mundo. Belámo: muerto.
[2] Se llama así la cabeza pintada del muerto.

Las oraciones y los rezos cantados: Ngómo Makará, Ngómo Makara, y Asanga werí, asánga werí, asánga werí ñánkue... con el que se comienza a marcarle, impulsan al espíritu del iniciado que acaba de expirar hacia Sánga Bekondó, —al más allá. Al trazarse el signo en su espalda se le advierte en la oración que se recita al mismo tiempo, que ha muerto, su cuerpo ya no le sirve; y para que Abasí Usagaró se lo lleve, se raya su cadáver con el yeso del ñánkue:

"¡Jeyéi ñánkue ú! Ngómo nangobia obonékue ntára Abasí amára mára ntuyén! [1] Y en un susurro se canta:

Aprokandiká chichí nainá afokán lloró. Etié soúso maseré ngómo taibó berómo ñánkue.

Por el dibujo de la flecha, "arma que usaban los antepasados" y que simboliza "el camino del Espíritu" —el conducto por el que entran y salen los espíritus,— el Espíritu penetró en el iniciado en el momento crucial de su nacimiento místico. Gracias a la fuerza mágica de este trazo se realiza la unión del abanékue con lo divino. ("Se une con Ekue y con los muertos". "Se le entronca con Ekue.")

Llega al Misterio y es admitido, en vida, al seno de la sociedad de los muertos; se une a ellos. "Emparienta con los muertos. Vivirá identificado con la muerte, y los Espíritus del otro Mundo lo reconocen como uno de ellos antes de que vaya a reunirse con ellos para siempre".

Por eso, insisten, al iniciarse un obonékue también se pasa el yeso blanco que simboliza a la muerte, sobre el yeso amarillo con que se le dibujan los signos de nacer.

—"Para que nazca", nos dice Saibeké, —para identificarlo al Misterio,— "al hombre se le acuesta boca abajo, los brazos pegados al cuerpo, sobre el gandó trazado en el suelo: la raya que termina en flecha es por la que va el Espíritu a manifestarse en el tambor; en el centro, ororó, del circulo —eróko mbóko,— se coloca el Secreto, y sobre la flecha de índiabakuá pintada en su espalda, y sobre el arakasuáka, pintado en su cabeza, se sostiene a Ekué, cuidando que la pata marcada con el signo de Iyámba —"dueño de la confirmación"— se apoye en la cabeza de obonékue; la de Isué en la nuca, y la de Mokóngo al comienzo de la espalda. Entonces, para que entre Ekue en el hombre el Isué dice:

¡Mbára saékue Iyámba. Efiméreme krúkoro itiá Abasí aromeñán! Sankantión amanantión dirá, asakantión manantión ma-

---

[1] Jeyéi: atención, escucha. Ñánkue ú: difunto, cadáver, finado. Ngómo: yeso. Nangóbia: muerto. Ntára: espalda. Amára mára: irse, llevarse. Abasí: Dios.

nantión obé Ngómo yuánsa, Ngómo Ekue, Ngómo saé abasé kisóngo, abasé keñóngo! ¡ntré! ¡ntré! ¡ntré! Ntroporomina Abasi ¡eñá! ¡eñá! ¡efia! ¡efia! ¡efia! efió nené obón, obiañé bongó mofé amanisómbe benkamá!

¡Atiende! Toma el saékue Iyámba. El Obonékue va a nacer. El signo, por virtud de los yesos, el amarillo y el blanco, lo une a Abasí y a Ekue. Se ha tendido boca abajo para recibir la Voz. Ya tiene a Dios encima. ¡Chilla, chilla, chilla! ¡Suene, suene, suene, el Tambor Divino, hable, para que nazca el obonékue!

Cuando el Espíritu habla en el Tambor Divino, baja por la flecha y penetra en el iniciado. El alma del iniciado, al entregarle su nombre, también entra en el tambor...

Bebe después la Mokúba, y con la sangre, en él penetra el Espíritu de Sikán.

Cuando el Obonékue muere, "se vira" para descansar eternamente sobre el signo que lleva en la espalda, y sólo se usa para marcarlo Ngómo Makará.

Nace, boca abajo; muere boca arriba. Cuando su cadáver se lleva ante el Fundamento, se le tiende boca arriba... En esa posición se le entrega a Ibón Bomé y a los Siete Espíritus de los Siete Reyes Ekói que acompañan a Ekue: Iñaléko, Inaleso, Obio Selán, Muriansun, Okolobá, Iña ñútia. Iña serisún.

¡Jeyéi bári bári bári bá! Ahora le dice el Isué a Ekue: ¡Munina angoró akondó mutié mutié umbira Mokúba ñóete sanko meñón bira!

Un hermano ha muerto, "se ha virado", y va a beber la Mokúba de los muertos —la Mokúba ñoéte— que se administra a los muertos.

Obonékue méta kanirióngo siro múto abakuá kerefión. Por el poder del símbolo, de la flecha, el Obonékue recibió a Ekue y llegó a Ekue; quedó ligado "a las Fuerzas de la Naturaleza y a los Espíritus, para siempre: Abayuká..." [1]

—"El alma del caído parte, libre, por la punta de la flecha que se llama Erikuá.

Lo que los viejos dijeron esa es la verdad: dijeron que las flechas señalaban a la tierra, cuando en carne y hueso el indiseme juró, porque el Espíritu baja al cuerpo del vivo que está en la tierra. El vivo vuelve a la tierra; el hombre nace para pagarle tributo a la tierra; todo lo que la tierra engendra, nace para morir, para volver a la tierra. La tierra come cuanto pare. Devora a sus hijos. Pero al morir, esas mismas flechas por las que entró el abakuá a formar parte de la sociedad de los muertos

[1] Abayuká: Siempre. Ligado eternamente.

que lo engrandecieron, que lo protegieron mientras tenía un cuerpo y lo unieron a Ekue y a los muertos"— una de las flechas corresponde a Ekue, otra a Sikán— "cuando llega el momento de ser un espíritu desencarnado, nada más que un espíritu, lo elevan, apuntan entonces a lo alto y por ellas se va el abanékue. Y se libra de las penas que sufren los espíritus que se quedan al garete, penando y vagando por la tierra. Su alma se va a donde tiene que ir...

Nuestra religión nos detiene vivos y nos salva muertos.

Un ñáñigo no tiene que temerle a la muerte. Está garantizado. Porque está consagrado, bautizado doblemente, de chiquito por el cura católico, y de grande por el Sése y confirmado por Ekue. Fortalecido por la Mokúba. Protegido por los Siete Reyes Espíritus: Se lleva al otro mundo, —donde se va a encontrar enseguida con sus moninas, con todos los que han sido abanékues, con los grandes, con los antiguos,— todos sus derechos completos, todo lo que le hace falta a un muerto para sentirse satisfecho y tranquilo. Se le da cuanto necesita para mantenerse y descansar."

—"El ñáñigo, como todo lo que vive, le paga deuda a la tierra, porque también la tierra tiene que comer, ella que nos da de comer a todos, y se salda esa deuda con el cuerpo. Pero el alma no se la come la tierra. Se dice ¡akámá nibá abakuá! ¡maldita sea la muerte! Porque todos tenemos que bajar a la tumba, y no puede evitarse que los gusanos nos coman. Es la ley."

(El mismo razonamiento le hemos oído expresar a un nonagenario montuno que no fue abakuá: ¿"qué cosa hay en lo mundo que no nací de tiera? ¡Ah! ¿Qué cosa que no nací en tiera? Uté mira, tó mundo, ripiá, facitó, tó mundo camina sobre tiera.. Y cuando uté quié ensuciá, uté ensucia la tiera. Y son deuda que uté ta creá con tiera. Uté coge flució, tó eso, ¿dónde bota? ¡Pa tiera! Tó eso son deuda que coge con é pá uté. Pa comé, saca fruta, saca vianda. E dá come uté tó. Uté mimo creció como granito... Baila, brinca, bota, tó cima tiera.

E sabe que día mañana é te vá comé... Y día que tu morí é cobra. Uté pagá con cuépo. Prítu separao. Son humo que se va. tiera no lo come." [1]

---

[1] "¿Qué es lo que no nace de la tierra? ¡ah! ¿Y en la tierra? Usted mira, y el ripiado, —miserable— el facistol, —elegante— todos caminan, (pisan) sobre la tierra, Ud. ensucia la tierra, arrojándole sus excrementos. Flució: catarro. Todo eso ¿dónde lo bota? A la tierra. Va contrayendo deudas con la tierra. La tierra le da de comer. Ud. creció como el grano que se siembra; y se baila, se brinca, todo se tira, todo se hace sobre la tierra. Ella sabe que el día de mañana te comerá, y que al morir, entregándole tu cuerpo, le pagarás con tu cuerpo y se saldará la deuda. El espíritu se separa entonces del cuerpo. No se lo come. Es como un humo que escapa, —inmaterial— y que no puede comerse la tierra."

Tankéwo nos dice así sobre el destino póstumo del adepto: "por los viejos que nos lo enseñaron siempre, y por lo que yo sé de oído al Isunékue de Efik Efiguéremo, Andrés Govín, y a otros que tenían su gracia, cuando nos morimos siendo ñáñigos, ninguno de nosotros será ánima sola, muerto sin embarcar; Andrés Govín tenía vista. En Bákri Ñámpe sobre todo él veía tales como habían sido en vida a los ñánkues [1] reunidos de varias Potencias, y a muchos que no conocía, muertos grandes de otros tiempos. Y no le daba miedo. Tan familiarizado estaba con ellos. (¡Qué los muertos me perdonen! Yo no los veo, ni quiero verlos. Para eso, siempre llevo a los "llantos" tres ramitas de anamú, amarradas"). Y J. U.: "los espíritus de los ñáñigos andan juntos en la otra vida. No pierden su jerarquía y siguen viniendo a los Plantes. Los Abakuás están unidos durante la vida y siguen unidos y estarán bien después de la muerte."

—"Yere ntomiñón uságana ñámpe: el difunto abakuá tiene quien mire por él... No será un muerto errante, ni desorientado."

"El obonékue muerto no es un muerto cualquiera."

Podemos repetir fielmente y hacer hincapié en que "el ñáñigo estará bien", —su espíritu— reunido en el más allá con sus místicos antecesores y hermanos de religión, formando con ellos, está claro, y gracias a su condición de abakuá, una casta espectral privilegiada.

Los ritos, toda la magia de Nasakó, todas las fuerzas que amparan al hombre sacramentado en Ekue no pueden eximirlo del horror de la muerte física, de la terrible deuda contraída con la tierra. Pero la iniciación y por último, los ritos de Asánga Wéri Ñánkue, sí le garantizan a su alma una existencia post mortem plenamente satisfactoria...

Satisfactoria, valga la expresión, porque traduce exactamente la idea que tienen los ñáñigos —y con ellos todos los fieles de los cultos africanos que subsisten en Cuba— acerca del alma y sus necesidades en la vida eterna.

Insatisfechas, las almas de los muertos no descansarán, serán desgraciadas; pero atendidas, serán bienaventuradas.

El reposo y la bienaventuranza la procura el sacrificio, el pago de las ofrendas que recibe el finado...

"El muerto necesita comer."

Alimento no le faltará al espíritu del abanékue que va con su comida al otro mundo, —ya lo veremos— y por esto, el espíritu del abanékue es un espíritu bienaventurado. Bienaventurado en el sentido abakuá.

---

[1] Ñánkues, muertos. Y por extensión, ñánkue, exequias fúnebres.

Es pues, la felicidad en la inmortalidad, —una felicidad que podrá paracernos muy material,— lo que prometen los Misterios de Ekue a sus adeptos.

Al decirse "Awará miñóngo baké fúme ñánkue: el muerto se va para no volver", el ñáñigo sólo se refiere al cuerpo, a la materia perecedera, porque el espíritu que la animaba, sin peligros para los vivos, tornará a los "Plantes" de su nación donde "Obonékue awére fé awána prokurí asesirán: su recuerdo vive en la hermandad inquebrantable de los hijos de Ekue."

Limpio el cadáver y marcado por el Mpegó, vestido con una camiseta y un calzoncillo flamantes, envuelto en una sábana blanca, tan pronto llega el féretro, los jefes y hermanos de la Potencia del finado que se hallan presentes, ayudan a colocarlo en el chuchumbé o ntongobé, —el ataúd— una vez que el Mpegó haya trazado en éste, con el mismo biokoko (tiza blanca) que le ha servido para signarlo, la fúnebre cruz, con los cuatro puntitos señalados a cada lado de ésta —dos arriba y dos abajo,— separados por los brazos de la cruz.

Este signo, Bakuréro ñámpe, —o Eñeneró añangansúne— que tanto impone a los ñáñigos, se pinta sobre la tapa; en el fondo de la caja y en la parte exterior del fondo, coincidiendo las tres cruces con la mayor exactitud posible, en el centro del ataúd. La cara interior de la tapa no se marca.

En la Potencia, advertidos de que no tardará en llegar el cadáver del obonékue, Ekueñón sale a buscar la Voz y la trae al tambor.

Ekue recibe el sacrificio de un gallo, como de costumbre, y la Voz brama, ignorante del duelo que apesadumbra a la "nación."

En tanto Mpegó traza en el suelo frente al Irióngo, el Bakuréro ñámpe, el diagrama sobre el cual se coloca el ataúd. Acto que se acompaña de esta oración: Efó Ekue llamoringuí irión kambembé. (Hacer los signos de duelo en el lugar en que está Ekue).

Ekoúmbre, a su lado, cubre inmediatamente el signo con sus yerbas mágicas, yerbas cogidas en la costa, —incienso, pimienta, romero, abrojo, guao, escoba amarga— que no se cortan, se desprenden, y se colocan enteras, con las raíces hacia arriba.

(—"En la ceremonia del ñánkue no se pueden cortar las matas. Se arrancan con sus raíces; son lo mismo que una vida que se desprende enteramente de la tierra.")

—"Como Ekue está sonando para vivo no es bueno que quede descubierto el trazo blanco que representa a un muerto". Y se cubren los trazos con yerbas, porque éstas purifican y neutralizan los efectos maléficos de la presencia y el contacto de la muerte.

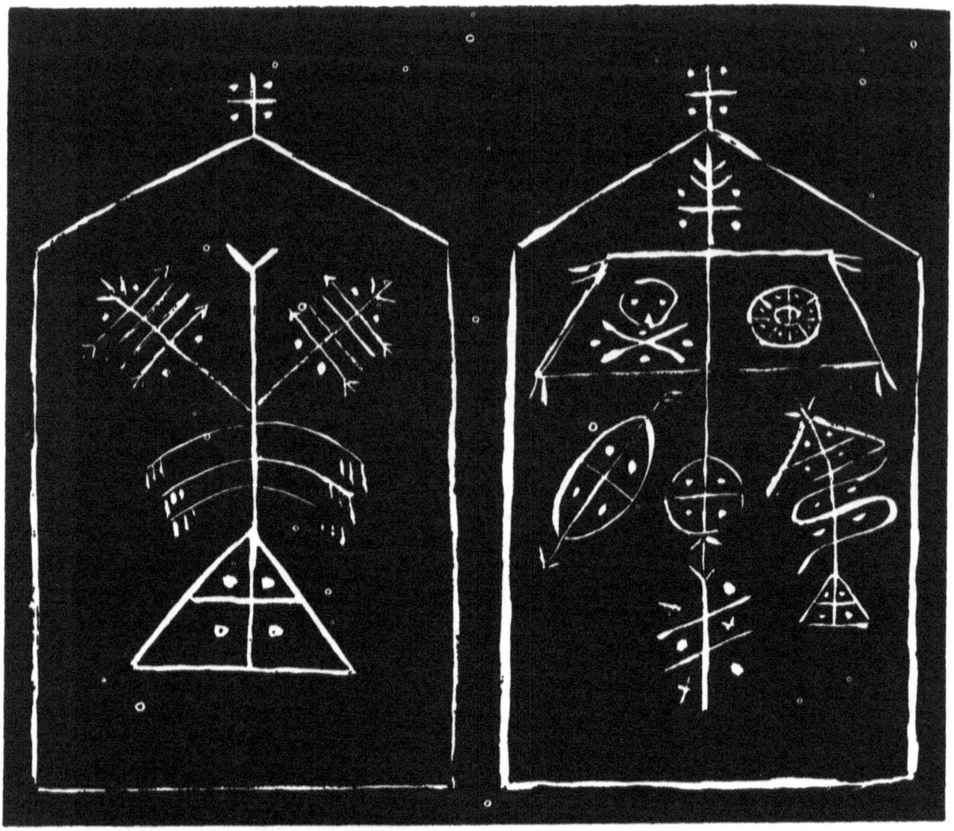

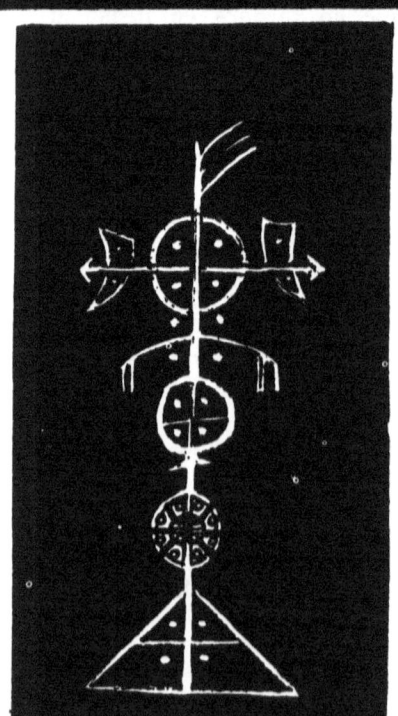

Enseñas fúnebres en la ceremonia del Ñánkue.

Sobre la cortina blanca, con el emblema de Isunékue, que oculta el Secreto, ya está preparada y discretamente enrollada arriba, otra cortina negra con el signo de Anamanguí; y a la puerta del Fambá, afuera, ostensiblemente, sobre un género negro, el signo del obonékue— —o del dignatario que se va a despedir. En una de las paredes del Fambá, donde más convenga, se clavará, descansando en el suelo, un papel negro, grueso, que emplean los ñáñigos en esta ceremonia, de unas 25 pulgadas de ancho por 30 de alto, que repite el emblema del muerto. Y ahí, frente al signo que lo representa, se colocará una teja marcada también con su signo, en la que reposará el gallo que recibirá como un tributo, —"el derecho de salida que impide que su alma se quede vagando por la tierra"— y alrededor de éste, las demás ofrendas, dos velas a cada lado en línea recta con la cabeza del gallo, y en una güira, la Mokúba, la sangre del gallo mezclada con las ofrendas.

Eñeneró añangansúne, esta cruz que Mpegó traza en el suelo para depositar la Mokúba, se dibuja con cascarilla de huevo, —usón usón bayakán Ngómo taibó— y así se le devuelve al ñánkue el huevo que llevó al Baróko el día que fue iniciado.

Ekoúmbre lo cubrirá también con sus yerbas.

El carro de la funeraria se detiene a la puerta con el cadáver del obonékue. Mientras se le recibe, se carga el ataúd, o tan pronto se introduce en el Fambá, cantándose: ányere yére Ñánkue Bakuréro, y se coloca sobre el signo Bakuréro trazado ante el Fó-Ekue, u ocurriendo todo esto unos minutos antes o después, Mpegó sale a la puerta y suena tres golpecitos en su tambor.

Apartados del Fambá, en el fondo del patio de la casa que ocupa la Potencia, se hallan Moruá Báni, (Nkríkamo) y Anamanguí, ya revestidos con sus trajes litúrgicos.

Anamanguí, arrastrando un pedazo de cadena atada al tobillo, sobre el mpitá o belefé de los bajos del pantalón. La cadena significa que a Anamanguí lo envía Yambémbé Nkairán, el rey de las sombras, para apresar con ésta el espíritu del extinto, evitando así que se escape.

Es decir que "Anamanguí lo encadena por si acaso el muerto no se quiere ir."

Nkríkamo atrae al Íreme tocando con su caña sobre el borde blanqueado de la cazuelita que tiene de revés en una mano y le muestra la enseña fúnebre sobre el dintel de la puerta del cuartosantuario, Efó Ekue Amoringuí.

—¡Ntui munán lloro! le dice a Anamanguí. Este la contempla y súbito se arroja al suelo. A bruzes, arrastrándose de dolor, sigue a Nkríkamo hasta el Kufón Múñabré. Pero antes de entrar en el Kufón, el Nkríkamo grita:

—¡Guimí!

Y uno de los obones deja caer rapidamente la cortina negra con el signo de Anamanguí, sobre la blanca con el signo de Isunékue.

Es Nkríkamo quien ha de decir a Ekue-Akanarán, a Kanarán brán, nuestra Madre, acompañándose de su tambor, que ha perdido a uno de sus hijos:

—¡Guimí, guimí! Asóko méñónbira ¡Akanarán, guimí!

El Bongó —Ekue— recibe el sacrificio de otro gallo, de un gallo negro: Nkíko Mayé Awerí Mokúba Ñoéte, que Ekueñón le ofrece con estas palabras: Jeyéi baribá ñankueú kondó motié motié motié unbira sankomenombira aprofané keateberé ataún mundíra butúba iriámpo afonó kiko mayé kiko mokuá Mokúba yuáte yámba moringuí ataún yúyu beróko Ekue nantuyén aprofané keateberé munandibó munangóro.

Los espíritus de los muertos acuden; se han llamado con esta oración: Jeyéi ñankúko asóko meñón bira Oboñekue awerí Efór Musagará sánga serepó Akuaramina ñankue asókaká chángana kerepó afragayá eromé. Akuaramina unkué. Akuaramina unikené. Ekue mentuyén Anamanguí Besuáo berómo Yambembé Nkairán afomandikó obiata ngoró, sufragayá ngómo arukeso sánga mañón Ekue ntúma Akuaramina ñankue asókaká Kufón ñóngo kábia Akuaramina asokaká karabalio akuriñán Yámba ñánkue akobíko asókáká...

La Voz se quiebra. Iyámba apoya el saékue en el borde de madera y Ekue llora. En vez del bronco ¡wú! ¡wú! ¡wú! úu úu... del bramar áspero y salvaje de Uyu, lo que se escucha es un quejido enteramente mujeril. "Trémulo y olvidada la fiereza..."

—"Es Akanarán, la madre de los Abanékues, que gime por la muerte de su hijo. ¡í...! ¡í...! ¡í...! ¡Guí, guí, í... í... í...! ¡í... í... í...!"

El féretro con el cadáver, se instala ante el Fó-Ekue, el signo Bakuréro, visible en la tapa, y los otros invisibles en el fondo y debajo de la caja, quedan frente al signo de Anamanguí o Aweremí, en el que la flecha de Indiabakuá, en el extremo inferior, se prolonga hacia arriba y termina atravesando el trazo que reproduce la cara descarnada de un muerto, de un Melinbán, —esqueleto. Y así por la línea vertical de la cruz el espíritu, que aún no ha abandonado al cuerpo, se introduce en la flecha, y "se conecta", como dice Saibeké, con el Misterio.

Se pone inmediatamente debajo del ataúd una teja, u otro recipiente para Nsaumio. [1] No se dejarán morir las brasas, pues es necesario que la humareda del incienso depurativo se mantenga

---

[1] Incienso.

siempre activa, "limpie, y aleje las malas influencias que pueden perturbar el alma del abanékue, y a los vivos que lo acompañan."

El Bonkó, se sitúa en el lugar más apropiado del Kufón muñabré para no obstaculizar el paso a los oficiantes, acostado sobre un trípode formado por tres cañas. Cada media hora Anamanguí, con otro trozo de caña, dará un golpe en el cuero, para exaltar el alma del difunto. "Estos golpes de Bonkó, equivalen a los dobles de difuntos."

En cuanto lanza Ekue su primer lamento las Siete Plazas principales que se hallan en el Kufón muñabré con sus respectivos atributos en la mano, provistos de unas cintas negras, enlutan sus varas y sus tambores. Mokóngo, Mosóngo y Abasóngo, hacen un lazo en la mitad de los itones; Mpegó, Ekueñón y Nkríkamo las ciñen a las cajas, —kankómos— de sus tambores. La misma señal de duelo se pone en los cuatro Nkómos. Los plumeros, —que durante las exequias de un obonékue se llaman Muñón aterembáo— se envuelven de arriba abajo en las cintas negras, y se colocan acostados sobre los tambores.

En la base de cada atributo, Mpegó traza una cruz blanca diminuta.

Y como siempre que Mpegó emplea el yeso blanco de los ritos fúnebres, pronuncia esta oración, evocando que el creador de la sociedad Abakuá en Efór, Nasakó, en aquellos tiempos remotos, fue quien rayó por primera vez con yeso blanco los atributos sagrados en el primer Llanto de un adepto.

A todos los hombres de la Potencia, a todos los que asisten al Nllóro, Mpegó les pinta sus emblemas con el yeso blanco, en señal de duelo, recitando:

"Jeyéi baribá ribá bário sóiro nkaño suabasi asére krúkoro miayereká ambián kuniñón Iyá Nasakó apampaná, Iyá, Iyá, Iyá bekondó ntiéro asánga werí Mosóngo.

A la orden de ¡Akurí butáme! Anamanguí penetra en el Kufón muñabré, quizás cuando Mpegó, al comienzo de la ceremonia o en cualquier momento, repite en una lamentación, lo que dijo el primer Nasakó ante el cadáver del Monina: todo cuanto hice por salvar a mi hermano fue en vano, mis brujerías no valieron, Dios se lo llevó. Es decir: Ñá Nasakó afonó Nasakó nawé mbán Nasakó kundimayé okánkó Seseribó mokúba mekré bayasina kondó Seseribó yobinó afó kánko kurí mañóngo npábio!"

Y ayer como hoy, la magia no puede oponerse a la muerte. "La muerte gana siempre, si Dios la manda."

Nkríkamo pone en manos de Anamanguí el gallo negro que se tributa a los manes del obonékue. Su derecho es inalienable. A nkíko ñoete, —que es el nombre que recibe el gallo en el Llanto del monina— no se le arranca la cabeza. Anamanguí se vuelve de espaldas al féretro, lo asfixia y lo deposita en la teja entre las dos velas encendidas y las demás ofrendas.

—"Para la ceremonia de entrada, Unaróbia, el neófito compra los dos gallos que se le exigen para iniciarse. Uno para Ekue, otro para él, el día de su muerte. En la ceremonia de salida, Sanganaróbia, la Potencia le devuelve esos dos gallos y todos los demás tributos."

Y a la par que Ekue llora, se suceden los cantos que comienzan con éste: Bani Bani baniñámpe Monina sánga weri, bani bani baniñámpe, los cuales tienen por finalidad hacerle comprender al muerto su nuevo estado, aflojar el nudo que aún lo retiene a la vida, encaminarlo a su destino.

—"Son razonamientos que se le hacen para que se pliegue a lo que quiso Dios."

Oteyo bianyaroko oteyobián yendín sún okóbio sankón bira ekokokorikó... Ya no existe para ti el baróko. Ya todo acabó. No te veremos más. De ti no quedará nada.

Obiyáya obiyáya monina weri. Obiyáya, obiyáya: Ya acabaste hermano. Nkene nkene ñánkue, Ekue nantuyen. Tu cuerpo y tu sombra están dentro de la caja.

Efó kefó efóke inuá itiá subúso masereré nkaurá musekén sika bayén... Lloras callado en el ataúd, esperando que te lleven a enterrar.

—"Los cantos le consuelan". Yere ntomiñón, usangana usangana ñámpe. Has muerto pero tienes quien vele por ti.

Sángana kusón kusón monina kusón okóbio efión ntéme sóko menonbira mbayaká...

Paciencia hermano que te vas para siempre. Todos tus derechos están completos.

Y el ñánkue se siente halagado, querido.

Okóbio sánga kiñóngo monina munangoro.

Tus hermanos te lloramos... (Cuando muere un hermano todos lo lloramos).

"El duelo de los ñáñigos es muy solemne."

En tanto oficia Anamanguí, bailando sin parar en torno al cadáver, con grandes aspavientos de congoja.

Se acerca de tiempo en tiempo a contemplar el rostro del cadáver y entonces llega en su representación al colmo del patetismo. Nkríkamo debe decirle para calmarlo, o para que al oir esta frase: ¡Abasí itia mogó! Abasí se lo llevó, ha muerto por la voluntad de Dios, los gestos de Anamanguí describan un desconsuelo resignado y humildoso: ¿qué le vamos a hacer? Dios lo ha querido... Dios se llevó a nuestro hermano. Oreja no puede pasar cabeza: Nkrúkoro monína afokankó kuso menón Pábio Abasí nká yobinó mutiá mankoropó...

No tanto porque se sospeche que el obonékue ha sucumbido a la fuerza de un kantión —de un maleficio— sino porque esta escena es parte de la acción dramática del funeral; Nkríkamo también le dice: ¡Akunisé aserendá!— nos mataron a nuestro hermano. O —¡Monína ñánkue tébere Abasí ayoninó kantión akurí! Dios no lo mató. Un veneno lo ha matado... (Bani Bani Kaitien) [1] Y Anamanguí se cabrea, mira en actitud amenazadora a todos los circunstantes. tratando de adivinar quién, entre todos, ha sido el asesino, y con la caña en alto se abalanza sobre ellos.

—¡Tébere! ¡Tébere! (¡Calma!) Nkríkamo lo contiene.

Otras veces, a instancias suyas, —¡Atementína mire aprokuri chuchumbé monína ñánkue! Anamanguí se sube sobre el féretro y lleno de compasión prodiga mil consuelos al monína.

Una de estas fúnebres pantomimas es la siguiente.

Nkríkamo le advierte que una lechuza, —kiwáma— se ha posado en la cabecera del ataúd y está clavando sus ojos en el muerto silencioso: kuriko sangá kuriko! Kuriko sangá kiwama amako ñankoú menón dira.

Anamanguí salta; encaramado en el ataúd busca ansiosamente al pájaro o lo busca debajo del ataúd, si éste se coloca sobre dos pies de amigo: buké buké kueñuza akaraká nawé kamawán: busca, que hay una lechuza debajo de la caja. ("Lo que equivale a decirle que la brujería que lo mató se la mandaron con una lechuza").

No lo encuentra, y, con sus brazos abiertos, pregunta a todos con vehemencia dónde está el pájaro. Lo busca hasta que Nkríkamo le dice: —kuriko asánga unpón... Ya se fue.

Los ritos de la iniciación se repiten en el ñánkue.

—"En vida", nos explica, "fue requisito indispensable darle de comer al recién nacido en Ekue, la carne del gallo, como en un principio se comió la de Kasikanékue, y las de otras victimas. que se le sacrificaron al Secreto. Y con la carne, los jugos de las demás ofrendas. Sin esto el neófito no hubiese comulgado.

Al morir, el obonékue vuelve a comulgar por última vez. Se le prepara la comida. Esa comida los vivos no la tocan, es sólo para él. Se le coloca en el suelo sobre su signo dibujado con cascarilla de huevo y se reza: Yámba akuaramina ñánkue sánga mañón Ekue ntumá akurí chiminikáko mañón sánga serepó bayankán báyán suáka butúba uriámpo afoñó kiko mayé mokúba awerí."

La mokúba se le da a beber en un momento en que el cuerpo se queda acompañado solamente por los jefes, o pidiendo a los

---

[1] Bani bani kaitien: murió, "se va" envenenado.

matíndiobé, —a los que sólo tienen el grado de abanékues— que abandonen la habitación porque no están capacitados para presenciar este acto.

Ekueñón lleva la mokúba junto al cadáver, —o llevan el cadáver al Fó-Ekue, como veremos más adelante— y se la entrega a Anamanguí, que lo sostiene mientras Ekueñón le abre la boca y se la vierte. Si se puede...

Y nos aclaran: —"Siempre la mokúba ñoéte debe echarse en la boca del muerto, pero algunas veces esto es imposible. No es raro que un abanékue durante toda su vida haya mantenido en secreto su iniciación y que su propia familia ignore hasta el fin, que era ñáñigo; y muchas veces también la familia es contraria al ñañiguismo. Le horroriza esta ceremonia de la que ha oído hablar, y se niega que toquen el muerto una vez que está dentro de la caja. Gracias que consienta que se le marque y que lo llore la Potencia, y para evitar conflictos, no se le abre la boca para introducirle la sangre con una jicarilla. Se le da y la recibe entonces en su signo, porque la firma del abanékue es el abanékue... Se la pone allí Anamanguí junto al gallo y las velas. Se canta: nteme nkawe uñon aterere Anamanguí besuáo berómo, y se le comunica a Ekue que se le ha dado la mokúba. Colocada la sangre en la cazuelita sobre el bakuréro, ésta se denomina: nantúbe nankife nantuario kiko mokúba ñoéte yuáte."

—Próxima la hora del entierro, Mpegó ordena que se recojan los "derechos". Se canta: Nyúgue noino monina isán isán... Es decir: los derechos, que se va el hermano. Orden que cumplen Anamanguí y Nkríkamo que lo ayuda, metiendo en un saco las ofrendas y la mokúba que se le envía al cementerio: kiko mayé awerí.

Al sacar las ofrendas del kufón muñabré, se canta: asánga werí ñánkue erié Nkaníma...

Anamanguí carga el saco y lo lleva, si no es posible al cementerio, a un herbazal y los deposita a la sombra de un árbol o de un matojo en lugar solitario, adonde el alma del monína tan pronto se libere irá a consumir la virtud de los alimentos, la fuerza de la sangre.

—"Pues el muerto" afirma Tánkewo, "no come mientras está tendido en el kufón ñóngo kábia" (cámara mortuoria). "Ve lo que se hace. Ve que se le paga lo que se le debe. Los cantos, le mecen el alma... Sólo está pendiente de la ceremonia."

En tanto, Mokóngo le entrega los atributos al "Placerío", —a los dignatarios— que formarán la procesión que acompañará al cadáver.

—¡Ibári bári bári bá ñánkue ú! exclama Mpegó tocando su tambor.

Llegamos al momento supremo de todo este ritual. Van a separar el alma del obonékue del parche sagrado.

—Tus hermanos, le dicen en el siguiente nkáme o rezo, te despiden para siempre del tambor divino, vete al otro mundo con tus honores y derechos: ¡jeyéi bário ñankueú ekuerí manangoró esié echitúbe obonékue awerí apampaná Iyá Iyá Iyá bekondó akuaramína sánga mañón Ekuentuma aterendún okóbio asán komeñón bíra Iyá profañé ateberé aborokeñóngo asánga werí Mosóngo sáe meñonbíra— (nombre del difunto) ñangué peripé etá Mosóngo bakuerí Iyá aserirán yereká.

Todos los circunstantes se arrodillan. Se canta:

Eribó ribó ribó ribó Yuánsa ribó ¡aé! yuánsa eribó ¡aé! Umpón mañón betán umpón ataún mundirá é...

(El consagrado, aquél a quien unió Eribó con lo Divino, ya se va de esta vida.)

El Isué toma el Ekón, se aproxima al Fó-Ekue. Ekue gime intensamente. Isunékue, como el día en que aquel hombre se inició, vuelve a preguntarle tres veces su nombre.

Cada vez que Isué le contesta, pronuncia el nombre del extinto. Ekue cesa de "llorar". Para responderle la Voz recobra su sonoridad espantosa. Iyámba coloca el saékue en el centro del parche, "y le contesta al muerto como si éste estuviese vivo. Porque el abanékue no muere..."

Junto a Isué, Mbákara, su ayudante sostiene una tinaja mediada de agua.

—¡Asánga werí Mosóngo saé mañón bira! repite entonces Isué. Y el alma del monína abandona el parche del Secreto y va a meterse dentro de Sína yantán, la tinaja.

"Va a buscar el agua..."

"Porque el agua tiene el poder de retener en ella a los espíritus y dominarlos; el agua los atrae y su frescura los aclara y tranquiliza. Por eso el alma del obonékue, al separársele del Ekue se va a la tinaja llamado por el Agua. Los espíritus buscan ese elemento, la Madre Vida. (Por eso bajo la cama de un moribundo, los que saben, colocan una palangana blanca llena de agua, a fin de que el espíritu, que lucha por no irse, salga con facilidad del cuerpo y caiga en el agua. Y otros, que de noche ven simiñocas, [1] y son molestados por los espíritus, si tienen la precaución de poner una vasija llena cerca de la cama, duermen tranquilos y dejan de ver o de sentir el trajín del fantasma.")

Inmediatamente después los ejecutantes cantan solemnemente:

¡Awó yó yó yó, oyó yó yó yó!

---

[1] Simiñócas: visiones.

Awanabasina mengó á
Awanabasina mengó á
Awanabasina mengó...
Jeyéyéi Iyámba ndobikó. Mañón bónekue.

Adiós supremo, desgarrador responso, que brota de lo más hondo del alma; en opinión de los ñáñigos es difícil escucharlo sin estallar en sollozos.

"Por aquí entraste, por aquí saliste", significan las palabras del canto. Es decir, en Ekue, —en el cuero sagrado— naciste a la vida religiosa. Del mismo cuero, al morir, partes a la eternidad.

(El día de su consagración, "de su entrada", al emitir Ekue el tercer rugido confirmándolo obonékue, se cantó en júbilo, triunfalmente:

¡Awána basina mendó, basina mendó basina mendó é!
¡Obí yá yó obí yá yó!)

La procesión ya está formada. Hasta ese momento no se había despedido al muerto, que estaba en el parche de Ekue. Ekue acaba de liberarlo definitivamente de todo humano compromiso.

¡Karabalio kuri mañón yámba ñánkue akóbio! [1]

Se entreabre apenas la cortina del Irión para que los Kisóngo, y los circunstantes profanos no vean el Misterio. Pero se alza enteramente si todos los presentes son Kiñóngos, que pueden contemplarlo, e Iyámba adelanta a Ekue.

Isué suena el Ekón sobre cada uno de los tres pies que sostienen el tambor y salmodia:

O Ekón, ekón, ekón, ekón anyoró ó ekoná ekoná ikún.

—"Al decir Isué, ¡O ekoná, ekoná, ekún! por medio de la pólvora se envía el espíritu del monina al Embarcadero, a Fokondó Ndibó", —al río místico— "a reunirse con Tánze y Sikán". Al río donde apareció Tánze, donde expiró Sikán.

Nasakó o Ekueumbre enciende la pólvora [2] con que han cubierto la trayectoria de la flecha que parte del círculo, (Eróko Mbóko) la base del Secreto dentro del Irión, y se prolonga hasta fuera de la puerta. Ekún, la pólvora, corre instantánea a lo largo del trazo, y expulsa el alma del Ñánkue.

Sus parientes consanguíneos y espirituales, sus más íntimos amigos alzan el féretro. Se entona el cántico: ¡Sánga wéro ñánkue gandó erikúndi ó! Yambaó gandó erikúndi. Y ya fuera del Kufón

[1] Karaba: consagrado. Kuri mañón: vuelve al río. Yámba ñánkue okóbio: Yámba despide al muerto, el espíritu de su okóbio, hermano de religión.
[2] "Dicen que allá" —en el Calabar— "disparaban tiros de escopeta o cañonazos, para que se fuese el espíritu."

muñabré, cuando el ataúd ha pasado el umbral de la puerta: Okué Mokóngo makoíko, okué Mokóngo makoíko.

Sobre el signo del difunto, en un ruedo de mazos de abrojos, la vela encendida ya gastada, cuya llama agonizante simboliza la vida que se ha consumido, se apaga con una brasa ardiente.

Una procesión va detrás del cadáver al frente de la cual baila Anamangui, y desfila por la calle, recorriendo una distancia de dos cuadras, porque los Atributos no pueden llegar al cementerio. Dos obonékues marchan en la procesión, uno llevando la simbólica tinaja, otro un balde de agua. (O una jícara de gran tamaño).

En el punto en que se detiene el berómo —la procesión— para regresar a la Potencia, Mpegó dice: akuá muriatán umbékó.

El obonékue que carga la tinajuela se vuelve de espaldas exclamando: ¡akuá muriantán nuria! ¡Kisóngo sína kiñóngo sína yantán!, la levanta por encima de su cabeza y la lanza hacia atrás. "Ahí se desbarata la palabra que dio el hombre en vida al Fundamento". El otro, el obonékue umón umporomeko, (el portador del agua) arroja la que lleva en el balde y dice: ¡Umón nandibá okâmbo nllorosí! (Que tu alma llegue fresca al río sagrado de los antiguos como fresca llegó a unirse a Ekue).

La procesión torna al templo, en el que continúa plañidera fremitando la Voz. No cesará su lamento hasta que un obonékue encargado por el okóbio de asistir al enterramiento vuelva a certificar que el cadáver del Monina ha sido sepultado. Les dice: Itiaba Ororó Bansene itiáororó.

Se despide la Voz con esta oración: ¡Jeyéi bári bá Anamanguí Anamanguí besoá berómo ñámpe aserepó asánga beretó Mosóngo nkaniké amelembán chiminikáko mañón kokorikó batába báni ñánkue Abasí mayobino Mbóko bakuréro atará mokúba nyúque mófrasí mbóko sisi Mbóko bakuréro ñámpe, kokorikó abatabá afoñiké mbangansène tébere Anamanguí.

A la muerte de un dignatario, el ritual varía en relación con su jerarquía, pues además del tributo de un gallo que le corresponde como obonékue, —kisóngo— se le sacrifica un chivo. La Potencia le devuelve el chivo que al ser consagrado Obón, esto es, al ascender del grado de kisóngo al de kiñóngo, —sacerdote, ministro de Ekue, le llevó en holocausto al Secreto.

Cuando muere un Obón, "un rey", un jefe, nos dice Saibeké, no puede dejar de practicarse el rito de la ingestión de la Mokúbañoéte que tanto horror produce a los profanos y un bien supremo al espíritu del difunto jerarca. Así este rito, el más impresionante de la liturgia fúnebre abakuá no deja de cumplirse, salvo como se nos ha dicho, en casos excepcionales.

Los "llantos" de los ñáñigos han sido perseguidos por la autoridad que a veces se ha mostrado severa con ellos y ha pretendido impedir que celebren sus ceremonias, y particularmente ese rito macabro. Pero felizmente para los escrupulosos ñaituá la Autoridad no lleva muy lejos su intransigencia, la policía no exagera su vigilancia y a menos que no alteren el orden, que se produzca una riña con el consiguiente escándalo, lo que no es de temerse en las circunstancias de un "ñámpe", la policía no les molesta en lo más mínimo, pues para ello se solicita permiso del alcalde —un permiso para celebrar una fiesta religiosa, no es necesario especificar fúnebre, ñankue. Y tan pronto se obtiene, se lleva al capitán de la policía, que estampa en él su firma y en regla con las leyes la Potencia, si un policía pretende interrumpir el nlloró, se le muestra la autorización y asunto concluido.

Mas suponiendo que no ha habido tiempo de correr este trámite legal, generalmente los moninas, de acuerdo con las viejas normas de su religión, pueden "despachar" a sus muertos como es debido. "Con la Mokúba dentro."

—"Con alcaldes inteligentes y queridos por el pueblo, y buenos capitanes de policía, pueden celebrarse los ñankues con mucha propiedad. Si se tiene influencia, el Diablito, en un entierro, entra en el cementerio, cosa que está prohibida." Como puede verse en Regla.

Siempre una indulgencia conciliadora en materia religiosa, que no data de hoy, por cierto, ha caracterizado en Cuba a los sucesivos gobiernos. Quizá si la marcada tolerancia de los españoles, durante el período colonial, que ofrecía un contraste inesperado con la proverbial intransigencia del catolicismo español, se debió en gran parte a la influencia que los africanos, tan numerosos, ejercieron en el medio, influencia solapada pero incontestable y de la que no podía librarse la mayoría; ni los criollos de las clases altas por su estrecha convivencia con los esclavos que marcaban en ellos su impronta, ni los mismos europeos al cabo del tiempo, instalados en el país.

El clero español, durante la colonia, por indiferencia... o con disimulos, con discretas concesiones que no eran de la época, y actualmente con tacto e inteligencia, —antaño los africanos como sus descendientes criollos, eran realmente adictos a la iglesia,— consigue que la masa del pueblo, los negros en primer término, aunque parezca una paradoja, sean los más eficaces defensores del catolicismo. Poco alcanzan en estos últimos, las insinuaciones del protestantismo, que multiplica su propaganda por la isla.

Así hemos podido constatar continuamente que el Babalawo, el Babalorisha y la Iyalosha del(culto lucumí, el Ngángulo, o Táta Nkisi, de los congos, el Bokonó de los Arará, así como los Abanékues, lejos de apartarse de la Iglesia, de negarla y combatirla, reconocen su superioridad y exigen de los fieles y cofrades el máximo respeto para ella. De esta actitud, da una idea precisa la obligación en que se encuentran todos los que desean participar en los cultos africanos, de ser bautizados si no lo están, de asistir a misa, inmediatamente después de iniciados, y de celebrarlas por el descanso de sus difuntos.

A mi gran sorpresa sé de ñáñigos que comulgan y confiesan anualmente. Muchos, también, son masones, hijos de Santos, Omó orishas, "tienen Santo hecho", [1] o "manejan" una gánga. [2] La idea de que las prácticas de una religión excluyen la bondad de otra y que por lo tanto no pueden profesarse varias a un mismo tiempo, no les cruza por la mente. ¿Qué inconveniente puede haber en ello, alegan, si se cree en Dios, en los Santos y en las Animas del Purgatorio, en el Diablo y en todo lo que la Iglesia manda a creer? ¿"No es todo lo mismo con nombres distintos?" Están convencidos de que los cultos son formas siempre equivalentes de creencias análogas y conciliables.

Así razona la inmensa mayoría de nuestro pueblo. El tolerantismo se impone como consecuencia de un sincretismo profundo que no admite violencias, ni los exclusivismos de un solo credo.

Sin embargo por la repulsa o el temor que inspira a los profanos, "a los ignorantes de ciertas verdades que deben callarse", como dice Saibeké, mis informantes hubiesen preferido silenciar algunos detalles acerca del ritual de difuntos...

Un oficio que se entrega en propias manos, informa a los cofrades de las múltiples Potencias la muerte del dignatario.

En fin, si el policía de posta es amigo, cuando se carece de un permiso para "despedir un ñánkue", se aleja deliberadamente con ánimo de no perturbar con su presencia, y al Obón se le tiende y se "llora" en el local que ocupe la Potencia. Pero es más frecuente que la Potencia se traslade a la casa particular del difunto y que allí en dos habitaciones que han de hallarse contiguas, con una puerta comunicante entre una y otra y sus salidas independientes, tengan lugar los oficios fúnebres: bóko baí baní

---

[1] Rinden culto a los orishas yorubas, o son sacerdotes de los Orishas.
[2] Tienen poder sobre fuerzas anímicas y naturales.

ñánkue, o ntuí munán lloró. Esas condiciones se requieren para el trazado, "planteamiento", de los gandó o diagramas, que han de unirse al finalizar el rito, para la expulsión del espíritu.

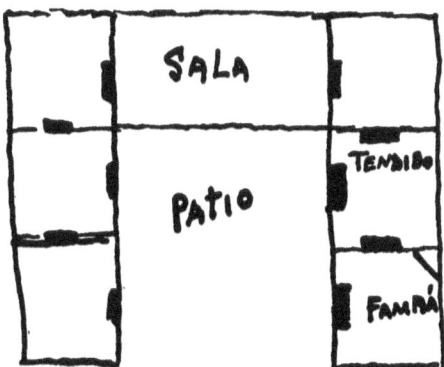

En una de estas dos habitaciones, que se destina a Fambá, en un ángulo, como de costumbre, se forma el Fó-Ekue, ("para Moringuí irión kambembé, fragayar, sonar para muerto") y Mpegó dibuja en el suelo el gandó Erikuá, y ondulando sobre el gandó erikuá, (véase diagrama) el gandó Erikúndi, "por el que va el sonido que despide al muerto.")

El signo eróko Mbókó, "la meseta de Ekue", queda oculto con el Misterio tras la cortina. De éste parten dos ramas a derecha e izquierda, con dos pequeños círculos divididos en cuatro espacios y en cada espacio, un óvalo. En cada uno de estos círculos se coloca una botella de aguardiente y de vino seco. El signo de Aweremí, o Bakuréro, —pero se da el nombre de Bakuréro a todos los signos relativos al Ñánkue,— otro círculo que figura esquemáticamente una cabeza humana, dos tibias cruzadas y cuatro óvalos en los ángulos. Y al final del gandó la punta de la flecha, —Erikuá— cuatro flechas horizontales y paralelas emblemáticas de Anamanguí.

Junto al Fó-Ekue, en cuya negra cortina aparece el emblema del Obón, o en el Batamú Ñánkue, se coloca en una mesa de muy poca altura un Cristo con una cinta negra alrededor del tórax y vuelto a la pared, el tambor de Orden Mpegó y dos velas. En la pared dibujado con yeso blanco sobre un papel negro, en el centro, abajo, el emblema del dignatario, y arriba los signos de indiabakuá. A la derecha, el Bakuréro y a la izquierda el de Anamanguí. En el suelo los tres Itones de Mokongo, Mosongo y Abasongo se ponen cruzados sobre una palangana blanca mediada de agua, para que se mantengan frescos: "No pueden calentarse".

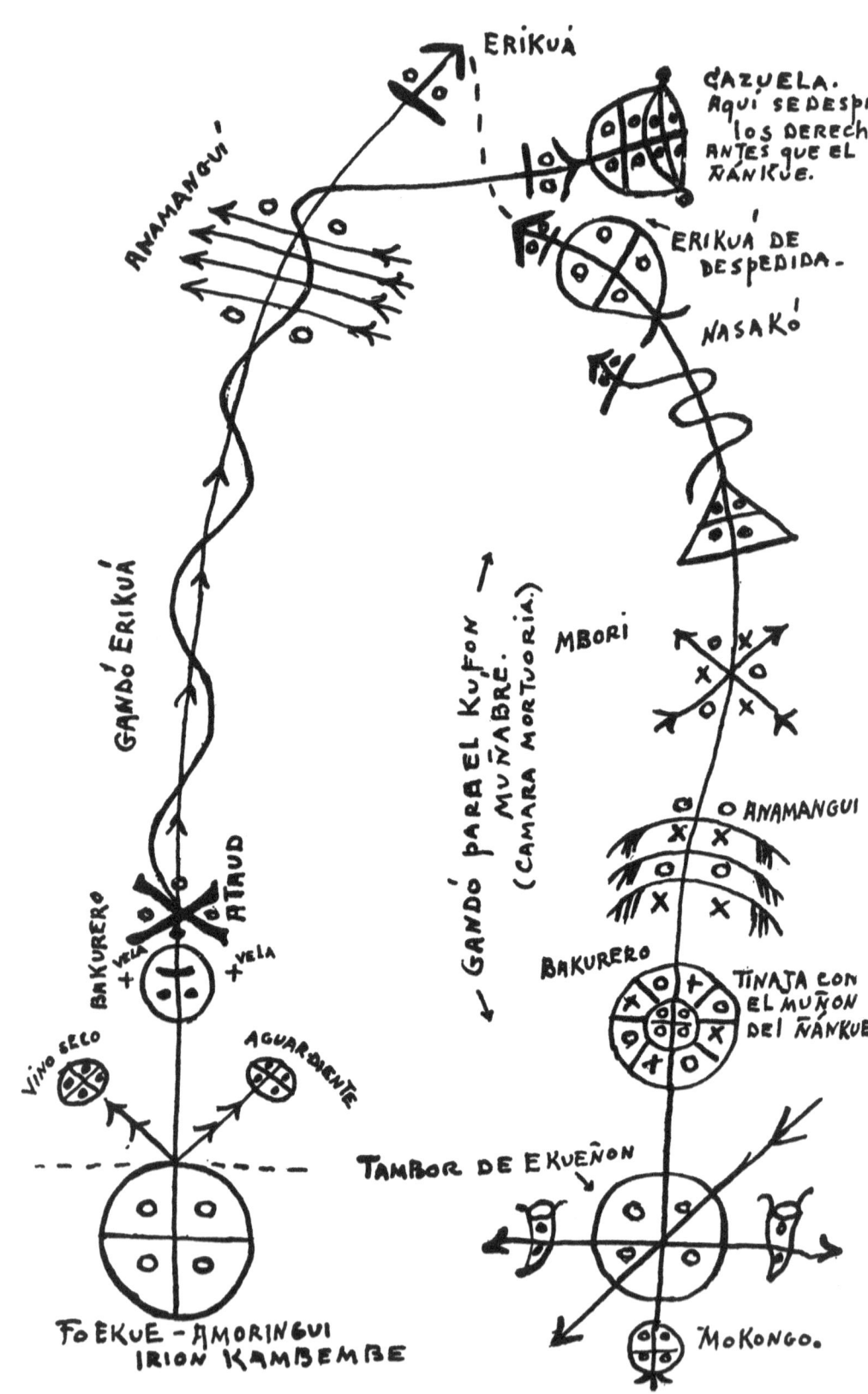

Y en redor de la palangana, con todas sus raíces, las yerbas. El conjunto de yerbas recibe el nombre de Uwawá bisuñé. Los Itones suelen colocarse también apoyados contra el pedazo de muro cubierto por la insignia.

En otra parte de la habitación, se clava en la pared otro Bakuréro Ñánkue, próximo al suelo, ante el cual se coloca la Mokúba, un vaso de aceite con una mecha de algodón —inarosa añángansune— y el gallo que se le tributa como obonékue.

Aparecen en esta insignia: en el centro, de abajo hacia arriba el signo de Anamanguí, "del Anamanguí que lleva la Mokúba Ñoéte al cementerio". El emblema del difunto dignatario. En un cuadrilátero, a la derecha, Bakuréro, a la izquierda, Awerémi, (Anamanguí). Por encima del cuadrilátero los signos de Indiabakuá. En el espacio de la derecha, abajo, el emblema de Nasakó, y en el de la izquierda, de Anamanguí, "del Anamanguí que lleva una cadena para apresar el espíritu del muerto."

Esta insignia puede colocarse también en la habitación próxima a la que hace las veces de Kufón Ñóngo Kábia, (Fambá) en la que Mpegó traza otro gandó lo más cerca posible a la pared, para impedir que los diagramas en ambas habitaciones sean pisados por los celebrantes y asistentes al baní ñánkue. En éste, sobre la línea recta que llega hasta la puerta y que termina Erikuá, aparece abajo, el emblema del dignatario; a continuación del Ekueñón flanqueado por el de Ekoúmbre. En él colocará Ekueñón su tambor enlutado con el plumero en situación de duelo, —Muñón Káe.— El tambor de Ekueñón sustituye en los funerales al Sése, o Eribó, y recibe el nombre de Insún —Kánko— Eribó.

Se dibuja después el Bakuréro, sobre el que se sitúa una tinaja, que evoca a Nitongó, (la güira sagrada de la Sikanékue).

En esta tinaja, que ceñirá una cinta negra, Mpegó traza el emblema del caído. Apenas la Voz comienza a gemir por el desaparecido, el Ireme Mkóboro aparece bailando en el umbral de la puerta y lanza al interior del fambá el plumero del Obón que adornaba al Sése o Eribó. El Mpegó lo recoge y lo inserta inclinado y de revés en la tinaja, y mientras los oficiantes cantan: Banké Efor, (o Efik) berómo kái umpón awán kanima séne, Mpegó recita esta oración, "para que Ekue sepa lo que se hace y manifieste con un gemido su aprobación: Asuko akuá mbiaga aroró enekambo Abasí mpanate bongó arakambémbe makambémbe nkáya. Bú chabiáka Mokóngo makoiko ekoko bioto amanán séne muñón aterembáo Iyámba Iyá moringuí yúyu beróko Ekue angorokiwama sína yantán Ekue mantuyen yafanduga ukanaré ukón wayakán Ngómo Táibo Berómo ñánkue."

Este plumero representa en el ritual la dignidad del extinto, y a él dirigen sus lamentaciones los dolientes: Misén kómo muñónkómo ¡Muñón káe afaniké afañikó umbelaeayé kusón kusón moninaó! (¡Hermano, qué dolor contemplar tu plumero caído, pues terminó tu existencia en este mundo!)

(El Sése no figura en los "llantos". No presencia los funerales, ni los sacrificios.

"Sése Eribó es la Madre Naturaleza, para ella es natural que el cuerpo perezca". Se le tiene apartado en una habitación alejada del Batamú ñánkue, cubierto con una sábana blanca y rodeado de verdes y frescas hojas de plátano.

Junto al Sése, al que falta un Muñón, el del Obón que acaba de expirar, está el tambor de Nkríkamo, el Castigador, "Torturador de la vida", que impone penas y "no se apiada del muerto."

El Ireme Nkóboro no se aparta de ellos, y los cuida todo el tiempo en la habitación que permanece solitaria.)

El signo de Anamanguí, tres ramas en forma de media luna con las hojas caídas simbolizando el duelo por la desaparición del Monina. Él de Indiabakuá, después de las dos flechas cruzadas, sobre las cuales se deposita el tributo más importante, la pata del chivo, del Mbóri Nekré que le corresponde por su jerarquía. Y por último, el emblema de Nasakó; y traspasando el umbral de la puerta, de nuevo el emblema del Obón fallecido, y Erikuá, la punta de la flecha.

Otro ideograma que figura en la parte inferior, a Isún Bondá, la montaña sagrada, las cuatro ramas caídas de Anamanguí, en el centro, y en la parte superior, cuatro flechas repetidas y en lo alto, un cuatro Vientos, se clava en la pared, a ras del suelo como todas. En el piso, tres firmas de Anamanguí. De derecha a izquierda: Arakasuáka, el círculo atravesado diagonalmente por una flecha recta que rematan dos trazos paralelos de un mismo lado en pata de gallina, representa al Anamanguí que está en Plaza, es decir en funciones. El signo siguiente, en el centro, Arakasuáka y las dos flechas cruzadas, al Anamanguí que releva al anterior, pues la ceremonia del Ñánkue es larga y suelen oficiar en ella tres obonékues que lo representan, o más si es necesario. Y por último, el tercer símbolo, a la izquierda, al Anamanguí que lleva los "derechos" del finado al cementerio.

También ante esta insignia pueden distribuirse en el suelo los "derechos", ofrendas, rodeados de yerbas, de anamú y escoba amarga, y colocarse los tres Itones sobre una palangana blanca en la forma que se nos ha descrito, "como estilaban los viejos."

La "kankúbia", las imágenes de un Santo o de los Santos católicos que venera y posee la Potencia se vuelven contra la pared, como el crucifijo.

Por último, el Bonkó sobre su trípode de cañas que cada cuarto de hora suena Anamanguí por el alma del Obón.

El féretro debe situarse, para sacarlo con facilidad a la hora del entierro, y no olvidemos, para dar salida a su espíritu cuando Nasakó lo expulsa con la pólvora, frente a la puerta, que abra al exterior de una galería, de un patio o de una sala, basándonos en el reparto tradicional de la casa cubana, y según el plano que nos facilita J. V.

Practicados los primeros oficios de Anamanguí —limpieza del cadáver— se le dibujan a éste los signos de Indiabakuá en las piernas y en los brazos, y los de su dignidad en el pecho y en la espalda. El ataúd del Obón lleva su emblema en la cara exterior de la tapa.

Los oficios fúnebres de un jefe abakuá se suceden en el orden y en la forma que nos ha sido descrita más arriba. Llegado el momento de administrarle la Mokúba, suponiendo que se trate de un Iyamba, de un Mokóngo, de un Isué, o de un Isunékue, los otros tres Obones, en presencia de todo el Okóbio reunido, que ayuda si es menester a esta fatigosa tarea, ponen un crucifijo en la mano derecha del cadáver, y en la izquierda una vela encendida, que ellos sostienen, naturalmente, cada cargador oprimiendo en su puño una mano del muerto. Por debajo de los brazos lo alzan entre dos y lo llevan hasta el Fó-Ekue, conduciéndolo de espaldas, "porque el muerto no puede ir de frente, sino al revés", y va danzando Anamanguí con un gallo en una mano y en la otra una rama invertida de escoba amarga. Arrodillan el cadáver ante el Secreto y a veces puede darse el caso que allí mismo Mpegó le dibuje los signos.

Anamanguí sostiene el cadáver inclinado hacia atrás para que Ekueñón, que al nacer y al morir da a beber la Mokúba, le abra la boca y se la vierta.

Ekueñón había dicho al entregar el gallo sacrificial a Aberiñán para que éste le arrancase la cabeza: Anamanguí yiromo nbrokomo besuá nkenikén ñankúsa kiko ndína múto akerepó nyúgue asesirán ñankue kúso meñón pábio.

Y al sacrificarlo: Bónko nerobán kiko fiára wañí.

Al preparar la Mokúba ñoéte: Nipawário Ekueñón koráfia kiñón Abasí.

("Pues lo que en un principio se hizo y se dijo, se continúa haciendo y diciendo.")

—"Si es un muerto fresco, de pocas horas", me dicen, "y está blando todavía, esto de darle la Mokúba es fácil. Si se ha puesto rígido cuesta mucho trabajo separarle las mandíbulas y hay que forzarlas mucho. La trancazón de las quijadas dificulta la operación y si no se logra separarlas, la sangre que se le introduce con una jicarita tirando del cachete, se derrama fuera, pero siempre se le queda algo dentro de la boca, que se la cerramos oprimiéndola un rato para que la guarde. Una gota de sangre le basta... Cuando la boca se abre la sangre le llega hasta el estómago. El muerto traga bien entonces. Hace la sangre un ruido especial en la garganta y no se pierde nada."

—"Yo me las ingenio bien", dice un viejo Ekueñón. "No hay quijada de muerto que se me resista y todos mis ñánkues se han ido bien administrados."

Anamanguí asfixia el gallo que tributa la Potencia a los manes del adepto y ya ingerida la Mokúba, se acuesta el cadáver boca arriba, sobre el gandó Erikuá, ante Ekue. El cuerpo del gallo, que Anamanguí coloca sobre el signo Bakuréro, le sirve de almohada. La vela que llevaba en la mano izquierda se pone en el suelo, el crucifijo a la cabecera, y se enciende otra vela, quedando ambas a un lado y otro del cadáver.

El cadáver es reconducido después a la habitación en que está el féretro. Sus cargadores que marchan ahora de espaldas al Fó-Ekue llevan el cadáver retrocediendo, de cara al Misterio.

—"Va que parece que camina, pero siempre al revés..."

Entre todos lo meten en el ataúd. Su cabeza reposa sobre el gallo que coloca Anamanguí. "El gallo es la almohadilla en que descansan los Kiñóngo en su sepultura."

Entre sus piernas se pone una botellita de aguardiente y de vino seco, el yeso que sirvió para marcarlo con los signos consacratorios, la vela que lo alumbró, cigarros o tabacos, —"de la marca o vitola que más le gustaba, para que se vaya contento y no vuelva a molestar."

El cadáver del Iyámba, lleva dentro, en la cabecera del ataúd, además del gallo, un ñame marcado con su emblema, y en la mano una caña de castilla. El "yin", atributo de su función en la liturgia. En el fondo del ataúd se esparce cal viva y sobre la cal tres o cuatro hojas de plátano, "para darle frescura".

Al que en vida fue Mokóngo, en una mano se le pone una güira, en recuerdo de Sikán, y en la de los demás dignatarios: Al Isué, su plumero, a Isunékue, un güin, (yin), "porque es dueño del Sáekue, y él lo llevó al Baróko por orden de Nasakó Mituta."[1] A Nkríkamo: una flecha. A Ekueñón: otra flecha.

A Mpegó: un plumero. O un tamborcito de caña brava con un solo gallardete, como acostumbraban hacer los viejos, en las exequias de un Mpegó.

A Mosóngo: un palo o una caña.

A Abasóngo: una vara con una pluma.

---

[1] "Nasakó Mituta: el Nasakó que vio que era indispensable el güin para producir el sonido."

A Nkaníma: un trozo de leño y un poco de tierra.
A Mbóko: un pedazo de caña.
A Nkóboro: una espada de madera.
A Eribangandó: una escobilla de palmiche y el gallo en la cintura.
A Aberisún: un palo con un cordel de majagua, (como el que se usó para estrangular a la Sikanékue).
A Aberiñán: una cabeza de chivo, un cráneo de chivo de los que se guardan en las potencias como símbolo de la Cabeza de Sikán.
A Ekueúmbre: una cazuelita pequeña, que se llena de astillas y huesillos humanos, palitos, tierra; breve, en diminutivo, la cazuela completa de un brujo.
A Fambaróko: una llave.
A Nkandémbo: una cazuelita.
A Koifán: una escobilla.
A Moruá Yuánsa: un erikúndi.
A Mbákara: un plumero pequeño.
A Nasakó: una güira, (con un majá enroscado en el borde, que va pintado si no va vivo). Una cazuelita con brujerías y un espejo encima. Dos o tres cuernos.

Estos atributos, uno de los Obones, los coloca junto al cadáver. El Isué deberá estar a la cabecera, rezando, y asperjando con la rama de albahaca y agua bendita.

Así arreglado, el público puede contemplar al dignatario por quien se hace "Angóró." [1]

Inmediatamente se organiza una guardia de honor de cuatro Mokóngos, a la que suceden otras de Iyámbas, Isués, Isunékues, Mpegós, Ekueñones, en fin, de todas las Plazas, hasta terminar con una de Obonékues.

Cada guardia reglamentariamente no debe exceder de cinco minutos.

Se procede después al sacrificio del chivo. Este que se le sacrifica al Obón que ha fallecido se denomina Mbóri Nugré. (Se le dan otros títulos durante las ceremonias fúnebres, como el de Mbarikó, en el momento de oprimirle los testículos para que deje su aliento en el Secreto).

Al presentarlo marcado con los signos, y con las yerbas que se le atan en las patas, diciendo Mbóri Menumentiéro, se recuerda en una oración que Nasakó consultó con su Poder, —con Mañóngo Pábio— y que éste le manifestó que al espíritu de un Obón, de

[1] "Llanto."

un Indiobón y de un Nteñenobón había de ofrendársele un chivo. Así fue que en illo tempore de acuerdo con el oráculo, ordenó a Ekueñón, al ocurrir el fallecimiento de un jerarca, que trajese uno y le fuese sacrificado.

("Fue al principio del mundo, cuando no se habían precisado las relaciones de los vivos con los muertos, —faltaba experiencia— los muertos perseguían continuamente a los vivos.

Venían desde su tierra, Kimansí, a atacar al pueblo de los vivos. Un día, a un hombre que cortaba leña en el monte, le salió un muerto al encuentro. Huyó, pero aquel fantasma, tan ligero como son los espíritus, le corrió detrás y ya iba a cogerlo cuando de un racimo de plátanos que había llevado, le tiró unos cuantos. El muerto, por comerse los plátanos lo dejó escapar.

Aquel hombre llegó a su casa y se puso a cavular.[1] Le dijo a los vecinos que en lo adelante, al anochecer regaran comida a la entrada del pueblo. Y los muertos dejaron de atacarlos, porque se contentaban con lo que encontraban, y fue así como se llegó a la inteligencia de que para vivir en paz y en gracia con los difuntos, había que alimentarlos. De todo lo que los vivos comían le dieron de comer a los muertos, y ellos se tranquilizaron, y en vez de perseguirlos y devorarlos cuantas veces podían, los protegieron.")

El chivo es presentado a Ekue con esta oración: Nasakó mereketamo, chenikáwa burána nkeléye erémbiarome fikelória baruna arogoró erénkeloria seretón direnkáwa aberesuá yeretún ñekirán profaña okánko nkeniké isoroma nyenibón aloria cherendá nuriañón musontobia mundikaká nansáo betansón fanañón Iyámba bonanséne beñán banikako.

Y al matarlo Aberiñán, dice Mpegó: ¡Jeyéi! Sankantion amanantion dirá ¡no aforanó anuria isán onoria akeri suronfamia usuani oboria isán múmbiero Mbóri añónfogó Abasi nankera ñánkue nkenikén isiero narokuemia ñangotero. Akeri irián suma orión Abasi.

Y se canta: O ó Olória Mbóri, ó ó Mbóri olória.

No se mata de un palazo en la frente. Esta vez debe recibir el golpe por la nuca.

Luego, al presentar la cabeza del chivo y la sangre a Ekue, se canta: Nambá ñimia asenékefión...

Al tomar Ekueñón la sangre para preparar la Mokúba: Unguaré anerogafia.

Y al colocar la cabeza en una jícara, entre dos velas encendidas: Erekibieso erima sogumafá.

---

[1] Cavular, por cavilar.

Y al taparle los ojos, cubriendo la cabeza con el redaño: Osuanó mombirañó...

Se descuartiza el chivo. A la pata derecha trasera que le pertenece al Iyámba en el ritual fúnebre se le llama: Akuamiro nsuaero. A la del Mokóngo, —derecha delantera: Añónguirapa. A la del Isué, —izquierda delantera: Aworo kei, y a la de Isunékue, —izquierda trasera: Awaroñafá eñesuá.

(La gandinga, —Ñánkiria añikó,— los intestinos, —Utiguaro iria kelepé, —serán arrojadas después en una loma, —o en wañíma, la sabana— para que sean devorados por las auras tiñosas, "como ellas se merecen". Así como el cuero del Mbóri Nugré, que no se guarda.

Al presentársele al Secreto, el cuero se llama Ñankiria añikó).

La pata que por derecho le estaba destinada al Obón en todos los sacrificios, Mpegó la señala con yeso blanco. Las demás, con yeso amarillo. Y estas tres se apartan, y con Anamangui, cuando una hora aproximadamente antes de salir el entierro se "despiden" los tributos pagados al muerto, ("primero se despiden los derechos que el muerto", éstos deben precederlo), se enviarán por separado al cementerio o a un matorral.

Aberiñán o Aberinsún presentan a Ekue el chivo ya despedazado. Se le dice: Wairio mendó nansaga ntomiñón múna nlloró okóbio meñón bira nasánga sensenó yeripakuamo munanséro kina awána roñafa eñesuá, —se pronuncia el nombre del difunto— aweri Mbóri iria isán gabó aborositán inóko akurina pondó.

Se toma de los animales y de todas las demás ofrendas lo necesario para cocinarle al muerto su última comida... —Iriampo Niobia Erume Kondó— [1] que no compartirán los vivos ("moririan, se desgraciarían si la comiesen; lo mismo si bebiesen la Mokúba que en un Bani bani ñámpe sólo se emplea para hacer llorar el Mosóngo").

Mpegó, ordenador de todas las ceremonias que se suceden, cada vez que se hace una presentación y se ejecuta un rito, llama a la vez la atención de Ekue con un solo golpe dado en su tambor. Nkandémbo, —o Mpegó— le dicen:

Jéyéi. Anamangui émba úria akeri ñangué, —aquí el nombre y jerarquía del dignatario— aweri añón serán monina aweri yúria isán itiá úria ñámpe eta iria isán.

Luego la comida se traslada al diagrama y se coloca sobre el emblema del Obón, donde permanece hasta que se "despachen" las ofrendas.

La pata del chivo, sin cocinar, se mezcla con la comida.

---

[1] La comida de los muertos.

Llegada la hora de enviar al cementerio [1] los tributos, Mpegó vuelve a sonar su tambor, (—"para que Ekue sepa que van a salir los derechos"—) y dice: Nyúgue erebetó asokomeñón bira.

Y todas las ofrendas, —nyúgue erebetó— los alimentos, las velas o mechas de algodón, la pata del chivo, —"¡Mbóri sánga wéri awañerima ñánkue, —ordena Mpegó que le manden ya su chivo al muerto", se meten en un saco como hemos visto y Anamangui lo carga y se lo lleva.

Al chivo se le despide con esta oración: Eriten ñobó Mbóri Nugré nankife nantuario Ekue erukenkén Mbóri muñaká kanimanbira akondó motié motié epó anamé epó nyúgue erebetó sóko mañonbira Namangui besuá berómo kauké Sése Eribó Akuaramina ñámpe akuri chiminikáko mañón mbayaká mbayuká mbiáka aroró Akurina Kondó asóko mañón bira beritá mogó...

O con esta otra oración cantada: a Mbóri muñaká kanimambira kondó motié. Epó anamé epó nyugué erebetó asóko menonbira aberitán mogó...

Uno de los últimos cantos de adiós que se entonan en coro antes de partir el cadáver es éste, —"muy antiguo"— y uno de los más lúgubres del repertorio fúnebre.

E é é Iyá kokorikó iná iná mbánga melembán mbánga chéne.

Los gusanos comerán bastante, comerán toda tu carne, dejarán tus huesos limpios.

Bankefo berómo kái apáawa asánga awáapa kanima séne: ya finalizó en este mundo la existencia del hermano.

---

[1] —"Deben echársele en la misma fosa. Y aunque esto está prohibido no sé por qué, con maña se consigue hacer lo que se debe. Los sepultores saben de estas cosas, y nos facilitan cumplir nuestro deber con el caído". Pero si algún obstáculo se prevee, el saco de ofrendas se abandona discretamente junto a la tapia del cementerio, o mejor aún, se lanza desde afuera.

Terminado el funeral, como nos han descrito anteriormente, Nasakó prepara con sus yerbas depurativas, —esta vez desprovistas de raíces— un agua lustral para purificar a la Potencia, (los Atributos Sagrados) y a los hombres que han pasado tantas horas en contacto con la muerte. Una palangana blanca que sólo contiene agua clara, se pone a la entrada de la casa, de manera que al regresar la procesión de su recorrido por la calle, se arrojen en ella las cintas negras que enlutaban los atributos, al tambor Mpegó, al Bonkó, y a los Nkómo, a los tres Itones, al Ekón y al Crucifijo. A los Nkaniká (campanas) del Ireme Anamanguí, que en los ángoró se taponan con papel para evitar que suenen, y los cabos de velas que en gran número se han gastado, pues cada obonékue que marcha en la procesión debe portar una encendida.

Los demás tambores de honor, (Ekueñón y Nkríkamo) no desfilan en el berómo ñánkue, procesión fúnebre.

Ya de las paredes del Kufón Muñabré y del Fó-Ekue se han desclavado todas las negras señales de duelo y se han borrado los diagramas. En mitad del fambá, Nasakó, de nuevo con yeso amarillo, dibuja en el suelo el trazo Orúna akuá Abasirirí para efectuar la purificación de los objetos sagrados y del Okóbio.

Una larga línea recta, orientada a la puerta, que ostenta en su comienzo la punta de flecha, Erikuá, y atraviesa un gran círculo dividido por una horizontal en cuatro espacios y en cada espacio los sempiternos ojos de Tánze y Sikán. El extremo superior de la recta finaliza con un pequeño círculo. Más abajo, la cruza una línea horizontal con sendos círculos en los extremos.

En cada uno de estos círculos menores se colocará un huevo. Un "gandó", entre los dos pequeños trazos de ramas que coronan el círculo, a un lado y otro de la recta, arranca de ésta, y describiendo tres curvas en su trayecto, con dos óvalos distribuidos en cada curva, se desvía y termina en flecha.

La línea recta se cubre de pólvora en toda su extensión.

Afuera, a la izquierda del Arakasuáka, —"rolo", le llaman también los ñáñigos,— o gran círculo, y sobre el trazado de una cruz se colocará el Ekón, y a la derecha, paralelamente y sobre otra cruz, el Crucifijo, Abasí, con una vasija de agua bendita al lado.

Próximo al diagrama, una gran tina de madera con las yerbas y agua bendita, de coco, aguardiente y vino seco.

Nasakó y su ayudante Ekoúmbre se sitúan junto a esta tina. A su lado un obonékue con un gallo blanco y otro con el turíbulo abakuá, la teja.

Purifican a los hombres y después a los atributos.

A Ekue, que después de lavado con la "wembán", pasa a ser despojado por el gallo, y sahumado con el incienso.

Iyámba, o uno de los jefes de la Potencia, lo coloca en el centro del Arakasuáka y lo cubre enteramente con un lienzo blanco.

El Ireme Nkóboro aporta el Sése Eribó, se purifica y se le coloca sobre Ekue. Se limpia después el tambor de Nkríkamo, y se pone arriba del Sése.

En torno se van situando en cada espacio, una vez purificados, el Bonkó y los tres Nkómos. Sobre el Nkómo número 3, Biapa, se pone el Nkómo número 2, Kosiyeremá, y el número 1 Binkomé sobre el 2.

Apoyados verticalmente en estos tambores, quedan colocados, después de la purificación, los tres Itones, Mokóngo, Abasóngo y Mosóngo. El tambor de Ekueñón, con su muñón, y sobre éste puede colocarse la imagen de una Caridad del Cobre, Yarina Bondá, o de la Virgen de Regla, —santas, sobre todo la Virgen de Regla, Okandé, que suelen ser de la devoción de los ñáñigos.

Por último se purifican los efomirémos o "sacos" del Ireme Nkóboro y de Anamanguí, y se extienden cubriendo todos los atributos reunidos dentro del Orúna akua Abasiríri.

El tambor Mpegó, el último que se purifica, el último que se desarma terminados los ritos, pues es el primero que se habilita para autorizar todas las ceremonias, corona la Potencia, como atributo de la Ley Suprema Abakuá.

Nasakó desenvuelve entonces una sábana blanca. Todos los dignatarios que oficiaron en el "Angoró", los Jefes y demás "Plazas" de las tierras hermanas que asistieron a las exequias, los ceroferarios que desfilaron en la procesión, todos se juntan formando cerco en redor de la Potencia, para realizar una acción importantísima de magia simpática, acaso influida por los masones.

Se dan una mano que oprimen estrechamente, y con la otra mantienen la sábana por los bordes, suspendida a manera de palio, sobre los objetos sagrados.

Con esto, nos explica Saibeké, la cadena que se había partido, vuelve a quedar solidamente unida.

En la cadena interminable que forman los hijos de Ekue, la muerte de uno, es un eslabón que pierde esta cadena. Pero los demás eslabones, —los vivos— se juntan, se sueldan, dándose las manos.

Nasakó se arrodilla en el suelo. Ekoúmbre enciende un tabaco y se lo entrega. Nasakó dice:

Nasakó sáku sáku. Nasakó kundimayé asaparapá nyogoró asánga wanékon balorí kondó...

Los adeptos cantan en coro:

Yenyeré ekún yékún ndóbíko mañón.

Nasakó se inclina sobre el comienzo de la línea recta del diagrama cubierta de pólvora.

Se introduce en la boca el tabaco y calienta previamente la pólvora lanzándole dos o tres grandes bocanadas de humo sin quitárselo de la boca. Luego le aplica el extremo encendido y ésta estalla a lo largo de la línea vertical del gandó, en la horizontal que divide el Arakasuáka, y a veces, si hay dinero suficiente, pues el precio de la pólvora ha encarecido mucho, en torno del círculo. El humo, que se deposita dentro de los tambores, que envuelve a los hombres y anubla la habitación, no deja vestigio de impureza.

En el instante de encender la pólvora, "para que se vaya fresca con todo lo malo", se arrojan a la calle dos jarras de agua.

Finalmente, Nasakó toma la botella de aguardiente y llenándose la boca, rocía los atributos para fortalecerlos. Sigue otra pulverización de vino seco y por último de agua bendita.

Los adeptos y la Potencia quedan en perfecto estado de pureza.

Se han disipado todas las sombras y los peligros de la muerte, ("se fue Iforó!", —lo malo—).

BAKRI ÑANKUE

Bakrí significa cráneo. En toda puridad, es con un cráneo humano que hace las veces de tambor y al que se lleva la Voz Sagrada, como debe "llorarse" a los Obones de una Potencia. Nbará itún ntikón, se llama la acción de sonar en este tambor que "debía forrarse con piel humana."

—"Si esto no nos atrevemos a hacerlo habitualmente", nos confiesan, "es porque los ñáñigos, en el fondo de nuestra alma, le tememos a la calumnia y a sus consecuencias."

Para esta función, antiguamente, se guardaba muy en secreto en las Potencias, un cráneo que sustituía a Ekue en ocasión de la muerte del Mokóngo, del Iyámba, del Isué y del Isunékue.

No obstante, un ñaítuá, una autoridad que haga sentir su influencia en su "juego" y se cuida de que los ritos se cumplan estrictamente, no vacilará en honrar como se debe al espíritu de un grande, "fragayando" en un bakrí. Si la Potencia no lo posee, el cráneo de un hombre, para el "llanto" de los Jefes Abakuás, se obtiene de algún sepulturero que los vende.

Hay "vendedores de cabezas en los cementerios", pues éstas tienen mucha demanda; los Mayomberos, sobre todo, las necesitan, y sus precios varían de acuerdo con las cualidades que adornaron en vida al individuo a quien el cráneo perteneció.

—"Por una cabeza de chino para llorar a un Iyâmba, pagué veinticinco pesos. Hay brujo que necesita para Ngánga un cráneo de asesino, de loco, de mujer o de niño. Otro, para hacer el bien, el de un hombre bueno; el de un médico, para curar. Un buen vendedor de cabezas, las tiene en reserva de todas clases... Y si por el momento, le falta la que se le pide, él la busca.

Yo guardé mi cabeza, ya seca, dentro de un barril. Cuando el viejo Iyámba empeoró, la saqué, me metí por el monte y bajo una caña brava la arreglé bonita."

Hace unos cincuenta años, un viejo famoso llamado Eusebio Mina Popó, enseñó a uno de mis informantes a preparar el bakrí. "Fue en agradecimiento a las lechuzas que yo le llevaba para alimentar su Prenda. Un día, después que le dio la sangre de las lechuzas, me preguntó cómo lloraban en mi Tierra a las Cabezas Principales.

Le conté lo que había visto. Está bien, me dijo, pero te enseñaré como se hace ese instrumento.

Le llevé un cráneo. Con un serrucho le hizo en medio un hueco; cortó a la medida, en redondo, un pedazo de cuero de chivo, lo conformó a la abertura y lo ajustó bien con soga de majagua y le hizo con tres tarritos de chivo, tres patas como las que aguantan a Ekue."

Algunos ñáñigos guardaban un bakrí ya habilitado con su parche de cuero y su trípode de tarros o de tibias, para que sus moninas lo despidiesen el día del viaje definitivo...

Así, cuando rindió su alma a Abasí Bomé, el famoso Manuel Platanal, —Puñales— ya tenía encargado a su hijo, Ekueñón de su misma Potencia, que corriese a entregarle a su mejor amigo una carta que hallaría bajo la cabecera de su cama. Y es éste, el mejor amigo que tuvo el bravo Manuel Puñales, Obón Iyámba de Irondó, quien nos cuenta: "en la carta venía la llave de su baúl, y decía solamente: hazme todo lo que tú sabes que se me tiene

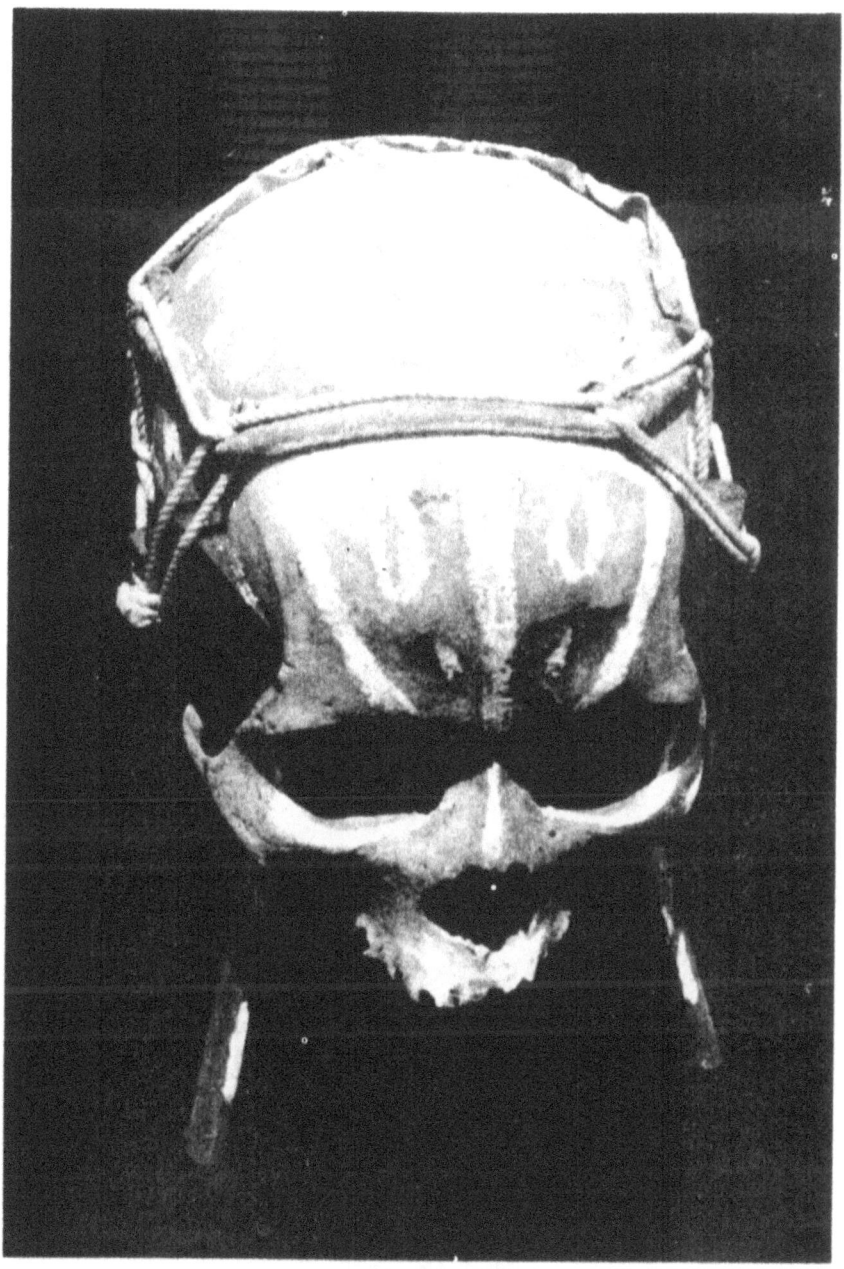

BRAKRI ÑAMPE
Cráneo humano para "llorar" a los jefes de Potencia. Se tañe
exactamente igual que un Ekue, y produce el mismo sonido.

(*Foto: María Teresa de Rojas*)

Ñánkue de Obonekue.

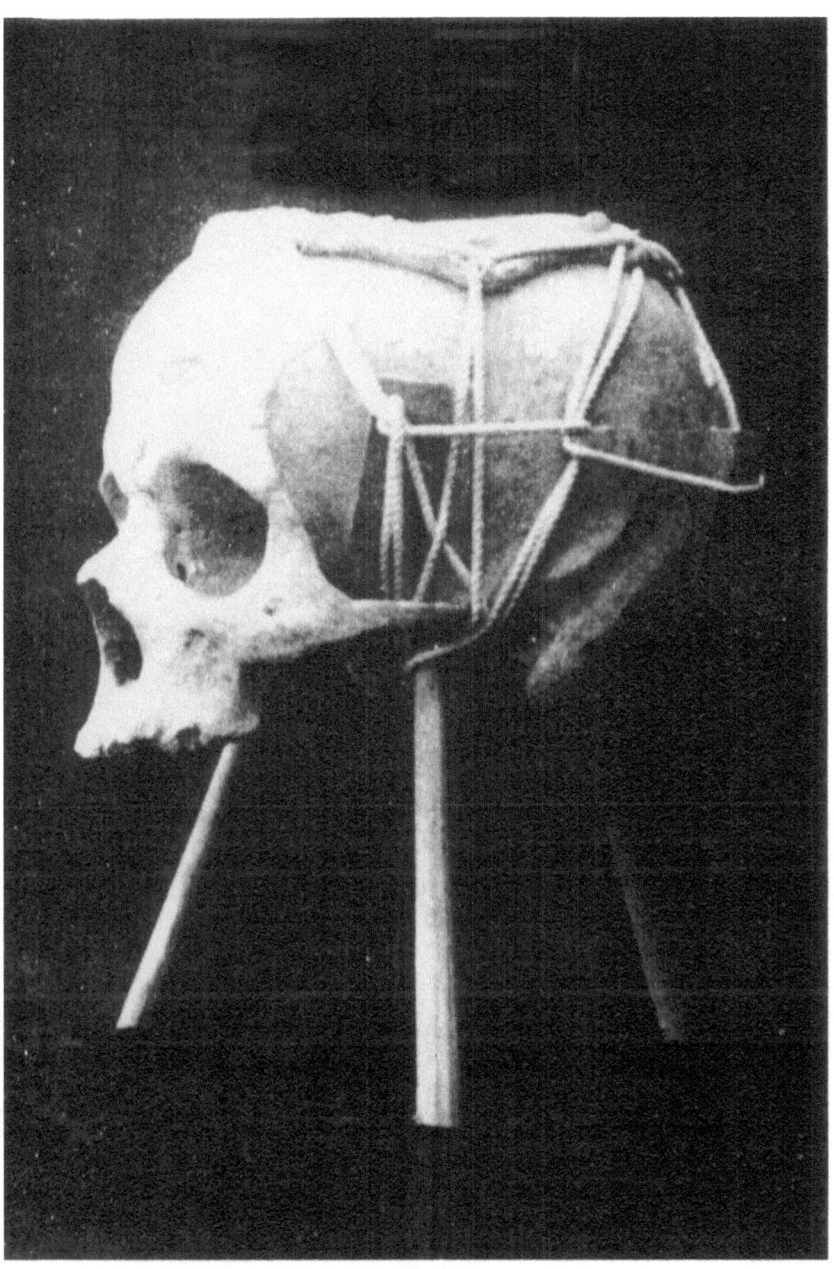

BAKRI ÑAMPE
Tres tibias, en vez de las tres cañas de Castilla que aquí aparecen suelen sostener este tambor cráneo, que se emplea en las ceremonias funerales de los jerarcas obonekues en algunas viejas Potencias.

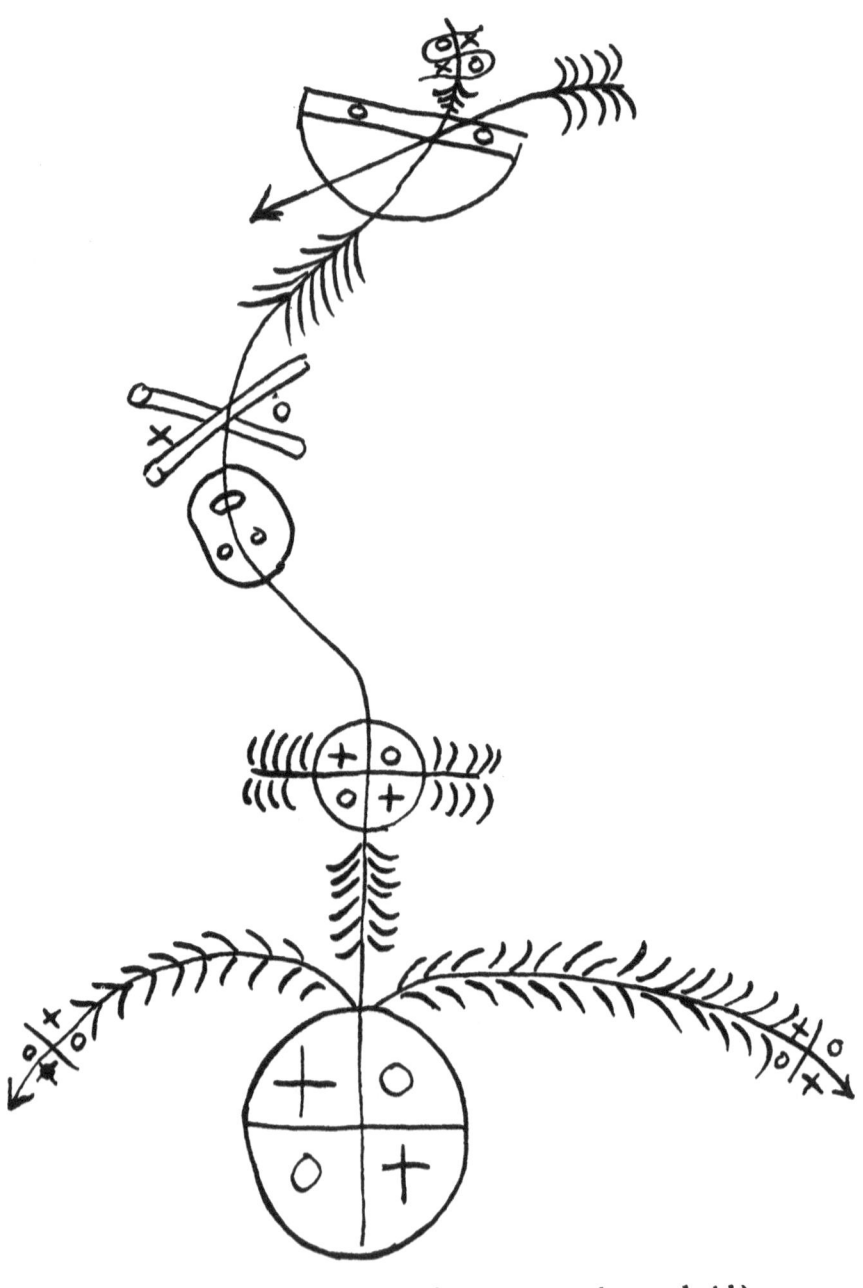

"Plante" para el llanto de un Mokongo   (época colonial.)

que hacer. Abrí el baúl. Me encontré con el cráneo... Me entró frío. Pero con eso lo lloramos como él se merecía. Cuando terminamos le devolví el cráneo a su hijo, el Ekueñón. Pero se le dio camino". (Se le pagó a la cabeza un tributo de gallo negro, y se enterró más tarde en la misma sepultura de Platanal).

Al Bakrí en funciones, que representa ni más ni menos que la cabeza de Sikán Nteñenebón Ekue Efór, se le llama Isún Nankóbia, y en el acto de sonar: Insún Nankóbia Nbára ikun.

Se lleva muy oculto en una caja, en un saco, en donde menos sospechas pueda despertar. Llegado el momento en que sólo los Obones e Indiobónes y demás altos dignatarios permanecen solos, se aparta a Ekue y se pone en el Irión Kambembé, [1] sobre el signo del Secreto.

El parche se unta de pez rubia. El saékue, de pez rubia y vino seco. No se utiliza la sangre. Emite un sonido más fino, mucho más apagado pero "más desesperado que Ekue."

Lo hemos podido escuchar y la sonoridad de este tétrico tambor no deja nada que desear.

"El jipido de Akanarán", dice Tánkewo, "sale por los ojos y por la boca del cráneo. ¡Es lo más sublime!"

La potencia sagrada de un Bakrí, en la ceremonia del ñánkue, honra doblemente al espíritu de un jerarca. ("¡El ñánkue entonces sí que se va contento!")

Todos los viejos consultados opinan que este rito no debe descuidarse, y que es conveniente que los jóvenes lo conozcan y aprendan a practicarlo en las grandes solemnidades fúnebres de sus Potencias.

Tá Casimiro Domínguez, Nasakó de Bakokó, "un gran Nasakó: un Nasakó kunasá Eñón Kanima, [2] poseía el cráneo de un congo que fue también brujo muy respetado, y la Potencia lloraba en él a sus Obones e Indiobónes. Claro, que en manos de Nasakó, esa cabeza le servía además para castigar con la enfermedad o la muerte a los que faltaban a sus deberes con la Potencia, —a los que se granjeaban su antipatía por cualquier motivo, o a los que le señalaba la enemistad de algún cliente.

La biyúmba de Tá Casimiro Abeyi, un Aberiñán de Bakokó, era también muy temida.

—"Hoy", nos repite X., "no se indaga a derechas la procedencia de una kiyúmba, [3] cuando el Kunansá [4] debe escogerla bien.

[1] Irión: apartado en que se coloca Ekue.
 Kambembé: tristeza, duelo, contrariedad. Es el nombre que se le da en los funerales al fambayín o foekue.
[2] Nasakó Jefe de los brujos del Monte. Eñón: valiente, destacado, que se hace temer.
[3] Cráneo. Voz bantú. Kiyúmba o Biyúmba.
[4] Brujo. Sinónimo de Nasakó.

El poder del brujo dependerá de ella...

Recuerdo al chino Makái de Cantón; no lo alcancé, pero todavía se le recuerda y muchos invocan su nombre en los juegos de Palo (Mayombe).

Llegó en los primeros embarques de chinos que se hicieron. Andando el tiempo se juntó con una negra conga, Má Yámba, que era Madre Nganga y con ella aprendió la magia de los congos. Con la cabeza de otro congo, Tá Lúca, preparó el chino su Fundamento.

Por la fuerza de Tá Lúca, obtuvo de su amo la libertad, el vizcaíno Martín Zaraza, que quería bien a sus negros. Y dicen que pasados tres martes volvió a ver a don Martín y le pidió la libertad de su mujer, que le concedió el vizcaíno.

Fue jefe de todos los ganguleros de su zona. Cuando el chino murió, otro brujo cogió su cabeza."

El bakrí que aquí reproducimos agradeciendo el valor y la generosidad del Kuákara que le ha permitido a María Teresa de Rojas fotografiarlo para ilustrar estas notas, "llorará" en breve a un alto jefe abakuá, recientemente desaparecido.

Tres cañas de castilla, en vez de tres cuernos o tibias, sostienen el cráneo.

Si el cadáver del adepto no puede ser tendido en la Potencia, bien porque muere lejos de Cuba, o por cualquier otro motivo que lo impida, sobre su signo, que simboliza la esencia inmortal de un abanékue, recibe su espíritu las ofrendas y asiste a los honores del "ngoró." ("El signo es el obonékue eternamente vivo," se nos recuerda.)

Una vez al año, si es posible, las "naciones" dan de comer a todos sus muertos.

A los manes de los dignatarios se les sacrifica un chivito cuyos tarros apunten apenas. Son los chivitos tiernos, aseguran los viejos, los que con más agrado reciben los muertos.

En el río se sacrifica una jutía a Tánze y Sikán, que ha de matar Aberiñán de un palazo en la nariz, metido hasta las rodillas en la corriente para que la sangre corra por las aguas.

Ese día no se trae la Voz, no se "fragaya..."

Se prepara una comida para los que están del otro lado.

Cocinadas las ofrendas, Mpegó dibuja el trazo correspondiente, colocàn en éste la cazuela con el Iriámpo Nióba erumé kondó, [1]

---

[1] "La comida para los muertos. Iriámpo: comida, comer. Nióba: dirigir, voluntad, ofrecer. Erumé kondó: las voces, los espíritus, de los que están en la otra vida."

y Mpegó autoriza a Moruá (Nkríkamo) para que revista de Ireme a un obonékue. Otro obonékue se sitúa junto a la cazuela. Nasakó enciende la pólvora extendida sobre el trazo y antes de que ésta llegue a la cazuela, el obonékue la levanta y echa a correr con ella.

Nkríkamo y el Ireme se hallan un poco distantes de la cazuela, de manera que al estallar la pólvora, el obonékue pueda llevarle ventaja al Ireme, cuando dado a la fuga y entre el humo de la pólvora, Nkríkamo le diga: ¡amáko krúkoro arafá idiámpo ñánkue!

—Ireme, ¡mira que se roban la comida de los muertos!

Esta pantomina, que se repite en cada "plante", se debe a que el Ireme "no puede llevar la ofrenda a los muertos". Como el obonékue no está vestido con el efomirémo o "saco", —no tiene la apariencia de un espíritu,— el Ireme cree que es un ladrón y corre inutilmente tras él con intención de arrebatarle la ofrenda. Al fin el obonékue lleva la cazuela al río o a un matorral, adonde sea posible. Cuando regrese hallará, fuera del Fambá, una jícara llena de agua fresca mezclada con agua bendita, aguardiente, vino seco y albahaca. En el fondo de la jícara, un peso setenta y cinco centavos en monedas. Es el "derecho", el pago, que recibe el obonékue por llevar la ofrenda a los muertos. Pero antes de sacar el dinero, ha de purificarse. Se frota las manos en el agua, se lava la frente, toda la cabeza, resbalando las manos chorreantes hacia la nuca y los hombros, y luego se las pasa por todo el cuerpo. Toma después la teja en que arde el incienso y se incensa en la forma que se ha descrito tantas veces. Limpio enteramente, retira las monedas y se las guarda.

Esta ceremonia, a lo sumo, dura tres horas.

No insistirán más mis informantes en la importancia que tienen sacrificios y comidas para ganar el favor de los muertos. De ellos depende la prosperidad de las "tierras" o "naciones".

El culto a los Antepasados es la base de la religión de Ekue; y ésta no dejará de cumplir con sus iniciados la sagrada obligación, cuando abandonen esta vida, de alimentar sus almas desencarnadas.

Fortificar el principio inmortal del abanékue, —que mis viejos Ñaitos llaman Nkéne— sólo se logra por medio de la sangre y de los alimentos escogidos por el primer Nasakó para que éste absorba el fluido vital de efión, de la sangre, y la virtud nutriticia de los alimentos. Y concluye Saibeké:

—"Nkéne es el espíritu que hace mover los cuerpos. Nkéne Nkéne es la sombra del espíritu metido en el cuerpo vivo que toma la figura del cuerpo. La sombra es lo que se ve de Nkéne. A Nkéne no se le ve. Cuando se muere, el cuerpo queda vacío. Nkéne se va con la sombra...

Los espíritus siguen viviendo en el otro mundo, así como aquí... Allá los espíritus de los obonékues se juntan todos; arreglan sus asuntos a su manera de espíritus, y si están contentos, si no se les deja debilitarse, nos hacen el bien, nos ayudan. Y eso es lo importante en nuestra religión: como más tarde o más temprano todos seremos muertos, el cuidado que hemos tenido en fortalecer a nuestros antecesores, nuestros descendientes también lo tendrán con nosotros. Las almas de los abanékues no decaen."

Nuestros viejos ñañaítos consideran que han hablado lo suficiente para que nos formemos una idea de lo que es la Sociedad Abakuá, "no una sociedad de ladrones o asesinos, sino religiosa."

—"Si hemos hablado", —dice Saibeké— "si le he aclarado algunos puntos que a los ñáñigos no les gustará ver publicados y en sus manos de mujer, es porque estoy seguro que mi religión ganará al ser bien explicada, sin tapujos, y que este libro no la denigra como la han denigrado no sólo los ignorantes, sino hasta muchos ñáñigos..."

Eco fiel de sus palabras, mano dócil que obedece a un dictado, satisfaciendo el deseo de Saibeké, copio para terminar:

—"Póngame esto bien claro. Vd. le llama a este libro: la Sociedad Secreta Abakuá. Acláreme bien esto, porque no estoy del todo conforme con ese título que se presta a confusiones.

Diga que Abakuá no es sociedad secreta porque se esconde. Diga que los buenos ñáñigos no se esconden de nadie. No nos avergonzamos de nada. No tenemos nada malo que ocultar. Nada más que lo Sagrado. ¡Eso sí!... ¡Qué salga claro en el libro! ¿Se esconden los masones que son tan parecidos a nosotros? Yo no hubiera puesto Sociedad Secreta, siendo el ñañiguismo tan conocido por su mala o buena fama. Yo diría: Abakuá, una sociedad que se calla los secretos de su religión."

Lo que desea Saibeké por el honor de la confraternidad a que pertenece desde que era un mozalbete de veinte años, —conviniendo conmigo en que Abakuá es una Sociedad Secreta bien definida,— es no tomar lo de "secreto" en un sentido absoluto, pues hay las fiestas, las procesiones por las calles, las danzas de los famosos diablitos que puede contemplar un público profano. Y sobre todo, y esto es lo que le duele a mi buen Saibeké, que el nombre de ñáñigo no sea sinónimo de delicuente...

—"No es una sociedad de malhechores, de ladrones o asesinos, sino religiosa y de socorros mutuos."

En un próximo volumen, Fambarókó nos dejará penetrar en el Santuario y asistiremos a un "Plante", la iniciación del neófito, a la creación de una Potencia y a los juramentos de "Plazas".

En la Quinta San José, Marianao, 1958-59.

OTROS LIBROS PUBLICADOS POR EDICIONES UNIVERSAL

COLECCIÓN DEL CHICHEREKÚ
(Obras de Lydia Cabrera)

009-7	EL MONTE (Igbo Finda/Ewe Orisha/Vititi Nfinda)
010-0	AYAPÁ (CUENTOS DE JICOTEA) (cuentos negros)
395-9	ANAGÓ, VOCABULARIO LUCUMÍ (El Yoruba que se habla en Cuba.)
396-7	REGLA KIMBISA DEL SANTO CRISTO DEL BUEN VIAJE
397-5	OTÁN IYEBIYÉ (LAS PIEDRAS PRECIOSAS en la tradición afrocubana)
398-3	REGLAS DE CONGO. PALO MONTE-MAYOMBE
410-6	LA SOCIEDAD SECRETA ABAKUÁ
433-5	SUPERSTICIONES Y BUENOS CONSEJOS
434-3	LOS ANIMALES Y EL FOLKLORE DE CUBA
488-2	LA LENGUA SAGRADA DE LOS ÑÁÑIGOS (Vocabulario Abakuá)
637-0	KOEKO IYAWÓ: APRENDE NOVICIA (Pequeño tratado de Regla Lucumí)
654-0	CONSEJOS, PENSAMIENTOS Y NOTAS DE LYDIA E. PINBAN (Ed. de Isabel Castellanos)
671-0	CUENTOS NEGROS DE CUBA
673-7	LA LAGUNA SAGRADA DE SAN JOAQUÍN
708-3	VOCABULARIO CONGO (EL BANTÚ QUE SE HABLA EN CUBA) / CONGO-ESPAÑOL / ESPAÑOL-CONGO (Ed. de Isabel Castellanos)
733-4	PÁGINAS SUELTAS (Ed. de Isabel Castellanos
761-X	YEMAYÁ Y OCHÚN (Kariocha, Iyalorichas y Olorichas)
762-8	MEDICINA POPULAR DE CUBA (médicos de antaño, curanderos, santeros y paleros de hogaño. Hierbas y recetas)
763-6	CUENTOS PARA ADULTOS NIÑOS Y RETRASADOS MENTALES
778-4	ANAFORUANA (Ritual y símbolos de la iniciación en la sociedad secreta Abakuá. Con dibujos rituales de la propia autora)

4	REFRANES DE NEGROS VIEJOS
7	FRANCISCO Y FRANCISCA (chascarrillos de negros viejos)
8	POR QUÉ (cuentos negros)
9	ITINERARIOS DEL INSOMNIO (Trinidad de Cuba)
195	SIETE CARTAS DE GABRIELA MISTRAL A LYDIA CABRERA
92-3	ARERE MAREKÉN / CUENTO NEGRO, Lydia Cabrera / Ilustrado a todo color por Alexandra Exter

OBRAS SOBRE LYDIA CABRERA:

088-7	IDAPÓ (sincretismo en cuentos negros Lydia Cabrera), Hilda Perera
101-8	AYAPÁ Y OTRAS OTAN IYEBIYÉ DE LYDIA CABRERA, Josefina Inclán
191-3	HOMENAJE A LYDIA CABRERA (estudio sobre Lydia Cabrera y temas afroamericanos), Reinaldo Sánchez y José A. Madrigal, editores.
389-4	LOS CUENTOS NEGROS DE LYDIA CABRERA, Mariela Gutiérrez
432-7	EN TORNO A LYDIA CABRERA (colección de ensayos sobre Lydia Cabrera y temas afroamericanos), Edición de Isabel Castellanos y Josefina Inclán
444-0	MAGIA E HISTORIA EN LOS «CUENTOS NEGROS»,»*POR QUÉ*» Y «*AYAPÁ*» DE LYDIA CABRERA, Sara Soto
535-8	EL COSMOS DE LYDIA CABRERA: Dioses, animales y hombres, Mariela Gutiérrez

Libros publicados por Ediciones Universal en la
COLECCIÓN ÉBANO Y CANELA:
(temas afroamericanos)

052-6	INICIACIÓN A LA POESÍA AFRO-AMERICANA, Oscar Fernández de la Vega & Alberto N. Pamies
053-4	LOS NEGROS BRUJOS, Fernando Ortiz
088-7	IDAPÓ (sincretismo en cuentos negros L.Cabrera), Hilda Perera
099-2	MÚSICA FOLKLÓRICA CUBANA, Rhyna Moldes
101-8	AYAPÁ Y OTRAS OTAN IYEBIYÉ DE LYDIA CABRERA, Josefina Inclán
191-3	HOMENAJE A LYDIA CABRERA, Reinaldo Sánchez y José A. Madrigal, (ed.)
204-0	LOS SECRETOS DE LA SANTERÍA, Agún Efundé
236-7	PATAKI, Julio García Cortez
237-5	LA POESÍA AFROANTILLANA, Leslie N. Wilson
322-3	EL SANTO (LA OCHA), Julio García Cortez
341-X	PLÁCIDO, POETA SOCIAL Y POLÍTICO, Jorge Castellanos
389-4	LOS CUENTOS NEGROS DE LYDIA CABRERA, Mariela Gutiérrez
432-7	EN TORNO A LYDIA CABRERA, Isabel Castellanos & Josefina Inclán (ed.)
444-0	MAGIA E HISTORIA EN LOS "*CUENTOS NEGROS*","*POR QUÉ*" Y "*AYAPÁ*" DE LYDIA CABRERA, Sara Soto
468-8	IBO (YORUBAS EN TIERRAS CUBANAS), Rosalía de la Soledad & M.J. San Juan
463-7	CULTURA AFROCUBANA I, Isabel Castellanos y Jorge Castellanos
506-4	CULTURA AFROCUBANA II, Isabel Castellanos y Jorge Castellanos
507-2	CULTURA AFROCUBANA III, Isabel Castellanos y Jorge Castellanos
618-4	CULTURA AFROCUBANA IV, Isabel Castellanos y Jorge Castellanos

663-x	PIONEROS DE LA ETNOGRAFÍA AFROCUBANA (Fernando Ortiz, Rómulo Lachatañeré y Lydia Cabrera), Jorge Castellanos
528-5	LOS NIETOS DE FELICIDAD DOLORES, Cubena
535-8	EL COSMOS DE LYDIA CABRERA: Dioses, animales y hombres, Mariela Gutiérrez
582-X	AFRO-HISPANIC LITERATURE:AN ANTHOLOGY OF HISPANIC WRITERS OF AFRICAN ANCESTRY, Ingrid Watson Miller
593-5	BLACK CUBENA'S THOUGHTS, Elba Birmingham-Pokorny
634-6	LA AFRICANÍA EN EL CUENTO CUBANO Y PUERTORRIQUEÑO, María Carmen Zielina
635-4	DENOUNCEMENT AND REAFFIRMATION OF THE AFRO-HISPANIC IDENTITY IN CARLOS GUILLERMO WILSON'S WORKS, Elba Birmingham-Pokorny
674-5	DECODING THE WORD: NICOLÁS GUILLÉN AS MAKER AND DEBUNKER OF MYTH, Clement A. White
691-5	LO AFRONEGROIDE EN EL CUENTO PUERTORRIQUEÑO, Rafael Falcón
736-9	ACERCAMIENTO A LA LITERATURA AFROCUBANA, Armando González-Pérez
758-X	AN ENGLISH ANTHOLOGY OF AFRO-HISPANIC WRITERS OF THE TWENTIETH CENTURY, Elba D. Birmingham-Pokorny
788-1	CRITICAL PERSPECTIVES IN ENRIQUE JARAMILLO-LEVI'S WORK (A COLLECTION OF CRITICAL ESSAYS), Edited and with an Introduction by Elba D. Birmingham Pokorny
827-6	COMMON THREADS: THEMES IN AFRO-HISPANIC WOMEN'S LITERATURE, Clementina R. Adams
909-4	CUBA Y BRASIL: ETNOHISTORIA DEL EMPLEO RELIGIOSO DEL LENGUAJE AFROAMERICANO, William W. Megenney

OTROS LIBROS DE TEMAS AFROAMERICANOS EN DISTRIBUCIÓN:

007-0	POESÍA NEGRA DEL CARIBE, Hortensia Ruiz del Vizo
008-9	BLACK POETRY OF THE AMERICAS, Hortensia Ruiz del Vizo
104	LA RELIGIÓN AFROCUBANA, Mercedes Sandoval
106-9	LA OBRA POÉTICA DE EMILIO BALLAGAS, Rogelio de la Torre
153-0	LA POESÍA NEGRA DE JOSÉ SÁNCHEZ-BOUDY, René León
243-X	LOS ESCLAVOS Y LA VIRGEN DEL COBRE, Leví Marrero
0715-X	HISTORIA DE UNA PELEA CUBANA CONTRA LOS DEMONIOS, Fernando Ortiz
82-9	LOS INSTRUMENTOS DE LA MÚSICA AFROCUBANA (2 vols.), Fernando Ortiz
18-1	LA AFRICANÍA DE LA MÚSICA FOLKLÓRICA DE CUBA, Fernando Ortiz
21-1	LOS BAILES Y EL TEATRO DE LOS NEGROS EN EL FOLKLORE DE CUBA, Fernando Ortiz